教育部高等学校旅游管理类专业教学指导委员会规划教材

酒店客户管理

JIUDIAN KEHU GUANLI（第2版）

◎主 编 刘 伟

重庆大学出版社

内容提要

本书是教育部高等学校旅游管理类专业教学指导委员会规划教材中的一本,由业内高星级酒店既有丰富的实践经验又有坚实理论基础的"能文能武"型职业经理人和行业专家共同编写。全书共3篇15章,包括酒店客户管理体系、酒店客户管理方法、酒店客户管理新趋势等内容。本书具有很强的实用性和先进性,可以作为高等院校旅游管理及相关专业类本科生教材和教师的教学参考书,也适合用作酒店培训和管理人员自学用书。

图书在版编目(CIP)数据

酒店客户管理 / 刘伟主编. -- 2 版. -- 重庆 : 重庆大学出版社, 2024.1(2025.1 重印)
ISBN 978-7-5689-4102-0

Ⅰ.①酒… Ⅱ.①刘… Ⅲ.①饭店—销售管理—高等学校—教材 Ⅳ.①F719.2

中国国家版本馆 CIP 数据核字(2023)第 228601 号

教育部高等学校旅游管理类专业教学指导委员会规划教材

酒店客户管理(第 2 版)
主 编 刘 伟
副主编 陈 浩 杨 结
策划编辑:尚东亮

责任编辑:李桂英 版式设计:尚东亮
责任校对:王 倩 责任印制:张 策

＊

重庆大学出版社出版发行
出版人:陈晓阳
社址:重庆市沙坪坝区大学城西路 21 号
邮编:401331
电话:(023)88617190 88617185(中小学)
传真:(023)88617186 88617166
网址:http://www.cqup.com.cn
邮箱:fxk@ cqup.com.cn(营销中心)
全国新华书店经销
重庆市正前方彩色印刷有限公司印刷

＊

开本:787mm×1092mm 1/16 印张:23 字数:548 千
2020 年 1 月第 1 版 2024 年 1 月第 2 版 2025 年 1 月第 9 次印刷
印数:34 001—40 000
ISBN 978-7-5689-4102-0 定价:59.00 元

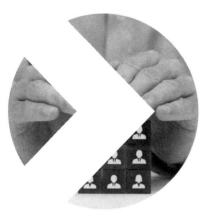

编委会

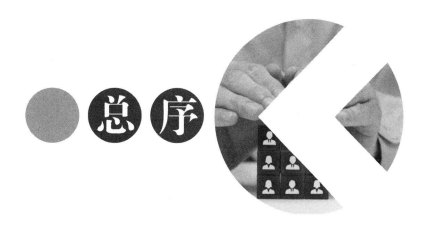

一、出版背景

教材出版肩负着吸纳时代精神、传承知识体系、展望发展趋势的重任。本套旅游教材出版依托当今发展的时代背景。

一是落实立德树人这一根本任务，着力培养德智体美劳全面发展的中国特色社会主义事业合格建设者和可靠接班人。以习近平新时代中国特色社会主义思想为指导，以理想信念教育为核心，以社会主义核心价值观为引领，以全面提高学生综合能力为关键，努力提升教材思想性、科学性、时代性，让教材体现国家意志。

二是世界旅游产业发展强劲。旅游业已经发展成为全球经济中产业规模最大、发展势头最强劲的产业，其产业的关联带动作用受到全球众多国家或地区的高度重视，促使众多国家或地区将旅游业作为当地经济的支柱产业、先导产业、龙头产业，展示出充满活力的发展前景。

三是我国旅游教育日趋成熟。2012年，教育部将旅游管理类本科专业列为独立一级专业，下设旅游管理、酒店管理、会展经济与管理3个二级专业。来自文化和旅游部人事司的统计，截至2023年年底，全国开设旅游管理类本科的院校有600余所。根据教育部关于公布普通高等学校本科专业备案和审批结果的通知进行汇总，2004年至今，开设旅游管理专业点215个，酒店管理专业点281个，会展经济与管理专业点147个，旅游管理与服务教育专业点51个。旅游管理类教育的蓬勃发展，对旅游教材提出了新要求。

四是创新创业成为时代的主旋律。创新创业成为当今社会经济发展的新动力，以思想观念更新、制度体制优化、技术方法创新、管理模式变革、资源重组整合、内外兼收并蓄等为特征的时代发展，需要旅游教材不断体现社会经济发展的轨迹，不断吸纳时代进步的智慧精华。

二、知识体系

本套旅游教材作为教育部高等学校旅游管理类专业教学指导委员会（以下简称"教指委"）的规划教材，体现并反映了本届"教指委"的责任和使命。

一是反映旅游管理知识体系渐趋独立的趋势。经过30多年的发展积累，旅游管理学科在依托地理学、经济学、管理学、历史学、文化学等学科发展基础上,其知识的宽度与厚度在不断增加,旅游管理知识逐渐摆脱早期依附其他学科而不断显示其知识体系成长的独立性。

二是构筑旅游管理核心知识体系。旅游活动无论作为空间上的运行体系,还是经济上的产业体系,抑或是社会生活的组成部分,其本质都是旅游者、旅游目的地、旅游接待业三者的交互活动,旅游知识体系应该而且必须反映这种活动的性质与特征,这是建立旅游知识体系的根基。

三是构建旅游管理类专业核心课程。作为高等院校的一个专业类别,旅游管理类专业需要有自身的核心课程,以旅游学概论、旅游目的地管理、旅游消费者行为、旅游接待业作为旅游管理大类专业核心课程,旅游管理、酒店管理、会展经济与管理3个专业再确立3门核心课程,由此构成旅游管理类"4+3"的核心课程体系。确定专业核心课程,既是其他管理类专业成功且可行的做法,也是旅游管理类专业走向成熟的标志。

三、教材特点

本套教材由"教指委"组织策划和编写出版,自2015年启动至今历时9年,汇聚了全国一批知名旅游院校的专家教授。本套教材体现出以下特点:

一是准确反映国家教学质量标准的要求。《旅游管理类教学质量国家标准》既是旅游管理类本科专业的设置标准,也是旅游管理类本科专业的建设标准,还是旅游管理类本科专业的评估标准。其重点内容是确立了旅游管理类专业"4+3"核心课程体系。"4"即旅游学概论、旅游目的地管理、旅游消费者行为、旅游接待业;"3"即旅游管理专业(旅游经济学、旅游规划与开发、旅游法)、酒店管理专业(酒店管理概论、酒店运营管理、酒店客户管理)、会展经济与管理专业(会展概论、会展策划与管理、会展营销)的核心课程。

二是汇聚全国知名旅游院校的专家教授。本套教材作者由"教指委"近20名委员牵头,全国旅游教育界知名专家和教授,以及旅游业界专业人士合力编写。作者队伍专业背景深厚,教学经验丰富,研究成果丰硕,教材编写质量可靠,通过邀请优秀知名专家和教授担纲编写,以保证教材的水平和质量。

三是"互联网+"的技术支撑。本套教材依托"互联网+",采用线上线下两个层面,在内容中广泛应用二维码技术关联扩展教学资源,如导入知识拓展、听力音频、视频、案例等内容,以弥补教材固化的缺陷。同时,也启动了将各门课程搬到数字资源教学平台的工作,实现网上备课与教学、在线即测即评,以及配套老师上课所需的教学计划书、教学PPT、案例、试题、实训实践题,以及教学串讲视频等,以增强教材的生动性和立体性。

本套教材在组织策划和编写出版过程中,得到了"教指委"各位委员、业内专家、业界精英以及重庆大学出版社的广泛支持与积极参与,在此一并表示衷心的感谢!希望本套教材能够满足旅游管理教育发展新形势下的新要求,为中国旅游教育及教材建设开拓创新贡献力量。

教育部高等学校旅游管理类专业教学指导委员会
2024年1月

第2版前言

　　《酒店客户管理》是酒店管理专业核心课程教材,本教材第一版是国内酒店管理专业第一部(也是唯一一部)酒店客户管理教材,满足了酒店管理专业教学需要,也受到旅游院校师生们的欢迎。

　　为了更好地满足旅游专业的教学需要,在征求旅游院校老师及酒店总经理和行业职业经理人意见的基础上,我们决定对本教材进行修订。

一、本次修订的指导思想

　　本次修订的指导思想是:体现党的"二十大"精神;优化教材体系;丰富教材内容。

(一)体现党的"二十大"精神

　　党的"二十大"提出要立德树人,发扬工匠精神,实施科教兴国和人才强国战略以及实现数字化、高质量发展。在教材修订和编著以及案例的选取中,努力融入这些发展理念和指导思想,坚持文化自信、守正创新和问题导向的编写原则,体现教材的思政性,为实现中国式现代化培养德才兼备的人才。

(二)优化了教材体系

　　本次修订进一步优化了教材体系:

　　●将原来的"5编"压缩为"3篇"。

　　●将原第三编"客户管理制度"并入第一篇"酒店客户管理体系";将"VIP客户管理"并入"酒店客户分类管理"一章。

　　●将"会员卡与会员俱乐部管理"独立成章,并入"酒店客户管理方法"一篇。

　　●将第一版第12章"酒店一线部门在客户管理中的角色与任务"充实完善后,并入第一篇"酒店客户管理体系"。同时,将"大堂副理与宾客关系主任""礼宾服务管理"等压缩为一章,并入"前厅部的客户管理"。

　　●将"酒店客户经理"并入"市场营销部的客户管理",并将这部分内容统一并入第一篇

"酒店客户管理体系"。

(三)丰富了教材内容

本次修订，丰富了散客客户管理、OTA 客户管理、新媒体客户管理等内容，并将其独立成节。与此同时，删除了"保安部的客户管理"等部分章节的内容，以进一步突出酒店客户管理的重点内容。

二、本教材主要教学参考资源

(1)课件下载：

刘伟酒店网-院校服务-课件

(2)微信公众号：伟业文旅(tourism-hotel)

(3)刘伟酒店网

(4)视频资源："酒店管理案例解析"(视频 40 个)

在国家开放大学的支持下，本教材作者与广州花园酒店、广州白天鹅宾馆、上海洲际世茂深坑大酒店、台湾莫奈花园精品民宿、肇庆星语湖居精品酒店等众多高端酒店、民宿度假村开展合作研究，历时一年多，录制了"酒店管理案例解析"视频 40 个，内容涉及六大模块：

模块一：酒店投资与建设

模块二：酒店品牌与安全管理

模块三：酒店经营理念与企业文化建设

模块四：酒店人力资源管理

模块五：酒店运营管理

模块六：酒店市场营销与收益管理

以上视频可在"刘伟酒店网—院校服务—视频"观看。

需要这套视频资源的读者及旅游院校，可登录"刘伟酒店网-院校服务-视频"观看，也可联系本书作者(weiliuw@163.com)获取相关资源。

三、致谢

本书在编写过程中得到了众多组织和业界精英人士的鼎立支持。

(一)支持单位

■粤港澳酒店总经理协会

■广东省酒店总经理联谊会

■恒大酒店集团

■洲际酒店管理集团

■广州香格里拉酒店

■希尔顿国际酒店集团

■广州碧水湾温泉度假村

■广州携龙文旅集团

■珠海来魅力酒店

■广州锦派酒店咨询有限公司

■中国旅游饭店业协会

■国际酒店金领袖联合会

■国际白金管家联盟

■世界金钥匙酒店联盟

■世界酒店联盟

■世界酒店领袖中国会

■亚洲酒店论坛

■《中国饭店》杂志社

■海南海花岛酒店群(欧堡酒店)

(二)顾问团队

为了写好本书,使其更好地贴近行业、贴近国际,我们还聘请了很多国际酒店集团、国内酒店管理公司和高星级酒店的总经理等担任顾问。

Benoit Amado:法国雅高集团上海虹桥美爵大酒店总经理

徐桂生:先后担任浙江金马酒店管理公司总经理、重庆贝迪颐园温泉度假酒店总经理、南京金陵饭店国际管理公司副总经理、九寨沟国际大酒店总经理、温州乐清天豪君澜大酒店总经理

张谦:广西南宁邕州酒店管理公司总经理

夏国跃:原杭州皇冠大酒店总经理,龙禧大酒店总经理,中国远洲酒店管理公司CEO、宝龙地产企业发展中心总经理

陈浩:香港金麒麟国际酒店管理公司副总经理(原桂林假日宾馆总经理、香格里拉沈阳商贸酒店中方总经理)

余昌国:文化和旅游部市场管理司副司长,全国旅游星级饭店评定委员会国家级星评员

张楠:中国旅游饭店业协会理事,金陵酒店管理公司高级顾问,原广州瑞银数码港酒店有限公司总经理、广州日航酒店业主代表

冯健:广州东方宾馆副总经理

雷州:广州花园酒店副总经理(业主代表)

李穗深:洲际酒店集团佛山宾馆皇冠假日酒店常务副总经理

唐伟良:日出酒店集团总经理兼日出·东山海海岸度假区总经理,恒大酒店集团前副总经理,美国饭店协会教育学院高级顾问,全国旅游星级饭店评定委员会国家级星评员

感谢福建光源国际酒店连煜钗总经理,他在百忙之中,对教材的修订提出了建设性意见。

在此,还要特别感谢我的学生、广东金融学院沈明倩同学,她为教材制作了精美的课件。

刘　伟　教授

浙江大学文旅 MBA 导师

西北大学博士生导师

广东金融学院国际旅游与休闲管理研究院院长

2023 年 6 月 1 日

前言

这是一本国内旅游院校酒店管理专业的核心课程教材。

这是一本由教育部高等学校旅游管理类专业教学指导委员会组织编写的酒店管理专业规划教材。

这是一本由行业精英和领袖人物参与编写的教材。

2016年，在一次全国旅游院校院长、系主任暨学科带头人大会上，受教育部高等学校旅游管理类专业教学指导委员会田里主任、马勇副主任的委托，我承担了《旅游管理类教学质量国家标准》中确定的酒店管理专业核心课程教材《酒店客户管理》一书的编写任务。深知这本书编写责任重大，任务艰巨，仅靠我一个人的力量很难高质量地完成，于是决定借助行业的力量和智慧，邀请业内既有丰富实践经验，又有坚实理论基础的"能文能武"型职业经理人和行业领袖人物组成编写委员会，共同编写这本重量级的教材。

首次编写会议在业内享有盛名的广州南沙大酒店举行，确定了本书的编写大纲。之后，编委会成员分头组织力量开始了艰辛的编著工作。经过一年多时间，编委会成员拿出了带着"泥土芳香"的初稿，经过主编的认真审阅、修改、打磨，现在终于可以与读者见面了。

在本书出版之际，作为本书主编，我既兴奋又惶恐。一方面，经过两年多时间的孕育、努力，《酒店客户管理》作为酒店管理专业的核心课程教材终于要问世了，要与大家见面了，释然与兴奋之情油然而生；另一方面，《酒店客户管理》作为国内旅游与酒店管理专业第一本有关酒店客户管理的教材，编者编写经验不足，内容不尽完善之处在所难免，生怕辜负读者的期望。在此，只能期望得到旅游院校师生及广大读者的谅解，同时也恳请大家对本书的编写体例、教材体系、内容等提出建设性的修改意见和建议，以便再版时不断完善。

本书具有很强的实用性和先进性，既适合用作高等院校教材，也适合用作酒店培训和管理人员自学用书。

在本书出版之际,感谢我的学生何茜,她为本书制作了课件,方便广大专业课老师参考使用。获取教学参考资源可登录"刘伟酒店网"或"旅游饭店内参(微信公众号,已更名为"伟业文旅")"。

刘伟

2019 年 2 月 10 日

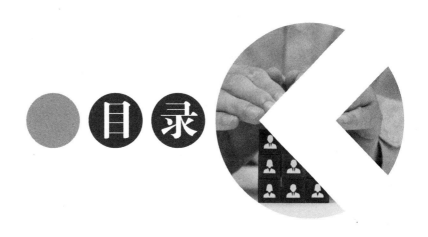

目 录

第一篇　酒店客户管理体系

第二篇　酒店客户管理方法

第三篇　酒店客户管理新趋势

第一篇
酒店客户管理体系

第一章
客户管理概述

　　酒店客户管理是以酒店客户关系管理为基础的对酒店客户的全方位管理方法,是酒店市场营销的重要组成部分,对提高对客服务质量,提高市场占有率具有极其重要的意义。

　　酒店接待人员在接待客人时,也许想知道:

　　·该客人以前住过本店吗?

　　·如果住过,是什么时候来的? 来过几次?

　　·他(她)对酒店重要吗?

　　·他是一位好客人还是一位有着不良客史不宜再接待的客人?

　　·客人有哪些爱好、习惯,喜欢哪个房间?

　　酒店销售人员也许需要一份客人的通信录,以便:

　　·在圣诞节和新年给客人寄贺卡;

　　·使很久没来住店的客人产生住店欲望;

　　·将酒店新的娱乐项目和节日菜单寄给可能产生兴趣的客人;

　　·给多次住店的客人寄送感谢信。

　　酒店高层管理人员一直想提高客人的满意度和忠诚度,从而提高酒店的市场占有率,并最终提高酒店的营业收入和利润。

　　如果是这样的话,酒店就应该立即建立客户管理体系。

【本章学习目标】

· 掌握客户与客户管理的基本概念。
· 认识酒店实施客户管理的意义。
· 了解客户管理的主体与职能。
· 掌握酒店客户管理的内容与目标。
· 了解酒店客户管理人员应具备的素质。
· 了解酒店客户管理人员应有的能力。

关键词：客户；客户管理；素质；能力
Key Words：Customers；Customer Management；Qualifications；Abilities

第一节 客户与客户管理

客户关系管理近年来一直被企业界津津乐道。这一营销概念引入中国后，立即引起了中国酒店管理者的追捧。特别是了解到一些近乎神话的案例后，酒店客户管理也就被提到了议事日程上。比如，文华东方酒店可以让所有员工几乎一夜之间叫得出一位已经多年没来的客人姓名及掌握他的喜好；丽思·卡尔顿酒店可以让客人一进房门就发现自己喜欢的洗发水放在洗手间的台面上。这些例子无不使酒店管理者们心动不已，期望有朝一日，自己管理的酒店也能像上述酒店那样，创造出酒店客户管理的经典案例。

一、客户

1.定义

从广义的角度看，凡是接受或者可能接受任何组织、个人提供的产品和服务的购买者（包括潜在购买者）都可以称为客户。从这个定义可见，首先客户不仅指个体，同时也包括企业、政府、非公益性团体等组织。其次，购买的对象包括产品和服务两方面，其中产品不仅包括用于消费者生活的物品，同时也包括用于工业生产的各类生产资料；服务方面包括各种类型的服务，例如去医院就医，去旅游景点旅游，去酒店就餐等。再次，客户包括现实客户和潜在客户。其中，现实客户是指对企业或者个人的产品或者服务有需求，并且与企业或者个人直接发生交易关系的组织或者个人；潜在客户是指对企业或者个人的产品或者服务有需求而暂时没有购买能力，或者是有购买能力但是由于种种原因无法与企业或者个人发生交易的组织或者个人。

从狭义的角度看，客户只是指与企业或者个人发生直接交易关系的组织或者个人，即广义概念中的现实客户。

2.客户概念的新发展

随着关系营销理论的发展,客户的概念也得到了进一步的延伸和发展,有了内部客户和外部客户之分。

内部客户:从企业内部部门的角度出发,把其他部门看作自己部门的客户。

外部客户:从企业整体的角度出发,把企业外部的,与本企业有产品、服务交易关系的组织或者个体看作客户。

二、客户管理

客户管理是以信息技术为支撑工具,通过管理客户信息资源,提供客户满意的产品和服务,与客户建立起长期、稳定、相互信任、互惠互利的密切关系的动态过程和经营策略。这个动态过程始终围绕着一个核心的管理理念——以客户为中心,以提升客户满意度为主要任务。所以,可以用"一个中心,一个方法,一个工具"来高度概括客户管理。

客户管理是一个获取、保持和增加可获利客户的有效工具,是一种崭新的、以客户为中心的企业管理理论、商业运营理念和商业操作模式。客户管理是以信息技术为手段,可以有效提高客户满意度及员工劳动生产率的管理软件和实现方法。企业为了提高其核心竞争力,利用这样的信息技术以及互联网技术来协调企业与客户之间的关系,加强销售、推广和服务上的互动,从而提升其服务水平,向客户提供创新式的个性化服务标准。其最终目标是通过提供更快捷和更周到的服务来吸引新客户,保留老客户,以及将已有客户转为忠实客户,从而增加市场份额,提高企业收益。

总之,客户管理是涵盖客户销售、客户市场、客户支持与服务数据库及支撑平台等各个方面的一种复杂的管理过程,其核心是"客户关系管理"(Customer Relationship Management, CRM)。酒店通过客户关系管理不断地收集全面的、个性化的客户资料,强化跟踪服务、信息分析的能力,协同建立和维护一系列与客户之间卓有成效的"一对一关系",从而使酒店得以提供快捷和周到的优质服务,提高客户满意度和忠诚度,吸引和保持更多的客户,进而增强酒店的核心竞争力。

第二节 酒店客户管理

现代意义上,客户就是你"服务的对象"。从广义上讲,酒店客户就是酒店的服务对象。按照这个定义,处于社会中的个人、酒店、事业单位和政府等营利或非营利的个人和单位都有自己的客户。

酒店客户是酒店服务或产品的采购者,他们可能是最终的消费者,也可能是代理人或供应链内的中间人。客户可能是一个人,可能是一群人,也可能是一个组织。

一、酒店客户管理的出现

酒店客户管理起源于 20 世纪 80 年代初的"接触管理",即专门收集整理客户与酒店相互关联的所有信息,借以改进酒店经营管理,提高酒店营销效益;20 世纪 90 年代初期,"接触管理"逐渐演变为包括呼叫中心和数据分析在内的"客户关怀";90 年代中期,推出了具备整体交叉功能的 CRM 解决方案,它把内部数据处理、销售跟踪、国外市场、客户服务请求等融为一体;90 年代末期,CRM 受到酒店、学者和政府的高度重视,被提升到了管理的理念和战略的高度。

我国酒店业的客户管理理念的产生可以追溯到 20 世纪 80 年代初期,从半岛酒店、喜来登酒店和假日集团进入我国开始,在酒店的经营和管理中就引入了"客户第一"和"客人永远是对的"等一系列客户导向的经营理念和思想,并在酒店计算机管理系统中设立了客户资料管理功能,使酒店业成为我国服务业率先树立"客户导向"的先锋。然而,40 多年来,客户管理及其为酒店所带来的经济效益并没有与我国酒店业的发展规模和速度相匹配。许多酒店管理者还没有真正领悟到客户关系管理的精神实质和思想精髓,酒店缺乏一套完善的机制来保证客户信息的获取、分析、运用以及管理的实施。

二、从 CRM 到 SCRM 的转变

(一)CRM 概念

CRM(客户关系管理)是一个获取、保持和增加可获利客户的过程。从字义上看,它是指企业用 CRM 来管理企业与客户之间的关系,是企业选择和管理有价值客户及其关系的一种商业策略。CRM 要求"以客户为中心"的商业理念和企业文化可以支持有效的市场营销、销售与服务流程。如果企业拥有正确的领导、策略和企业文化,CRM 的应用将为企业实现有效的客户关系管理。

CRM 既是一种崭新的、以客户为中心的企业管理理论、商业理念和商业运作模式,也是一种以信息技术为手段,有效提高企业收益、客户满意度、雇员生产力的具体软件和实现方法。

CRM 的实施目标就是通过提供更快速和周到的优质服务来吸引和保持更多的客户。作为一种新型管理机制,CRM 极大地改善了企业与客户之间的关系,实施于企业的市场营销、销售、服务与技术支持等与客户相关的领域。

(二)SCRM 的出现

传统的 CRM 更多是将客户(消费者)的各种背景资料、消费情况等整理出来,然后通过系统的方式进行持续跟踪,包括进一步消费的记录归档;通过电话、短信、电子邮件等方式发送一些信息;乃至售后的跟进记录等。在这样一个系统中,每个消费者就相当于一条记录,如果没有大的投诉事件,可能除了电脑系统外,没有人会知道某个消费者叫什么名字。因为这个系统是酒店主导的,属于内向型的,更多的是帮助酒店去管理消费者,而非真的想通过

这个系统去与客户建立强烈的关系。也正是这个原因,这种 CRM 除了定期加入一些新会员外,其实可以看成是静止的。

社交媒体的出现改变了传统的局面,酒店不再是唯一的信息来源,消费者开始有了话语权。他们与网络接触时间很长,而且通常会参与到其中的各种圈子中。传统酒店的电视广告、报纸广告他们几乎接触不到,因为他们很少通过电视机去看电视剧,或者通过报纸去看新闻。他们的媒体消费更多时间都在互联网上。他们可以通过微博、微信等平台发表自己对入住酒店的看法,如果在酒店遭遇了不公平的礼遇或者不友好的服务,他们将会提出严厉的批评,而且通过公众媒体直接向大众披露。当酒店发现客人不满的时候,已经来不及采取任何补救措施,自己的疏忽所造成的错误将被放大数倍暴露在光天化日之下。

在这样的情况下,传统 CRM 作为一种内部优化工作流程的工具尚可,但要发挥其以前定位的客服、营销、销售乃至公关等功能就远远不够了。尽管可以简单地理解为将社会化客户管理(Social CRM)的相关模块加入现有 CRM 即可向 SCRM 迈进,但要想在新一轮商业规则之中取胜,酒店组织机构确实需要从理念到战略,从系统架构到渠道认知的全面转变。

酒店需要认识到,消费者不是他们所能管理的,因为消费者在这场革命中已经变成了主角。消费者掌握了从信息沟通到产品购买,到售后服务几乎所有方面的主动权。买方市场的大格局已经决定了这点。消费者需要更为个性化的服务,需要尊重他们作为独特个体的权利,而不仅仅是将他们作为会员卡或者会员编号看待。从理念层面来说,SCRM 强调的不是管理,而是"参与"! 邀请消费者参与到游戏中来,将消费者作为对等的合作伙伴去看待。

既然要邀请消费者参与进来,酒店真的准备好了吗? 社会化商务(Social Business)规则的重要一条就是透明。因为消费者参与了进来,酒店最终会发现透明是成本最低的方式。各种遮掩、包装都无济于事。

从传统 CRM 系统向平台化发展已经成为一种趋势。从早期的独立软件发展到今天的 SaaS(Software as a Service,服务软件),并进一步向 PaaS(Platform as a Service,服务平台)发展。现今社会对移动办公的需求,加上智能手机、平板电脑的普及,基于云端存储的多终端交互访问成为一种必然。传统 CRM 如此,SCRM 更是如此。而且因为后者会邀请少则几十万,多则几百万、几千万级别的消费者参与进来,系统要求会更高,运营级别的需求成为必然。单就这点,就是很多传统 CRM 扩展的难度所在。如果说 CRM 是一个相对封闭的内部系统,SCRM 则更像一个分布式的多系统开放集成,其中少不了跟社会上流行的社会媒体的接口接入。

SCRM 作为一个新型的渠道,与传统 CRM 软件的差异也很大。传统 CRM 在企业内部更多的是工作流程的系统化管理,对客户(消费者)则是通过交易、维修、电话、电子邮件,乃至参加活动的记录等进行"准互动"。之所以称其为准互动,首先是因为客户在其中的被动特征,其次则是即时性及客户(消费者)一方完整信息保存的缺乏。SCRM 除了以上这些传统的准互动外,真互动的功能则需要加进来。在一定程度上,可以说互动、沟通才是 SCRM 的核心。

但这种互动不是酒店方所掌控的,而是消费者一方所掌控的。酒店所能做的是为消费者提供他们愿意去沟通的话题,或者及时地进行相应的交流。如果这种互动是在一些社交媒体平台上进行的话,则会受到更多消费者的关注,从而形成更大的影响。除了酒店与消费者之间的互动外,SCRM更强调因为这种互动及消费者自身的体验,包括消费体验、服务体验,乃至沟通体验等引发的消费者的主动代言(指主动在社交媒体上将相关正面信息公布出去)。而这中间,消费者之间的互动也是一种必然。因此SCRM对酒店和消费者来说都是一种新型的沟通渠道,通过这种沟通渠道,相互之间的关系得以强化。至于在这种沟通渠道的基础上再不断加入其他功能模块也未尝不可,例如电子商务、产品试用,乃至消费者调研等模块。

从以上方面我们不难看出,社交媒体的出现导致SCRM成为一种必然。对SCRM的认知,不应单纯地着眼在系统、软件层面,除此之外的理念考虑、战略定位作为新型渠道的倚重,都是至关重要的。只有充分认识到这些方面并落实到执行层面,SCRM带给企业的价值才能充分体现。

三、客户管理技术在酒店业应用的障碍

1.客户数量庞大,客户信息分散,涉及面广,给数据收集带来困难

客户资料来源于市场、销售、前厅、客房及餐饮等各个部门乃至每个面客员工,难以使每个部门、每个员工都意识到收集客户信息的重要性和确保收集信息的准确性,一旦某个环节出了问题,就会影响整个数据库的有效性。

另外,数据收集的灵活性高,不同客户或同一客户不同时期的喜好和提出的要求多种多样,诸如房间类型、朝向、枕头、毛巾的数量,报纸、小吃、用品的种类品牌,是否吸烟,是否看付费频道等。有些信息可以预测,可以归类,有些不能,难以使每个相关员工掌握信息的重要程度,在技术上给客户信息的收集提出了一个难题。

酒店客户信息的以上特点,给客户数据的收集和数据库的建立带来了一定的困难。

2.酒店现有的组织结构及业务流程不利于CRM的实施

客户数据繁杂,其资料中包含客户的基本资料(姓名、地址、电话号码等)、联络途径、过往的消费记录、每次抵离酒店的日期时间、房间类型、订房途径、特别服务、个人喜好和取消预订的记录、投诉和处理记录、累计消费积分、奖励记录、忠诚度评估等,要正确处理和收集好这些数据是一项复杂而繁重的工作。

第三节　酒店客户管理的主体与职能

一、酒店客户管理的主体

酒店客户管理不仅是营销部门和前厅部门的事情,还需要全员参与、全员努力。

客户管理是一个需要全体员工共同参与的系统工程,管理的成败不是管理者或专家所

能决定的,因为它是一个需要酒店所有部门和员工持续不断地共同努力和协同作战的过程。在与客户接触、联系、交流的过程中,在收集、整理、登记客户信息的过程中,在运用、分析、处理客户信息的过程中,在向客户提供产品和服务的整个动态过程中,没有哪一个环节可以缺少各个部门和全体员工之间的协同和配合。如果没有全体员工在每一个工作环节中身体力行地实践"以客户为中心"这一理念,再好的客户关系管理决策、再高效的CRM系统和技术、再精深的管理专家,也不可能把客户关系管理的理念变成现实。

二、酒店客户管理的职能

酒店客户管理职能应该重新评估和定义。酒店应在大堂副理和客户关系主任(GRO)的基础上,重新认识客户管理的重要性,提升客户管理的范围和级别,设立专职的客户关系经理,负责收集并登记客户信息、管理客户资料、款待客户、开展客户的线上线下活动、让客户依赖酒店等。

(一)建立和维护良好的客户关系

建立和维护良好的客户关系是酒店客户管理的首要职能。酒店所有部门的员工对这一职能负有责任。

(二)销售职能

1.制订销售计划

根据酒店的经营目标,收集并分析各种市场的流向动态,制订酒店招徕客源的销售计划,并组织实施。

2.与客户建立良好的协作关系

与旅游行政管理部门、外事部门、旅行社、航空公司、铁路局客运站和驻本地的商社、办事机构、企事业单位等保持密切的联系,并经常进行沟通,了解客人需求,建立长期、稳定的良好协作关系,以促进酒店产品的销售。

3.进行酒店产品的宣传推销

根据酒店的实际情况确定目标市场,并及时对目标市场开展各种宣传、促销工作,以保证完成酒店下达的销售任务。

4.反馈各种信息

将收集到的各种客源市场信息反馈至酒店,参与研究酒店产品创新和组合开发,以使酒店产品更符合目标市场的需求,提高销售量。

(三)公关职能

1.提高酒店知名度和美誉度

充分利用新闻媒介提高酒店的知名度和美誉度。当名人来酒店住宿、著名厂商代表来酒店举办会议、酒店参加社会公益活动时,应及时通知各新闻媒介,通过新闻报道的方式提高酒店的声誉。

2.取得公众的理解和支持

加强与内、外公众的信息沟通,与公众建立良好的关系,从而取得他们对酒店各项工作的理解和支持。在酒店内部,加强与员工、各部门和股东之间的沟通,创造一个关系融洽、凝聚力强的内部环境;在酒店外部,加强与客人、新闻媒介、政府各职能部门和社区之间的沟通,创造一个有利于酒店生存与发展的外部环境。

3.反馈公众信息和外部环境信息

将社会公众对酒店的评价(如酒店的特点、优势、服务质量等),员工和股东对酒店的态度等信息提供给酒店决策者,以起决策参谋作用;同时,还要随时了解并掌握有关信息,如国家政策、法令的变化,社会舆论的导向,公众意向,经济形势及酒店市场的变化与趋势等,并及时向酒店决策者汇报。

4.树立酒店形象,维护酒店声誉

树立酒店形象是促进酒店发展的重要手段之一。因此,应密切关注公众的心理、意向变化,制订酒店的公关策略,树立酒店的良好形象,从而为酒店的发展不断地创造良好的社会、舆论环境。当一些不利于酒店形象的情况发生时,应保持镇定、反应迅速,争取舆论的支持,并妥善处理,以维护酒店声誉。

第四节 酒店实施客户管理的意义

在同质化产品泛滥的今天,客户是酒店发展最重要的资源之一。客户的选择决定着酒店的命运,酒店在市场上的竞争,其实质就是对客户的争夺。酒店通过满足不同客户的个性化需求来使客户满意,同时通过加强客户关系管理,吸引、培养大批客户,使满意客户转型成为忠诚客户,从而与客户建立长期稳定关系,形成酒店独特的资源优势和竞争优势,这种资源优势很难被其他酒店模仿复制或轻易夺走,从而可以确保酒店拥有稳定的市场地位。

酒店实施客户管理的意义表现在以下几个方面:

1.能够使酒店管理者从思想上树立起"以客户为中心"的管理理念

客户管理做得好能够为酒店创造无限的价值,一个客户如果最终成为酒店的忠诚客户甚至终身客户,他将会带来更多的客户。照顾好一位客户,新的客户就会以几何倍数翻番。客户越多,给酒店带来的财富就会越多。因此,酒店管理者必须树立"以客户为中心"的管理理念。实施客户管理,则有利于这一理念的树立和落地。

2.是酒店吸引和维护良好的客户关系必不可少的手段

建立并维持与客户的良好关系是酒店成功的基本保证,实施客户管理是酒店吸引和维护良好的客户关系必不可少的手段。

3.是提高客人满意度和酒店市场竞争力的有效工具

成功的酒店客户管理是以客户为中心,通过开展系统化的客户研究,优化酒店组织体系和业务流程,帮助酒店在竞争中清醒地判断和果断地行事,不断注视市场的动向。同时,通过不断提高酒店工作效率和服务水平,从而提高客户的满意度和忠诚度,最终赢得客户的青睐。

泰国曼谷的文华东方酒店是酒店业的楷模。它为世界酒店业树立了光辉的榜样,数十年来一直是酒店业的一面旗帜。酒店几乎天天客满,不提前一个月预订是很难得到入住机会的。之所以这样,最重要的原因之一就是重视客户管理。他们非常重视培养忠实的客户,并且建立了一整套科学的、完善的客户管理体系,使客户入住后可以体验到无微不至的人性化服务。迄今为止,世界各国有30多万人曾经入住该酒店,用他们的话说:只要每年有十分之一的老客户光顾,酒店就会永远客满。

4.可以解除因销售人员流失而造成酒店客户流失的后顾之忧

实施客户管理能够将销售人员手里的客户转化为酒店的客户,从而解除因销售人员流失而造成酒店客户流失的后顾之忧。

5.能为酒店带来更多价值

忠诚的客户比普通自来散客愿意更多地购买酒店的产品和服务。忠诚客户的消费支出是普通自来散客随意消费支出的2~4倍,而且随着忠诚客户年龄的增长、经济收入的提高或客户单位本身业务的增长,其需求量也将进一步增长。

6.可以减少销售成本

酒店为了发展新客户,在收集信息、谈判、履约等方面花费的成本较高。通过实行客户关系管理,容易使酒店与客户之间建立良好的信用关系,培养稳定的客户群体。有研究表明,保持一个老客户的成本仅为获取一个新客户成本的10%~20%。客户关系管理的实施,可以大幅度降低广告宣传、促销等营销成本,同时老客户可成为酒店无形的宣传员,从而使酒店整体交易成本降低。

CRM能提高业务运作效率,降低成本,提高酒店经营水平。其主要表现在以下两个方面:

(1)通过对客户信息资源的整合,在酒店内部不同部门之间达到资源共享,从而为客户提供更快速、周到的服务。

(2)客户的价值是不同的。众所周知,酒店80%的利润来自20%的价值客户。酒店客户管理通过对客户价值的量化评估,能够帮助酒店找到更有价值的客户,将更多的关注投向这些客户,提高酒店的经营水平。

7.能为酒店赢得口碑宣传

细致的酒店客户管理会赢得口碑宣传。对于酒店提供的某些较为复杂的产品或服务,新客户在作决策时会感觉有较大的风险,这时他们往往会咨询酒店的现有客户。而具有较高满意度和忠诚度的老客户的建议往往具有决定作用,他们的有力推荐往往比各种形式的广告更为有效。

8.能提高员工的忠诚度

这是酒店客户管理中关系营销的间接效果。如果一个酒店拥有相当数量的稳定客户管理群组,也会使酒店管理层与员工形成长期和谐的关系。在为那些满意和忠诚的客户提供服务的过程中,员工将体会到自身价值的实现,而员工满意度的提高又会使酒店服务质量提高,使客户满意度进一步提升,形成一个良性循环。

9.能够为酒店提供及时有效的决策依据

客户管理系统将为酒店创造出先进的客户智能和决策支持能力,为打造酒店核心竞争力中的战略决策能力和总体规划能力都起到重要的保障作用和促进作用。客户关系管理能够促使酒店跨越系统功能和不同的业务范围,把营销服务活动的执行、评估、调整等与客户满意度、忠诚度、客户收益等密切联系起来,提高了酒店整体的营销和服务活动的有效性。同时对客户信息和数据进行有效的分析,为酒店商业决策提供分析和支持。

10.能够帮助酒店冲破营销瓶颈

首先,酒店通过客户关系管理系统的实施,可以形成统一的客户联系渠道和全面的客户服务能力,这成为酒店核心竞争力的重要组成部分。酒店细心了解客户的需求,专注于建立长期的客户关系,并通过在全酒店内实施“以客户为中心”的战略来强化这一关系,通过统一的客户联系渠道为客户提供比竞争对手更好的客户服务。这种基于客户关系和客户服务的核心竞争力因素,都将在市场和绩效中得到充分的体现。

其次,客户管理系统还将保证酒店核心竞争力的持续性提高。因为客户关系管理在功能方面实现了营销、服务、电子商务和呼叫中心等应用的集成,其目标是持续提高酒店的运营和管理的先进化、自动化水平。客户关系管理系统将保证酒店不断根据其资源状况和市场竞争情况,调整竞争战略,突出产品或技术优势,在拥有良好而稳定的长期客户关系的基础上获得不断的市场成功。

11.能够帮助酒店创建基于互联网络的管理应用框架,使酒店完全适应在电子商务时代的生存和发展

客户关系管理将推动酒店在互联网环境下的高速发展。酒店只有通过全面的改革,通过实施和应用客户关系管理,才能具备在互联网环境下适应变化、不断创新、不断超越的能力,这也是互联网经济赋予酒店核心竞争力的新的含义。

总之,客户是酒店赖以生存和发展的基础,市场竞争实质上就是争夺客户的竞争,酒店客户管理更是重中之重。

第五节　酒店客户管理的内容和目标

一、酒店客户管理的主要内容

酒店客户关系管理是一个不断加强与客户交流,不断了解客户需求,并不断对产品及服务进行改进和提高,以满足客户需求的连续的过程。其内涵是酒店利用信息技术和互联网

技术实现对客户的整合营销,是以客户为核心的企业营销的技术实现和管理实现。

在酒店中,客户管理日常工作内容主要包括以下几个方面:

1.客户调查

客户调查是酒店实施市场策略的重要手段之一。其通过人口特征、生活态度、生活方式、消费历史、媒介消费等对目标客户进行分析,迅速了解客户需求,及时掌握客户信息,把握市场动态,调整、修正酒店产品与服务的营销策略,满足不同的需求,促进产品及服务的销售。

2.客户开发

在竞争激烈的市场中,能否通过有效的方法获取客户资源,往往是酒店成败的关键。况且,客户越来越明白如何满足自己的需要和维护自己的利益,获得与保持客户越来越难。因此,加强客户开发管理对酒店的发展至关重要。

客户开发的前提是确定目标市场,研究目标客户,从而制订客户开发市场营销策略。营销人员的首要任务是开发准客户,通过多种方法寻找准客户并对准客户进行资格鉴定,使酒店的营销活动有明确的目标与方向,使潜在客户成为现实客户。

3.客户信息管理

客户信息管理是客户管理的重要内容和基础,包括客户信息的收集、处理和保存。建立完善的客户管理系统,对酒店扩大市场占有率、提高营销效率、与客户建立长期稳定的业务联系,都具有重要意义。

客户信息管理还包括对客户进行差异分析,识别酒店的"金牌"客户;分析哪些客户导致酒店的成本增加;选出酒店本年度最想和哪些企业建立商业关系;列出上年度有哪些大宗客户对酒店的产品或服务多次提出了抱怨;找出上年度最大的客户是否今年也订了不少的产品;知晓是否有些客户在酒店只订了少数几个房间,却在其他酒店安排了更多的客人;根据客户对本酒店的价值等标准(如客房收入、餐饮收入、会议收入、与本酒店有业务交往的年限等),把客户区分为准客户、新客户和老客户,区分大客户和一般客户,并实施不同的市场营销策略,进行客户管理。

4.客户服务管理

客户服务管理是了解客户需求,以实现客户满意为目的,酒店全员、全过程参与的一种经营行为和管理方式。它包括营销服务、部门服务和产品服务等几乎所有的服务内容。

客户服务管理的核心理念是酒店全部的经营活动都要从满足客户的需要出发,以提供满足客户需要的产品和服务作为酒店的义务,以客户满意作为酒店经营的目标。客户服务质量取决于酒店创造客户价值的能力,即认识市场、了解客户现有与潜在需求的能力,并将此导入酒店的经营理念和经营过程中。优质的客户服务管理能最大限度地使客户满意,使酒店在市场竞争中赢得优势,获得利益。

客户服务管理还包括调整产品和服务,以满足每一个客户的需求。要改进客户服务过程中的纸面工作,节省客户时间,节约公司资金;使发给客户的邮件更加个性化;替客户填写各种表格;询问客户,他们希望以怎样的方式、怎样的频率获得酒店的信息;找出客户真正的需要;征求名列前十位的客户的意见,看酒店究竟可以向这些客户提供哪些特殊的产品和服务;争取企业高层对客户关系管理工作的参与。

5.客户促销管理

促销是营销人员将有关产品信息通过各种方式传递给客户,提供产品情报、增加消费需求、突出产品特点,促进其了解、信赖并使用产品及服务,以达到稳定市场销售,扩大市场份额,增加产品价值,发展新客户,培养强化客户忠诚度的目的。营销人员要给自己的客户联系部门打电话,了解客户预订量减少的原因;给竞争对手的客户联系部门打电话,比较服务水平的不同;把客户打来的电话看作一次销售机会;测试客户服务中心的自动语音系统的质量;对酒店内记录客户信息的文本或报告进行跟踪;哪些客户给酒店带来了更高的价值,与他们更主动地对话;通过信息技术的应用,使客户与酒店做生意更加方便;改善对客户抱怨的处理;等等。

促销的实质是营销人员与客户之间进行有效的信息沟通,这种信息沟通可以通过广告、人员推广、营业推广和公共关系四种方法来实现。而促销管理是通过科学的促销分析方法进行全面的策划,选择合理的促销方式和适当的时机,对这种信息沟通进行计划与控制,以使信息传播得更加准确与快捷。

根据上述要求,我们可以把酒店客户管理的内容进一步细化为:

(1)收集、整理和完善客户的档案资料,包括客户单位的基本概况,单位主要负责人的个人爱好、文化层次、工作作风及生活习惯等。

(2)与客户保持较好的沟通,包括业务沟通和情感沟通,确保客户对酒店产品及服务的持续购买。

(3)对不同客户在酒店所消费的产品及服务所产生的收益、边际贡献、总利润额、净利润率等进行分析,找出对酒店贡献最大的客户。

(4)对来自不同渠道、不同销售地点的客户进行分析,找出酒店的大客户;对他们进行适当的分级,根据不同级别,提供不同的服务内容。

(5)对现有客户的消费趋势进行分析,对客户销售中的非正常现象,要及时予以关注,对其中影响酒店销量的问题,需要逐一地解决,确保现有客户能够成为未来长久的客户。

(6)对酒店的产品及服务进行分析,包括产品设计、关联性、供应链等,以确保客户始终保持新鲜感,提高客户对酒店的忠诚度。

(7)适时调整酒店的促销方案,以提高酒店对新客户的吸引力。

二、酒店客户管理的目标

在制订实施客户管理的目标时,既要考虑酒店内部的现状和实际管理水平,也要看到外部市场对酒店的要求与挑战。没有一种固定的方法或公式可以使酒店轻易地达成客户管理的目标。在确立目标的过程中,酒店必须清楚地认识到建立 CRM 系统的初衷:是市场上的竞争对手采用了有效的 CRM 管理手段,还是为了加强客户服务的能力? 这些问题都是在建立 CRM 项目前必须明确给出答案的问题。只有明确实施 CRM 系统的初始原因,才能给出适合酒店自身的 CRM 目标。

具体而言,客户管理的目标有以下几个:

1.提高工作效率,增强客户满意度

实施客户管理是酒店战略管理的一个重要组成部分。它着眼于如何去理解和管理酒店当前的和潜在的客户需求,围绕客户消费行为,适时改变酒店战略、机构和技术,更好地为客户服务。CRM 系统提供给客户多种形式的沟通渠道,利用这些渠道,销售部门可以对客户要求作出迅速而正确的反应,让客户在对购买产品满意的同时也愿意保持与酒店的有效沟通。

2.拓展市场份额,降低营销成本

CRM 系统可以采用信息技术和新的业务模式(电话、网络),提高业务处理流程的自动化程度,实现酒店范围的信息共享;可以提高酒店员工的工作能力,使酒店内部能够更有效地运转;还可以对客户进行具体甄别和群组分类,并对其特性进行分析,使市场推广和销售策略的制订与执行避免了盲目性,节省时间和资金,从而扩大酒店经营范围,及时把握新的市场机会,占领更多的市场份额。

3.保留有效客户,提高销售收入

利用 CRM 系统提供的多渠道的客户信息,确切了解客户的需求,客户可以自己选择喜欢的方式同酒店进行交流沟通,方便获取信息,得到更好的服务。同时客户的满意度得到提高,可以帮助酒店保留更多有价值的老客户,并更好地吸引新客户,增加销售的成功概率,进而提高销售收入。

4.创造客户价值,增加酒店利润

酒店以创造客户价值为目标,为客户提供具有价值的产品和服务并以某种价格在市场上推销。由于对客户有更多的了解,业务人员能够有效地抓住客户的兴趣点,有效进行销售,避免盲目地以价格让利取得交易成功,从而提高销售利润。

5.实现客户关系更多、更久、更深的发展

"更多"指的是客户数量的增多。实现"更多"的途径有三个:挖掘和获取新客户、赢回流失客户、识别新的细分市场。虽然挖掘和获取一个新客户的成本要高于挽留一个老客户,但由于酒店不能保证不发生客户流失,因此酒店在尽可能挽留老客户的同时,必须积极发展新客户,这可以起到补充和稳定客户源的作用。赢回流失客户就是要恢复和重建与已流失的客户之间的关系,主要针对那些曾经属于酒店但出于某种原因已经终止与酒店联系的客户。识别新的关系细分市场,也可以有效地增加酒店的客户关系量。

"更久"关注的主要是客户关系的持续时间,即通过培养客户忠诚,挽留有价值的客户,减少客户流失,改变或放弃无潜在价值的客户。其主要任务就是加强客户忠诚和客户挽留,延长客户关系生命周期。研究表明:"挽留一个现有客户比吸收一个新客户更为经济。"美国学者雷奇汗通过对美国信用卡业务的研究发现:"客户挽留率每增加5%,可带来公司利润60%的增长。"从这个意义上讲,不管付出多么艰辛的努力都是值得的。

"更深"是指现有客户关系质量的提高,即通过交叉销售和刺激客户的购买倾向等手段使客户使用酒店的次数更多,从而加深酒店与客户之间的密切关系,提高每一个客户关系的质量。其中,交叉销售指的是借助客户管理来发现现有客户的多种需求,并为满足他们的需求而销售多种不同产品或服务的一种新兴销售模式,是努力增加客户使用同一家酒店服务的销售方法。而追加销售与购买升级强调的是客户消费行为的升级,客户由购买低价产品转向购买高价产品的现象。其特点是向客户提供新的产品或服务,是建立在客户现行消费的产品或服务的基础之上的。

第六节　客户管理人员的素质与能力要求

一、客户管理人员的素质要求

客户管理人员在认识、觉悟、道德、修养、境界等方面要有较高的素质。一个人的素质,直接反映在一个人的所作所为、言谈举止的每一个细节上,具体而生动地体现在人的行动中。作为客户管理人员,工作中充满了巨大的挑战,即把不可能的客户变成可能客户,把可能的客户变成真正的客户,把每一个新的客户变成长期的客户。且客户管理人员要不断地去寻找客户,开展销售活动,不断与客户进行联系,为客户解决各种各样的问题,处理业务往来中可能出现的各种问题,维持与客户的良好关系及应付没有完结的销售任务,不具备良好的素质,这一切是难以做到的(图 1.1)。

图 1.1　客户管理人员应具备良好的素质修养　刘伟　摄

客户管理人员的素质具体体现在以下几个方面。

1.注重个人形象

良好的个人形象是带给人诚信印象的基础,作为一名客户管理人员,必须养成注意自己外在形象的习惯:不要蓬头垢面,胡子要天天修剪,着合身以及整齐清洁的衣物,穿光亮的皮鞋,身上没有异味。这些都是给予客户的第一印象,也是对客户的尊重。客户管理人员要将个人外在形象作为创造销售机会的重要手段。平时多花几分钟的时间整理自己的仪容仪表,你会发现这几分钟可以帮你创造出意想不到的机会。

成功的客户经理会通过多方努力满足客户的需求,以提高自己的销售业绩。销售千万不能流于形式,要满足客户的需求,多样化服务于我们的"伙伴",让客户凭着信任告诉自己应该购买,因为客户管理人员很诚恳、很专业、很负责。

2.友善、诚恳、有礼貌的对客态度

客户管理人员要有友善、诚恳、有礼貌的对客态度,以此赢得客户的尊重。

3.忍耐与宽容

客户管理人员要有很强的包容心,包容客户的一些无理,包容客户的一些小家子气。因为很多客户有时候就是斤斤计较,蛮不讲理,胡搅蛮缠的,在服务过程中什么样的情况都会有,真正的客户服务就是要了解客户的喜好,根据客户的喜好提供服务,要包容和理解客户,最终使客户满意。

4.一言九鼎,诚信为本

客户服务人员不要轻易对客户作出承诺,以免使工作陷入被动。客户管理人员必须要信守自己的诺言,一旦答应客户,就要尽心尽力地做到。

5.勇于承担责任

客户管理人员需要经常承担各种各样的责任,并对自身工作失误负责。出现问题的时候,同事之间往往会相互推卸责任。客户服务是一个企业的服务窗口,应该包容整个企业对客户带来的所有损失。因此,在客户管理部门,不能说这是其他部门的责任,要化解矛盾,勇于承担责任。

6.有博爱之心

拥有博爱之心,真诚地对待每一个人。这个博爱之心是指"人人为我,我为人人"的思想境界。日本应聘客户服务人员,面试的时候就要通过性格测试,专门选择和聘用有博爱之心的人。

7.保持谦虚心态

谦虚是做好客户管理工作的要素之一,拥有一颗谦虚之心是人类的美德。一个客户管理人员需要有很强的专业知识,什么都要懂,什么都要会,就有可能不谦虚,认为客户说的话都是外行话。在这个领域,你可能是专家,客户可能会说出很多外行的话。如果客户管理人员不具备谦虚的美德,就会在客户面前炫耀自己的专业知识揭客户的短,这是客户服务中很忌讳的一点。客户管理人员要求有很高的服务技巧和专业知识,但不能在客人面前卖弄。

8.强烈的集体荣誉感

客户管理强调的是团队精神,企业的客户管理人员需要互相帮助,必须要有团队精神。例如,人们常说这球队特别有团队精神,特别有凝聚力,是指每一个球员在赛场上不是为自己进球,所做的一切都是为了全队获胜。而客户管理人员也是一样,所做的一切,不是为表现自己,而是为了能把整个企业的客户服务工作做好。

二、客户管理人员的能力要求

(一) 沟通能力

沟通能力是指客户管理人员通过各种语言或其他媒介向他人传达某种信息,以有效地使他人获得理解,促进营销、销售及服务活动顺利地进行。客户管理人员在经营管理活动中必须及时、迅速地向客户传达信息。要使对方理解其信息,促进双方的协调,就必须进行有效的沟通。

从表面上看,沟通能力似乎就是一种能说会道的能力,实际上它包罗了一个人从穿衣打扮到言谈举止等一切行为的能力。一个具有良好沟通能力的人,可以将自己所拥有的专业知识及专业能力进行充分的发挥,并能给对方留下专业、可信任的深刻印象。

作为客户管理人员,应掌握以下沟通技巧:

1.自信的态度

一般经营事业相当成功的人士,不随波逐流或唯唯诺诺,有自己的想法与作风,但却很少对别人吼叫、谩骂,甚至连争辩都极为罕见。他们了解自己,并且肯定自己,他们的共同点是自信,日子过得很开心。有自信的人常常是最会沟通的人。

2.体谅他人的行为

这包含"体谅对方"与"表达自我"两方面。体谅是指设身处地为别人着想,并且体会对方的感受与需要。在经营"人"的事业过程中,当我们想对他人表示体谅与关心,唯有我们自己设身处地为对方着想。由于我们的了解与尊重,对方也相对体谅你的立场与好意,因而会作出积极而合适的回应。

3.适当地提示对方

产生矛盾与误会的原因,如果出自对方的健忘,我们的提示正可使对方信守承诺;反之若是对方有意食言,提示就代表我们并未忘记事情,并且希望对方信守诺言。

4.有效地直接告诉对方

一位知名的谈判专家分享他成功的谈判经验时说道:"我在各个国际商谈场合中,时常会以'我觉得'(说出自己的感受)、'我希望'(说出自己的要求或期望)为开端,结果常会令人极为满意。"其实,这种行为就是直言不讳地告诉对方我们的要求与感受,若能有效地直接告诉你所想要表达的,将会有效地帮助我们建立良好的人际网络。

5.掌握"三不谈"原则

"三不谈"原则即时间不恰当不谈,气氛不恰当不谈,对象不恰当不谈。

6.善用询问与倾听

询问与倾听的行为是用来控制自己,让自己不要为了维护权力而侵犯他人。尤其是在对方行为退缩、默不作声或欲言又止的时候,可用询问方式引出对方真正的想法,了解对方的立场以及对方的需求、愿望、意见与感受,并且运用积极倾听的方式诱导对方发表意见,进而对自己产生好感。一位优秀的沟通好手,绝对善于询问以及积极倾听他人的意见与感受。

倾听能鼓励他人倾吐他们的状况与问题,而这种方法能协助他们找出解决问题的方法。倾听需要相当的耐心与全神贯注。

倾听技巧由4个个体技巧所组成,这4个个体技巧分别是鼓励、询问、反应与复述。

7.气氛控制技巧

安全而和谐的气氛,能使对方更愿意沟通,如果沟通双方彼此猜忌、批评或恶意中伤,将使气氛紧张,加速彼此心里设防,使沟通中断或无效。

气氛控制技巧由4个个体技巧所组成:联合、参与、依赖与觉察。

8.推动技巧

推动技巧是用来影响他人的行为,使其逐渐符合我们的议题。有效运用推动技巧的关键,在于以明白具体的积极态度,让对方在毫无怀疑的情况下接受你的意见,并觉得受到激励,想完成工作。

推动技巧由4个个体技巧所组成:回馈、提议、推论与增强。

(二)筹划能力

筹划能力即统筹规划的能力。统筹规划是指通过对工作任务的整体分析,制订周密的工作计划,恰当合理地配置与整合资源,以实现组织的发展目标。

具体而言,统筹规划包括以下要素:

(1)整体规划。

(2)预见问题。

(3)制订计划。

(4)轻重缓急。

统筹规划的本质是实现资源配置最优化,即尽可能在合理优化资源的前提下,努力争取获得在允许范围内的最佳效益。在实际工作中,提高统筹规划能力,可以尝试采用以下方式:

首先,工作中的统筹规划一般会涉及计划、方案的构思和制作,与人际关系、组织关系、供求关系、配合关系等协调以及各种资源的合理配置,这需要形成框架结构的思考方式,这对于工作经验相对不丰富的员工来说非常重要。

其次,在头脑里要对所做的事情有一个大致的轮廓框架。比如,哪些资料是需要准备就绪并与客户确定工作流程的?有多少个电话需要沟通确认?以及分别需要多少时间,还有多少由自己个人支配的时间?事务繁多忙乱,不是因为工作太多,而是因为没有把握好工作重点,工作目标不明确。对工作中的各项事务按照紧迫性、重要性区分优先等级,在各项任务上合理分配时间资源,进而有计划、有步骤地安排工作进程。

最后,加强平时的训练也是提高应对统筹规划能力的有效方法。可以设置相应的情境,联系自身、他人工作生活的实际,把虚拟任务当作工作实际去思考、去操作,详尽考虑可能面对的问题及对应的解决方案。

(三) 表达能力

表达能力是指一个人把自己的思想、情感、想法和意图等,用语言、文字、图形、表情和动作等清晰明确地表达出来,并善于让他人理解、体会和掌握的能力。

1.口头表达能力

出色的口头表达能力是由多种内在素质综合决定的,它需要冷静的头脑、敏捷的思维、超人的智慧、渊博的知识及一定的文化修养。为此,需要努力学习和积累有关理论、知识和经验,如学习演讲学、逻辑学、论辩学、哲学、社会学、心理学等。

作为酒店客户管理人员,要努力学习和掌握相应的技能和技巧。在与客户交流时,注意做到以下几点:

(1)对自身产品的了解准备充分,但又不照本宣科;

(2)以情感人,充满信心和激情;

(3)条理清楚,观点鲜明,内容充实;

(4)注意概括,力求用言简意赅的语言传达最大的信息量;

(5)协调自然,恰到好处地以手势、动作、目光、表情帮助说话;

(6)表达准确,吐字清楚,音量适中,声调有高有低,节奏分明,有轻重缓急、抑扬顿挫;

(7)幽默生动,恰当地运用设问、比喻、排比等修辞方法,使语言幽默、生动、有趣;

(8)尊重他人,了解客户的需要,尊重客户的人格,设身处地为客户着想,以礼待人,注意客人的反应,及时调整讲话。

2.文字表达能力

文字表达能力与口头表达能力一样,是人们交流思想、表达思想的工具,是学好专业、成就事业的利器。对客户管理人员来说,如果缺乏文字表达能力,与客人来往的函件就容易产生歧义,甚至会出现纠纷等。

(四) 分析判断能力

分析判断能力属于逻辑思维能力之一,是指人对事物进行剖析、分辨、单独观察和研究的能力。分析判断能力较强的人,往往术业有专攻,技能有专长,在自己擅长的领域里,有着独到的成就和见解,并进入常人所难以达到的境界。同时,分析判断能力的高低还是一个人智力水平的体现。分析能力是先天的,但在很大程度上取决于后天的训练。在工作和生活中,经常会遇到一些事情、一些难题,分析判断能力较差的人,往往思来想去不得其解,以至于束手无策;反之,分析判断能力强的人,往往能自如地应对一切难题。

一般情况下,一个看似复杂的问题,经过理性思维的梳理后,会变得简单化、规律化,从而轻松、顺畅地被解决,这就是分析判断能力的魅力。客户管理人员需要通过客户的言行,分析判断客户的心理需求、消费需求及预算需求等,以最终达到销售谈判的目的。

(五) 包容能力

客户管理人员每天面对的客户各式各样,每个客户的性格各异,每个客户的需求不同,应以平和的心态面对客户，耐心地倾听客户的需求，戒骄戒躁。当客户对酒店的产品或服务提出异议时，即便客户说得不全对，也不要动怒或反唇相讥，而应耐心地倾听，心平气和地解答，从中发现客户对产品服务的着重点，从而"对症下药"，以酒店优秀的产品和服务满足客户的需求。在服务过程中，即便与客户发生不愉快的事情，甚至遇到客户的有意刁难，要学会包容客户的不足，聚焦于服务上，即使最终还是不欢而散，也不要让一时的不愉快影响与客户的长期合作关系，对客户多一分理解，也就多一分成功的可能。

（六）处理人际关系的能力

处理人际关系的能力是指善于调节与控制他人的情绪反应，并能够使他人产生自己所期待的反应的能力。一般来说，能否处理好人际关系是一个人被社会接纳与受欢迎的基础。在处理人际关系的过程中，重要的是能否正确地向他人展示自己的情绪情感，因为一个人的情绪表现会对接受者即刻产生影响。如果你发出的情绪信息能够感染和影响对方的话，那么，人际交往就会顺利进行并且深入发展。当然，在交往过程中，自己要能够很好地调节与控制住情绪，所有这些都需要人际交往的技能。

（七）情绪管控能力

情绪管控能力是指通过研究个体和群体对自身情绪和他人情绪的认识、协调、引导、互动和控制，充分挖掘和培植个体和群体的情绪智商、驾驭情绪的能力，从而确保个体和群体保持良好的情绪状态，并由此产生良好的管理效果。酒店的客户管理人员每天面对不同的客人，解决客人不同的需求，甚至质疑、投诉，在这种情况下，需要培养自身以下4种情绪管控能力。

1.情绪的自我觉察能力

情绪的自我觉察能力是指了解自己内心的一些想法和心理倾向，以及自己所具有的直觉能力。自我觉察，即当自己某种情绪刚一出现时便能够察觉。一个人所具备的、能够监控自己的情绪以及对经常变化的情绪状态的直觉，是自我理解和心理领悟力的基础。如果一个人不具有这种对情绪的自我觉察能力，或者说不认识自己的真实的情绪感受的话，就容易听凭情绪摆布，以至于做出许多不合常理的事情来。在实际生活中，客户管理人员也会有自己的生活，有自己所要面对的生活上的喜怒哀乐，这时候就要客户管理人员要自我觉察自己的情绪痛点、爆点，以此作自我管控，避免将不必要的情绪带入对客工作中。

2.情绪的自我调控能力

情绪的自我调控能力是指控制自己的情绪活动以及抑制情绪冲动的能力。

情绪的调控能力是建立在对情绪状态的自我觉察的基础上的，是指一个人如何有效地摆脱焦虑、沮丧、激动、愤怒、烦恼等因为失败或不顺利而产生的消极情绪的能力。这种能力的高低，会影响一个人的工作、学习与生活。当情绪的自我调控能力低下时，就会使自己总是处于痛苦的情绪旋涡中；反之，则可以从情感的挫折或失败中迅速调整、控制并且摆脱而重整旗鼓。

3.情绪的自我激励能力

情绪的自我激励能力是指一个人为服从自己的某种目标而产生、调动与指挥自己情绪的能力。一个人做任何事情要想成功,就要集中注意力,学会自我激励、自我把握,尽力发挥出自己的创造潜力,这就需要具备对情绪的自我调节与控制,能够对自己的需要延迟满足,能够压抑自己的某种情绪冲动。

4.对他人情绪的识别能力

这种觉察他人情绪的能力就是同理心,亦即能设身处地站在别人的立场,为别人着想。愈具同理心的人,愈容易进入他人的内心世界,也愈能觉察他人的情感状态。客户管理人员识别客人情绪的能力是非常必要的,这有利于推进整体的销售过程。

(八)"时间管理"能力

客户管理人员每天都有很多事情要做,而时间是有限的。很多管理人员总是感觉时间不够用,有干不完的工作,处理不完的事情,从早忙到晚,还是觉得有很多该做的事没做,工作缺乏效率。这是不会管理时间的表现,缺乏时间管理的意识和艺术。

客户管理工作事务繁杂,客户管理人员应对每天要做的事情按照重要性和紧急程度进行梳理和排序,并对有限的时间进行适当的分配,这样才能争取工作的主动性,提高工作效率。

第一优先:先处理紧急而且重要的事情。

第二优先:不急,但很重要的事情。

第三优先:紧急,但不重要的事情。

第四优先:不急,又不重要的事情。（图 1.2）

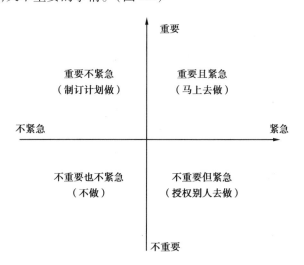

图 1.2　时间管理法

此外,以下方法也是时间管理的重要方法,可供客户管理人员工作参考。

1.做好日备忘录

许多客户管理人员发现,日备忘录是行之有效的记录工作细节的手段。可以使用小型笔记本、活页本、提前印制好的表格或电脑提示文件来记录。总之,日备忘录没有固定的形式,可根据自己的爱好选择。

许多酒店客户管理人员都使用日历来记录当年或本月重要客户的会见日期、组织客户的会议接待时间和各项活动,这能帮助客户管理人员记住重要事件的总体安排和长期的任务职责。

客户管理人员在制订日备忘录时,应注意以下几点:

(1)制订各项工作内容。酒店客户管理人员在制订每日的备忘录时,应把所有能考虑到的工作任务,如与客户会面、跟进客户会议需求、整理客户资料等都包括在内,但不必顾及各项工作的轻重之分。一旦完成日备忘录,要仔细审视各项工作的完成顺序、最后完成期限、工作流程和其他相关事项。最后,删除不必在当日完成的工作任务。

(2)锲而不舍。如果是第一次使用日备忘录,可能需要一段熟悉时间,但应锲而不舍。日备忘录能使客户管理人员掌握灵活的安排技巧,而不会失去目标或遗忘自己本身的计划安排。

(3)分清主次。日备忘录的书写和执行是相辅相成的。一旦开始工作,首先应分清工作的主次关系。

2.制订周计划

除日备忘录外,周计划也能帮助酒店客户管理人员管理时间。客户管理人员可以根据每周的计划来安排本周的活动项目时间及要会见的人员。同时,酒店客户管理人员还可根据具体情况修改或创建全新的周计划。

酒店客户管理人员每周应抽出固定的时间来制订周计划。这个过程通常只需要几分钟。随着时间的推移,还要不断作出更新调整。如重新调整工作的主次关系、加入新的工作任务和重新安排各种活动的顺序。不仅如此,使用周计划还能避免偏离既定的目标。

3.使用电子工具

在移动互联网时代,许多 App 软件都有时间管理程序。这一系统的特点是能为客户管理人员设置(以分钟、小时或天为单位)一种自动的"提示窗",显示客户管理工作预约的时间,而且还可输入简短的或重要的信息,以真正"提醒"自己预约的目的和功能。反复出现的预约可被编制成固定的数据,显示在未来几周的日历记事录上。

读者可登录"刘伟酒店网"—院校服务—视频—"时间管理的艺术"观看大学教授谈时间管理的艺术。

思考题

1.酒店实施客户管理的意义有哪些?

2.介绍酒店客户管理的主体与职能。

3.酒店客户管理的内容与目标是什么?

4.客户管理人员应具备哪些素质和能力?

【案例分析】

<h3 style="text-align:center">不能让客人离开时的心情分数低于9分……</h3>

酒店的"创心"服务,就是为客人创造让心灵感动的机会!下面这家美国餐厅,真是把"创心"服务做到了尽善尽美。

美国一家餐馆,名字叫小华盛顿客栈,其精致餐点及精美服务都令顾客赞不绝口。为了让前来的顾客拥有毕生难忘的用餐体验,他们采用了一套叫作"心情分数"的独特管理办法。餐馆服务人员在每一桌客人坐定准备点菜后,必须观察各桌的气氛,先打一个由1分到10分的心情分数。这个分数会随着菜单一起输入电脑,显示在餐馆中每一个环节的屏幕上。小华盛顿客栈的目标是,不让客人离开时的心情分数低于9分。

餐馆的员工都具备"看"得出顾客看不见的心情的能力。心情分数判读的准确率当然不可能是百分之百,但也不能有太大的落差。如果这一桌的客人本来就气氛热络,就不需要特别的作为;但如果某一桌客人看起来心情分数很低,那么整个管理团队就必须同心协力地扭转这个局面。

这种努力常常在细微处。如当顾客对两道菜难以作决定时,厨房会把没点的另一道菜制作一小份,让客人品尝一下味道。在与顾客的互动中,服务人员重新查看心情分数,输入新的计分。如果还是只有5分,可能会加送一道菜;如果提升到7分,可能加送一道点心就够了。为了提升心情分数,整个服务团队必须随时准备"危机总动员"。

若顾客即将离开时心情分数仍然只有8分,餐馆就会使出最后一招:主厨亲自出马招待顾客参观号称全美国最美丽的厨房,作更进一步的"沟通"。通常到这个时候,顾客无不惊喜万分。

多年来,这家餐馆凭着所缔造的完美顾客体验而闻名美国,甚至被著名的美食评论杂志评为全美第一。

问题:你认同这种客户管理方式吗? 从这一案例你得到了哪些启迪?

【补充与提高】

G.O团队:法国地中海俱乐部度假村的客户管理专家

法国地中海俱乐部有一个非常具有特色的服务——G.O团队,这是法语"Gentil Organisateur"(亲切的东道主)的简称,目前全球有13000多人加入该团队。这个团队由充满活力、友善和多才多艺的年轻人组成,他们对每一位住店客提供无微不至的关怀和亲情式服务。度假村确保每个度假村至少有20名以上的G.O成员,他们带动整个度假村的特色服务。

对G.O成员的挑选,主要看他是否有非常友善、开朗、热情和微笑的服务意识与态度,他们经过培训后,各施专长。比如,他们既是射箭、骑马、游泳等科目的教练,同时还是随时准备与你聊天的朋友、陪你吃饭的伙伴。到了晚上,他们更是热情四射,摇身变成在度假村剧场表演各种节目的演员。

第二章
前厅部的客户管理

　　使每一位客人满意,是每一家酒店努力的方向和工作目标,建立良好的宾客关系则是实现这一目标的重要途径之一。

　　除了门童、行李员及前台接待人员要热情、周到地接待每一位光临酒店的客人以外,前厅部通常通过设立大堂副理(Assistant Manager,AM)、宾客关系主任(Guest Relation Officer,GRO)、贴身管家(Hotel Butler)、酒店金钥匙(Golden Key)等岗位来建立、发展和改善与住店客人及来访客人的关系,努力给客人留下良好的印象、美好的经历与难忘的记忆。

【本章学习目标】

- ·了解大堂副理的岗位职责与素质要求。
- ·了解酒店宾客关系主任的岗位职责、素质要求及工作流程。
- ·认识"金钥匙"理念,了解酒店"金钥匙"的岗位职责与素质要求。
- ·了解酒店贴身管家素质要求及工作性质和服务内容。

关键词:大堂副理;宾客关系主任;酒店大使;贴身管家;金钥匙
Key Words:AM;GRO;Hotel Ambassdor;Butler;Golden Key

第一节　大堂副理

走进很多酒店的大堂,你会在其一侧注意到一张典雅、精美的桌子,上面摆放着鲜花,旁边坐着一位能讲一口流利英语、和颜悦色的酒店工作人员,他,就是酒店的大堂副理。

大堂副理是酒店最重要的客户关系管理人员之一,其主要职责是代表酒店总经理接待每一位在酒店遇到困难而需要帮助的客人,并在自己的职权范围内予以解决,包括回答客人的问询、解答客人的疑难问题、处理客人的投诉等。因此,大堂副理是沟通酒店和客人的桥梁,是客人的益友,是酒店建立良好宾客关系的重要环节。

在我国,三星级以上高端酒店大都设有大堂副理。大堂副理可以是主管级,也可以是部门副经理级,以体现这一职位的重要性和权威性。对大堂副理的管理通常有两种模式:一是隶属于前厅部;二是由总经理办公室直接管理,大堂副理向总经理办公室主任或直接向总经理汇报。以上两种模式各有利弊。从工作性质(属于对客服务项目)和工作岗位的位置(位于前厅大堂)来讲,应属于前厅部,而从职责范围来讲,涉及酒店各个部门,为了便于协调管理和有效地开展工作,则应由总经理办公室直接管理。还有的酒店将大堂副理划归质监部,由质监部经理(或总监)负责,直接处理出现在各部门的服务质量问题和客人投诉问题,以增强其权威性。具体而言,各酒店应根据自身的实际情况来决定。

无论采用哪种管理模式和体制,都要明确大堂副理管理的岗位职责和管理权限,否则,他将很难开展工作(在一些涉外酒店,大堂副理已沦为酒店的"翻译",当出现客人投诉或客人与酒店发生冲突时,他只是被请去充当"翻译"),甚至与其他部门经理、主管发生冲突,影响协调和团结。

一、大堂副理的岗位说明书

大堂副理

直接上级:前厅经理/总经理

直接下级:宾客关系主任

岗位职责:

(1)代表酒店管理机构处理客人投诉,解答客人的疑难问题,及时将客人意见、服务质量方面的问题向总经理汇报,并提出改进意见。

(2)作为酒店管理机构的代表检查各部门员工的纪律、着装、仪容仪表及工作状况。

(3)回答宾客的一切询问,并向宾客提供一切必要的协助和服务。

(4)维护大堂秩序,确保宾客的人身和财产安全以及酒店员工和酒店财产的安全。

---

(5)抽查酒店各部门的清洁卫生工作及设备设施的维护保养水准。

(6)负责协调处理宾客的疾病和死亡事故。

(7)征求宾客意见,沟通酒店与宾客间的情感,维护酒店的声誉。

(8)处理员工和客人的争吵事件。

(9)保证宴会活动的正常接待。

(10)确保大堂秩序良好,无衣冠不整、行为不端者。

(11)每日参加部门经理例会,通报客人投诉、员工违纪等情况,并提出相关建议。

(12)协助前厅部经理指导并检查前台、预订、总机、门童和礼宾部的工作,做好前厅部的日常管理。

(13)协助前厅部员工处理好日常接待中出现的各种问题(如超额预订、客人丢失保险箱钥匙、签账超额而无法付款、逃账事件以及其他账务等方面的问题)。

(14)沟通前厅部与各部门之间的关系。

(15)完整、详细地记录在值班期间所发生和处理的任何事项,将一些特殊的、重要的及具有普遍性的内容整理成文,交前厅部经理阅后呈总经理批示。

(16)协助保安部调查异常事务和不受欢迎的客人。

(17)认真做好每日的工作日志,对重大事件认真记录存档。

(18)代表总经理做好日常的贵宾接待工作,完成总经理临时委托的各项工作。

素质要求:

(1)受过良好的教育,大专以上学历。

(2)有多年酒店前台岗位工作经验,熟悉客房、前厅工作,略懂餐饮、工程和财务知识。

(3)有良好的外部形象,风度优雅。

(4)能应付各类突发事件,遇事沉着,头脑冷静,随机处理。

(5)个性开朗,乐于且善于与人打交道,有高超的人际沟通技巧。能妥善处理与客人、各部门之间的关系,有较强的写作及口头表达能力。

(6)口齿清楚,语言得体。

(7)外语流利,能用一门以上外语(其中一门是英语)与客人沟通。

(8)见识广,知识面宽。了解公关、心理学、礼仪、旅游等知识,掌握计算机使用知识。掌握所在城市的历史、游乐场所地点、购物及饮食场所;了解主要国家的风土人情。

(9)对国家及酒店的政策规定有充分的了解。

(10)具有高度的工作和服务热忱。

(11)彬彬有礼、不卑不亢。

二、大堂副理日常工作流程

(一)VIP 接待流程

1.抵店前的准备工作

(1)了解 VIP 客人的姓名、职务、习惯及到店时间。

(2)在 VIP 客人到达之前检查 VIP 客人入住登记单情况。

(3)检查 VIP 房的分配情况和房间状况,确保 VIP 房的最佳状况。

(4)在 VIP 客人到达前一小时,检查鲜花、水果和欢迎信的派送情况,督促接待人员提前半小时到位,提醒总经理提前 10 分钟到位,确保一切接待工作准确无误。

2.抵店时的接待工作

(1)VIP 客人进入大堂时,要用准确的客人职务或客人姓名称呼和迎接客人。

(2)引领 VIP 客人进入预分的房间,查看客人的有效证件,确保入住单打印的内容准确无误,并礼貌地请客人在入住单上签字。

(3)向 VIP 客人介绍客房及酒店内设施、设备。

(4)征求 VIP 客人的意见,随时提供特殊的服务。

3.离店后的后续工作

(1)接待完 VIP 客人后,要及时把入住单交给前厅,准确无误地输入各种信息。

(2)做好 VIP 客人的接待记录,必要时及时向总经理报告 VIP 客人到店情况和接待情况。

(3)协助预订部建立、更改 VIP 客人的档案,准确记录客人的姓名、职务、入店时间、离店时间、首次或多次住店、特殊要求等情况,作为以后订房和服务的参考资料。

(二)客人投诉处理流程

1.接受宾客的投诉

(1)确认是否为住店客人,记录客人的姓名、房号、投诉部门和事项。

(2)听取宾客的投诉:头脑冷静、面带微笑、仔细倾听,对宾客遇到的不快表示理解,并致歉意。

(3)对客人的投诉,酒店无论是否有过错,都不要申辩,尤其是对火气正大或脾气暴躁的客人,先不要作解释,要先向客人道歉,表示安慰,让客人感到你是真心实意为他着想。

2.处理宾客的投诉

(1)对一些简单、易解决的投诉,要尽快解决,并征求客人的解决意见。

(2)对一些不易解决或对其他部门的投诉,首先要向客人道歉,并感谢客人的投诉,同时向有关经理汇报。

(3)查清事实并作处理,同时将处理结果通知客人本人,并征求客人对解决投诉的意见,以表示酒店对客人投诉的重视。

(4)处理完客人的投诉后,要再次向客人致歉,并感谢客人的投诉,使酒店在其心目中留下美好的印象,以消除客人的不快。

3.记录投诉

(1)详细记录投诉客人的姓名、房号或地址、电话、投诉时间、投诉事由和处理结果。

(2)将重大的投诉或重要客人的投诉整理成文,经前厅部经理阅后呈总经理批示。

(三)为住店客人过生日

为了提高服务质量,为客人留下美好的印象和难忘的回忆,高星级酒店会为住店客人过生日,这项工作通常由酒店大堂副理与宾客关系主任负责。服务流程如下:

1.做好准备工作

(1)在客人生日申报单上签字。生日客人的查询,由前厅夜班负责,如有过生日的客人,填写客人生日申报单,然后交由大堂副理签字。

(2)签字的客人生日申报单一份交回前厅留存,另一份由前厅交餐饮部准备生日蛋糕。

(3)同时通知柜台员工,以备随时祝贺客人生日快乐。

(4)从办公室秘书处领取生日贺卡,请总经理签字后,准备送入客人房间。

2.祝贺客人生日

(1)与客人取得联系,在适当的时候持生日贺卡上楼,由送餐人员送上蛋糕,同时祝贺客人生日快乐。

(2)借此机会与客人做短暂交谈,征求客人的意见。

(3)将上述工作详细记录在记录本上。

【链接】

他乡遇知已

岁末,沈阳某大酒店大堂,两位外国客人向大堂副理值台走来,年轻的大堂副理小齐立即起身,面带微笑,以敬语问候。让座后,两位客人用英语讲述起他们心中的苦闷:"我们从英国来,在这儿负责一项工程,大约要半年,我们不会讲中文,所以离开翻译就成了哑巴。圣诞将至,我们感到十分孤独,有什么方法能让我们尽快解除这种陌生感?"

小齐微笑答道:"感谢两位先生光临我们酒店,使小店增光添彩。当你们在街头散步时,也一定会使沈阳市的圣诞节更加充满浪漫情调。"熟练的英语、亲切的话语所表达的深厚情谊,使身处异国他乡的英国客人与齐副理的心贴近了,谈话变得十分活跃。于是外宾更加广泛地询问了当地的生活环境、城市景观和风土人情。小齐介绍道,几天以后酒店要组织一次盛大的圣诞活动,希望他们两位能够积极参加,届时一定会使他们感受到与在他们国家过圣诞节同样的气氛和乐趣。外宾中的威廉姆斯先生听了,兴致勃勃地说:"再过两天是圣诞夜,正好是我55岁生日,能在和家乡一样欢乐热闹的圣诞节中度过我的55岁生日,将是十分荣幸的。"说者无心,听者有意。谈话结束之后,齐副理立即在备忘录上记下了威廉姆斯先生的生日。

12月24日清晨,小齐购买了鲜花,并代表酒店在早就预备好的生日贺卡上填好英语贺词,请服务员将鲜花和生日贺卡送到威廉姆斯先生的房间里。威廉姆斯先生见到生日贺礼,感到意外、惊喜,激动不已,连声答道:"谢谢,谢谢贵店对我的关心,我深深体会到这贺卡和鲜花之中蕴含着你们珍贵的情谊和良好的祝愿,我将永生难忘。我们在沈阳停留期间再也不会感到寂寞了。"

(四)紧急事件处理流程

酒店是一个小世界,什么样的事情都有可能发生,在遇到下列几种特殊情况时,大堂副理应参照以下程序进行工作:

1.房客生病或受伤

(1)房客若在居住期间生病或受伤,先以电话询问病情,再依病情和客人的要求,决定请医生来或是去医院治疗,严禁随便拿药给客人服用。

(2)若客人确实病情严重,或有特殊要求,可联系医院请求医生出诊。

·请医生出诊应事先打电话提供病人的详细情况。

·情况紧急,可拨打电话120,请急救中心出诊。

·在紧急情况下,如心脏病等,白天可请医务室帮忙就诊。

·病人若行走不便,可安排轮椅(存在行李房)或担架(客房加床用的折叠床即可)。

(3)在与医院联系后,要协助客人订好出租车,并告知司机医院的确切位置。在遇无出租车的情况下,可联系酒店车队。

(4)客人需要住院治疗时,将客人的病情及房号等做好记录,如有可能通知其在当地的亲友。

(5)保留房间,客人在住院期间若欲保留其房间,则通知客房部,若不需要保留房间,则征得客人同意后,帮助整理行李并寄存于行李房,衣服可存于房务中心。

(6)对于传染病房客,要劝其离店,并对房间及房内物品进行彻底消毒,同时对楼道及有关区域进行消毒处理。

(7)要求药物,客人通常会要一些药物,此时应委婉地告知客人,碍于规定,酒店无法提供,小擦伤等可用大堂副理药箱中的创可贴、纱布等。

2.房客自杀或死亡

(1)若发现此状况,而未能确定房客是否已死亡时,立即报保安部,并请医务室或特约医院叫救护车送往医院急救,将事件报告总经理并做记录。

(2)立即封锁现场及消息,并通知客房部、公关部等有关单位,由保安部经理判断是否报警处理。

(3)死亡。凡有房客死亡时,立即报保安部、总经理,再依下列情况处理:

·自然死亡和病死:首先封锁消息,封闭该房门后打电话请医院派救护车运走,由保安部报告有关部门,再通知房客友人或家属直接到医院料理丧事。

·谋杀:保持现场完整,报保安部,等候公安机关人员调查,再视情况处理。

·自杀:先封锁消息和现场,打电话请医院派救护车运回急救。等运走房客后再由保安部通知有关部门。若急救无效,依"自然死亡"项处理。

3.火灾

(1)大堂副理接到火警通知后,先报消防中心,然后电话通知总机(总机按"接火警通知方案"程序通知有关人员),并记录通知时间,然后携带总钥匙和手电筒(夜间)迅速赶到现场。

(2)若火灾发生在厨房,应通知工程部立即关闭所有煤气阀门,关掉所有电源,关闭受影响的一切通风装置。

(3)检查火警现场,并与保安部、工程部等有关部门人员取得联系,在最高领导决策后,决定是否报"119"派消防车支援。

(4)根据现场情况,做好各部门协调工作,在最高领导决定后,组织客人撤离现场。

(5)当需要将客人安排到其他酒店时,大堂副理立即与其他酒店取得联系。

4.偷盗

(1)发生任何偷盗现象均需首先报酒店保安部。

(2)接到通知后,同保安人员赶到现场,若发生在房间,则同时通知客房部主管前往。

(3)请保安部通知监控室注意店内有关区域是否有可疑人物。

(4)查询客人被盗物品及是否曾有客来访的有关资料,并做记录,视客人要求,由客人决定是否向公安机关报案。

(5)若客人有物品遗失,无论酒店有无责任赔偿,均应酌情给予关照。

(6)一般要由客人自己报案,大堂副理派人联系,最好由保安部和大堂副理同时出面与客人交涉,外籍客人需报市公安局外管处;国内客人报案,可到当地派出所,也可报公安局。

(7)若住店客人在店外被盗,征得客人同意后,大堂副理可协助客人向事发地区公安机关报案。

5.员工意外

员工发生意外,通常由员工所在部门的经理会同人事部经理处理,节假日由大堂副理代为处理,并做记录,次日转交以上两部门处理。

三、大堂副理工作"五忌"

一忌:总是刻板呆坐在工作台

大堂副理大多数时间应在大堂招呼来来去去的客人,随机地回答客人的一些问询,不放过能与客人交往的任何机会。一方面,方便了客人,使酒店的服务具有人情味,增加了大堂副理的亲和力;另一方面,可以收集到更多宾客对酒店的意见和建议,以利于发现酒店服务与管理中存在的问题与不足,及时发现隐患苗头,抢在客人投诉之前进行事前控制。

二忌:在客人面前称酒店其他部门的员工为"他们"

在客人心目中,酒店是一个整体,不论是哪个部门出现问题,都会认为就是酒店的责任,而大堂副理是代表酒店开展工作的,故切忌在客人面前称别的部门员工为"他们"。

三忌:在处理投诉时不注意时间、场合、地点

有的大堂副理在处理宾客投诉时往往只重视了及时性原则,而忽略了处理问题的灵活性和艺术性。例如客人在午休、进餐、发怒时,或在发廊、宴会厅等公共场所,在这些时间和场合处理投诉,效果往往不佳,还可能引起客人反感。

四忌:缺乏自信,在客人面前表现出过分的谦卑

确切地说,大堂副理是代表酒店总经理处理客人的投诉和进行相关的接待,其一言一行代表着酒店的形象,应表现出充分的自信,彬彬有礼,热情好客,不卑不亢,谦恭而非卑微。过分的谦卑是缺乏自信的表现,往往会被客人看不起,对酒店失去信心,或者认为酒店好欺负,可以漫天要价。

五忌:不熟悉酒店业务和相关知识

大堂副理应熟悉酒店业务知识和相关知识,如前台和客房服务程序、送餐服务、收银程序及相关规定、酒店折扣情况、信用卡知识、洗涤知识、基本法律法规、民航票务知识等,否则会影响处理投诉的准确性和及时性,同时也将失去客人对酒店的信赖。

【链接】

一位大堂副理的心得

我个人认为大堂副理是一个很锻炼人的工作岗位,也能考查一个人的综合能力,如应变能力、谈话技巧、果断性、灵活性、坚持原则等。说得通俗些,大堂副理是客人的一个"出气筒",客人对酒店内的任何事情不满,都有可能发泄在大堂副理身上,这也是由大堂副理的工作性质所决定的。

大堂副理应该具备抗批评、抗被粗鲁言语指责的承受能力,同时还要做到认真向客人解释、道歉。要做到不卑不亢,耐心劝导,体现大堂副理的良好风貌。

我在工作中的难点是人情关系不好处理。

我的工作的兴奋点是为客人排忧解难,通过自己的努力使需要帮助的客人得到帮助。在这项工作中,我个人得到的是我逐步走向成熟,经过多年的工作使自己看待问题更理智、更客观、更全面,不掺杂个人感情色彩。对于我,失去的是由自己的疏忽而导致事情无法挽回的局面或造成损失的遗憾。我对大堂副理的领悟是有喜有忧,有惊有险,有付出有收获,有成功的喜悦,有失败的苦涩。

总而言之,大堂副理是一项有挑战的工作,可以说是我生命中的一部分,我热爱这项工作。

说到工作顺心不顺心,大堂副理往往最不顺心就是最顺心的前奏,而不顺心的结果又是最顺心。当客人为一件不愉快的事情或因我们员工的失误和未能准确捕捉客人的意图而不开心,但经过自己的工作,客人满意了,员工得到教训和培训了,酒店因自己的工作在经济和名誉上未受损失,这时就是最开心的时候。

第二节 宾客关系主任

一、宾客关系主任

宾客关系主任(图2.1)是一些大型豪华酒店设立的专门用来建立和维护良好的宾客关系的岗位。宾客关系主任直接向大堂副理或值班经理(Duty Manager)负责。他要与客人建立良好的关系,协助大堂副理欢迎贵宾以及安排团体临时性的特别要求。

图2.1 5位笑容可掬的宾客关系主任:厦门会展中心酒店一道亮丽的风景

二、宾客关系主任的职责

(1)协助大堂副理执行和完成大堂副理的所有工作,在大堂副理缺席的情况下,行使大堂副理的职权。

(2)保留 VIP 房(VIP Room Blocking)。

（3）检查 VIP 房（VIP Room Inspection）。

（4）迎接 VIP 客人（Greeting and Welcoming VIPs）。

（5）陪同并帮助 VIP 客人办理入住手续（Escorting and Registering VIPs）。

（6）向客人致礼貌电话（Courtesy Calls）。

（7）离店前向客人致电，受理客人的推迟离店请求（Departure Calls and Late Check-Out Requests）。

（8）帮客人预订下一家酒店（Onward Room Reservation）。

（9）办理快捷离店（Handling Express Departures）。

（10）带领客人参观酒店（Conducting Showrooms）。

（11）处理客人投诉（Handling Guest Complaints）。

（12）接受客人表扬（Accepting Guest Compliments）。

（13）监督对客服务质量（Performance Monitor）。

（14）征求客人意见（Soliciting Guest's Comments）。发展酒店与宾客的良好关系，征求意见，做好记录并作为日报或周报的内容之一（一些高星级酒店将其形成制度，要求每天每位宾客关系主任必须主动向客人征集 5 条以上的有效意见，并进行双向反馈，参见图 2.2）。

（15）留意酒店公共场所的秩序。

（16）在总台督导并协助为客人办入住手续。

（17）完成大堂副理指派的其他任务。

除了上述职责以外，宾客关系主任还要负责客人档案的建立、完善和管理工作。凡是通过主动拜访、客人告知、员工反映等途径获得的客人喜好、习惯、忌讳等资料信息，都要整理成文字，输入电脑保存起来。宾客关系主任必须记住每一位客人的信息，在每天查阅预订客人名单和已入住客人名单时，要做到一看到熟悉的客人名字、相关资料就及时反馈，然后按照该客人的客史记录，安排相关事宜，为客人提供个性化服务。

三、宾客关系主任新发展

随着社会的发展，酒店宾客关系主任的发展出现了一些新的动态。

"W 酒店"是万豪集团旗下的奢华时尚品牌。该酒店创新性地设立了一个客户服务岗位：W Insider（W 行家）。该职位隶属于礼宾部。他们没有制服，可以随性发挥自己的时尚穿衣风格，其工作就是搜集全城最时尚的元素，带游客一一体验。城里的美食、派对、商演，从剧院到小酒吧，只要是客人想要的，W Insider 本着"使命发达"的原则，都会为你搜罗出来，使酒店从目的地信息提供者，转变为游客的旅行参与者。这类服务在增加酒店黏度的同时，也增加了品牌关注度和品牌价值。

更多的酒店则出现了"酒店大使"（Hotel Ambassdor）岗位，其职责与 GRO 类似，负责在酒店大堂迎送客人，回答客人问询，解决客人各种问题，协助客人办理入住登记和结账事务等（图 2.3）。

图2.2 梅苑宾馆宾客关系主任宾客拜访日记

图2.3 在前厅迎送客人的"酒店大使"

第三节　酒店贴身管家

一位到苏州接洽商务的外企老总,住进了曾经下榻过的新城花园酒店。刚走进房间,他吃惊地发现,眼前的一切,竟与上次自己提过的要求完全吻合:桌上摆着他喜爱的康乃馨,床上特意放了两个枕头,电视设定的开机频道也是自己喜欢的……事先秘书并未与酒店沟通,这些细节安排,酒店是如何预先做到的呢?

原来,这一切都是酒店"贴身管家"的功劳。在欧美,很多大酒店都有贴身管家,为客人提供个性化服务。在中国,20世纪90年代初"贴身管家"最早出现在北京、上海等中心城市,主要是为国外来的领导人配备的。不过,目前越来越多的高星级酒店和追求卓越服务的酒店和度假村,也开始为VIP客人提供贴身管家服务。当客人首次踏进酒店大堂,事先指派的管家就会上前奉上名片(根据实际情况,贴身管家也会到机场、车站迎送客人)。

一、贴身管家

酒店的贴身管家服务是一种高档酒店针对入住贵宾的更加个性化的服务方式,也是酒店客户管理的重要内容,它通过为入住贵宾提供专业化、私人化的服务内容,极大地方便和满足了酒店贵宾的需求。

二、贴身管家的素质要求

贴身管家24小时为贵宾提供殷勤周到的服务,具备相当高的素质(图2.4)。

图2.4　贴身客家要有很高的素质

·良好的沟通能力:良好的沟通能力和沟通语言是提高服务质量,使客人满意的前提。

·良好的礼仪、礼貌修养:这是贴身管家的必修课,为贵宾服务,必须要有良好的礼仪礼貌修养。

·良好的服务意识:为客人提供体贴、周到的服务,良好的服务意识是必不可少的。

·专业的服务技能:如给客人沏茶、熨烫衣服也是非常必要的功课,甚至还要在短时间里了解客人的性格喜好。由于是24小时服务,贴身管家就住在离客人房间不远的房间里,随时提供客人通过电话要求的服务。

·宽广专业的知识面:如了解各种洋酒的常识等。

·流利的外语水平:对于高档涉外酒店而言,很多贵宾来自国外,因此,贴身管家要能够用流利的英语与客人交流,为客人提供服务。

三、贴身管家服务的组织模式

由于涉及服务成本问题,贴身管家服务一般只有高档酒店才提供,三星级以下的中低档酒店没有必要提供贴身管家服务。

贴身管家服务有两种组织模式:

(一)临时模式

即对于偶尔入住酒店的贵宾(如体育明星、演艺界人士、企业高级行政人员以及其他社会名人等),临时抽调酒店精兵强将,充当客人的贴身管家角色。这种模式主要适用于接待贵宾数量不多的中小型高档酒店。所抽调的"临时贴身管家",可以来自客房部,也可以来自酒店其他部门,关键是要求入选者综合素质要比较高。

(二)固定模式

即在酒店设立专职贴身管家岗位,为入住酒店的贵宾提供贴身管家服务。这种模式主要适用于经常有各类贵宾入住的大型高档酒店或各类高档精品酒店。

四、贴身管家的灵魂与精髓

(一)贴身管家的"灵魂"

贴身管家的灵魂:容忍、含蓄、幽默。

(二)贴身管家的服务"精髓"

个性服务,因人而异;预察主动,尽少骚扰;
肢体语言,文雅得当;永不否定,给出选择;
随机应变,处惊不乱;生活各行,熟练精通;
随时记录,更新信息;他人财富,毫不动心;
主人隐私,回避保密;意外惊喜,营造舒适;
忠于职守,维护和谐。

五、贴身管家的服务内容与工作流程

(一)贴身管家的服务内容

贴身管家主要负责客人在酒店的"生活起居"。诸如拆装行李、入住退房、客房服务、清

晨叫早(图2.5)、订餐送餐、洗衣、订票、安排旅游和秘书服务等,都由贴身管家负责。曾经有位信伊斯兰教的中东老板入住某酒店,为了"做礼拜",客人特别关注每日太阳升起的确切时间和方向。酒店的贴身管家便主动与气象局联系,查明每天日出的精确时间,还算出了"正东"的确切方位提供给客人,客人因此赞不绝口。

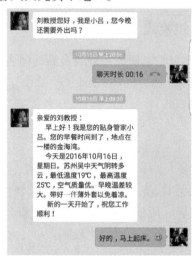

图2.5 贴身管家是客人的生活秘书

除了照顾客人的生活细节,贴身管家还要兼当客人的"业务助理"。特别对于高档商务客人而言,初来乍到,可能不了解当地的情况,管家要替他们向工商、税务等部门沟通、咨询信息;推荐并预订地方特色餐厅以供客人商务洽谈。

总之,贴身管家要通过对客人体贴入微、周到、私密性的服务,使客人感受到生活起居的方便和酒店的特别关怀,从而使酒店的服务上一个档次。

(二)贴身管家的服务标准和工作流程

北京R酒店是亚太区首个提供全店式专职管家的高星级酒店,其历史可以追溯到1904年。在纽约成立的第一家R酒店就有标志性的管家服务。下面以R酒店的案例说明管家服务的服务标准和工作流程。

早班(6:30—15:30)管家工作内容和流程如下:

6:30—8:30:

(1)检查专职管家交接日志(主要是收集夜班管家的工作信息)。

(2)根据叫醒的工作单准备叫醒饮品并按时送到客人房间里提供服务。

(3)根据Opera系统信息,更新所管辖楼层的工作间的白板提示信息(主要供白天客房服务员清理房间时使用)。

(4)收客人的洗衣、熨衣和擦鞋。

(5)查看所在楼层的牛奶、糖、咖啡和茶的储备量是否足够,通知客房部及时补货。

8:30—13:30:

(1)到客房办公室和管家办公室开晨会。

（2）向管辖范围内的楼层服务员告知特殊事宜（如早到的客人不要太早去打扰等）。

（3）查看楼层客梯间是否干净整洁，及时通知卫生清洁人员打扫。

（4）根据 Opera 系统查看当日预抵客人的信息（预抵时间、离店时间、是否是会员、有无特殊喜好）。

（5）根据客史准备房间的设置。

（6）确保楼层服务员在规定的时间里清理干净 1 间客房。

（7）10:00—11:00 到所管辖的住客房间里检查是否有洗衣或熨衣，是否有需要擦的皮鞋，并把咖啡或茶的用具收回工作间等待清洗。

（8）在查看客房的同时，留意客人屋内用品的放置，尽可能地收集客人的喜好。

（9）房间如果出现工程问题，及时通知工程部修理，确保每间房的设施都能正常使用。

（10）在客梯间欢迎每个入住酒店的客人，必要的时候去大堂迎接客人，并将客人引领到相应的房间，做相应的服务介绍。

13:30—15:30：

到管家办公室开午会，简要汇报上午的工作情况，与下午班的同事交接班次。

（1）把特殊水果送至需要的客房内。

（2）保持对楼层工作白板的信息更新。

（3）追踪上午未能解决的工程问题，并适时敦促工程部解决。

（4）将工作间的饮品用具归位放好。

（5）和下午班的同事交接，把未完成的工作告知下一班次的同事。

（6）做好交接记录。

附：国际酒店管家组织

（一）英国爱博公司

1990 年在英国注册，与英国专业管家协会、世界上最大的荷兰国际管家学院、国际管家公司等专业机构有着长期的合作关系，致力于把英式管家的精髓与中国的具体实践相结合，并首次把英式管家引入中国。

（二）国际白金管家酒店联盟

由"英国爱博公司""荷兰国际管家公司"和"国际酒店领袖机构"共同创立的服务品牌联盟机构，以"英式管家的绅士风度，东方管家的无微不至"为服务精髓，以专业化资格认证培训、中国高星级酒店服务品牌打造、白金管家酒店联盟授徽为目的，通过建立白金管家服务标准及专业培训教程的推广，把管家服务理念与品牌服务相结合，树立五星级酒店特有的白金管家至尊服务形象。

参见国际白金管家服务标准及国际白金管家分级制度。

【国际白金管家十项白金服务标准】	
恪守信仰、忠于职守	生活百行、熟知精通
品牌形象、绅士淑女	个性服务、预见需求
服务气质、沉稳谦恭	管家团队、协作跟进
肢体语言、优雅得体	主人隐私、回避保密
善于观察、随机应变	贴身管家、私人定制

最高级——总统管家(总经理级)
颁发4.0版证书及徽章
Summit-Presidential Butler
(General manager Level)
lssue 4.0 certificate and badge

高级——首席大管家、首席管家
(总监级、高级经理级)
颁发3.0版证书及徽章
Senior-Chief Executive Butler, Chief Butler
(Director & Senior Manager Level)
lssue 3.0 certificate and badge

中级——资深管家(主管级、助理级)
颁发2.0版证书及徽章
Intermediate-senior steward
(Supervisor & Assistant Level)
lssue 2.0 certificate and badge

初级——管家、初级管家
颁发1.0版证书及徽章
Primary-butler, Primary butler
lssue 1.0 certificate and badge

国际白金管家分级制度

第四节　酒店"金钥匙"

金钥匙是酒店客户管理的重要岗位,隶属于前厅部礼宾司。

一、"金钥匙"服务理念

"金钥匙"(Les Clefs d'Or)是一种"委托代办"(Concierge)的服务概念。"Concierge"一词最早起源于法国,指古代城堡的守门人,后演化为酒店的守门人,负责迎来送往和酒店的钥匙。随着酒店业的发展,其工作范围不断扩大,在现代酒店业中,Concierge 已成为为客人提供全方位服务的岗位,只要不违反道德和法律,任何事情 Concierge 都尽力办到,以满足客人的要求。其代表人物就是他们的首领"金钥匙",他们见多识广、经验丰富、谦虚热情、彬彬有礼、善解人意。

很多时候,"金钥匙"身着燕尾服,上面总是别着十字形金钥匙,这是委托代办的国际组织——"国际饭店金钥匙组织联合会"(Union International Concierge Hotel Les Clefs d'Or)会员的标志(图2.6),它象征着 Concierge 就如同万能的"金钥匙"一般,可以为客人解决一切难题。他可以为客人代买"奶嘴",也可以为客人代租"飞机",代购"2000 只孔雀和 4000 只鸵鸟"……故"金钥匙"又被客人视为"万事通""万能博士"。

"金钥匙"尽管不是无所不能,但一定要做到竭尽所能。这就是"金钥匙"的服务理念。

图 2.6　国际饭店金钥匙组织会徽

二、"金钥匙"的岗位职责

"金钥匙"通常担任酒店礼宾部主管,其岗位职责如下:

(1)全方位满足住店客人提出的特殊要求,并提供多种服务,如行李服务、安排钟点医务服务、托婴服务、沙龙约会、推荐特色餐馆、导游、导购等,对客人有求必应。

(2)协助大堂副理处理酒店各类投诉。

(3)保持个人职业形象,以大方得体的仪表,亲切自然的言谈举止迎送抵离酒店的每一位宾客。

(4)检查大厅及其他公共活动区域。

(5)协同保安部对行为不轨的客人进行调查。

(6)对行李员的工作活动进行管理和控制,并做好有关记录。

(7)对进、离店客人给予及时关心。

（8）将上级命令、所有重要事件或事情记在行李员、门童交接班本上，每日早晨呈交前厅经理，以便查询。

（9）控制酒店门前车辆活动。

（10）对受前厅部经理委派进行培训的行李员进行指导和训练。

（11）在客人登记注册时，指导每个行李员帮助客人。

（12）与团队协调关系，使团队行李顺利运送。

（13）确保行李房和酒店前厅的卫生清洁。

（14）保证大门外、门内、大厅三个岗位有人值班。

（15）保证行李部服务设备运转正常；随时检查行李车、秤、行李存放架、轮椅。

三、"金钥匙"的素质要求

"金钥匙"以其先进的服务理念、真诚的服务思想，通过其广泛的社会联系和高超的服务技巧，为客人解决各种各样的问题，创造酒店服务的奇迹。因此，"金钥匙"必须具备很高的素质。

（一）思想素质

（1）遵守国家法律、法规，遵守酒店的规章制度，有高度的组织纪律性。

（2）敬业乐业，有耐性，热爱本职工作，有高度的责任心。

（3）遵循"客人至上，服务第一"的宗旨，有很强的顾客意识、服务意识。

（4）有热心的品质，乐于助人。

（5）忠诚。即对客人忠诚，对酒店忠诚，不弄虚作假，有良好的职业道德。

（6）有协作精神和奉献精神，个人利益服从国家利益和集体利益。

（7）谦虚、宽容、积极、进取。

（二）能力要求

（1）交际能力：彬彬有礼，善解人意，乐于和善于与人沟通。

（2）语言表达能力：表达清晰、准确。

（3）身体健康，精力充沛：能适应长时间站立工作和户外工作。

（4）有耐性。

（5）应变能力：能把握原则，以灵活的方式解决各种问题。

（6）协调能力：能够建立广泛的社会关系和协作网络，能正确处理好与相关部门的协作关系。

"金钥匙"除了应具备热心的品质和丰富的知识以外，还应建立广泛的社会关系和协作网络，这是完成客人各种委托代办事项的重要条件。因此，"金钥匙"必须具备很强的人际交往能力和协作能力，善于广交朋友，建立一个广泛的社会关系网。上至社会名流，下至市井平民，"金钥匙"都要与他们交往，平时愿意帮助他们，必要时可求助于他们，办成光靠自己办不成的事情。

当然,"金钥匙"要建立广泛的社会关系网络,必须以酒店的优势为依托,高档大酒店的知名度、社会影响是"金钥匙"求助各种社会关系,开展委托代办服务的强大后盾,特别是那些大动作、大手笔,离开了酒店整体形象的背景,"金钥匙"就寸步难行。

(三)业务知识和技能

"金钥匙"必须亲切热情,学识渊博,熟悉酒店业务及旅游等有关方面的知识和信息,了解酒店所在地区旅游景点、酒店及娱乐场所的信息。在某种意义上,"金钥匙"可充当本地的"活地图"。

"金钥匙"必须掌握的业务知识和技能包括以下内容:

(1)熟练掌握本职工作的操作流程。

(2)通晓多种语言。只有高档酒店才提供"金钥匙"服务,高档酒店的客人通常来自世界各地,对服务的要求也很高,因此,"金钥匙"应该通晓多种语言。按照中国饭店"金钥匙"组织会员入会考核标准,申请者必须会说普通话和至少掌握一门外语。

一个"金钥匙"常是这样工作的:他刚送走一位意大利客人,现在又与德国客人用德语交谈,手里握着一封待处理的用葡萄牙文写的信件,两位美国人5分钟后要来找他解决运输一辆崭新轿车的事情,商务中心正要送一份从西班牙发来的要求安排一次重要社交活动的传真件……

(3)掌握中英文打字、电脑文字处理等技能。

(4)掌握所在宾馆的详细信息资料,包括酒店历史、服务设施、服务价格等。

(5)熟悉本地区三星级以上酒店的基本情况,包括地点、主要服务设施、特色和价格水平。

(6)熟悉本市主要旅游景点,包括地点、特色、服务时间、业务范围和联系人。

(7)掌握一定数量的本市高、中、低档的餐厅,以及娱乐场所、酒吧的信息资料,包括地点、特色、服务时间、价格水平、联系人。按照中国饭店"金钥匙"组织会员入会考核标准,申请者必须掌握本市高、中、低档的餐厅各5家,娱乐场所、酒吧5个(小城市3个)。

(8)能帮助客人安排市内旅游,掌握其线路、花费时间、价格、联系人。

(9)能帮助客人修补物品,包括手表、眼镜、小电器、行李箱、鞋等,掌握这些维修处的地点和服务时间。

(10)能帮助客人邮寄信件、包裹、快件,懂得邮寄事项的要求和手续。

(11)熟悉本市的交通情况,掌握从本酒店到车站、机场、码头、旅游点、主要商业街的路线、路程和出租车价格(大约数)。

(12)能帮助外籍客人解决办理签证延期等问题,掌握有关单位的地点、工作时间、联系电话和手续。

(13)能帮助客人查找航班托运行李的去向,掌握相关部门的联系电话和领取行李的手续等。

四、"金钥匙"在中国的兴起和发展

(一)国际"金钥匙"组织

国际"金钥匙"组织成立于1929年10月6日。这一天,在巴黎斯克拉酒店礼宾司捷里特先生的倡导下,在法国巴黎举行了第一届国际金钥匙组织会议,并在此会议上正式成立了国际"金钥匙"组织。捷里特先生也因此被誉为"金钥匙"组织之父(图2.7)。

图2.7 1929年10月6日,国际"金钥匙"组织在法国巴黎成立(感谢中国金钥匙组织提供图片)

(二)中国"金钥匙"组织的成立和发展

"金钥匙"在中国最早出现在广州的白天鹅宾馆。1982年,在白天鹅宾馆建馆之初,在副董事长霍英东先生的倡导下(图2.8),宾馆在前台设置了委托代办。嗣后,宾馆总经理意识到中国酒店业的发展必须与国际惯例和标准接轨,1990年4月派人参加了"第一届亚洲金钥匙研讨会"。宾馆委托代办负责人于1993年即率先加入国际"金钥匙"组织,成为中国第一位国际"金钥匙"组织成员。1994年初,白天鹅宾馆的"金钥匙"代表向国际"金钥匙"组织提出根据中国国情发展"金钥匙"的有关建议,为"金钥匙"在中国的发展奠定了基础。1995年又派人参加了在悉尼召开的国际"金钥匙"年会。同年11月,在全国主要五星级酒店的大力支持和响应下,中国第一届"金钥匙"研讨会在白天鹅宾馆召开。大会探索了一条既符合国际标准又具有中国特色的委托代办发展之路,同时决定筹建中国委托代办"金钥匙"协会。至此,中国酒店业委托代办的联系网络初步建立。

在1997年1月的第44届国际"金钥匙"年会上,中国成为第31个"金钥匙"成员国。

2000年1月16—21日,"第47届国际饭店金钥匙组织年会"在中国广州召开,标志着中国区"金钥匙"组织已发展壮大到一定的规模,在国际"金钥匙"组织中占据重要地位。

目前,中国饭店"金钥匙"组织已发展到一定的规模。截至2023年1月底,中国饭店"金钥匙"组织已发展到近300个城市的2000多家高星级酒店和高档物业,有3000多名金钥匙会员。

图2.8　中国"金钥匙"的倡导人：霍英东

【链接】

中国"金钥匙"组织会徽及入会要求

（一）中国"金钥匙"组织会徽

中国"金钥匙"组织会徽

（二）中国饭店"金钥匙"组织会员的资格要求

如何成为一名中国"金钥匙"会员？

年龄：申请人必须年满23岁

相貌人品：品貌端正

职业：在酒店大堂工作的礼宾部服务人员以及一线对客服务人员

从业经验要求：须具备至少5年酒店从业经验

外语要求：至少掌握一门外语

基本资格要求：参加过中国"金钥匙"的服务培训

考核：必须经过地区执委会考核通过才能授徽

更详细的入会申请，请联系"金钥匙"总部：400-7758-258

第五节 门童与行李员

门童与行李员是前厅部的重要岗位，位于对客服务一线，因此，也是重要的客户管理岗位。

一、门童

门童(Doorman)又称"门迎"，是站在酒店入口处负责迎送客人的前厅部员工。门童值班时，通常身着镶有醒目标志的特定制服，显得精神抖擞，同时，还能创造一种热烈的欢迎客人的气氛，满足客人受尊重的心理需求(图2.9)。

图2.9 瑞士日内瓦某五星级酒店老年门童与本书主编在一起
(感谢瑞士洛桑酒店管理学院董事长托里亚尼提供图片)

(一)门童的素质要求

门童是对客服务的重要岗位,需要具备以下素质。

(1)形象高大、气质高雅。与酒店的建筑、门面一样,门童的形象往往代表了整个酒店的形象,因此,门童要有良好的气质和形象。

(2)记忆力强。能够轻易记住客人的相貌、行李件数以及出租车的牌号。

(3)目光敏锐、接待经验丰富。门童在工作时,可能会遇到形形色色、各种各样的人或事,必须妥善地、灵活机智地加以处理。

(4)知识面广。能够回答客人有关所在城市的交通、旅游景点等方面的问题。

做一个优秀的门童并不容易,世界著名的日本新大谷酒店的负责人曾说过:培养出一个出色的门童往往需要花上十多年的时间。这句话虽然可能有所夸张,但至少说明门童的重要性和其应具备很高的素质。

(二)工作要求

1.做好迎宾工作

首先,客人抵达时,向客人点头致意,表示欢迎。基本要求是:时时刻刻都以标准的站立姿势站在自己的岗位上;细心观察自己视野中即将要通过门庭的客人;当客人距手拉门5米内,面带微笑并用眼神关注客人;在客人距离手拉门1.5米时,迅速用标准规范的动作打开门,在客人通过门童面前时,面带微笑示意,并用得体的语言问候客人。

如遇客人乘坐小汽车,则应替客人打开车门,并提醒客人"小心碰头",同时,要注意扶老携幼。其次,门童要协助行李员卸下行李,查看车内有无遗留物品。对于重要客人及常客的迎送工作,门童要根据通知,做好充分准备,向客人致意时,能礼貌、正确地称呼客人的姓名。此外,住店客人进出酒店时,门童同样要热情地招呼致意,如遇雨天,门童还应打伞为客人服务。

2.热情回答客人问询

因其工作岗位的特殊位置,经常会遇到客人有关店内、外情况的问询,如酒店内有关设施和服务项目、有关会议、宴会、展览会及文艺活动举办的地点、时间等,以及市区的交通、游览点和主要商业区情况,对此,门童均应以热情的态度,给予客人正确、肯定的答复。

3.礼貌送客

对结完账要离店的客人,要预祝客人旅途愉快,并感谢客人的光临,同时,汽车启动后带着感谢的心情深鞠躬,目送客人离开视线。

不管是什么样的服务,只按条条框框做是乏味的,向客人问候也是如此。门童不应使用机械的服务用语,盛夏时节加一句"今天好热呀";对深夜才到的客人问一声"您累了吧";向要离店的客人送上一句"您走好,一路平安"。听上去是一句平平常常的话,但正是这平平常常的一句,有时却能触动旅人的心弦。

(三)门童在工作时的注意事项

从对客服务和客户关系管理的角度,门童在工作时要注意以下事项。

1.注意自己的仪容仪表,始终保持饱满的精神状态

良好的仪容仪表及饱满的精神状态会使客人产生一种受到欢迎的尊贵感,不会对你的服务产生怀疑,同时,这也代表酒店的形象,能够给客人留下良好的第一印象。

2.为佛教、伊斯兰教客人拉、关车门时,不要将手放在客人头部

遇到佛教、伊斯兰教教徒时不可把手放在车门框处,遇到泰国客人也应如此(因为泰国人除了许多佛教徒外,他们还认为人的头部是神圣不可侵犯的),否则是不礼貌的,这种情况也适用于客人离店。

二、行李员

酒店的行李服务是由前厅部的行李员(Baggage Handler)提供的,通常属于酒店的礼宾部(Concierge)。行李员在欧美国家又称为"Bellboy""Bellman""Bellhop"和"Porter",其工作岗位是位于酒店大堂一侧的礼宾部(行李服务处)。礼宾部主管(或"金钥匙")在此指挥、调度行李服务及其他大厅服务。每天早上一上班,礼宾部主管就要从电脑上查询或认真阅读、分析由预订处和接待处送来的预计"当日抵店客人名单"(Expected Arrivals)和"当日离店客人名单"(Expected Departures),以便掌握当日客人的进出店情况,做好工作安排。以上两个名单中,尤其要注意"VIP"和团体客人的抵离店情况,以便做好充分准备,防止出现差错。在此基础上,做出当日的工作安排计划,并召集全体行李员布置。

行李员还是酒店与客人之间联系的桥梁,通过他们的工作使客人感受到酒店的热情好客。

(一)行李员的素质要求

为了做好行李服务工作,行李员要具备一定的素质(图2.10)。

(1)能吃苦耐劳,眼勤、嘴勤、手勤、腿勤,和蔼可亲。

(2)性格活泼开朗,思维敏捷。

(3)熟悉本部门工作程序和操作规则。

(4)熟悉酒店内各条路径及有关部门位置。

(5)了解店内客房、餐饮、娱乐等各项服务的内容、时间、地点及其他有关信息。

(6)广泛了解当地名胜古迹、旅游景点和购物点,尤其是那些地处市中心的购物场所,以便向客人提供准确的信息。

图2.10 行李员要有较高的素质

（二）行李服务注意事项

行李服务不当,常常引起客人的投诉。在为客人提供行李服务时,行李员及其管理人员应特别注意以下事项。

1.行李搬运时的注意事项

（1）认真检查行李。为客人提供行李服务时,要清点行李件数(特别是团队行李),并检查行李有无破损。如有破损,必须请来人签字证实,并通知团队陪同及领队,以免日后引起客人的投诉。

（2）搬运行李时,客人的贵重物品及易碎品,如相机、手提包等要注意让客人自己拿。

（3）装行李车时,要注意将大件、重件、硬件放在下面,小件、软件、轻件装在上面。

（4）搬运行李时必须小心,不可用力过大,更不许用脚踢客人的行李。

（5）照看好客人的行李。客人办理住宿登记手续时,行李员站在总台一侧,等候客人,注意照看好客人的行李,眼睛注视总台接待员。

（6）引领客人时,要走在客人的左前方,距离二三步(或与客人并行),和着客人的脚步走,拐弯处或人多时,要回头招呼客人。

（7）引领客人进房途中,要热情主动地问候客人,与客人交谈,向客人介绍酒店服务项目和设施,推荐酒店的商品。

（8）介绍房内设施及使用方法。带客人进房间,要向客人介绍客房的设施设备的位置和使用方法。

（9）离房前要问客人是否还有其他吩咐,并祝客人住店愉快,随后将房门轻轻拉上。

（10）将离店客人的行李搬运至大厅后,要先到结账处确认客人是否已结账,如客人还未结账,应有礼貌地告知客人结账处的位置。

（11）做好行李搬运记录。为客人提供行李服务时,要做好各种行李搬运记录。

2.房间介绍时的注意事项

行李员带客人进客房,要向客人介绍房内设施及使用方法,比如:客房比较隐蔽的设施、设备以及较为先进的设备的使用方法等。特别是有些智能电视以及遥控器、机顶盒等的使用方法、房间上网方法以及 Wi-Fi 密码则需要介绍,否则,这些新玩意儿会把客人彻底搞晕,使客人完全崩溃,严重影响客人的住店体验。

在向客人介绍房内设施时,也不要太啰唆,不必要介绍的则不要介绍,避免说"这是电视""这是卫生间"之类的废话。因为客人经过长途旅行和长时间的舟车劳顿,此时最需要的是尽早休息,而不是听服务员没完没了地"介绍"。另外,介绍时要因人而异,由于客人消费层次和住宿经验的不同,对某些客人需要介绍的项目,对另一些客人则可能不需要介绍。

思考题

1.简述酒店大堂副理与宾客关系主任的岗位职责与素质要求。

2.如何做好酒店的大堂副理?

3."金钥匙"应具备哪些素质?

4.酒店贴身管家应该具备哪些素养?

【案例分析】

一次完善的服务补救

今年初,笔者随团赴泰国旅游考察,在曼谷下榻希尔顿(Hilton)旗下的康莱德(Conrad)酒店,其间亲历了一个服务失误补救案例,领略到优质服务的魅力。

笔者在曼谷当地有一位合作多年的老客户,得知我来泰国高兴异常,于是双方约定次日早晨九点半在酒店大堂见面。由于第二天团队还有其他活动,当晚导游便同我一起到总台交代服务员:"小姐,明天我们团早晨8:30出发,这位王先生住××房,上午要离团单独活动,请把他的房间保留到9:20,客人届时自己到总台结账退房。"在得到总台的确认后,我们放心地上楼休息了。

第二天早晨,我取出专门为老客户准备的一份礼品,用酒店的手提袋装好放在床头柜旁,下楼和导游约定与客户会面结束后直接到午餐地点跟团员们会合,随后就到餐厅用早餐。餐毕回到房间时却发现那袋礼品不见了!我急忙到总台询问,原来总台通知查房时忘了交代我这间房9:20才退,楼层服务员发现我的房间还有一袋物品,以为是团员忘带了,就让行李员取走直接装上了大巴!

我一听就急了,我只约定了中午与团队会合的地点,并没有留导游和司机的电话号码,加之出国旅游没有随身携带通信工具,根本无法与团员取得联系,这可怎么办?

(**点评:**工作疏忽大意、想当然以及沟通不到位,是服务失误的重要原因。那位通知团队退房的总台员工如果能再仔细一点,或是行李员在把"遗忘"的手提袋装上大巴前能再和客人或导游沟通确认一下的话,就不会出现这样的失误了。)

正在一筹莫展的时候,一位身穿深色西服的酒店经理走上前来:"王先生,我叫Jim,是酒店宾客服务高级经理,您遇到的问题由我全权负责。我已经知道了您不愉快的经历,非常对不起,因为我们的失误,给您带来了诸多不便,我们愿意全力补救。我们已经安排酒店销售部和旅行社联系,争取尽快找到导游和司机,确认他们的方位。"

(**点评:**出现服务失误引起客人投诉后,员工把问题逐级上报的现象在很多酒店屡见不鲜。而各级管理人员接手处理时,客人往往都不得不复述一遍自己的经历。员工的逐级上报和客人一遍一遍地复述,不但影响效率,延误时机,更加重了客人的不满和怨气。而Jim很快了解了整个事情的经过,第一时间出现在客人面前,表示全权负责并直接切入主题,无疑给客人留下了很好的印象和几分安定。另外,很多时候面对客人的抱怨和投诉,酒店方除了道歉外总喜欢解释,如之所以会出现问题,是这样或那样的原因造成的等。其实,客人最需要的是解决问题而不是解释原因。问题发生的原因并不是客人关注的焦点,没有行动只是一个劲儿地道歉根本于事无补。Jim 在道歉后主动表示愿意全力补救的积极态度并已经有了第一步实际行动——尽快寻找到导游和司机,很好地舒缓了客人的焦虑情绪。)

不一会儿,Jim 的手机响了,是大巴司机打来的,团队正在前往景点的路上,约15分钟后到,停留半小时。Jim 随即对我说:"王先生,我们已经找到司机了,从酒店到那一处景点大约需要半小时,我们马上派车去取,您可以先在这里等您的客户;如果您不放心,我们的车也可以送您一起去,九点半您的客户来时,我会在大堂恭候,并负责接待他们。另外,不管您随不随车去,我们都将为您和您的客户免费提供一间会客室以及饮料茶点。"

因为同行团友很多人用酒店的手提袋装物品,我担心司机不容易找到我那个装有礼品的袋子,就表示要随车前去领取。于是,我找出客户名片,准备给他打电话说明情况。Jim 在旁见状马上说:"您可以用我的手机打,如果您不介意的话可以把名片给我,我来帮您拨。"我正愁不了解如何拨打泰国的号码时,听 Jim 这么一说,欣然把名片递给他。Jim 一看名片的地址,立即告诉我:"王先生,这幢写字楼离那处景点很近,您看这样行不行,您和客户商量一下,不用麻烦他过来了,待会儿您取到礼品后我们直接送您到他的办公室,更节省时间。"对于这样的安排,我当然没有异议。接下来我跟老客户通了电话,说定改由我去他们公司拜访。

(点评:不吝惜酒店的资源,如车、手机、会客室、饮料、茶点等,设身处地为客人着想,周到细致地提供多种方案供客人选择,随时灵活应变,真诚地为客人解决问题,全力做好服务补救,Jim 显示了很好的职业素养。)

不一会儿,一位制服整洁、笔挺,颇有绅士风度的中年司机开着一辆一尘不染、崭新锃亮的奔驰车停在我面前。这位司机一上来就递上一瓶冰镇的果汁让我解渴,随即用车载电话联系旅游大巴司机,问清了对方车号和准确的停车位置后对我说:"王先生,我们半小时之内就能赶到,您放心。"一路上,他还非常热情地介绍沿途的风景、建筑,不知不觉就到了目的地。停车场非常大,停靠了几十辆大小车辆。他把车停好,带着我很快就找到了那辆大巴,取回了礼品,又把我送到客户公司所在的写字楼入口,道别时他真诚地说:"王先生,我们再次为今天的失误表示歉意,衷心地希望能得到您的原谅。现在是九点二十五分,祝您和客户洽谈愉快,期待您再次下榻我们的酒店。"此时已是满意加惊喜的我,在感动和赞叹之余,真不知该说什么好了……

(点评:一流员工的完美服务,为这次服务补救行动画上了一个圆满的句号。如何把服务失误和客人投诉真正当作我们的机会点,用心采取补救措施,解决客人的问题,感动客人进而建立良好的宾客关系,提高客人的满意度和忠诚度,值得每个酒店工作者深思。)

【补充与提高】

大堂副理如何赢得酒店其他部门员工的支持

在酒店经营中,大堂副理应能高效地发挥处理宾客投诉的功能,不仅和客人达成共识,同时赢得酒店其他员工的尊重与信任,从而获得内部支持。为此,大堂副理要有以下认识。

1.将宾客投诉当作自我成长的机会

酒店赋予大堂副理处理宾客投诉的权力,但力量大小会因人而异,尊重与信任需要靠大堂副理自己的行动赢得。不要将处理宾客投诉当成一件麻烦事或希望被投诉部门能不找自己最好,采用一种躲避和推卸的态度,而应该积极面对。

对于大堂副理而言,每一次处理宾客投诉都是提高自己危机公关、逻辑思维、语言组织与酒店相关服务规范知识储备能力的时机,更是用自己的行动赢得同事们尊重与信任的一次绝佳机会。

2.大堂副理是问题的处理者与协调者,而绝非批评者

酒店各部门在遇到宾客投诉时,是希望得到大堂副理的帮助,而绝不是想得到批评。无论酒店赋予大堂副理的权力大小如何,大堂副理在处理宾客投诉时必须依靠各部门的配合与支持,投诉事件发生时被投诉的部门正处于紧张状态,此时大堂副理如以批评者的身份参与,势必会强化紧张氛围,被投诉者因害怕被处罚会故意回避,隐瞒事实真相。因此大堂副理只需提出投诉处理方案,让被投诉的部门了解宾客投诉的主要内容以及服务中的过失即可,尽量不要指责。以协调者和帮助者的身份参与,告诉被投诉部门,自己是来帮大家解决问题的,而不是以管理者的身份进行内部批评的,如此才会减少员工的惊恐与排斥心理,密切配合大堂副理处理投诉事件。

3.维护宾客、酒店、员工的共同利益

发生宾客投诉时,客人往往会将事实夸大,所以一定要倾听宾客与被投诉部门双方的声音,了解真实情况,哪些是酒店的责任,哪些是宾客情绪化的反应。这不仅是尊重客人,更是尊重酒店、尊重员工的做法。如果客人无理取闹,一定要用委婉的方法保护酒店与员工的利益,不可听信一面之词,客人要求什么就答应什么,否则将有损酒店利益,还会让员工蒙受不白之冤,挫伤工作积极性,更会降低大堂副理在员工心目中的可信度,使日后处理宾客投诉事件因曾经有失公平而增添阻力。

4.勇于承担责任

在宾客投诉事件中,客人往往会投诉某个部门或某个员工的服务产品或服务态度,此时大堂副理千万不要将错误推卸给某个部门或是某个员工(因为在客人看来,这是酒店的错误),如果说"他是某部门的员工,我们一定会加强部门的管理",客人立即会反驳:"那个部门难道就不是你们酒店的吗?"大堂副理应在了解实际情况后将错误勇敢地承担下来,并表示理解与歉意,如:"因为我们的原因,给您带来不便,我们深感歉意。"这不仅是宾客的内心需求,更是决定宾客投诉是否能有效处理的先决条件,只有这样才能快速与宾客拉近心理距离,最大限度地获得宾客的理解与认同。同时员工会因为大堂副理的大度与包容产生发自内心的尊重,并积极配合,让处理宾客投诉的通道变得畅通无阻。

5.树立大局观,通过与部门沟通获取内部支持

在处理投诉事件的过程中,大堂副理一定要从客人与酒店的整体利益出发,树立大局观,掌控对投诉处理的方向、节奏与尺度,在争取客人满意的同时,维护酒店整体利益。当需要相关部门包括被投诉部门为酒店的整体利益作出牺牲与让步时,不宜以命令的方式强硬要求部门,应以主动沟通的方式让员工了解客人的需求点与酒店的要求,必要时让员工清楚个人冲动会造成的后果,以理服人,引导员工以大局为重,即使员工当时不理解,也应在投诉处理后及时与员工有效沟通,争取到相关部门的认同和积极配合。

6.大堂副理是投诉情况的汇报者而非责任的划定者

一般而言,酒店赋予大堂副理的权力仅限于现场处理宾客投诉事件,合理、迅速地与客人达成共识,维护客人与酒店的整体利益,并将情况向管理层汇报,如实陈述宾客的投诉情况、调查了解的事实真相和处理的方法与结果,而对于是非认定、责任划分、整改措施,大堂副理无权,更无权代替领导站在酒店整体的高度作出判断,千万不要越俎代庖,也不要在管理层认定责任之前私下谈论。

酒店内部的支持是大堂副理处理宾客投诉事件的重要力量来源,大堂副理只有在尊重客人、尊重员工的基础上才能真正赢得信任与支持,从而让宾客投诉事件得到圆满解决。

第三章
市场营销部的客户管理

　　酒店前厅部和市场营销部是实施客户管理战略的重点部门,而客户经理则是客户管理的关键岗位,负责收集并登记客户信息、管理客户资料、款待客户、开展客户的线上线下活动、让客户依赖酒店等一系列管理方针和政策的制定等。

【本章学习目标】

· 了解市场营销部各相关部门和岗位的客户管理方法。

· 了解酒店客户经理的岗位职责与任职条件。

· 了解客户经理的行为准则。

· 了解客户经理的日常工作内容。

关键词:客户经理;岗位职责

Key Words: Customer Manager;Job Description

第一节　市场营销部客户管理的主要内容

市场营销部是酒店内第一个接触客户的部门。这个部门承担着招揽和维护客户的主要任务。可以说酒店经营能否成功,很大程度上依靠市场营销部门全体员工的共同努力。

一、主要分工

在大中型酒店中,市场营销部通常会设立若干个小部门,针对不同的工作任务提供不同的服务内容。各部门根据分工,努力做好客户服务和管理工作。

1.市场营销总监与协调员

市场营销总监:该部门的第一责任人,根据酒店总经理的要求,负责制订本部门的年度工作计划,并将计划安排到每个季度、每个月,一步一步带领属下员工完成。

协调员(部门秘书):该部门的后台人员,负责与其他部门保持沟通,随时将客户信息传达到各个部门,并跟进各部门按照客户的需求圆满完成工作目标。

2.公关部

(1)工作目标是提高酒店的知名度,在公众中树立酒店的良好形象。

(2)负责酒店的公共形象设计、包装和推广酒店的各种促销活动。与政府、社团、企事业单位、重要人物、新闻媒体、上级机关、同业机构、酒店客户以及本酒店员工之间架起一座相互信任的桥梁。在酒店身处危机的时候,通过与上述单位的良好沟通,尽一切可能降低社会公众对酒店产生的负面印象。

(3)广泛了解和收集各种旅游市场信息,做好各个时期的宣传重点和策略。根据市场的要求,策划好"月月过节"的内容并组织实施。

(4)该部门通常设立公关经理或公关专员若干名,其中包含有美工设计和制作人员。在市场营销总监直接领导下(也有酒店归总经理直接领导),定期向新闻媒体发布消息,介绍酒店最新服务项目和管理新动向等。

(5)负责接待来访参观客人,向来访客人介绍酒店情况,以增进公众对酒店的认识。

(6)负责制订和具体落实国内外重要客人(VIP)的接待工作。

(7)负责收集主要客人的信息资料,并通过资料分析,提出公关建议,策划并组织"客户活动日"的活动。

(8)处理公关部来往公文及信件,收集客人意见及公众对宣传资料的反应及建议,向市场营销总监提供有关信息。

(9)美工负责各种广告、招牌、招贴、装潢、工艺美术品、酒店内各类告示和标语、横幅的加工制作及设计。

(10)负责各类广告宣传册子和传单的设计并监督印刷质量。

(11)负责酒店重大活动的摄影、摄像。

为了做好酒店公关工作,公关经理要具有较高的素质,有一定的新闻写作和公关活动能力及广告宣传策划能力,有较强的语言沟通能力,形象佳。

3.预订部

预订部员工要努力做好对客服务工作。任何一次对客户的不耐心或无理冒犯,都会失去客户的信任。失去一个客户比招揽一个客户要容易得多。酒店高层领导对预订部的重视程度决定着酒店收入和前景。

预订部由预订部主管(或经理)及预订员若干人组成,其主要任务是接收客户的订房业务,将客户到达酒店的时间和预计居停天数,以及在酒店居住期间有可能举办的各类休闲活动或商务活动,安排到各相关部门。预订人员还需要每天浏览客户的网络留言并回复客户提出的问题。

预订部要控制好房价与可售房。预订部就像控制市场的一个水龙头,酒店客房收入基本上都是通过预订部订房所得。预订部是控制房价和可卖房的重要节点。如订房的高峰期,预订部可以通过减少会议及协议单位的订房量,增加散客订房量,或是尽力向散客推销档次高的客房,以增加客房收入。

预订部是客户管理非常重要的一个部门。预订部员工应该学会通过看名字、看电话号码、听声音就能辨别熟悉的客户,让千里之外的客户感受到你带着微笑的热情问候,这样订房成功率更高。同样,听到陌生电话的预订也应该表现出职业的微笑和热情,耐心倾听客户的声音,仔细地记录客户的要求,复述一次客户的预订内容,确认客户的预订,感谢客户的预订,让客户放心他的预订已经得到确认。

客人预订时,无论是客房、会议室还是用餐或是其他项目,都应认真核实,把所有信息查清楚、查明白,避免出现"重订""漏订"或是"预订偏差"。预订后,最好以书面或手机信息的方式与客人再次确认,这样就能够使服务工作做到滴水不漏,从而不断地为酒店的品牌形象加分,为酒店的销售夯实基础。

【案例】

如果当初核实一下……

9 月初,某酒店销售部经理小刘接到某公司总经理打来的电话,得知 9 月 22—24 日,有300 人左右的会议要在酒店召开。客人 9 月 22 日入住,共需 150 多间房;9 月 23 日开会,会场设在雍和厅。这位总经理要求小刘提前预订会场及客房。

听到这位总经理转述"餐饮部雍和厅会场可以预订"的消息后,小刘没有再次与餐饮部确认,就把这次会议接了下来。

9 月 18 日下午,小刘到餐饮部预订 22—24 日会议的工作餐时才得知,9 月 23 日雍和厅已被预订,且对方早已交付定金。随后,小刘多次与提前预订的客户沟通协调,希望对方换成其他包厢,但始终没有达成一致。无奈,小刘只有硬着头皮给那位公司总经理打电话告知具体情况,虽多番解释,但那位总经理依然暴跳如雷,表示要直接找酒店总经理投诉。

点评:此次投诉,小刘应负全部责任。作为销售部经理,他在接到会议预订时,没有与餐饮部确认会场信息,导致会场重复预订。

4.销售部

销售部也称业务部。其客户通常分为商务客户、旅行社客户、政府客户、国内客户、国际客户。

根据酒店的经营规模,可以将各类客户分成若干种组合,每个客户经理(销售人员)负责某个部分的客户招揽及维护。

每个业务人员都需要非常熟悉他所负责的区域,包括地理环境、客户属性、客户名称、客户性格、客户要求、客户偏好以及客户身边的客户都是些什么人,以便通过熟悉的客户找到陌生客户,通过友好的客户打通难缠的客户。

客户经理可以根据其销售能力和客户维护能力实行末位淘汰制。

5.宴会销售

宴会销售工作可由市场营销部负责,也可由餐饮部负责,主要负责餐饮预订,推广大型餐饮和宴会活动。

餐饮预订的熟客(回头客)比例更高。餐饮主要是做当地人的生意,回头客比例越高说明酒店餐饮做得越好。因此,宴会销售部的客户管理工作非常重要。

宴会销售部的每个员工都应该收集上百人的客户资料,每当客户打电话预订的时候必须立即称呼对方的姓氏及职务或是×先生好、×女士好。将每一个客户变成朋友是销售员成功预订的重要法宝。

接受预订:电话铃响三声之内必须有礼貌地接听,报告自己的所属部门,仔细倾听来电者电话,记录客人的姓名、单位、联系电话及预订要求,问清客人的用餐人数及标准,了解客人喜欢的菜式和忌口的东西,确认付费方式,至少重复一次客人的要求,确定预订内容,感谢客人的来电,期待为客人提供优质的服务。

大型餐饮活动或婚宴预订:接听客人电话后,与客人预约到酒店确认场地、时间、菜单、标准、场地布置要求等,确定后即要求支付预订金。预订金的多少由酒店自己确定,一般为整体消费的 10%～30%。也可以是一个固定数,比如几千元或上万元。

二、客户招揽

客户招揽是一项长期、艰巨的工作任务。市场营销总监根据酒店定位所确定的客户群进行分类,制订有效的能吸引客户的招揽方案。各分部销售人员根据客户定位进行有针对性的营销活动。

1.登门拜访

销售人员负责登门拜访客户群,将酒店的产品和服务介绍给客户群,邀请客户单位到酒店进行实地考察,安排酒店相关部门按照酒店的服务标准进行演示,以一流的服务水平招待好客户单位负责人,签订服务合同。通过一次又一次诚恳的拜访活动,或许能够得到客户单位的响应,获得第一批次客户入住或享受餐饮服务。

2.确定接待方案

销售人员得到客户单位的接待信息后,立即根据客户的需求制订接待服务细节,并形成文字发送到各相关部门。各部门根据接待要求做好接待准备,销售人员跟进各部门的行动,直至看到各部门已经按照要求做好了服务准备。

3.迎接礼仪

销售人员随时与客户单位负责人取得联系,掌握客人到达的具体时间,身着制服提前10分钟到达指定地点,等候客人的到来。客人到达时,面带微笑迎上前去,伸出右手表示欢迎(握手的时间不宜过长,以免引起误会,尤其是男士握住女士的手时)。向客人分发名片,做自我介绍。

4.参观酒店

如果客人是第一次来到酒店,最好引领客人参观一下酒店的各类设施,让客人对酒店有一个全面的了解,以提升客人的消费兴趣。

5.引领礼节

对客人表示欢迎后,走到客人前方0.5~1米处,不时伸出右手指引方向,引领客人走向前台或预订餐饮区域。伸出右手时应四指并拢,掌心向上,大拇指与其他四指伸向同一方向。参观途中向客人介绍酒店设施及有可能遇见的酒店服务人员。

6.协助入住

到达前台时,向前台人员介绍客人,并协助客人办理入住登记。

7.约定时间

客人办完入住登记后,由前厅行李员负责引领客人去客房楼层。销售人员与客人约定用餐时间或其他活动时间,确保客人入住后仍然有人关注他们。

8.按时赴约

提前10分钟到达与客人约定的地点,如果客人未能在约定时间到达约定地点,可通过内部电话询问客人是否能按时赴约。如果客人不能按时赴约,则安排新的预约时间。见到客人时,询问客人对客房是否满意,如有任何不良反应,应立即通知客房部门负责人进行整改。

9.用餐安排

如果客人确定在酒店用餐,则向客人介绍酒店的各种美食特色,将客人引领到指定的餐厅,告知餐厅服务人员关照好客人,并祝客人用餐愉快。

10.娱乐活动

如果客人在住店期间有娱乐活动,应提前与娱乐部门打好招呼,提供优质服务。

三、客户档案管理

完善的客户档案可以帮助酒店提供个性化服务。当客户再次入住的时候,销售人员可以查询客户档案,了解该客户上次入住的时候有过什么好的或不好的经历。销售人员在给各部门下达接待任务单的时候,在备注栏里特别提示该客户曾经入住过酒店,曾经发生过什么事情,需要各部门特别关注,避免出现类似错误,以便将服务做得更好。因此,要做好客户档案的管理工作。

四、客户回访

建立客户档案有助于销售人员定期回访客户。客户回访有定期回访和临时回访两种情况。

定期回访可以是登门拜访,也可以电话拜访。对于有产量的大客户,至少应一个月回访一次。有任务时,可以随时登门拜访。

除了定期回访以外,酒店有大型促销活动或者客户单位有大型客户活动需要临时面见客户单位的负责人时,可以进行临时回访。

对客人进行回访,要注意以下要点:

1.事先约定

不管是定期回访还是临时回访都应事先与客户单位进行电话或微信沟通,在取得对方回复同意后再登门拜访。

2.有礼在先

到客户单位拜访时应事先准备一份礼物,最好是酒店的点心或是带酒店 LOGO 的签字笔,也可以是皮质钥匙包或名片夹之类。必要时可以送上免费入住房券。

3.明确目的

回访的目的是增进友谊,增加信任度。除了唠唠家常、互致问候之外,了解客户单位近期的接待任务是最重要的话题。

4.控制时间

每次登门拜访时间控制在 10~30 分钟。

第二节　酒店客户经理岗位职责与任职条件

酒店应在大堂副理和宾客关系主任的基础上,重新认识客户管理的重要性,提升对客户管理的范围和级别,设立专职的客户经理,负责收集并登记客户信息、管理客户资料、款待客户、开展客户的线上线下活动、让客户依赖酒店等一系列管理方针和政策。

为了做好客户管理,酒店需要设立专门的部门,指定专门人员负责对客户的全程接待和服务,与客户建立良好的关系。酒店客户经理就是负责与客户打交道的专门人才,是酒店与客户关系的直接桥梁,也是酒店对外形象的全权代表。客户经理的职责就是要全面了解客户需求并通过酒店各个部门的员工为客户提供服务并解决服务中遇到的各种各样的难题,在每一次对客服务中,力求让客户满意,并不断地创造让客户感到惊奇和难忘的体验。

一、客户经理的岗位职责

客户经理在酒店管理序列中通常隶属于市场营销部,类似公关经理,对营销总监负责。也有酒店由前厅的大堂副理负责,还有酒店直接由总经理办公室负责。

客户经理主要负责对现有客户进行定期探访或接待,以维持良好的合作关系,通过落实各细分市场的客户开拓量化指标任务,协助部门完成既定的月度与年度营业预算。其主要职责如下:

(1)定期对客户进行拜访,与大业务客户、重点宾客保持密切联系,向客户介绍酒店新推出的各项推广计划,引领客户的消费倾向。

(2)了解并掌握客户的消费情况,尤其要了解客户在其他酒店的消费情况,认真分析客户在其他酒店消费的原因,提出解决问题的方法,供酒店高层参考。

(3)积极开展市场调研工作,在保持老客户的同时不断发现和发掘潜在客户,增加新的客源。

(4)接待前来酒店参观的客人,介绍酒店的情况,并注意听取客人对酒店的意见,及时向上级汇报。

(5)随时掌握各客户单位的消费新动态及近期安排,制订工作计划并及时展开营销推广活动。

(6)随时掌握同行的新动态和市场信息,为上级制订工作计划提供资料和合理化建议,协助上级开展营销活动。

(7)在拜访客户结束后,撰写拜访报告,并为每个客户建立档案。

(8)向各部门(主要是一线部门)了解客户反馈意见,将重要反映记录在客户档案中供相关部门熟知并及时纠正错误。

(9)负责跟进线上预订,当线上预订客户到达的时候,尽可能迎接并与他们稍作对话,交换名片。必要时及时送上欢迎水果和鲜花。

(10)跟进VIP的接待。负责安排VIP的迎接及车辆使用等礼遇,按照VIP的等级要求,负责检查VIP入住的客房、欢迎信、茶水咖啡、鲜花水果、欢迎人员、欢迎横幅、用餐地点、会客需求等,以及有可能使用的酒店设施,做好VIP入住期间的服务工作。

(11)参加业务洽谈,受委托与协议客户、旅行社、团队消费单位签订销售合约、协议和办理续约手续,同时要做好各种订房资料、合同、客人资料等的档案工作。

(12)及时检查销售工作和计划实施情况,与销售经理之间经常互通信息,协调做好重要客人的接待工作。

(13)凡遇重大节日要向业务单位和个人、老客户、常客发贺信或贺年卡,如酒店举办各种纪念活动,应邀请新老客户参加。

(14)参加每日下午的碰头会,向部门领导汇报工作进程。

(15)完成部门领导交办的其他工作。

二、客户经理的任职条件

通常,客户经理应具备以下条件:

(1)大专以上学历,有三年以上相关行业经验优先。

(2)较强的语言表达能力和沟通协调能力。

(3)懂得公关礼仪、心理学、管理学及有关酒店业务知识。

(4)有团购销售工作经验或婚礼销售经验者优先。

(5)有较强的营销策划能力、沟通谈判能力。

(6)热爱新兴媒体行业,有敏锐的商业嗅觉。

(7)工作认真负责,吃苦耐劳,条理清楚。

(8)能熟练运用电脑制作各种商务文本。

另外,作为一名客户经理,最好具有酒店客户管理资格证书。大专院校可开设相关资格证书培训班。考试内容通常包括:酒店、俱乐部客户关系管理与客户体系规划;客户信息收集与客户开发及维护;客户关系的沟通策略与服务技巧;客户心理分析与危机管理;客户满意度与忠诚度的建立;电子商务及网络营销;商品部、会务部经营策略与资源整合技巧;会务经理相关会务活动全程策划、流程管控;会员管理知识,CRM 管理信息系统,旅游经济等多个模块。

第三节 客户经理的行为准则

客户经理的服务宗旨就是要为客户提供专业的、温馨的、个性化的服务,使每一位客人都能留下美好回忆,同时为酒店创造更好的效益。为此,客户经理要遵循以下行为准则:

(一)保持微笑

微笑服务就是要时时刻刻让客户感受到我们美好的心灵和高尚的情操,感受到微笑的温馨。

微笑服务的魅力在于:

(1)可以消除彼此的隔阂。因为微笑,大家相互谅解,许多的隔阂会被微笑融化,许多的怨气会在微笑中消散。

(2)有益于我们的身心健康。"笑一笑,十年少",微笑使我们的心境开阔,微笑能消除我们的精神紧张,微笑可以促进新陈代谢,微笑有利于身体健康等。

(3)微笑可以调节情绪。一个人踩了你的脚,你痛得怒火中烧。当你看到那个踩了你的脚的人很抱歉地冲着你微笑的时候,你还忍心冲他发火吗? 相信你会很淑女或很绅士地一笑,说一声:没关系。

（二）说话客气

客户希望客户经理经常出现在他们眼前，对他们嘘寒问暖，关心他们的公事或私事，甚至一句俏皮话也会使他们开心无比。

（三）勤快做事

现代社会就是一个快鱼吃慢鱼的社会，想要在这个社会上有所发展，就是靠勤快。所谓勤就是比别人多做一点，所谓快就是比别人抓住机会反应更快些。客户的需求千变万化，随时都可能发生，而且一遇到麻烦就会直接找客户经理，如果客户经理不能很快出现在他的面前，很可能会引起一顿抱怨，搞不好会丢失这个客户。因此，懒人做不了客户经理。客户经理要勤快一点，要事事想到客户的前面，在客户还没有想到或者即将发生还没发生的事情，客户经理已经预测到并且解决了。这样的经理才是客户需要的，也是酒店最需要的人才。

怎样才能变得勤快？首先，要有勤快的想法，要时刻告诫自己："我要变勤快起来。"要做的事情马上就去做，想到的事情不要拖着。把懒惰转变为勤快，勤快的习惯养成了，离成功就近了一步。要做好计划，什么时候要做什么事情心里要有底，把事情安排得井井有条。

（四）不找借口

借口让我们暂时逃避困难和责任，获得些许心理的慰藉，但是借口也会让我们付出代价，给企业造成损失。畅销书《不找任何借口》讲述的是美国西点军校有一条军规就是"NO EXCUSE"（不找任何借口）。找借口就是推卸责任，在责任和借口之间，选择责任还是选择借口，体现了一个人的工作态度。

不找任何借口，也是世界500强企业和顶尖机构推崇实施的组织理念与员工行为准则，他们据此选拔和培育了无数优秀员工，打造了自己杰出的团队。

好员工不找任何借口，面对工作抢着干：让我来，我先上，义不容辞，当仁不让；满负荷，高效率；服从命令听指挥；自告奋勇争挑重担。

好员工不找任何借口，保证完成任务：责任重于泰山；立刻去做，绝不拖延；百分百执行，不打折扣；高标准，严要求；自动、自觉、自律，无须监督，无须催促；排除千难万险，一往无前；牺牲自我，不当逃兵。

（五）细心周密

细心是指心思缜密。细心在日常生活和工作中是非常必要的。特别是针对服务行业，不管是客户经理或是一线服务员，还是在后台的办事员、财务人员甚至是采购员，无论在何时何地，细心都非常重要。细心是一种心理素质，在工作中，做任何事情都需要我们细心对待。尤其是客户的事情，更需要我们付出百倍的努力，才能博得客户的欢心。

（六）敢作敢为

一些客户经理受性格、家庭、学识的制约，从小就胆小怕事。另外一些人则从小就在比较开放的家庭环境生活中长大,天生就胆子大,做任何事情都会冲在前面。胆子大的人自信心强,成功的机遇更多。

(七)灵活机动

客户经理脑筋要活一点,办事不能太死板,在酒店政策的大原则框架内,灵活处理可能遇到的任何难题,包括在一定的范围内给予客户一点优惠,优惠的权限可以根据每个酒店的条件由总经理决定。为了及时处理并解决客户投诉的问题,在查明酒店方确实存在过错的前提下,丽兹·卡尔顿酒店给予一线员工2000美元以内的处置特权。

与客户交往过程中,客户经理要与客人谈得来,成为客人的朋友,不能事事与客人的意见相左。在不违反原则的情况下,顺着客人的思路去想问题,哪怕是附和一下,只要客人开心就好。与客户之间的交往如果仅仅在于问问有没有生意就无语了,这样的客户经理是不合格的。尤其对于大客户,客户经理需要付出更多的时间和精力与客户打交道,有时甚至需要陪客户吃喝、聊天、打牌,陪客户钓鱼,陪客户娱乐。一个追求业绩的客户经理绝不可能要求每天按时上下班。

(八)高效工作

客户经理一定要懂得如何提高员工的工作效率。在服务过程中,客户最恼火的就是要什么东西半天得不到。等待是一个难熬的过程,尤其是等待入住或等待上菜。客人一到大厅就想尽快办好入住手续,可以好好休息。总服务台是一个最容易产生客人投诉的地方,因为总会有当天客满或者别的原因令脏房没有及时清理出来,不能马上向客人提供干净房间的情况。餐厅也是最容易引起投诉的区域之一,菜上得慢或者服务员搞错单子都可能引起投诉。现场工作人员往往欠缺经验,遇到客人投诉常常搞不定。这就需要客户经理尽快处理,如果客户经理迟迟不来,或者来了以后也不能及时处理,还要经过层层报批,这样必然会引起客人的愤怒。

(九)善解人意

客户经理说话需要一定的技巧。掌握说话技巧的人,才能掌控事态的发展。说话柔一点就是一种说话技巧。尤其是在对客服务方面,客户经理遇到生气的客人的时候,要尽可能多听少说,尽可能站在客人的角度理解客人的情绪,而不需要多作解释,更不能让客户感觉你是在推脱责任。即使自己是有理的一方,也应该用温柔的声音跟客人商量处理的方法,在不影响大局的情况下,尽量让客人开心,最终能够让客人的情绪得到释怀并冰释前嫌。

(十)不发脾气

脾气谁都会有,但是客户经理必须学会控制自己的情绪,每当忍不住要生气的时候,想办法转移一下情绪。只有对自己的情绪能够收放自如的人,才能在职场上如鱼得水。

第四节 客户经理的工作内容

一、客户经理的工作方针与工作任务

(一)客户经理的工作方针

以客户需求为中心,提供针对性服务。

(二)客户经理的工作任务

1.产品分析

正确评估酒店的地理位置,了解酒店的客房标准和服务水平,熟悉酒店公共区域、餐厅、娱乐、康体设施的运行状况以及管理人员素质状况,熟悉管理服务程序,正确分析酒店服务质量,只有做到实事求是,才能在市场竞争中掌握主动权,提高竞争能力。

2.客户分析

对现有客户进行分类,通过一次又一次的拜访和接待,熟悉客户的行为习惯、消费习惯和性格特征以及对酒店的各类要求,分别进行录入登记。根据客人的习惯向各接待部门提出服务要求。

二、客户经理的主要工作内容

客户经理的工作内容千头万绪,十分繁杂。表3.1是客户经理每天需要做的具体工作内容。

表3.1 客户经理工作内容

项目		内容与要求
接受上级领导	参加部门组织的会议	(1)参加部门组织的每周例会 (2)汇报上周工作情况,说明工作的进展情况、存在的问题及原因分析,拟出整改措施 (3)听取上级领导的任务指令,并逐条落实、及时回复
部门内部管理	1.部门例会	(1)主持本部门每日晨会 (2)传达酒店会议精神 (3)通报每日营业收入,分析销售计划进度,对销售业务进行指导 (4)听取员工工作汇报,解决员工提出的问题

项目		内容与要求
部门内部管理	2.学习与培训	(1)定期组织员工学习企业文化 (2)分析客户心理,用经典案例培训客服人员的服务技巧 (3)发挥员工业务特长,以"传、帮、带"形式培训新员工 (4)充分发挥部门优势,邀请客户与员工沟通和交流 (5)培训做到"有教案和大纲,有典型和案例,有分析、总结和落实措施,有考核,有跟踪评估"
	3.检查与评估	(1)检查客户对客服人员的认知程度 (2)督导客服人员开展业务,及时解决客服人员在服务中出现的问题 (3)检查会议的接待情况,了解客户反馈信息,提高会议服务质量 (4)根据部门考核办法,对部门人员进行绩效考核 (5)组织部门评优工作
	4.客户服务分析例会	(1)参加每月一次的客户服务分析例会 (2)通报上月客户动向、客源市场构成及本月促销活动实施情况 (3)汇报上月客户服务情况和存在的问题,并提出相关看法 (4)听取总经理及各部门对客户服务的具体意见
	5.创新、合理化建议制度的落实	(1)组织员工开展创新活动 (2)将合理化及创新建议在部门例会汇报后整理,报上级领导 (3)对拟采取的合理化建议进行落实并接受质量管理部的审核 (4)对提出合理化建议并得到实施的员工进行表彰
与其他部门协作	1.沟通会	(1)每月组织部门员工召开沟通会,了解员工工作及生活情况 (2)以座谈会形式向员工通报部门的业务开展以及面临的问题 (3)充分听取员工提出的各项意见与建议,并提出解决的方案 (4)总结员工工作,给予认可或批评
	2.与主要部门协作	(1)及时向房务部、餐饮部反馈客人意见 (2)与餐饮部协作拟订合理的促销方案 (3)与前厅部共同关注抵店客人的需求,及时解决客人提出的问题 (4)做好VIP接待过程中住房及用餐的安排 (5)听取各经营部门反馈的客人信息,及时作出反应
	3.与财务部协作	(1)了解客户的信用程度,及时向财务部反馈 (2)每月向财务部获取"应收账款明细表",催收账款 (3)及时向财务部反馈客人要求,解决客人的需求 (4)共同关注网络订房客户的消费量,及时返还佣金 (5)共同关注重点客户消费情况

续表

项目		内容与要求
对客服务	1.销售业务管理	(1)根据"在店客情表",掌握住客信息,关注协议客户、上门散客及会议、团体的入住情况 (2)关注餐饮的预订情况,及时了解客户的需求,对重点客户进行走访 (3)安排大型活动和VIP接待,做好迎接及服务的跟踪 (4)定期拜访重点签约单位、长包房客户 (5)及时了解客户需求,开展为客人送生日礼物等个性化活动 (6)根据季节特点及市场规律,开展专项客服活动 (7)对重点会议销售,拟订接待方案,协助销售人员进行公关活动 (8)合理调度使用有限空间,利益最大化
	2.会议服务管理	(1)根据"会议预订表",了解当日会议情况 (2)在销售人员、会议负责人检查的基础上,对会议前准备进行细致检查,确保会议设施的正常使用 (3)会议进行中,不定时对会议服务质量进行检查 (4)会后签署"会议服务质量反馈表",向参会客人征询意见 (5)总结重点会议的接待情况,对销售人员及会议服务人员的工作表现进行评估
自我管理	月度总结及计划	(1)向上级领导报告本月工作总结 (2)总结重点业务的进展情况,就本月业务的成功或不足之处进行分析,提出具体整改措施 (3)总结中还包括合理的人员利用、成本控制及重要活动的总结 (4)进行个人总结,找出工作中的不足,言明改进措施 (5)根据计划指标,制订切实可行的工作计划

三、客户经理操作细则

(1)利用客户资料获取客户信息。

(2)安排客服专员每天打30个客户号码,预约2~4位客户后登门拜访。

(3)定期收集、了解本地酒店,特别是竞争对手的信息。

(4)了解客户对酒店的经营管理和服务质量的意见和要求。

(5)与酒店其他部门做好沟通联络工作。

(6)熟悉客源信息,定期拜访重点客户,加深与他们的沟通与交流。

(7)定期拜访有关业务单位,保持同大公司、政府部门的密切联系。

(8)与各旅行社、企事业单位保持良好的业务关系,建立长期、稳定、良好的合作关系。

(9)指导酒店对内、对外的各种广告活动,制订酒店短期和长期的宣传推广计划,并通过促销手段开展积极的推销活动,扩大酒店的客源。

(10)全面负责宴会、会议、展示会的推销和跟踪服务。

(11)定期举行大公司董事会秘书或办公室主任的聚会,加强联络,增进感情。

(12)定期对下属人员进行绩效评估,按照公司的奖惩制度进行奖惩,培养员工高度的责任感。

注:客户经理应严格保守各商务公司所签价格,因各商务公司与酒店所签合同价格不同,所以酒店应与各商务公司达成保密协议。

附一:会议合同附件(会议布展须知)

尊敬的_____:您好!

非常感谢您选择_____酒店举办宴会及会议!

为确保贵公司的会议及宴会布展工作顺利进行,特将相关事项告知如下:

1.布展所需器材要求表面光滑、无尖角、无钉和毛刺、表面无油污等脱色性材料。

2.布展设备、器材须在酒店卸货区解体包装,未经酒店工作人员许可,包装材料一概不允许进入宴会厅。

3.所有布展器材只能通过员工货梯运输至楼面,楼面的运输须使用运输车辆(轮式)搬运至布展区域。严禁在地毯上直接拖运物品,在搬运过程中须防止物品或车辆碰擦墙面与木门、活动隔板。

4.布展台、板须在酒店外制作,现场进行拼装,不允许在宴会厅内部进行机械加工(包括锯割、刨等粗加工工艺)。

5.在宴会厅内解体小型软包装,须在地毯上铺设防护层(如布、塑料纸等),布展后的垃圾须及时清理,归集并送至酒店堆放垃圾处。

6.在布展过程中不得在饰面板(墙、柱、隔断)上钉钉子,不得用强力胶在天花板、墙纸上粘贴宣传品,如需固定宣传品,须征得酒店方同意后方可实施(签证备案)。

7.不得在地毯上直接进行各种胶接工作,需防止各种胶液等溶液污染地毯,如需胶合,须做好相应防护措施。

8.不得以活动隔断板作为固定板或支撑板,隔断板不能承受任何横向负荷。

9.不得将易燃易爆品携带至酒店方的会议场地。

10.如需电源连接线,须征得酒店工程部门指导方可实施,每个电源插座用电容量不得超过2 kW,超过须布电源专线供电,严禁直接在地毯上放置灯源或发热设备。

11.布展前双方对布展区域的装饰面需进行现场移交工作,并记录好该区域的原始缺陷。拆展后双方需现场验收,凡布展期因上述原因导致酒店财产受损,需按原价进行相应赔偿,具体赔偿价格附后。

敬请贵公司予以大力配合。

预祝会议成功

确认人签署:_____

年　　月　　日

附二:商务订房协议

尊敬的_____女士/先生:

感谢贵公司对我酒店的大力支持。

此协议为贵公司 _____ 年协议价格,此协议有效期由 _____ 年至_____

房间类型　门市价(RMB元)　优惠价(RMB元)　商务协议价(RMB元)　特惠价(RMB元)

标准房 _____　_____　_____　_____

豪华房 _____　_____　_____　_____

高级套房_____　_____　_____　_____

豪华套房_____　_____　_____　_____

以上所有房间为净价,除特惠房外均含双份早餐,不需加收服务费,特惠房不接受预订。

作为酒店的合约客户,请贵公司务必以书面或传真形式预订房间,并于入住时表明商务合约客户身份。贵公司入住我酒店的客人可享受以下优惠服务:

·每日免费报纸

·餐饮九折(宴会、酒水、海鲜、特价除外)

·烫衣服务八折

·入住套房免费奉送果盘

再次感谢贵公司对××酒店的支持,真诚期待您与您的客人光临××酒店。

签名(请盖公章):　　　　　　　　　　　　签名(请盖公章):

日期:　　　　　　　　　　　　　　　　　　日期:

备注:

1.门市价若有变更恕不另行通知。

2.特殊条件下,如遇大型会议举行,酒店有权修改或取消现行折扣,恕不另行通知。

3.此合约价格不能与其他优惠价格并用。

4.酒店举办特价(低于以上折扣)促销活动期间,以特价合理为准。

第五节　客户经理的日常工作

一、制作酒店宣传资料

制作各种宣传资料,是营销部门的一项日常工作。客户经理可以按照酒店的 VI(Visual Identity,视觉识别系统)要求提出内容,报总监审批后要求美工统一设计。

1.酒店宣传简介

酒店宣传简介一般是一份专注于酒店整体形象宣传的彩页小册子,主要通过图片和文字进行宣传,要求文字精练,图片清晰。小册子通常分成6~8折页,第一页为封面,通常印有酒店 LOGO 及标志图片,第二页是酒店简介,第三页以后介绍酒店设施,包括大堂、客房、餐厅、宴会厅、娱乐、康体、游泳池、夜总会、户外景点等,最后一页是封底,通常印有酒店的地址及联系电话。

2.餐饮活动推广

餐饮部门通常每个季度做一次推广活动。活动内容通常是介绍下一季度的新菜品种、总厨特别推荐和各个餐厅的优惠活动。客户经理的任务是与餐饮总监共商餐饮推广活动的策划并督促餐饮总监出文字推广材料,以便与美工一起完成宣传资料的设计印刷。

3.会议设施简介

随着世界各国经济活动交流的不断增多,各种发布会、招商会、洽谈会、培训会、总结会越来越多。有些酒店将会议设施的介绍统一放在酒店宣传简介中。客户经理要将酒店各类会议设施的面积大小及形状标注清楚,分别按照剧院式、课堂式、岛屿式、娱乐式、竖条式、U字形、口字形、自助式等要求拍成照片或画成图形,说明每种台型最多能够容纳的人数,以便于对外销售。会议营销也是酒店的一项重要收入来源,大型酒店一般不会轻易放过任何机会。

二、拟订工作计划

客户经理必须养成做工作计划的习惯。将每天需要做的事情做好计划,写在本子上,一件事情一件事情地去落实。将每天做了的事情形成文字记录在案,以便于每周和每月做总结,更主要的是不能忘记对重点客户的关怀和维护。

(一)目标设定表

年   月目标设定表   客户经理:

项目	上月目标	完成/%	本月目标	第一周		第二周		第三周		第四周		本月
				目标	完成	目标	完成	目标	完成	目标	完成	实际达成/%

(二)重点客户计划跟进表

年　　　月重点客户计划跟进表　　　客户经理:

客户姓名	客户类型	工作安排					需要支持的资源
		电话拜访	登门拜访	产品说明会	特殊活动	其他	

　　客户类型:准客户、已成交客户和重要客户。

　　工作安排:根据客户所处阶段,制订对客服务计划,在"工作安排"栏中相应方式处打√并填写计划实施时间。

三、收集客户信息

收集客户信息有各种各样的方法,以下方法最为常用:

1."扫大街"

"扫大街"就是对一些比较集中的工业园、写字楼进行地毯式的搜索,这种方法很简单,也很辛苦,但是很有效,往往可以得到很多优质的客户信息。在"扫大街"之前首先要对本区域的工业、商业的分布情况有一定的了解,以利于安排计划。

2.媒介资料

媒介资料有很多,移动、电信、联通、网通、城市黄页、报纸、杂志、各种行业的DM(快讯商品广告)、会刊、图书馆、大型的书店等,这些地方的资料准确率高,而且公司正处于宣传阶段,很容易跟进。这里不建议依赖黄页,因为黄页的使用率比较高,也就是说受骚扰的概率高,销售的难度大。

3.逛展会

现在各种展会多如牛毛,每年都有数不清的各种形式的行业展会,这样的展会一定要去逛逛,最好购买一本会刊(先问清楚会刊上是不是有参展商的联系方式),因为参展的公司都是比较活跃的公司,愿意接触新信息,寻找更多的合作机会。这些信息非常有效。

4.互联网查找

专业官网上的会员资料很好,但是有些网站的会员资料保密。也有很多电子商务型的官网资料是公开的,这些网站要适时收藏,定期登录。不建议使用资料软件搜索资料,因为这在搜索过程中可能会搜到大量的垃圾资料。还有最直接的就是利用百度进行关键词搜索,不过这样比较耗费时间。

5.由老客户引荐新客户

老客户所从事的行业,还有从事相同行业的竞争对手,务必关注和了解,这样自然地可以成为你的信息来源。

6.与同行相互交换信息

同是酒店行业,不是从事同一产品的业务人员,大可以交换已有客户的信息,这是最理想的双赢局面。现在这种交换形式很流行,也很实用。与同行或相关行业从业者交换电话名录,经常与他们交流参加他们的活动,不仅能够获得大量的目标客户,而且还能获得新的培训知识和业务技巧。

7.从个人建立的人际关系中获取

个人的人际关系主要有同事、朋友、同学、亲戚等,也可以是目标客户群的上下游公司人员。做网络推广时,那些做网站的技术人员就是潜在的优质客户。因为他们天天给人做网站,做好的网站面临的就是推广问题,要和这些技术人员处好关系,他们每年都可以给你介绍、引荐一些客户。与这些客户打交道通常比较容易一些,因为他们是最有需求的人群。假如你手中有几十个专业网站的技术人员朋友,那么你的精准资料来源是很可观的。

8.查找各种汇编资料和行业、政府、社团组织发布的数据信息

统计资料是指国家有关部门的统计检查报告、行业协会或者主管部门在报刊上面刊登的统计调查资料、行业团体的调查统计资料等。名录类资料是指各种客户名录、同学会、会员名录、协会名录、职员名录、名人录、行业年鉴等。比如工商局的网站就提供这方面的查询。当然这种资料都是"拿来主义",其中有一部分是需要进一步甄别和筛选的,也就是说,接下来要通过一些专门的步骤把有意向的目标客户找出来。如果你在打电话之前没有做数据的筛选和整理工作,那么你的电话销售就会效果不佳。从某种角度说,电话销售只干一件事情:和合适的客户做销售和沟通,达成业绩。而大部分电话销售并没有把时间花在与真正的客户沟通上,而是在寻找目标客户,既浪费了时间,也打击了其销售的积极性。

四、建立客户档案

整理客户资料,建立客户信息档案。知己知彼,才能百战不殆。整理客户相关信息就是知彼的一个重要步骤。当客服人员接触一个客户的时候,要做的第一件事情就是收集整理相关信息。需要整理的客户背景资料包括以下几个方面:

- 客户单位名称、地址、通信方式、联络人、客户单位的行业基本状况;
- 客户单位对酒店的需求,如每年接待人数、使用酒店、价格等;
- 客户单位对自己酒店的了解、使用情况,感受如何;
- 客户餐中需求,在就餐中提出的要求,例如不吃某种食物等;
- 客户的投诉建议,对菜品、服务的不满及建议;
- 客户的价值信息,客户当餐消费的金额、消费的频次;
- 客户单位负责人的姓名、职务、生日、文化程度、电话号码;
- 客人的经济实力、单位或住所离酒店的距离;

· 主要负责人的兴趣爱好、生活、工作、饮食中的特殊爱好;

· 主要负责人的文化品位,如喜欢穿什么牌子的衣服,喜欢什么运动,喝什么茶,抽什么烟,饮什么酒等;

· 主要负责人配偶姓名、工作单位,了解客户生活需求,如家庭中发生的事,其父母、爱人、孩子的生日,家中重大事情,特殊纪念日。

五、对客户进行回访

充分利用客户信息,对客户进行回访是客户经理的日常工作,特别是利用"定时记录回访法"加强客户回访会收到意想不到的效果。"定时记录回访法"使回访的效率更高,效果更好,满意度更高。

(一)如何进行客户回访

1.做好电话拜访

电话拜访有不同的类型,需要采用不同的方法,语气和语调也应随之改变。

礼节性问候电话。通常用于客户经理第一次给客户打电话。应该首先介绍自己的单位和姓名,说明打电话的目的,简略介绍一下自己是负责哪一块服务的员工,希望得到对方的支持,并对打扰对方表示歉意,同时表示在客户方便的时候将登门拜访。礼节性问候的语气一定要真诚,速度不能太快,让对方在电话里能"听"出你的微笑。通话结束时,一定要让客户先放下电话自己才放下电话。

节日问候电话。通常是针对熟悉的客户,问候的目的是加深印象,沟通情感,顺便将节日"大礼包"推销出去。由于是熟客,相对而言电话中的语气可以随意一点。只要客户不急着放下电话,可以尽量多说一些让客户开心的话语。甚至可以多少带一些"纠缠"的意思,目的就是让客户忘不了你。

致歉电话。通常是因为服务方面出现某些令客户不高兴的情况而需要打的电话。在打致歉电话之前,一定要把需要道歉的事情了解得清清楚楚,即使事情不一定是酒店的错,也不要让对方感觉你是在推脱责任。只需要说明发生了令对方不愉快的事情很是抱歉,希望得到对方的理解和谅解。最后表示会在今后的工作中尽力避免类似的情况再度发生。认真负责地做好客户投诉的电话回访是减少纠纷、树立酒店品牌、争取客户的重要手段。有些客户在投诉后,碍于情面或避免出现尴尬,不太希望客户经理上门"面对面"来解决,倒希望通过电话回访的方式来处理问题。所以,对于客户投诉的电话回访,应谨慎对待,并认真做到以下三点:

(1)注意稳定客户情绪。客户在投诉未得到处理之前情绪往往比较激动,因此客户经理在电话回访时尽量做到谦和、温馨,文明礼貌,认真倾听客户的心声,多给客户说话的时间,不要和客户抢话,更不要随意打断客户的讲话,以免引起客户反感,激化矛盾。

(2)注意工作方法技巧。在告知客户投诉的处理结果时,应简明扼要,突出重点,就事论事,不要谈及太多与业务无关的内容,尽量不要占用客户太多的时间。若客户因故不方便接听电话时,应该很有礼貌地与其说清再次通话的时间,然后再挂上电话。打完电话后,一定要等客户先挂断电话,客户经理才轻轻放下电话,以示对客户的尊重。

(3)注意征求客户意见。在告知客户处理结果后,应再次征求客户的意见和建议,了解和倾听客户对投诉的处理结果是否满意,有无异议,并认真记录回访内容,在今后的工作中加以总结提高。

2.登门拜访

(1)拟订拜访计划:预约受访人、时间、地点、拜访目的。

(2)填写派车单:出发时间、地点、线路、大约时长,见车队负责人。

(3)提前5分钟到达受访单位,照照镜子,确保自己的形象符合专业水平。

(4)见到受访者后,感谢他们在百忙之中接待,寒暄、问候之后,交换名片。

(5)简单了解受访单位的业务情况,对受访单位的业绩表示称赞,方便时可以参观对方的办公区域或厂区,了解他们的产品用途以及销往什么地方,年销售量有多大。同时了解他们每年有多少接待活动需要安排,通常都会安排在什么酒店。如果是第一次拜访,说明来意,介绍酒店的情况以及近期的变化,隆重推出新项目。如果是酒店新开业或新装修完成,邀请客户在方便的时候到酒店试住。如果有新菜品推出则邀请客户过去尝尝。

(6)如果是受访单位主要负责人出面接待,则需要顺便多观察这位负责人的穿戴、喜好、谈吐、性格以及办公室陈设的文化品位等,适度地赞赏主人的陈设、穿戴,说些让主人感到舒服的话。

(7)登门拜访最好带上一些酒店的小礼品,比如酒店点心、带有酒店 LOGO 的圆珠笔、打火机、小台历之类,加上酒店的宣传广告。

(8)一次拜访不宜安排过长时间,一般应在半个小时内结束,如果话不投机或者看到主人很忙,则抓紧时间把拜访意图说清楚后尽快离开。也有客户邀请你一起吃饭,这种时候多半是客气话,表示感谢后离开就好。

3.做好跟单

客户回访是酒店服务的重要一环,重视客户回访,充分利用各种回访技巧,满足客户的同时,创造价值。在做每一次回访之前,要做好充分的准备工作,对回访的目的、回访人、回访时间作出适当的安排,回访后需要记录整理与客户沟通的内容和客户的要求。特别要注意以下几点:

第一,在接到客户的询价时,首先就是如何报价,这是最主要的。不能盲目地直接给客户报价,要先沟通,把客户的需求了解清楚,然后根据客户的需求,量身定做一个最合适的报价。

第二,当发出报价单后,要找准时机跟单。这一点也非常重要,客户经理可能因为接到的询价信息比较多,每天只忙于回复信息,定时跟单没有做到位,就可能丢失客户。有些询过价,有需求欲望的客户,可能把信息丢掉,只能选择与其他酒店合作。所以要把咨询过的客户分类管理,做到定时跟单。

第三,在跟踪客户时,一定要选择好时间,发资料后可以马上跟进,了解一下客户的意向。然后根据客户提供的信息,分析是否变更服务内容。要把客户当成朋友一样,沟通起来就会顺利,更容易赢得客户的好感。

(二)客户回访过程中要注意的几个问题

1.注重客户细分工作

在客户回访之前,要对客户进行细分。客户细分的方法很多,各酒店可以根据自己的具体情况进行划分。如客户可以划分为高效客户(市值较大)、高贡献客户(成交量比较大)、一般客户、休眠客户等。客户细分完成后,对不同类别的客户制订不同的服务策略。

2.明确客户需求

确定了客户的类别以后,明确客户的需求才能更好地满足客户。最好在客户需要找你之前,进行客户回访,才更能体现客户关怀,让客户感动。回访的目的是了解客户对酒店产品的使用如何,对酒店有什么期待,继续合作的可能性有多大。回访的意义是体现酒店的关怀,维护好老客户,了解客户想什么、要什么、最需要什么,如是要我们的售后服务再多一些,还是觉得我们的服务在某些地方应该再改进一些。实际上,我们需要客户的配合来提高服务水平,这样才会发展得越来越好。

3.确定合适的客户回访方式

客户回访有电话回访、电子邮件回访及当面回访等不同形式。酒店行业以电话回访和当面回访为主。明确定期回访时间:第一次是咨询后一周内,第二次是一个月内,第三次是一个季度,第四次是半年,遇有促销活动可以随机拜访。

4.抓住客户回访的机会

客户回访过程中要了解客户在使用本酒店后的满意程度,了解客户对本酒店的建议。有效处理回访资料,从而改进工作、改进产品、改进服务,准备好对已回访客户的二次回访。通过客户回访不仅可以解决问题,而且可以改进酒店形象和加深客户印象。

5.利用客户回访促进重复销售和交叉销售

最好的客户回访是通过提供超出客户期望的服务来提高客户对酒店服务的美誉度和忠诚度,从而创造新的销售机会。客户关怀是持之以恒的,销售也是持之以恒的,通过客户回访等售后关怀,不断增值酒店的服务产品,借助老客户的口碑来提升新的销售增长,这是客户开发成本最低也是最有效的方法之一。开发一个新客户的成本大约是维护一个老客户成本的6倍,可见维护老客户是何等重要了。

六、会议(宴会)促销

酒店经营中,会议和宴会收入常常决定着酒店餐饮收入在整个酒店收入中的所占比例,也是酒店餐饮收入的主要来源之一。鉴于此,各酒店都把宴会和会议营销作为一项重要的工作来抓。

(一)宴会、会议的洽谈

举办宴会、会议,客户通常先找中意的酒店咨询相关的信息。获取信息的办法主要有三种:官网上查询或通过酒店的宣传册了解;打电话问询;亲自上门洽谈。当客服人员接到客户电话问询时,首先要感谢客户来电,然后了解客户的活动时间及规模,查询一下在那个时间段还有没有场地,进一步向客户说明宴会厅能够提供的相关仪器设备,同时问清楚客户要求什么类型的摆台方式、对菜单的内容有何要求,并向客户说明最低消费额以及订金等。

一旦获悉客户有举办宴会或会议的计划,客服人员应当立即邀请客户亲自到酒店宴会厅现场看看,毕竟只通过电话进行解说,无实物可供参照,往往无法让客户真正了解宴会场地的实际情况,反而使其对场地的认识模糊不清。因此,要尽量邀请客人亲临宴会厅,面对面解说,由宴会经理就现场设备清楚地为其解答问题,不但可以增强说服力,还能够帮助客人下决心。

在洽谈的过程中,负责接洽的客户经理必须备妥足够的资料供客户参考,例如场地的平面图、各式菜单的价格表、客人的容量表、租金一览表、器材租金表。接受咨询时,首先要让客户了解场地大小和形状,即使客户已亲临现场,客服人员仍需准备场地平面图,为其解说。由于不同桌数与不同形态的宴会或会议所适合的场地类型不尽相同,所以宴会厅要设多种平面摆设图,满足客户需求。

(二)宴会、会议的预订及确认

假如客户有意向预订宴会或会议,客服人员需确认宴会或会议的日期、时间、宴会或会议名称、性质及联络人员姓名、电话,并书面记录下来。另外,菜单内容、饮料种类、参会人数、是否有茶歇、宴会预算、摆设方式、客户的付款方面也应如实记录。当然,在预约步骤中,客服人员要提供报价单给客户,因为大多数客户在签订合约后可能还会与其他饭店进行比价。无论如何,客服人员应详细记录每次跟客户洽谈的内容和确认的结果,除存档备查外,也需正确无误地将资料转达给其他相关部门人员。只有如此,方能确保宴会(会议)的成功。

为方便记录起见,预订宴会所需的资料都已经包括在宴会洽谈表中。有了宴会洽谈表,客服人员与客人洽谈时便可以马上将所有资料填妥,并将客人的要求选出,等到将宴会通知单发给各部门时,所有宴会需求都一目了然。如果客户只是暂订宴席,酒店则必须对其保持追踪,直到客人下订单为止。若客户取消订席,也要询问取消的原因,并予以记录,作为日后改进的参考。最后还应将取消信息下发到相应部门。

通常,除非常熟悉的客人经总监以上人员批准不收订金外,其他所有宴会及会议确认时,都必须先交一定数额的订金,付完订金才表示该宴会场地确实被订下。否则一个宴会临时取消,对酒店势必造成重大损失。预收订金是酒店另一种自保方式,诚属必要。除此之外,若在原来预订宴席的客户未付订金之前另有其他客户欲订同一场地,客服人员应打电话给先预订的客户,询问其意愿。如果先预订的客户表示确定要使用该场地,就必须请其先缴付订金,否则将让给下一位想预订的客户。假使客户看中的宴会厅已被预订,客服人员仍然不可轻易放弃任何生意机会,而应积极推荐其他可替代的宴会厅,或尝试说服客人更改宴会日期。只要销售人员永葆一颗热诚的心,往往能成功促成每笔宴会生意。

虽然在预订时客服人员已记下客户所有的要求,但是客户日后可能变卦却仍是个潜在的问题。所有客服人员必须将双方同意的事项记录在合约书上,并请客户签字认可,以保障客人与酒店自身的权益。倘若客户没时间亲自到酒店进行签约,销售人员可以通过书面传真或微信的方式,将文件送至客户手中,请客户在确认书上签字,签妥后再传真或快递回酒店。

(三)宴会、会议接待跟进工作

宴会、会议跟进人员应将客户的每个细节要求,清楚列明在宴会备忘录或宴会通知单上,以便上司核查或必要时其他工作人员能随时参加跟进工作,而无错误、遗漏之处。

宴会、会议跟进人员的责任是确保宴会、会议的每个细节符合客户要求,故而在宴会开始前必须不断与有关部门沟通,确认各部门已清楚宴会的各项要求。同时,仔细检查各项安排的落实情况,如发现遗漏、有误之处,需及时通知负责人处理解决。

每个客户对宴会的要求各不相同,但大致上有以下几点,都是客户经理在每个宴会前必须跟进的。

(1)在宴会、会议开始前一小时,与餐厅经理一起检查指示牌、横幅、席珍是否已经放好,文字有无错误;

(2)在宴会、会议开始前一小时,与餐厅经理一起检查宴会厅工作台备品、酒水、饮料、咖啡、茶、备用餐盘等是否准备齐全;

(3)在宴会、会议开始前一小时,检查各种设备、设施是否运转正常,如照明设备、空调、电话、席号、背景音乐、麦克风、接待台等;

(4)在宴会、会议开始前一小时,检查地毯、门、墙壁、洗手间及装饰物是否干净;

(5)协助餐饮部在宴会、会议开始前一小时,召集相关部门跟进人员开会,讲解宴会、会议的内容和注意事项,包括人数、宴会形式、服务方式、食品和饮料、参加宴会的重要客人,以及客人提出的特殊要求,分配具体工作,指定各工作环节的检查人;

(6)若需要演出公司、礼仪小姐,事先应审核演出节目有无破坏酒店形象的内容,并安排他们提前到达;

(7)检查餐台上杯具是否与酒水相对应,如白酒摆烈酒杯,红酒摆红酒杯,汽水、啤酒摆水杯;

(8)检查宴会、会议期间专用洗手间是否有保洁员值守,宴会厅空调是否已提前打开,温度是否适合;

(9)宴会前半小时安排保安协助客人泊车;

(10)若是重要宴会、会议,提前安排美工到场拍摄;

(11)请客户宴会、会议负责人提前到达检查场地,若有不甚满意之处,可立即协商更正;

(12)告诉宴会、会议负责人,你会一直留在宴会中,若有需要之处,请他随时找你。

(四)宴会、会议的追踪服务

宴会、会议结束后,由负责的客户经理亲自拜访或打电话给客户表达感谢之意,并追踪客户对此次宴会的满意度以及酒店所需改进之处,这是对客户的一种售后服务。如果客户负面反映居多,产生误解之处应及时解释清楚,但若情况属实,则可借以得知改进方向。如果客人反映是正面的,可作为日后推广宴会销售的卖点。所有追踪的结果均应列入记录并存档,作为将来改善宴会及会议服务的参考,同时也可作为此客户下次光临时特别注意的服务咨询,以提供较高的服务品质。

附:

××酒店宴会、会议资料

酒店名称:＿＿＿＿＿＿＿＿

酒店地址:＿＿＿＿＿＿＿＿

酒店星级:＿＿＿＿＿＿＿＿

联系人:联系电话:＿＿＿＿＿＿＿＿

一、酒店描述及宴会厅平面图

(1)大宴会厅＿＿＿＿＿＿＿平方米,开会可容纳人数:＿＿＿＿＿＿＿租金:＿＿＿＿＿元/天

课堂式＿＿＿＿＿＿人,剧院式＿＿＿＿＿＿人,岛屿式＿＿＿＿＿＿人,其他形式＿＿＿＿＿＿人

(2)中小会议厅＿＿＿＿＿＿＿平方米,开会可容纳人数:＿＿＿＿＿＿＿租金:＿＿＿＿＿元/天

课堂式＿＿＿＿＿＿人,剧院式＿＿＿＿＿＿人,岛屿式＿＿＿＿＿＿人,其他形式＿＿＿＿＿＿人

二、宴会标准(可根据酒店的产品列出多款宴会菜单)

价格	热菜	凉菜	酒水

根据促销需要可以多列出若干种套餐标准。

三、可供出租的设备:

□电脑 租金:＿＿＿＿＿＿＿元/天; □投影仪 租金:＿＿＿＿＿＿＿元/天;

□电视机 租金:＿＿＿＿＿＿＿元/天; □摄像机 租金:＿＿＿＿＿＿＿元/天;

□摇臂 租金:＿＿＿＿＿＿＿元/天;

四、其他免费服务项目:

□提供新人化妆间、更衣室 □提供车位＿＿＿＿＿＿＿个,免收泊车费

□提供座椅座＿＿＿＿＿＿＿套 颜色:□白□黄□红□粉

□提供婚房＿＿＿＿＿＿＿间 □免收婚庆入场费

□自带酒水免收开瓶费　　　　　　　　□临时开桌＿＿＿＿＿＿＿桌以内

□备桌可退＿＿＿＿＿＿＿桌内　　　　□提供音响、麦克风

□直达电梯　　　　　　　　　　　　　□可使用彩条、拉炮、冷烟花等

□舞台灯光　　　　　　　　　　　　　□赠送主食　□甜品　□果盘　□其他

□免费场地时间＿＿＿＿＿＿＿小时内　□舞台：□固定　□活动

□晚间婚宴优惠＿＿＿＿＿＿＿%内　　□影幕　□LED　□宽带网

□指示水牌　内容另附　　　　　　　　□接待台

□香槟塔　　　　　　　　　　　　　　□婚房预订优惠＿＿＿＿＿＿＿折

□结账：　　　　　　　　　　　　　　□刷卡　□付现金　□免服务费

五、其他优惠政策：＿＿＿＿＿＿＿

七、客户的维护

（一）对客户进行分级

对客户要进行分级，按级别维护（参见第七章第二节相关内容）。

（二）客户长期维护

对客户应做好长期维护，需要经常沟通，定期拜访。

1.经常性的电话沟通，微信关怀

（1）沟通是现代营销永恒的话题。当你把一个潜在客户加为好友的时候，首先要做的并不是直接推销你的产品（这是很鲁莽、很无知的做法），而是先跟他交朋友，聊天中揣摩他感兴趣的话题试着加深了解，在他心中留下一个好印象。

（2）平均每天发1~2次问候语为最佳。语言切忌生搬硬套，杜绝使用群发话术。以平常心组织话语，就跟好朋友之间的聊天问候一样，让用户看得出你的体贴和认真是发自内心的，这才是关键。你的客户二次转化率是高还是低，就要看你对他们的关怀是不是到位了。

（3）在跟客户沟通过程中，适当地调皮一点会增加对方的亲近感。有些人起初过来找你并不一定是奔着你的产品而来的。他们或许是听说有那么一个做销售的朋友，说话还蛮有意思的，于是抱着试一试的想法找你。客户如果有了这一层主动性，再针对他们做产品营销就轻而易举了。

（4）在始终坚持产品价格不允许有任何可商议余地的大原则前提下，多做一些额外优惠是很有必要的。"既然是好朋友，那我自然就有义务多给你一些优惠政策。"从做生意的角度来看，你要给足他们面子，才能让这层关系更加牢固。

2.定期拜访

与客户成为朋友，经常登门拜访，而不是有事情才去找他们。

（1）春节等重大节日期间，以酒店名义拜访客户，赠送酒店点心等小礼物，并送上节日的祝贺。

（2）记住客户的生日、结婚日或纪念日，别忘了送一点小礼物或者问候。

（3）客户有困难时，想办法帮助他解决困难。

3.组织活动

可以与客户单位的员工举办一些有意义的活动。比如：

· 举行篮球、足球或乒乓球友谊赛；

· 举办卡拉OK大奖赛、服装秀等；

· 举办两个单位的智力竞赛；

· 组织员工在社区搞一些公益活动，如雪天扫雪、卫生清理等。

用这种方法让两个单位的员工增进友谊，这样一来，在以后的服务过程中就有了互信的基础，做任何事情都会相互帮忙，相互谅解。长此以往，酒店与客户的关系就会非同一般，长期合作共赢将成为必然。

（三）合作伙伴的定期维护

（1）与会展中心建立长期合作关系，随时跟进各类会议的进展情况，给会议组织方提供必要的筹备场所，协助完成必要的文件打印和装订工作。

（2）与婚纱影楼长期合作，为他们提供必要的空间和设施以及拍摄用房，共同跟踪新婚夫妇的婚宴、周年宴、孩子的百日宴等潜在消费。

（3）与机场、高铁站、医院等单位建立必要的联盟关系，当酒店客户有需要去机场、高铁站、医院的时候，随时可以提供方便。

八、客户反馈管理

目前很多酒店不太重视客户的反馈，也不知道如何更好地利用客户的反馈改进产品和服务，提升产品和服务的价值，获得更大的利润。以下是利用客户反馈的十条黄金规则：

1.相信客户有许多好主意

酒店里经常有人评价一个有创意的想法，说："客户不需要。"但是客户反馈已经表明他们是需要的。有许多人会争论说客户不知道如何使你的产品和服务更有价值，因此客户的参与不需要。但实际并非如此，让客户参与解决问题，创造产品和服务，相信他们一定有许多好主意。

2.抓住所有可收集客户反馈的机会

在与每个客户的每次接触和服务中都有获取客户反馈的机会。要避免"我们不想打扰客户"的错误认识。如果客户实在很忙，他会委婉地拒绝的。举一个不是酒店的例子吧，许多银行实行了一个措施：每一次在柜台服务结束后，银行职员都会提醒你通过一个简单的评分器对其服务进行评分。客户发现如果对其评分，银行职员的服务更加热情了。可是很多酒店在为客户服务完之后很少有收集客户反馈的习惯和系统。

3.集中精力，持续不断地改进

每周都请求经常光顾的客户帮助你改进酒店的某个方面，你将获得发展的强大动力。

当酒店产品或服务质量进一步得到改善时,好口碑将会迅速传播开来,特别是当你感谢这些热心帮助你的客户时更是如此。

4.积极获得好的或不好的反馈

获得好的反馈比较容易接受,但对于不好的反馈,人们通常都有些害怕。不过你可以用这样的方式问:"请你提出希望我们在服务过程中需要改进的一件事。"

5.不要花大笔的钱来收集客户反馈

如果请专业调查公司设计几页纸的客户调查问卷,花半年左右的时间和大量的财力人力来完成一个专业的客户调查,但是当调查结果出来时它可能已经时过境迁。事实上,简单、快捷的客户调查将获得更高的反馈率,并且你也可以迅速对相应问题作出反应。每次解决一两个问题,不要试图一次解决所有问题。并且告诉客户,他们的反馈直接帮助你改进了产品和服务。

6.寻求及时的反馈

客人在酒店用完餐后,服务小姐在送来账单的同时,也会送来一份客户意见征询表。这样就非常及时地得到了客户的反馈。当一个酒店非常重视客户反馈并迅速解决客户提出的问题时,好的口碑就很快传开了。

7.让客户的反馈更容易

酒店可使用多种反馈方式:客户当面、电子邮件、网站、电话等。最要紧的是使客户的反馈更加容易和方便,而不是让酒店更加方便。

8.利用技术来帮助你获得客户反馈

很多酒店通过网上调查来获得客户反馈。与其他方式相比,这种反馈方式更快,效率更高,而且更经济。如杭州开元名都大酒店网站的客户反馈栏可以看到很多很好的反馈意见,以及酒店及时的回复。可是很多酒店的网站客户反馈一栏,大多数都无法使用。

9.让酒店全体人员共享客户的反馈

收集客户反馈不只是营销部门的职责。它是一个"理念"或者"习惯",是从总经理到客服人员等所有人员都应该贯彻的一个"理念"和"习惯"。所以应该通过共享客户的反馈确保酒店每一个员工都知道客户在想什么,你才能提供更好的产品和服务。

10.利用反馈迅速改变

人不可能一天就搬走一座大山,但是可以通过努力找到一条攀登大山的途径——利用反馈迅速改变和提升服务质量。客户喜欢向朋友和同事传播一个能够及时反应的酒店或饭店,特别是当你能够让他们知道你如何利用或不用他们反馈的时候。

思考题

1.试述酒店客户经理的岗位职责与任职条件。

2.客户经理的日常工作内容主要有哪些？

【案例分析】

西安唐城宾馆是如何建设客历档案的？

西安唐城宾馆是陕西旅游饭店管理公司下属的一家四星级品牌酒店,有一套完善的客历档案建设制度和系统。

1.及时、准确、细致、全面地对客史基础信息进行录入

宾馆服务中心每日对预订到店的散客及VIP客人的信息进行预先查询和掌握,并提前对客人的个性化需求进行组织落实和检查。将潜在目标客户的预订情况提前发布在办公网上,由各部门共同关注并配合收集该客人的个性化需求情况,尽可能使散客客历档案的收集范围更为明确、内容更为充实。前台部、客房部、销售部、中西餐部、保卫部、计财部作为客历档案收集工作的辅助部门,在对客服务中,通过各岗位员工的对客交流和细心观察,悉心捕捉客人的个性化信息,及时予以满足。每日将此类信息记录在"客历档案信息表"上,及时传递给宾馆服务中心。服务中心负责每日各部门报送的客史信息的录入、归集工作,录入内容包括该客人的性格、喜好、反馈的意见和建议、表扬、投诉、客人在酒店发生的特殊事件、遗留物品情况等,并确保同一客人的客史信息保存位置集中、不分散,便于查询;根据各部门报送的客史信息,及时对客历档案的内容进行更新、补充和完善。

2.及时更新客史信息,维护、跟进重点客户

目前,宾馆客户分级工作原则上每季度进行一次,采取统计筛选的动态管理形式,宾馆服务中心在每季末对散客客历档案按照A、B、C三个等级进行归类整理,对纳入等级范围内的客户做重点维护和跟进。对等级划分标准和维护制度每年初进行一次修改。

3.培养员工"档案"意识,完善客户维护制度

(1)在日常管理、培训中不断向员工灌输"以客户为中心"的经营理念,宣传客历档案的重要性,培养员工的档案意识,形成人人关注、人人参与收集客户信息的良好氛围。客户档案建立和维护情况作为评选星级服务员、星级资深服务员及先进集体的重要依据之一,同时提出了量化指标。

(2)不断完善宾馆客户维护制度。宾馆服务中心根据服务类别,将散客分为A级、B级和C级三类,进行有针对性的维护和跟进工作,根据建档客户在店的消费累计采取相应的奖励措施,稳定、鼓励客户。除此之外,服务中心还改进了制度,在提高员工责任心的同时,将各级客户的维护工作责任落实到人。

4.客户反馈处理

(1)保持畅通的客户反馈渠道。宾馆除了在每间房内放置"宾客评论表",方便客人填写之外,每日还应坚持采取在店服务跟踪、服务后的意见征询、离店后的电话回访以及销售部的登门拜访,各岗位服务员积极主动地进行意见征询、留言提示、多角度观察宾客的消费行为、在现场第一时间发现宾客反馈问题及时沟通,并采取相应的措施解决问题,在客人离店之前给予满意答复。同时总结经验,编写案例,教育员工吸取教训,避免同类事件的再次发生。

(2)宾馆服务中心负责每月对收集到的宾客信息进行整理归类。对设施设备和服务调整等涉及面较广的内容,由宾馆精细化领导小组负责组织分析调研和综合论证,最后就设备的更新添置、服务内容或方式的改进等事宜向宾馆提交可行性建议及分析报告,最终由宾馆对问题的解决方式作出决定。与此同时,及时让客户知晓宾馆的改进计划,对提出有价值意见的宾客赠送小礼品以示感谢,保持长期稳定的客户关系。

问题:如何评价西安唐城宾馆对客历档案的管理?

【补充与提高】

客户活动日策划方案

××国际酒店客户活动日
致:×××——总经理 申报人:×××——市场销售总监 日期:××××年××月××日 主题:关于酒店客户活动日 档号:S/M20××-05-30
公关销售部为了进一步加强客户交流,增进客户友谊,特申请举办一次客户活动日,具体做法如下,请予审批为盼。 　　　　活动目的:加强客户交流,增进客户友谊 　　　　活动时间:20××年11月18日 　　　　活动内容:高尔夫练习场练习、水上冲关 　　　　活动地点:康乐园 　　　　受邀单位:金融系统领导及员工约30人 　　　　策划部门:酒店公关部 　　　　活动负责人:××× 　　　　集合地点:酒店侧门停车场 　　　　集合时间:18日9:30 　　一、准备工作 　　1.公关部:落实受邀单位领导及人数,完成活动内容,准备奖品,准备司仪。 　　2.餐饮部:准备户外烧烤,标准为成本价50元/位。 　　3.客房部:派2人负责场地卫生。 　　4.康乐园:布置场地,准备每人一件T恤衫和一定带LOGO的鸭舌帽。

5.工程部:安排人员准备音响及临时电源。

6.各部门:派1名经理(或主管)+1名优秀员工参加活动。

7.康乐园:指派2名场地教练,向参加活动的人员讲述活动规则,并监督执行。

8.公关部:负责活动拍照留念。

9.将每次活动的文字报告、宣传提纲、新闻报道、图片汇集成册,立档封存。

二、活动实施

1.活动负责人9:00到达集合地点,电话联络确认到达人数,人员上车后清点人数,确定参加活动人数后,开车前往活动地点。

2.一路上由召集人向参加活动的单位几个人表示欢迎,介绍当天活动内容以及需要的时间,介绍沿途风光。

3.到达活动地点后,分成两组分别交由康乐园教练集合。

4.第一组先参加高尔夫练习场的击球练习,由教练向参加击球训练的人员讲解高尔夫击球的基础常识并予以示范,时间为1个小时,每人击打100个球。评奖:按照标准姿势击中球并超过50码以上,一等奖获免费入住酒店标准单间一晚且含早餐,二等奖获免费自助晚餐券一张,三等奖获赠免费饮料两杯。

5.第二组先参加水上冲关活动,教练向参加人员讲解水上冲关活动应知道的安全常识及技巧。评奖:按照安全通关者用时最短者评前三名。一等奖获免费入住酒店标准单间一晚且含早餐,二等奖获免费自助晚餐券一张,三等奖获赠免费饮料两杯。

6.一个小时后交换场地进行比赛。

7.午餐:户外烧烤。

8.15:00活动结束,集体回到酒店后解散。

三、活动经费

1.户外烧烤:人均成本价50元,预计50人,总计2500元。

2.交通工具:租用集团大客车500元。

3.奖品:免费单间住房券2张(含早餐),预计成本价200元;自助晚餐券2张,预计成本价100元;饮料券60张(邀请客户每人2张),预计成本价300元;T恤50件,预计成本价1000元;鸭舌帽50顶,预计成本价400元。总计5000元。

审批人:总经理×××签字

日期:

第四章
酒店其他一线部门在客户管理中的
角色与任务

　　本章主要介绍房务部、餐饮部、康乐部等与客户管理密切相关的几个部门在客户管理中的角色、任务以及客户服务和管理方法。

【本章学习目标】

- ·了解客房部的客户服务和管理方法。
- ·了解餐饮部的客户服务和管理方法。
- ·了解康乐部的客户服务和管理方法。

关键词：客房；康乐；餐饮
Key Words：Rooms；Health & Recreation；F&B

第一节　客房部的客户管理

　　客房部是酒店基础设施的主体部分，客房产品和服务质量是酒店质量的重要标志，客房收入是酒店利润的主要来源。这个部门对客户的管理体现在更为细致、更为具体的细节上。

除了为客户创造清洁、优雅的环境,提供整洁、安全和舒适的睡眠产品以外,客房部还要为客户提供热情周到的服务,也是客户关系管理的重要环节。

客房部的客户管理主要是要做好以下工作。

(一)了解客户信息

房务中心得到有客人入住的通知,第一时间查询该客人的客史档案,看看曾经是否入住过本酒店(通常前台也会通知),是否有过投诉或表彰,通知领班亲自查房,确保房间内部清洁卫生及物品配备符合标准。

(二)在楼层迎候 VIP 客人

让领班和指定服务员熟记客人的姓名和照片,随时保持与前台的沟通,当有 VIP 客人抵达时,尽可能在本层电梯口迎接客人,第一次见面打招呼时一定要称呼客人的姓名,对男性称呼某某先生,对女性称呼某某女士。

(三)提供令客人感动的服务

(1)做卫生时,先敲门,如果客人在房间,询问客人是否可以打扫卫生。

(2)如果发现客人有药品之类的物品,则写下字条表示慰问,向客人提出可以进一步协助就医事宜,祝愿客人早日康复。

(3)尽可能多做一些能给客人留下深刻印象和令客人感动的事情。比如,当发现客人使用笔记本电脑时,主动为客人提供鼠标垫;为初次入住的客人制作个人相框;制作具有个性化的电视欢迎画面等。

(4)在住客档案里记录客人的特殊情况和特殊要求,并据此提供针对性服务。

(四)做好住店客人信息的记录与传递

(1)在客人入住后,房务中心要将客房服务员反映的客人的特殊情况和特殊要求输入电脑,记录在客人档案中,并及时传输给部门经理和销售部门。

(2)如果客人有特殊情况或要求,客房经理或主管应尽快与客人联系,了解具体情况,在征得客人同意的情况下采取必要的措施帮助客人解决问题。

(五)对 VIP 客人给予特别关注

(1)随时了解客户的入住情况,对在住 VIP 客人特别关注。
(2)每天给 VIP 客人补充水果篮。

(六)做好与其他部门的服务沟通

1.与工程部的服务沟通

(1)每天对管辖范围内的设备设施进行巡检,发现不符合要求的地方立即纠正、清除,本部门不能解决的向工程部申请维修。

（2）两部门相互合作,确保客房设施始终处在完美状态。

2.与餐饮部的服务沟通

（1）向客人介绍酒店餐饮部门提供的各种食品和服务项目。

（2）协助餐饮部做好大型餐饮接待服务。

3.与销售部的服务沟通

（1）积极配合市场营销部的推广活动。

（2）将客人的意见及时反馈到市场营销部。

（3）将营销部最近的促销活动及时告诉住店客户。

4.与前厅部的服务沟通

（1）随时与前厅部取得联系,将客人的入住信息及时反映在客人档案中。

（2）将清洁房间及时放开,以便前厅随时提供给客人。

（3）每天与前厅核对客人入住房态,保证客房入住间数和人数准确无误。

（4）有团队入住时,及时将楼层行李报告给前厅,以便及时收集客人的行李。

（5）需要进行客房维修时,及时将信息反馈给前厅,避免客人入住维修房间。

5.与保安部的服务沟通

（1）请保安部协助完成客房安全管理制度,确保客人在入住期间的安全。

（2）随时向保安部报告客房安全隐患,配合保安部调查有可能发生的安全问题。

第二节 餐饮部的客户管理

餐饮部是满足客户需求的重要的服务部门,餐饮收入也是酒店营业收入的主要来源之一。因此,餐饮部在酒店客户管理中扮演着极其重要的角色,也承担着极其重要的责任。

大多数酒店的餐饮生意主要来源于当地客户的消费,开发和留住当地客户是重中之重。让每一个客户来到酒店用餐后都能留下深刻的印象,并能不断影响他们周边的客户再来是餐饮总监和酒店总经理日常工作的重头戏。因此,提高餐饮质量和服务水平,吸引和留住客户是酒店餐饮部的重要职责。

一、做好客源开发

酒店餐饮部门主要负责食品的制作和服务,也承担会议服务。许多酒店会把宴会销售交给销售部管理,也有的酒店是餐饮部负责宴会销售。餐饮部通常会在酒店的一个专用区域设立宴会销售接待台,接待自行前来预订大型婚宴或大型公开活动的客户。宴会销售部门则需要在众多客户中寻找有大型宴会需求的客户。

（1）餐饮部会同宴会销售部共同制订年度、季度及月度餐饮促销活动。

（2）当目标客户前来酒店预订时,宴会销售部门人员需要引领客户参观酒店的宴会设施,并介绍酒店曾经举办过哪些大型活动并获得成功,以增强潜在客户对酒店出品和服务的信心。

(3)与客户洽谈活动时间并落实菜品需求,当谈到宴会菜单时可以邀请厨师长一同参加,以便根据客户的需求调整菜品的安排,尽量满足客户的需求。

(4)一旦客户确认,及时收取预付款。

(5)记录并保存客户资料,随时跟进客户变化。在临近活动开展的一个月内,每周需要与客户敲定活动内容及准确时间。一般情况下,一周内取消活动将不退还预付金。

二、做好餐饮策划

(1)筹划设计、制作、更换酒店的中西餐及自助餐的各类菜单。

(2)控制菜品的出品质量,尤其是高规格及贵宾的菜品。

(3)为住店客人及本地居民提供订餐服务,按时为客人提供客房送餐服务。

(4)向客人咨询各式菜品的质量,采取有效措施进行改进。

(5)处理好客人对餐饮产品、就餐服务等方面的投诉或抱怨。

(6)严格按环境管理体系、质量管理体系要求,做好厨房、餐厅、酒吧等处的清洁卫生,保证客人对菜品、环境满意。

三、做好餐饮服务

(一)售前服务

1.问候客人

(1)当客人来到餐厅预订时,迎宾员应礼貌问候客人,主动介绍自己,并表示愿意为客人提供服务。

(2)客人来电预订时,应在铃响三声之内拿起电话,用清晰的语言、礼貌的语气问候客人,准确报出餐厅名称和自己的姓名,并表示愿意为客人提供服务。

2.接受预订

(1)迎宾员礼貌地问清客人的姓名、房号(若是住店客人)、联系电话、用餐人数、用餐时间,准确、迅速地记录在订餐本上。

(2)询问客人对用餐包间、菜品、酒水等有无特殊要求。

(3)若客人需要预订宴会,应联系销售专员与客人洽谈宴会预订事宜。

(4)当听完客人的需求后,应复述一遍客人的姓名、房号(如果是住店客人)、预订人数、标准、菜式、用餐时间、特殊要求等,并请客人确认。

3.通知相关部门

(1)迎宾员根据预订本上的记录填写预订单。

(2)确定好菜单的预订和大型宴会场地的预订,立即通知餐饮部经理、厨师长、采购主管。

（3）未确定菜单的预订则只通知到餐厅领班即可。

（4）有特殊要求的预订,需要及时通知到经理和厨师长。

(二)售中服务

（1）餐厅服务员接到客户用餐的指令后,应提前半小时完成餐厅的准备工作。

（2）客人到达餐厅时,热情地向客人打招呼,称呼客人姓氏及职务(如果知道)或称呼某某先生、某某女士,表示欢迎。向客人介绍自己的姓名,并表示今天由自己为大家服务,希望客人用餐愉快。

（3）为客人拉开座位,请客人入座,打开餐巾布从客人的右侧为客人铺在腿上。

（4）为客人倒茶水,请客人用茶。

（5）递菜单给当晚请客的主人,等待客人点菜。发现客人对点菜有所犹豫时,可以做适当的介绍,或者悄悄地向请客的主人了解用餐标准,协助客人点餐。

（6）在完成点菜后,尽可能地向客人推销酒店收藏的好酒。

（7）点完菜后告知客人菜品将在20分钟之内上来,其间不妨推荐一些小吃。

（8）每上一道菜都应适时介绍菜品的名称、烹调方法以及有关传说。

（9）上清蒸鱼时,让客人看过后,问问客人是否需要帮助取出鱼骨。如果需要,则撤到工作台取出鱼骨,再按客人数量将鱼均匀切分成块,然后恢复成全鱼模样上到桌上。

（10）提供餐饮服务时,保持微笑(图4.1)。

图4.1 为客人提供服务时始终保持微笑

（11）如果发现客人过度酗酒,则提示请客的主人适可而止。

（12）在用餐过程中,餐厅经理或主管应该前往看望。一方面了解客人用餐是否满意,另一方面与客人交换名片,以便获得客人的信息,保持与客人的联系。

(三)售后服务

(1)在客人用餐后三天内打电话问候客人,并了解当天用餐是否满意,欢迎客人随时来用餐。

(2)当客人第二次来用餐的时候,餐厅经理可以赠送一道普通的菜品或赠送一瓶店酒以表示感谢。

(3)凡是两次以上到酒店用餐的客户,餐厅经理亲自前往打招呼,敬酒,加深印象,成为朋友。

四、建立客户档案

通过准确掌握顾客在消费过程中的各种需求,培养酒店忠诚的消费群体,达到信息互动共享、全面提升服务质量的目的。

餐饮客户档案因对象不同、餐饮规模差异,客户档案内容也有所不同。如果企业素质比较高的可导入CRM客户管理软件进行信息化管理,但如果是一般规模的企业可根据实际客情进行重点归类管理,亦不失为一个可行的办法。

餐饮档案的主要内容包括:

1.客人常规档案

客人常规档案是指建立记录有关用餐客人的姓名、性别、年龄、来自哪个地区、工作单位、用餐形式、用餐的时间、消费规模等资料的档案,特别要记住客人的姓名。当客人第二次来店消费时,只要服务员能够记住对方的姓名,客人就会倍感亲切,增加来店用餐的信心和兴趣。

2.客人个性档案

客人个性档案是指建立记录有关前来用餐的客人的言谈、举止、外貌特征、服饰、性格、爱好、志趣、经历、交往等资料的档案。

3.客人习俗档案

客人习俗档案是指建立记录有关客人的民族风俗、民族习惯、饮食习惯、宗教信仰、颜色习惯、各种忌讳等资料的档案,如应该全面了解用餐客人的饮食习惯,掌握客人喜欢吃的菜肴、口味、菜系等。

4.客人反馈意见档案

客人反馈意见档案是指建立记录有关客人对餐厅设施的要求、对餐饮服务质量的评价、对某个服务员的印象、对餐饮服务的批评意见和表扬信件以及投诉、对餐饮服务的建设性建议等资料的档案。

第三节　康乐部的客户管理

康乐部在酒店中是一个经营性辅助部门,主要负责酒店健身房、游泳池、桑拿中心、卡拉OK娱乐城的经营管理。当客人到这些部门寻求服务的时候,各营业点的服务人员应该以饱满的热情提供服务,并将客户的特殊需求铭记在心,实时提供必要的服务。

一、康乐部经营特点

康乐部的客户是一群特殊的客户,管理方面有其独特的做法。

(1)会员卡。会员卡分为年卡、季卡、月卡,也可以当天用当天买票。年卡、季卡和月卡可以将酒店住房券和餐饮券包含进去。

(2)除了住店客人以外,酒店康乐部的会员通常是当地企业家等,也有一部分年轻发烧友。

(3)设施设备一定要符合现代年轻人喜欢新奇、大品牌的特点。健身房装修要大气、高端。

(4)安排有资格的专业教练员,根据会员的需求设计不同的训练方法。

二、康乐部客户服务标准

1.健身房

(1)服务人员每天提前10分钟换好工作服到达工作岗位。

(2)面带微笑,语言文明,主动迎接客人,为客人合理安排运动项目。

(3)协助客人更换衣服和专用鞋子。

(4)遇到初次来健身房的客人,主动介绍健身器材及设备的性能和使用方法,耐心为客人讲解并做示范动作。

(5)制订健身规范,指导客人按照规范循序渐进地锻炼。

(6)及时清理使用过的布巾和废弃物,及时补充服务用品,满足客人需要。

(7)注意随时巡视,保障客人的安全。

2.游泳池

(1)游泳池管理员应该同时具备救生员的资质。

(2)检测水质及温度,根据需要投放消毒片或消毒剂。

(3)随时整理池边躺椅、拖鞋,在躺椅上铺放大浴巾。

(4)检查更衣室的卫生状况,及时清理杂物。

(5)检查饮料储存状况,补充短缺的饮料。

(6)检查救生设备,如救生圈等是否完好。

（7）客户来到游泳池时，向客户打招呼，介绍水温和深度。

（8）留心客户在游泳池时是否有异常状况，如发现需要救护的，应立即救护（图4.2）。

图4.2　游泳池救生员应时刻留意客人在游泳池里是否有异常状况

3.桑拿房

（1）领班、服务人员提前10分钟换好工作服，到达工作岗位，在工作记事本上签到，并阅读交接班记录，完成上一班未完成的工作。

（2）检查桑拿浴室及各处，打开开关，调节好温度，准备好各种服务用品，清理工作区域内的卫生，准备迎接客人的到来。

（3）主动欢迎客户的到来，引导客人更衣，介绍桑拿设备、使用方法，以及相应的服务，询问客人是否需要饮料。

（4）工作中，随时补充各种服务用品，清理垃圾和废弃物，严格按规定巡视桑拿浴室各处，主动为客人提供服务，注意客人安全，发现客人的异常情况及时报告并采取有效措施。

（5）客人离开后，及时收回更衣柜钥匙，仔细检查客人有无遗留物品，客人用过的布巾分类送洗衣房洗涤，整理各种物品，搞好卫生，关闭各种设备开关。

4.按摩室

（1）按摩师上班前，换好工作服，提前10分钟到达工作岗位签到。

（2）做好各种准备工作，整理好按摩床，清理工作区域内的卫生，准备好各种服务用品。

（3）客人光临，主动迎接，首先询问客人是否先做桑拿，引导客人去更衣室，介绍各种设备的使用，提醒客人保管自己的物品和更衣柜钥匙。

（4）为客人做按摩，服务热情周到，主动征求客户意见，根据客人的要求和身体特点使用相应按摩手法，用力恰当，穴位准确，随时注意客人的神态和反应，力求能消除客人的疲劳，使其舒适轻松。

（5）对客人的不合理要求，可予以婉拒。

（6）按摩结束，整理好按摩床，更换物品，客人休息时，主动询问客人是否需要饮用饮料。

5. 美容室

（1）美容师上班前，换好工作服，提前 10 分钟到达工作岗位，在工作记事本上签到，查看交接班记录，如有无客人的预约登记。

（2）做好营业前的各项准备工作，检查各种设备、服务用品，美容物品摆放整齐，方便使用，对特殊用品，提前做好消毒处理。

（3）客户光临，应主动迎接，面带微笑，使用敬语，服务热情，耐心询问客人的要求，并认真细致地解答客人的问题。

（4）按照客人要求，提供美容服务，主动向客人介绍各种美容方法，动作轻稳，使客人获得轻松舒适的美容享受。

（5）根据不同的美容方法，使用相应的美容用品，合理使用美容器械，严格按照步骤，为客人美容。

（6）营业结束后，清理工作区域的卫生，整理各种美容用品，关闭设备开关。

6. 卡拉 OK 歌舞厅

（1）服务人员上班前，换好工作服，提前 10 分钟到达工作岗位，在工作记事本上签到，查看工作记事本。

（2）主动欢迎客人的到来，使用敬语，安排客人就座。

（3）按照分工盯桌服务，适时推销酒水，主动询问客人的要求。

（4）客人点歌后，将点歌单及时送控制室，严格按顺序播放，尽量满足客人的需要。

（5）礼貌地请客人结账，感谢客人的光临，与客人道别。

（6）营业结束，做卡拉 OK 歌舞厅各责任区域内的卫生，整理各种服务用品，做好工作记录。

（7）音响师上班前，换好工作服，提前 10 分钟到达工作岗位，在工作记事本上签到，查看工作记录。

（8）检查并保持音响灯光控制室的卫生。

（9）调试音响、监视器、灯光、小厅内的电视机、点歌器麦克风、功放机和音响设备，若发现故障应及时报修或排解。

思考题

1. 餐饮部应如何做好客户管理？

2. 酒店客房部应如何做好客户服务和管理工作？

【案例分析】

度假村保安为客人打遮阳伞：有必要吗？

　　某度假村户外温泉与酒店主楼不在同一建筑内，相距近百米。时值炎炎夏日，一位客人从温泉部走出来准备回酒店楼层客房，酒店保安小王发现后，立即拿了一把伞迎上前去为这位客人遮阳。客人因为保安此举深受感动，连连感谢，心中暗暗赞叹度假村所倡导的"亲情化服务"。

　　问题：请从客户管理的角度分析酒店保安为客人打伞这一现象。

【补充与提高】

刘阿姨的"管家式"超值服务

　　20××年4月2日，刘阿姨独自前来碧水湾温泉度假村度假，在参观了房间后确定入住，感受到第一天非常好的服务体验后，便邀请女儿一同前来，共定下两间房入住五晚。针对刘阿姨及女儿两位长住客人，前厅前台韩筱玲和客房成贻芳用心设计感动服务，为刘阿姨和女儿带来专属的管家式服务。

　　第一天，根据刘阿姨的个人特征，韩筱玲主动跟进服务。春季养肝为主，韩筱玲便使用特制花茶袋包装了玫瑰花和菊花茶，清肝明目；刘阿姨在春季容易腿疼，而艾叶可以祛湿散寒，化瘀止痛，对老人家有帮助，韩筱玲到客房借来木盆、热水瓶和艾叶配入房间。成贻芳和曾兰香在为客人打扫房间时，询问刘阿姨的住店感受，得知刘阿姨是北方人，不适应广东的潮湿天气，立即配入除湿机。刘阿姨对卫生要求高，每天的小管家便及时更换床品，用酒精把房间里里外外消毒一遍，并帮客人及时清洗脏衣服。

　　第二天，成贻芳和廖冬青打扫房间时细心地发现刘阿姨的女儿睡眠质量不好，及时提供了睡眠耳塞，同时准备木桶、艾叶、泡脚盆、开水，方便泡脚助眠；刘阿姨女儿有看书和写作的习惯，便准备了书签和台灯；还发现客人自带的一张床单上有一条大缝隙，便主动送去制服房缝补，让刘阿姨和女儿感觉到家一般的温馨。

　　第三天，因为服务贴心，刘阿姨特意到前台与韩筱玲沟通要续住两天，韩筱玲立即与预订组沟通,将被预订的房间协调出来;另外制作了衍纸贺卡,准备了玫瑰花和菊花茶配入房间,并配送了两个护颈枕用于刘阿姨返程使用。

第四天,客房王经理了解到刘阿姨非常喜欢房间的书报架后,亲自组装了一个送给刘阿姨。在刘阿姨和女儿入住的五天中,成贻芳、曾兰香、廖冬青持续跟进卫生与夜床服务,在晚上配入有助睡眠的牛奶,及时发现客人的一些潜在需求并逐一满足。

在入住感受的沟通中,王经理了解到刘阿姨对房间含双早,但一人一间房,只用到一人早餐这件事比较在意,在最后一天离店前仍有所介怀,王经理便通过超常服务补偿落差,做到不让客人吃亏。在客人离店当天,王经理在家休息,但积极沟通度假村的车辆安排,刚好有一辆车在11:30出发到广州机场,便与刘阿姨沟通是否方便同行,解决客人返程问题。

刘阿姨离店时,特意写了一封表扬信,对酒店的服务给予肯定,并表示会介绍更多朋友过来碧水湾体验。

点评

好的服务,是"让客人吃惊的服务响应速度"。刘阿姨第一次到碧水湾,而碧水湾像是老朋友一样,知道刘阿姨的不便,了解刘阿姨的习惯,针对性地提供超值服务,从除湿机到消毒房间、从泡脚的艾叶到缝补好的床单,一个个服务细节都在打动着客人。碧水湾的服务人员,一旦发现客人的需要,不曾落下任何需求,每一天都有新的惊喜呈现,让刘阿姨感受到物超所值的服务。

亮点之一:持续五日的关注与贴心服务,做到了情感的投入,真正把客人当成贵宾和朋友。

亮点之二:服务员善于察言观色,揣摩客人心理,预测顾客需求,使客人得到精神上的享受。

对管理者的启迪

1.亲情服务要求大力倡导细微化服务。服务员要善于"察言观色",揣摩客人心理,预测顾客需求,在客人未提出要求之前,就能替客人做到,使得客人感受到服务的惊喜与感动。

2.一个细节服务的跟进容易,一天的个性化服务也不难,但是一个星期的全程跟进确实不简单。碧水湾人用实际行动践行优质服务的理念,告诉我们服务的无所不能:服务让我们与客人成为很好的朋友;服务让客人愿意花更多的钱入住酒店……

第五章
客户管理制度

本章主要介绍酒店客户管理部门的职责、客户档案管理制度、客户的分级管理制度以及客户服务管理制度等。

【本章学习目标】

· 了解客户管理部门的职责。

· 了解客户管理制度的主要内容。

· 学会对客户档案进行管理。

· 熟悉客户管理制度的相关表格。

关键词:客户档案;制度

Key Words: Customer Profile;System

第一节　客户管理部门的职责

一、客户管理部的职责

酒店可在市场营销部设立客户管理部。其具体职责如下：

(1)负责酒店所有客户维护和管理工作。

(2)负责制订有利于客户管理的工作思路、工作标准与业务流程。

(3)负责指导各部门的客户服务工作，制订符合各部门实际需求的客户管理实施细则和管理流程，并监督落实。

(4)制订酒店客户服务标准和管理制度，必要时建立酒店客户黑名单信息数据库。

(5)根据酒店市场营销规划、销售计划，统计客户贡献价值，协调各所属部门进行客户的开发、管理和维护工作。

(6)负责建立客户信息数据库，从专职销售员那里或直接从客户单位收集客户基础信息，从各部门收集客户反馈信息(客户意见或建议)，进行整理、归纳并及时输入客户信息数据库，不断更新客户信息数据库中的相关信息。

(7)建立各部门内部信息沟通机制，确保管理系统顺畅、有序运行。

(8)建立客户信息管理反馈制度，及时处理各部门有关客户服务的建议、意见及有关报告，根据具体情况调整、修改相关规定。

(9)适时进行客户回访，了解客户需求，共同制订重大客户发展计划。

(10)组织、协调酒店产品推介会、产品展示会、客户座谈会及酒店客户年度答谢会。

(11)对客户进行分级管理和阶段性评审。

(12)制订客户投诉管理办法，明确客户投诉处理种类、范围、责任部门及处理办法，确保客户投诉得到妥善解决。

(13)依照客户信息协调机制的相关要求，就客户管理工作及时与酒店高层及各部门协调沟通。

(14)本着公平、公正原则，以合作共赢的理念妥善处理客户的投诉与意见反馈。

二、酒店其他部门的客户管理职责

(1)按照酒店客户管理的相关要求，结合本部门实际情况，制订适合本部门客户管理和维护的实施细则，并组织实施。

(2)各部门主管(经理)负责本部门的客户管理和维护，负责收集、汇总、分析本部门的客户反馈意见和建议，并及时将有效意见输入"客户管理系统"的客户反馈栏内，以供其他部门借鉴。

(3)收集、分析当地市场信息、客户信息资料，汇总后及时交给客户管理部，以便于客户管理部门及时修正市场营销策略,确定客户结构、类别比例,修订客户开发计划。

（4）管理和维护本部门的客户,包括但不限于接待客户来访、与客户充分沟通、了解客户需求及愿望,收集客户意见和建议,及时与客户管理部门沟通,不断提高客户满意度与忠诚度。

第二节　客户管理制度的主要内容

一、酒店客户的分级管理制度

酒店对客户可以有不同的分类或分级方法。为准确把握客户的价值,做好客户的开发与管理工作,酒店营销部门将现有客户按业务量大小、企业信誉、应收款情况及对酒店的忠诚度等因素划分为 VIP 客户、优质客户（大客户）、普通客户、危险客户。

（一）客户的分级管理

1.VIP 客户标准

（1）市级以上政府部门领导、上市公司（或大企业）董事会成员、团以上军队高级官员。

（2）文艺界、体育界社会名流、当红歌星、体育明星。

（3）年度消费额 50 万元以上的企事业单位。

（4）其他重要客户。

2.优质客户标准

（1）在本地区有一定的知名度,有相当的消费潜力。

（2）经常性消费,每次消费不大,但是消费次数多。

（3）诚信度、忠诚度较高,与酒店有长期合作的意愿。

3.普通客户标准

除 VIP 客户、优质客户之外的其他客户。

4.危险客户标准

消费频繁,但是收款极度困难。

（二）客户分级管理权限及升降级管理制度

（1）酒店客户管理工作须采用动态管理的方式,客户信息库应根据本部门销售工作的实际情况,如该客户的合同履约情况、欠款支付情况、诚信情况等,进行定期更新（一般为每半年进行一次调整）。

（2）酒店客户管理人员会同销售人员针对所有客户进行阶段性评审,原则上每 6 个月进行一次,填写客户评价表,并将评审结果报送营销总监、财务总监、总经理。

（3）酒店 VIP 客户若在一个评价阶段内出现问题（包括但不限于对已经签字的消费单不认账或付款不及时、客户单位日常运行出现重大危机等），应根据阶段性评价结果和出现问题所产生的后果，立即将该 VIP 客户降为优质客户或普通客户。若因该客户原因，导致酒店重大损失或声誉的损害，各销售人员应及时将具体情况报送营销总监。营销总监核实后，有权将该客户列入酒店"客户黑名单"，并在酒店内部网站及时登录黑名单信息，通报各部门，在酒店各营业区域婉言谢绝该客户继续签单消费。对于尚未结清的账款，请求法律援助。

（4）酒店的优质客户和普通客户若在一个评价阶段中表现良好，可根据阶段评价结果将该客户上升为 VIP 客户或优质客户。

（5）对某些客户实行"客户黑名单"管理。具体管理方法如下：

·酒店"客户黑名单"的管理权限在市场营销部，市场营销部将酒店"客户黑名单"以报表的形式备案，发送给总经理一份。

·如某客户一旦进入酒店的"客户黑名单"，酒店任何部门和个人不得再与该客户发生商业行为。

·"客户黑名单"有效期可定为 6 个月，如有特殊情况可适当缩短。在有效期失效后，若该客户情况有重大变化，经综合评审符合酒店客户准入条件，经酒店领导与销售部门领导审批，可重新进入客户名单，但应首先定位于普通客户类。

（三）不同级别客户享有的权利与承担的义务

1.VIP 客户相关权利与义务

（1）VIP 客户享有相关权利：

·入住酒店或在酒店用餐享受 VIP 折扣价格；

·对入住酒店所获的待遇有异议时，可向酒店客户管理部门咨询或投诉；

·享有相关法律、法规和规章中规定的其他权利；

·享有"四优先"的权利，即优先拜访、优先入住、优先安排售后服务、优先解决争议等问题。

（2）VIP 客户应承担的相关义务：

·遵守国家颁布的各项法律、法规和规章；

·按照酒店销售部门的要求，公正、客观地提供客户调查工作所需的有关资料；

·积极配合酒店销售部门认真执行消费合同；

·在发生工商变更、注销时应书面（或通过网络）报告酒店销售部门，并配合办理相应的客户资格变更或注销手续。

2.优质客户享有的相关权利与义务

优质客户享有的相关权利：除 VIP 客户享有的前三项基本权利外，也享有"四优先"的权利，但在享有"四优先"的权利时，应排在 VIP 客户之后。

优质客户承担相关义务：与 VIP 客户相关义务相同。

3.普通客户相关权利与义务

普通客户享有相关权利:只享有法律、法规和规章中规定的相关权利。

普通客户承担相关义务:承担法律、法规和规章中规定的相关义务。

二、酒店客户的入库管理制度

客户管理部门负责建立信息数据库,对所有客户(包含 VIP 客户、优质客户及普通客户)实行入库管理。各销售人员负责将客户信息录入酒店客户管理系统。

客户入库管理具体流程如下:

(1)酒店客户管理部门负责建立酒店"客户信息库"及"客户黑名单"等信息数据库;

(2)酒店各部门客户管理人员共享客户信息数据库资料,但对客户资料负有保密责任;

(3)酒店各部门客户管理人员在对客服务中不断完善客户资料,并针对具体客户的需求提出个性化服务方案和措施;

(4)客户经理及销售总监需随时抽查客户信息数据库的完整性和使用情况,核实相关资料的真实性;

(5)客户开发及入库完成后,客户管理部门应做好合同、计划、价格、服务等工作,每 6 个月结合客户的意见反馈,对本部门客服人员进行绩效考核;

(6)各部门需确定专人将酒店客户在酒店消费期间所发生的高兴的或不满意的信息及时、准确录入系统,并随时进行更新。

三、客户信息收集、评审与归档管理制度

1.编制客户评审标准

客户管理部门在客户入库前,应首先编制客户评审标准,其中应对主要指标进行量化,并依照不同层级确定权重,以便有效地确定该客户的分级。

2.开展客户信息的收集工作

评审标准制定后,酒店销售部门应开展客户信息的收集工作,所收集的信息包括但不限于该客户基本情况、经营状况、以往与酒店签订合同的执行情况。

3.对客户进行评审

客户信息收集完成后,应立即依照评审标准,结合客户情况调查表中的内容,对该客户进行评审,并根据评审结果进行客户分级划分并入库管理。

4.做好客户档案管理工作

客户管理部门应做好客户档案管理工作,制定档案编号,随时进行客户资料更新,确保客户档案的完整性与准确性。

四、客户拜访管理制度

为确保客户提供资料的真实性和准确性,加强与客户间的沟通,及时掌握客户需求,酒店销售部门应根据权限及分级管理策略定期拜访客户。

(一)客户拜访方式

1.走访

酒店销售部门人员应定期走访客户,对本部门所属的 VIP 客户和优质客户应做到每月走访一次。通过走访客户对区域市场进行调查,了解客户情况,听取客户提出的意见和建议,帮助客户解决使用酒店中出现的实际困难,同时向客户传达本部门政策信息和经营理念,提升公司品牌形象。

2.组织客户恳谈会

酒店销售部门应在特定时间或固定周期内组织相关客户召开恳谈会。恳谈会主要就市场现况、战略合作等进行研讨,总结以往经验、教训,展望未来合作愿景,深度探讨合作意向,改进营销工作。

3.组织产品推介会

根据酒店产品更新情况,适时组织产品推介会,重点宣传新产品,并宣讲未来的销售方针、促销策略等。

(二)客户拜访流程

客户拜访必须依照客户拜访流程进行操作,具体流程如下:

(1)销售部门人员根据本部门年度销售计划制订配套的客户拜访计划,在充分了解客户完成年度计划的能力与信心的同时,结合市场情况,为客户制订适宜的销售、服务及促销方案。

(2)销售部门在拜访客户后应填写"客户拜访报告",着重记录客户的最新需求、意见和建议。

另外,酒店总经理、营销总监应积极参与销售人员的客户走访、客户恳谈会及产品推介会。销售部门在组织较大规模的客户恳谈会、产品推介会前,要制订严密的组织方案报总经理审批后执行,酒店各部门需根据活动计划积极配合。活动结束后,市场营销部门就活动情况形成书面报告报总经理。

五、客户服务管理制度

(1)客户管理部门必须将提高客户满意度和忠诚度作为客户管理的核心,做好售前、售中和售后服务工作。

(2)售前服务指的是在销售展开前,应充分考虑客户需求与实际情况,制订合理的服务产品,为客户及时提供所需服务。

(3)售中服务主要指及时解决客户在酒店入住或消费期间可能出现的问题。

(4)售后服务主要指每一次客户服务结束后,主动与客户沟通,了解服务过程中存在的问题,并在权限范围内,积极主动地解决遗留问题,消除客户疑虑,提高客户满意度。

第三节 客户档案管理制度

一、客户档案的建立与保管制度

(1)按照部门制订好的客户档案表格填写客户资料(包括姓名、性别、年龄、出生地、职业、职务、电话、公司名称、公司地址、公司简介、客人的兴趣爱好等)。必要时做一些背景调查以了解该客户是不是有消费能力,市场上信誉度如何,等等。

(2)资料管理组人员定期向各部门收集应该归档的客户原始资料,各部门应积极配合与支持。

(3)各部门将可触碰资源如名片、资料册等递交到资料管理组,资料管理组将资料按地区和品项进行初步分类并存入资料室。

(4)电子资料如声像资源、电子档案等由专人发至指定邮箱或递交给指定人员放入电脑储存保管。

(5)建立客户资料卡,并编制客户一览表供查阅。根据上交的资料填写客户资料卡,方便日后资料调配提取。

· 每发展、接触一个新客户,均应建立客户档案户头。

· 客户档案适当标准化、规范化,摸清客户基本信息。

二、客户档案查阅管理

客户档案存放在电脑专用文件夹中。客户档案不是个人私有财产,任何人无权据为己有。

客户档案管理应遵循"用重于管"的原则,但由于某些资料的公开会直接影响与客户的合作关系,不宜公开流传,只能供内部使用。所以,客户档案应由专人负责管理,并执行严格的借阅管理办法。

不是任何人都可以查阅客户档案的,市场营销总监及市场部的其他人按照级别分档次进行查阅。

(1)凡需要提取、借阅客户档案的人员必须办理借阅手续,填写资料提取申请单,经总经理审批同意后,方可借阅资料。

(2)除了销售人员本人可以随时查阅他所负责的客户档案外,任何人需要查阅客户档案时必须事先得到总监的允许。

(3)各部门负责人可以提取所属部门的所有资源,数量上无限制。

(4)跨部门提取资料需向上级领导提出申请,并写明用途、提取数量等信息。

(5)资料借阅者必须注意安全保密,严禁擅自翻印、抄录、转借资料。

三、客户档案管理应注意的问题

1.动态性

客户档案管理需要根据客户情况的变化,不断地加以调整,消除过旧资料;及时补充新资料,不断地对客户的变化进行跟踪记录。

客户档案管理的重点不仅应放在现有客户上,而且还应更多地关注未来客户或潜在客户,为酒店选择新客户、开拓新市场提供资料。

2.及时性

酒店各部门与客户接触的重大事项,均须及时报告资料管理负责人(除该业务保密外),不得局限在业务人员个人范围内。

四、客户档案的保密制度

(1)客户资料是酒店的"命根子",任何人都有保密职责。

(2)市场营销总监对客户档案的保密工作负有直接责任。

(3)客户资料的借阅必须经过一定的审批程序。

(4)泄露客户资料必须受到惩罚。

(5)员工调离酒店时,不得将客户资料带走,同时联系资料管理负责人将其客户资料接收、整理、归档。

第四节 客户管理制度相关表格

一、各类检查表

(一)每日检查项目

每日检查项目

督导岗位:总经理		督导部门:总经理办公室	
说明	检查结束后,应将检查时间、质量达标情况、责任人、检查人等登记在"部门工作检查表"中		
检查地点	完成时间	检查内容	检查媒介

续表

督导岗位:总经理			督导部门:总经理办公室	
客户管理部办公室	8:00到20:00	(1)员工出勤情况 (2)员工仪容仪表是否符合规范 (3)办公室卫生情况是否符合标准 (4)设施设备是否正常运转 (5)审阅"客服活动计划周报" (6)客服人员每周工作计划的实施情况 (7)检查部门档案 (8)落实工作安排完成情况		"部门工作检查表" "客服活动计划周报"
随机检查		通过各种途径,检查客服人员的工作时间利用情况及业务进展		检查人:

(二)部门工作检查表

部门工作检查表

检查人:　　　　　　　　　　　　　　　　　　　　　　　　　日期:

检查项目存在问题:	整改时间:	跟进人:
1.员工出勤情况		
2.员工仪容仪表规范		
3.办公室卫生标准、秩序		
4.设施设备是否正常运转		
5."客服活动计划周报"		
6.客服人员每周工作计划		
7.检查部门客户档案		
8.落实工作安排完成情况		
9.客户会议质量反馈表		
10.客服人员每日拜访表		
11.……		

此表规定每周检查一次,由客户经理负责。检查内容根据工作任务可以增添,但不能减少。

（三）服务质量检查表

服务质量检查表

受检查部门				检查时间			
检查项目和内容					检查结果		不符合项记录
项目	内容		优	良	中	差	
仪容仪表	仪容仪表端庄大方						
	按规定着装,着装干净、平整、挺括						
	不得佩戴酒店规定以外的饰物,不得涂指甲油						
仪态	站、坐、行姿符合企业规范与要求						
	与客户相遇时,主动侧身让路,不得在两人中穿行						
	引领客户行进时,应走在客户前方适当位置,需要转弯时,先伸手示意客户						
语言	讲普通话,语言文明、简练						
	熟练运用英语常用词汇						
礼节礼貌	根据客户姓名、性别、职务准确称呼,主动问候						
	对客户态度谦虚、诚实、礼貌、热情、亲切、友好						
	能够准确运用礼貌用语						
职业道德	对所有客户一视同仁						
	对老、弱、病、残者优先服务						
	遵守社会公德,创建健康文明的服务环境						
服务知识	熟悉企业主要经营产品和服务						
	熟悉客户服务相关技巧和方法						
	熟记本岗位的服务程序和相关知识						
投诉处理	接待客户投诉主动及时,对待投诉的客户不急躁、不推托、不争辩、不怠慢						
	准确记录投诉者姓名、性别、单位、地址、电话号码及投诉事由、事实根据、投诉要求						
	对要求赔礼道歉的投诉,应查明事实,如属酒店的责任,应当面向客户赔礼道歉						

续表

检查项目和内容			检查结果			不符合项记录
项目	内容	优	良	中	差	
投诉处理	如遇无理投诉者和故意损害企业名誉,影响经营活动的投诉者,应规劝其离店,规劝无效时,可寻求公安部门的协助					
	对未能协商解决的投诉,要及时报告上级主管部门,请上级主管部门协助处理					
	及时处理信函投诉,每日投诉要分类整理,上报主管					
投诉处理	应尽量避免在公共场所处理投诉					
	向公安部门报案的投诉,应积极协助公安部门处理					
备注						

(四)会议服务质量反馈表

会议服务质量反馈表(样例)

尊敬的各位参会代表:

您好! 感谢您参加"××××"会。为了更加客观地了解和掌握会议的运行情况和实际效果,以便为与会者提供更好的支持和服务,诚挚邀请您填写"会议服务质量反馈表",提出您宝贵的意见和建议。

对您的参与和支持,我们表示衷心的感谢!

××××酒店客户管理部

主办单位: 年 月 日

会议日期					
会议内容					
参会人数					
	非常满意	满意	一般	不满意及原因	
总体评价					
会议准备					
会中服务					
音响灯光					

续表

意见与建议	您的满意是我们追求的目标;您的意见、建议是我们努力的方向。 评价人: 联系电话:
备注	此表由客户经理随机邀请5%~8%的与会代表填写并回收。

二、客服活动计划周报

客服活动计划周报

日期	拜访人	电话号码	单位	地址	客户经理
周一					
周二					
周三					

续表

日期	拜访人	电话号码	单位	地址	客户经理
周四					
周五					

思考题

1.客户管理部门的职责有哪些?

2.客户管理制度主要包括哪几方面的内容?

【案例分析】

万豪国际集团的客户管理①
——访万豪国际集团大中华地区首席营运官兼董事总经理李雨生

今年8月,万豪国际集团宣布旗下三大常客计划万豪礼赏、丽思·卡尔顿礼赏及SPG俱乐部已正式整合为统一的常客计划,为全球1.1亿常客会员开启全新服务。"万豪国际在全球拥有30个品牌6700家酒店,分布在130个国家和地区,其中有22个品牌进入了中国。作为世界第二大经济体,中国已成为万豪国际重点关注的市场。"万豪国际集团大中华地区首席营运官兼董事总经理李雨生近日在接受本报记者采访时如是说。这是万豪国际集团旗下三大常客计划整合后李雨生首次就万豪国际在中国市场的发展布局接受媒体采访。

捕获年轻的心

"每一个目的地都有不同的消费需求和定位,我们是有针对性地设计相应的战略。"提及

---

① 王玮,《中国旅游报》,2018-09-06。有修改。

在中国市场的发展战略时李雨生说,他们发现,中国的年轻人有非常强的购买力,他们将成为中国消费主力军中的重要成员。而他们中大多数人都很喜欢旅行。"对于万豪国际来说,无论是在国内还是在境外,我们所需要做的就是清楚地了解到这些年轻消费者的旅行愿意,比如他们喜欢去哪里旅行? 他们的旅行需求是什么? 我们会相应地找到这些目的地,建他们所需要的酒店,提供满足他们需求的服务。而年轻消费者所需要做的就是轻轻松松地背上旅行包,惬意地制订旅行计划,剩下的事情我们全都帮他们搞定。"

抓住食客的胃

记者发现,在整合后的常客计划中,万豪国际升级了"会员飨更多"礼遇。这是专门针对亚太地区的一项会员礼遇,升级后,会员无须入住,便可以在亚太区超过2200家参与计划的餐厅和酒吧赚取更多的积分。万豪国际希望通过此次升级,吸引会员光顾万豪国际旗下酒店的餐厅。

对此,李雨生跟本报记者分享了一个销售数字,在大中华区,万豪国际拥有315家酒店,其中全部运营收入的42%来自餐饮。"在北美或者欧洲一些国家和地区的酒店里,涉及餐饮的区域最多是一家咖啡馆、一家餐厅,再加上一家特色餐厅。但是在中国的很多酒店里会有咖啡厅、全日餐厅、法餐厅、意餐厅、牛排馆、中餐馆,中餐里还分粤菜馆、川菜馆等。这说明饮食文化在本地区是特别受重视的。我们在大中华地区运营的餐厅、咖啡厅、行政酒廊加起来有1100多个,我们接下来要更多地推广这方面的服务。"万豪国际调查发现,大部分中国消费者到一个目的地去旅行时,都希望体验当地有特色的美食。"我们希望在酒店里就能提供特色餐饮给客人,这样客人不需要跑到更远的地方,尤其是在国内三线、四线、五线城市。与此同时,在会员礼遇方面我们也同样聚焦在餐饮这一块,让他们在这部分可以快速地赚取和兑换积分,这恰恰是亚太地区尤其是中国会员最在乎的一部分。"

直击会员的需求

对于万豪国际的常客计划整合,李雨生坦言,他们目前最关注的是整合本身是否能够给会员带来比原先更便捷的体验。"从目前的反馈来看,整合总体是非常成功的。"

对于常客计划整合后万豪国际对中国市场的关注点会落在哪个方面? 李雨生表示,一是高科技应用,尤其是在移动端App等产品的设计方面,他们希望相关软件的应用能够更加便捷,可以让用户的体验感更好。为此,他们也希望能够更多地与合作伙伴坚持合作。二是关注女性消费者,"女性消费者将成为我们核心的客户关注点,她们与男性消费者的需求会不一样。我们希望能够提供更多符合她们需求的服务,比如她们更在乎安全性,我们要让她们一进酒店就立刻感受到安全感"。三是更好地服务出门在外的中国旅行者。我们针对全世界的万豪国际旗下酒店推出了一个"礼遇"服务项目,该项目特别关注中国消费者的,就是酒店的早、中、晚餐中要保有一些本地化的食品,最好能够提供中文服务,并就该地区的一些景点景区为中国旅行者提供一些建议和线路设计。"我们希望未来对于中国消费者,无论是在国内万豪国际旗下酒店,还是在国外的,都能得到很好的服务。"四是针对中国消费者支付习惯方面,万豪国际已经在做的就是实现多元化的电子支付,包括支持微信支付、支付宝支付等。他们还与阿里巴巴合作了信用住,客人可以在参与此项服务酒店里实现"先入住后付款"。

"我们不断地去提升自己,不断地去寻找谁是我们要更好去服务的对象,以及他们要去的地方在哪里。我们希望不断地超越他们的预期。"李雨生说。

问题:评价万豪集团的客户管理制度和客户管理实践。

【补充与提高】

××度假酒店客户档案管理制度

标题	客户档案管理制度			审批人	
				审核人	
				编制人	
制度编号				制度类别	管理制度
执行主体	销售部、管家部、前厅部、餐饮部		监督主体	考评主体	销售部

一、目的

为规范酒店客户档案管理,增强客户档案的实用性和有效性,提高营销效率,扩大市场占有率,与客户建立长期稳定的业务联系,特制定本制度。

二、归档范围

与酒店发生业务联系或即将发生业务联系的客户,主要包含中介机构(旅行社、网络公司)、终端顾客(商务公司、顾客)的信息档案。

三、客户档案内容及分类

(一)中介机构

1.旅行社档案

(1)旅行社基本信息,包括旅行社联系方式、相关对接人信息、反馈信息(投诉与建议)等,具体详见附表1。

(2)旅行社合同、合作协议、合作方案、其他相关文件,具体详见附表2。

2.网络公司档案

(1)网络公司基本信息,包括联络方式、相关对接信息、反馈信息(网评/投诉与建议)等,具体详见附表3。

(2)网络公司合同、会议协议、合作方案、与其他相关文件,具体详见附表2。

(二)终端客户

1.商务公司

(1)商务公司基本信息,包括公司规模、主管业务、营业收入等信息,具体详见附表4。

(2)商务公司人员信息,具体详见附表5。

(3)商务公司合同、合作协议、合作方案、其他相关文件,具体详见附表2。

2.顾客

包括基本信息、消费习惯及偏好、反馈意见等,具体详见附表5。

四、顾客意见收集与管理

1.收集与管理原则

(1)客户档案管理应保持动态性。根据客户情况的变化,不断地加以调整,消除过旧资料,及时补充新资料,不断地对客户的变化进行跟踪记录。

续表

（2）应重视潜在客户档案的实时更新。客户档案管理的重点不仅要放在现有客户上，而且还要更多地关注未来客户和潜在客户。为酒店选择新客户、开拓新市场提供资料。

（3）客户档案管理应"用重于管"，提高档案的质量与效率。不能将客户档案束之高阁，应以灵活的方式及时全面地提供给销售人员和其他相关人员。同时，应利用客户档案，做更多的分析，灵活利用到工作中。

2.收集方法

（1）中介机构基本信息档案。酒店营销相关人员通过陌拜、回访、接待等方式，在获得客户信息后，应于三个工作日内，将客户基本信息报给部门文件管理员，由文件管理员负责录入并更新客户档案。

（2）终端客户基本信息档案。酒店相关部门责任人通过常规信息录入及询问反馈等方式，收集入住酒店或由酒店接待(含餐饮、会议)的顾客信息，于每周三交给销售部文件管理员统一更新。

（3）合同、协议、合作方案、其他相关文件，销售部与客户签订的合同、对外发布的合作协议、方案、文件等，在签字生效后，统一由销售部文件管理员存档管理。

3.档案整理

（1）基本信息档案。销售部文件管理员每月20日对所有基本信息进行汇总，并由部门经理审核确认。

（2）合同、协议、合作方案、其他相关文件。销售部文件管理员整理与合作协议、合作方案相关的合约及合作日期，并在约定的截止日期前一个月告知部门经理。

五、档案管理

1.档案的保密

客户档案密级为机密级档案，统一由销售部文件管理员进行管理。酒店或部门级客户档案，销售部经理、销售总监、酒店总经理可以随时查阅客户档案，其他人员查阅须经销售总监批准。个人级客户档案，销售人员可以直接查阅，非销售人员查阅须经销售经理批准。

2.档案的保存

客户档案由文件管理员建立客户档案数据进行管理，每月月底对数据进行备份，以防止数据丢失。

3.客户档案的查阅

（1）查阅酒店客户档案必须经过审批，填写"客户档案查阅审批表"，经销售部经理签字，总经理批准后，档案管理员才能让其查阅。

（2）未经审批擅自查阅客户档案，每次处50元罚款。未经批准擅自将客户档案号提供给别人，每次处50元罚款。

4.档案查阅者必须做到以下两点：

（1）严禁擅自修改档案。未经批准修改、删除、销毁酒店和部门的客户档案资料，处500元罚款，并予以开除。

（2）注意安全保密，严禁擅自抄录、复制。擅自抄录、备份客户档案，处500元罚款，并予以开除。

5.销售人员离职后，客户信息由部门经理安排给本部门其他销售人员维护，离职人员不得自行转交。

六、附表

1.旅行社基本信息表(略)

2.合同及其他合作文件档案表(略)

3.网络公司基本信息表(略)

续表

4.商务公司基本信息表(略) 5.顾客档案表(略) <div align="right">××度假酒店 二○××年四月十日</div>					
起草日期			修改日期		版次	

第二篇
酒店客户管理方法

第六章
酒店客户管理流程

　　本章通过发现和确定目标客户,掌握客户信息,建立客户档案与客户数据库,使用客户数据库,管理客户信息,研究客户需求,继而为客户提供满意服务,介绍客户管理流程。

【本章学习目标】

- ·学会发现目标客户。
- ·学会收集客户信息。
- ·建立客户档案与客户数据库。
- ·使用客户数据库。
- ·管理客户信息。
- ·学会研究客户需求,继而为客户提供满意服务。

关键词:目标客户;客户档案;数据库;客户满意度
Key Words:Target Customers;Customer Profiles;Database;Customer Satisfaction

第一节　发现目标客户

谁是我们的客户,这个问题是酒店管理者必须明白的首要问题,这就是市场定位问题。简单地讲,直接或间接购买酒店产品和服务的人,都是酒店的客户,这些客户可以是现实客户,也可以是潜在客户,可以是团体客户,也可以是个体客户。一切机关、企业、部门、学校、机构、组织等,只要他们以集体的名义在酒店消费,均可视为酒店的团体客户。一切个人或家庭到酒店进行消费,均可视为酒店的个体客户。

涉及一个具体的酒店,就不得不考虑客户的选择问题。任何一个酒店都不可能把所有消费者当作自己的客户,必须根据自己的特点,寻找与自己消费档次和品级相符合的客户群。反过来说,我们在建设酒店之前就要对市场做一个充分的调研,以确定到底选择什么样的客户群体作为未来酒店的消费群体,也就是要解决酒店为谁而建的问题。确定了客户群,还要深入研究这类客户的需求是什么,有意识地针对这类客户的需求做好产品和服务设计,满足客户群体的需要。这样才能获得客户群体的青睐,生意才能源源不断地进来,从某种意义上说,这就是酒店的"客户管理"。

一、识别客户

识别客户就是通过一系列技术手段,根据大量客户的个性特征、购买记录等可得数据,事先确定出对企业有意义的客户,作为企业客户关系管理的实施对象,从而为企业成功实施客户关系管理提供保障。

识别客户是一个全新的概念,它与传统营销理论中的客户细分和客户选择有着本质区别。传统营销理论是以选择目标市场为着眼点,对整个客户群体按照不同因素进行细分,最后选择企业的目标市场(客户)。而识别客户是在已经确定好目标市场的情况下,从目标市场的客户群体中识别出对企业有意义的客户,作为企业实施客户关系管理的对象。由于目标市场中客户的偏好等个性特点各不相同,不同客户与企业建立并发展客户关系的倾向也各不相同,因此他们对企业的重要性是不相等的。

二、识别客户的意义

识别客户对企业的客户关系管理有着重要意义。这是因为,客户关系管理的核心在于针对不同客户的不同特征和需求,采取不同的策略。客户识别意味着了解、分析客户的特征与需求信息,是企业开展客户关系管理活动的基础。如果企业对客户没有深入的了解,谈何建立、维系与客户的关系?

客户识别在企业客户关系管理中的重要性主要体现在以下几个方面:

1.有助于企业筛选有价值的客户

一方面,不是所有的购买者都会是企业的客户,每个客户都有不同的需求,需求的个性化决定不同的客户购买不同的产品。例如,四季酒店誉满全球,可是并不是所有的客户都能够支付起其费用,对没有足够购买力的人来说,他就不需要选择四季酒店;另一方面,企业的资源是有限的,无论是人力、财力、物力,还是生产能力、时间都是相对有限的,这就决定了企业不可能什么都做。没有哪家企业能提供市场上需要的所有产品或者服务。此外,竞争者的客观存在也决定了任何一家企业不可能为所有的购买者提供产品和服务。总之,由于需求的差异性、企业资源的有限性以及竞争者的客观存在,每个企业能够有效服务客户的类别和数量是有限的。

美国人威廉·谢登的80/20/30法则认为:在顶部20%的客户创造了企业80%的利润,但其中一半的利润被底部的30%非赢利客户消耗掉了。也就是说,一些优质客户给企业带来的超额价值,通常被许多"坏"客户给扼杀了。回避这样的客户对企业来说是万幸的,企业应将其找出来。总之,客户数量已经不再是衡量企业获利能力的唯一指标,客户质量的重要性已经在一定程度上高过了客户数量的重要性,客户质量在很大程度上决定着企业赢利的大小。因此,企业应当放弃"任何客户对企业都是有价值的"想法,注意选择有价值的客户。

2.有助于企业与客户更好地沟通与互动

客户之间的需求也是有差异的,企业如果没有选择好自己的客户,就不能为确定的关系客户开发恰当的产品或者提供恰当的服务。另一方面,形形色色的客户共存于同一家企业,可能会造成企业定位模糊,导致客户对企业印象产生混乱。例如,五星级酒店在为高消费的客户提供高档服务的同时,也为低消费的客户提供廉价的服务,就可能令人对这样的五星级酒店产生疑问。又如,新加坡航空公司、德国汉莎航空公司定位在高端市场,以航线网络的全方位服务和品牌优势为商务乘客服务;而美国西南航空公司和加拿大西方喷气航空公司定位在低端市场,为价格敏感型旅客提供服务。客户识别是企业定位的表现,是一种化被动为主动的思维方式,体现了企业的个性,决定了一家企业的命运。

另外,在企业与个人的互动中,大众化的营销模式并不能有效吸引客户。相对于大众化的营销模式,窄众营销首先在传播的范围上只针对特定的目标群体,而且只使用目标群体最容易接受的术语、信息接收渠道、广告传播方式,力求以最少的投入最精确地命中目标群体。目标精确,就能大大缩减广告投入,而且各媒体之间的广告频率与搭配的效果也会提高。

3.能够提升客户满意度,增强客户对企业的忠诚度

有统计数据表明:开发一个新客户所花费的成本比维持一个老客户的成本高出5倍之多,而大部分的企业每年的客户流失率高达25%左右,如果企业能将客户流失率降低5%,那么利润将会增加100%。要想提升客户的满意度和忠诚度,应尽可能多地留住客户,这就离不开对客户需求的认识与了解。例如,ClubMed(地中海俱乐部度假村)针对家庭客源和情侣客源开发不同的一价全包套餐,就是基于对客户特性、需求的识别,推出针对性的产品,客户的满意度得到了提升。

三、识别目标客户的方法

对企业而言,有效识别客户并不是一件容易的事情。例如,现在许多酒店都推出了会员

卡或者贵宾卡服务,希望通过会员卡及贵宾卡来掌握客户的消费习惯、年龄、职业等数据。但是,有许多公司并不清楚自己已经掌握了哪些信息,这些信息是否是自己需要的,还需要哪些信息。很多时候,公司想要整理相关客户的完整、准确的客户资料清单,都不是一件容易的事情。因为许多公司发现,他们所掌握的客户信息分散在各个不同的部门,例如销售部掌握着客户的购买情况等信息,售后服务部门掌握着客户投诉和跟踪的记录,等等。

图 6.1　客户识别过程

客户识别的过程主要包括如图 6.1 所示的几个步骤。

第二节　掌握客户信息

在现今酒店业迅猛发展的年代,酒店对客户信息的数量及质量的要求也在不断地提高,尤其随着当今互联网的发展,酒店每天能从不同信息流入口攫取大量的客户数据。可是即便如此,酒店管理者始终在投诉他们依然缺乏精准的数据呈现。最近一份数据表明,酒店的管理人员每日花在找寻客户数据的时间不少于 3 小时。即使拥有数量庞大的数据,大部分管理人员还是很难从中找出他们真正想要的数据。其实酒店的管理者们寻求的不是数据的"量",而是寻求数据的"质"。所以,酒店需要设计出有效的客户信息数据管理过程以便我们的管理人员更有效地作出决策。

一、客户信息的定义

酒店了解客户的第一步是搞清楚这个阶段需要掌握哪些客户信息与资料。尽管对酒店而言,尽可能多地掌握客户信息是其有效制订客户关系管理战略的基础,但是,每一个酒店所拥有和掌握的资源都是有限的,无法全面掌握客户的所有信息,因此需要有选择地调查、了解主要的客户信息。

在界定所需信息的范围时,酒店应当遵循以下两个原则:

1.根据自身的需求界定所需信息的范围

这是酒店在界定需要掌握的信息之前必须遵守的原则。首先,不同的酒店之间存在很大的差异,例如城市酒店与度假型酒店,两者所处的地理位置、客源构成相差很大,同时竞争态势也有很大不同。那么,由于酒店类型的不同,酒店对客户信息的需求自然也会存在差异。

其次,在相同的酒店类型中,也存在不同规模的酒店。对大型酒店而言,其面对的是更大更为广阔的市场,同时由于其具备雄厚的资金与实力,故可以详细地收集客户的信息与资料;而对小型酒店或经济型而言,由于资金、实力、资源等方面的限制,并不能大规模地收集客户的信息与资料,只能获取自己最需要的部分。

最后,不同的酒店有不同的战略导向。即使是在相同的酒店类型中,具有类似的规模,不同酒店的战略导向也会存在差异,酒店的定位也会有所不同。例如,有的酒店将自己的注意力集中在降低成本上,希望通过较低的价格来赢得客户的青睐,而有的酒店则是追求产品的高质量和差异化。在这些不同的战略导向指引下,企业关注的目标市场存在很大差异,客户的消费偏好和习惯也存在很大差异,企业所要掌握的客户信息与资料也大相径庭。

2.根据客户的特点确定收集信息的范围

客户与酒店的关系经历了一个类似生命周期的发展过程。处于不同阶段的客户有着不同的消费习惯,那么酒店就必须根据不同的关系特点确定所需要了解和掌握的信息。例如,对处于潜在获取期的客户而言,酒店需要了解客户的年龄、职业、消费偏好等信息;而对处于成熟期的客户而言,酒店需要了解这些客户对企业产品和服务的意见、以往购买的频率与偏好、客户对酒店的抱怨或者不满等情况。

此外,酒店面临的客户包括消费者(个人)、组织客户、中间客户、公务客户等不同类型,不同的客户有各自不同的要求和特点。例如,消费者和组织客户都是以消费为目的的,但是个体消费者与组织客户在要求上存在很大差异。相比组织客户,个体消费者购买的批量少、对价格更为敏感、与酒店之间的互动少。因此,对于酒店而言,在收集信息的时候,有必要根据客户的特点来确定信息收集的方法、途径和侧重点。

二、客户信息的类型

(一)个人客户信息

对于个人客户而言,酒店需要关注的信息如表6.1所示。

表6.1 个人客户信息分类

个人客户信息分类	
个人信息	产品/服务购买行为要素
姓名 地址 邮政编码 电话号码:工作电话/手机号码 传真号码 邮箱地址 旅行目的:工作/休闲/特殊状况 预订人:自行预订/企业跟进人/中介 企业跟进人姓名: 企业地址: 职位 结算方式:现金/信用卡/支票/企业支付	房间类型:标准间/套间/豪华套房 房间其他消费类型: 长途电话/洗衣服务/送餐服务/迷你吧/其他餐饮服务 健身/水疗护理/纪念品或商品购买等 入住天数 客人特别的日子:纪念日 到达方式:自行到达/旅游巴/出租车/酒店接送服务 会员忠诚度计划: 酒店忠诚度计划:会员号码 酒店合作商户的会员计划:银行/航空公司/签约公司

(二)组织客户信息

一个完整的组织客户数据库对酒店销售部门来说是一个巨大的宝藏。一般来说,会议型或度假型酒店,开展销售工作的基础在于对酒店所处环境下人口统计学、所处地理位置市场、行业分类的研究。所以针对组织客户,酒店需要收集以下信息:

1.基本信息

包括组织客户的名称、地址、电话、创立时间、所在行业、规模等信息,同时也包括组织客户的经营理念、销售或者服务区域、形象以及声誉等。这些基本信息对组织客户的购买行为和偏好有很大影响。例如,对处于同一行业的两家组织客户而言,规模以及实力的差异会导致他们对同一产品的不同需求。规模大、资金雄厚的客户,酒店产品的品质以及服务是其选择酒店产品的主要影响因素;而规模小、缺乏资金的客户,价格是其选择酒店产品的重要影响因素。

2.业务状况

业务状况方面的信息主要关注组织客户目前的能力、在行业中所处的位置,以及未来的发展趋势,涉及销售能力、销售业绩、发展潜力与优势、存在的问题等。这些信息的收集对于酒店针对不同的组织客户制订不同的产品和服务销售计划有重要影响。对那些目前具有较强的能力、良好的业绩,并且未来也有发展前途的组织客户而言,企业需要给予更多的关注,和他们建立良好的关系。而对于那些缺乏能力和发展后劲的组织客户,则需要慎重考虑。

3.交易状况

交易状况方面的信息主要关注酒店与组织客户在过去交易过程中的经历,这些信息涉及交易条件、组织客户的信用等级、与该客户关系的紧密程度、组织客户的合作意愿等内容。对于酒店而言,如果组织客户在过去的交易中曾经发生信用问题,那么企业在与该组织客户再次交易时,就需要特别关注,以防范可能的风险。此外,酒店与组织客户交易关系的紧密程度、组织客户的合作意愿也会影响其购买行为和意愿,那些与酒店关系深厚并有着强烈合作意愿的组织客户,更愿意采购大量的产品。

4.主要负责人信息

在组织客户的信息收集中,还需要注意收集其主要负责人信息,主要包括组织客户高层管理者、对口跟进的人员信息。这些主要负责人的年龄、性格、兴趣等特征都会影响组织的购买行为。

三、客户信息的收集

当酒店明确自身需要掌握的客户信息之后,第二步就是利用各种渠道和方法,收集相关的客户资料与数据。在收集信息这一阶段,需要弄清楚两个方面的问题。

(一)客户信息的来源

对酒店而言,主要有两个途径可以收集客户信息,第一是酒店内部资料来源,第二是外部市场信息。

1.酒店内部资料

(1)系统数据。

前台系统:现有的酒店一般使用的是 OPERA 系统,中软的、西软的 Foxhis 前台系统,就如希尔顿集团使用的自主研发的 OnQ 系统,全面记录客人信息、喜好、消费行为,可同步全球的希尔顿酒店,客人下榻任何区域的希尔顿酒店,都能享受到同样细致及个性化的服务。

客户关系管理系统:酒店的客户关系管理系统能整合客户、酒店及员工资源,优化业务流程,提高酒店、员工对客户的反馈速度和应变能力,并有效地提高酒店的销售收入。如 Newmarket International 公司研发的 Delphi 销售及宴会系统,被许多大型连锁酒店如香格里拉酒店、喜达屋酒店集团使用,能形成至关重要的组织客户数据库,全面跟踪客户的销售流程,提高团队的销售收入。

(2)与客户直接交谈或者调研。通过与客户的直接交谈或调研,了解客户的基本信息、行为习惯等方面的资料。当酒店面临组织客户时,更需要主动与客户交流,以便于准确、详尽地掌握客户信息。这种与客户的直接交流主要体现在 3 个时段:客户关系建立前、建立中以及建立后。在客户关系建立前,酒店主要是通过与客户交流弄清客户的基本状况及其主要的需求信息;在客户关系建立过程中,酒店主要是进一步明确客户具体的需求信息以及需求信息是否发生变化;在客户关系建立之后,酒店通过与客户交流来知晓客户对关系的评价和态度,以便决定下一步的行动。许多酒店会针对其长期合作的客户在行政走廊举办小型的下午茶聚会,不只是表达酒店对客户的谢意,更多的是借此与客人交流互动。也有些酒店会建立客户反馈体系,要求其大堂经理每周必须派发及收集客人意见表,以便保持与客人有效的沟通。

(3)客户意见反馈表。酒店一般会针对酒店的各项产品及服务设计客户意见反馈表,并将其置放在客房的书桌上,让住店客人填写。

(4)酒店内部数据档案。酒店本身的业务活动常常可以为做好客户调查工作提供大量有参考价值的资料。酒店内部会计系统可提供大量的资料,如可参阅企业客户名单、历年销售记录,也可从酒店销售人员提供的客户报告、客户往来函电(包括询购或索赔的信件)中获取大量有用的资料。

(5)酒店官网及社交平台。互联网发展至今已经成为我们社会的基础设施,越来越多的客人通过酒店的官网、社交平台浏览和订购酒店的产品。当客户通过网站订购产品时,不可避免地要填写相关的信息,此时,酒店就可以获得这些客户的基本信息,并通过追踪其购买频率、内容了解其购买行为和偏好,掌握更多的客户资料,而且客户也会通过官网或社交平台对产品体验发表不同建议。

2.外部市场信息

市场信息是指酒店通过查询、购买等方式从其他机构或者组织那里获取所需要的客户信息。主要途径包括:

（1）通过公开出版物获得客户信息。公开的出版物包括由区域或地方性的旅游部门、旅游或酒店协会、商会等发布的行业发展报告、统计年鉴、期刊、网络、报纸等。这些公开出版物上，经常会发布有关客户的年龄、行为偏好等方面的信息。

（2）购买专业咨询公司的报告。有许多从事市场调查或者管理咨询业务的公司会定期收集特定客户的信息或者是对特定的行业进行分析。例如，AC 尼尔森公司是一家从事市场调研的专业公司，每年都会定期发布有关客户、市场方面的调研报告。

酒店内部资料与市场信息收集而来的客户信息各有优劣。酒店内部资料能够让酒店尽可能地贴近客户，从自身的需求出发，更多地了解客户的需求。但是，成本相对较高。相反，收集市场信息的方法虽然成本较低，但是由于来自其他的组织或者机构，那么很有可能酒店获得的数据并不完整或者不全面，不能完全满足需求。因此，在实践中，不少酒店会根据收集信息的特定目的和需求，结合两种不同的途径来获取相对全面的客户信息。

（二）收集客户信息的方法

1.人员访谈法

人员访谈法是指酒店直接与客户对话，通过与客户交流来了解客户的需求。人员访谈法首先要求企业选择访谈对象。对酒店而言，经常面对众多的客户，因此就要求酒店从中挑选部分客户作为访谈的对象。

在实践中，面对组织客户，很多酒店会定期与客户交流，了解客户需求等信息；也会组织人员挑选客户上门拜访，实地了解组织客户的企业规模、人员构成、消费需求，以及售后反馈等信息。

面对个人客户，由于其数量众多，酒店只能从中选择一些客户进行访谈，这些访谈经常发生在客人在店期间，主要是了解客户对酒店产品或者品牌的态度。

2.现场观察法

现场观察法是指酒店通过直接观察客户的行为，从中了解客户的需求。例如，餐厅的管理人员组织员工到竞争者的餐厅体验，从而获知竞争者的菜品价格、出品质量，也可从中观察其客户来源，哪个菜品较受欢迎等信息。现场观察法通常可获知一些人们不肯提供的信息，且客户调查人员无须与任何个人接洽，唯一要做的工作就是细心观察现场情况，并根据调查表格的项目做好详细记录。但是这种方法也有一定弊端，例如现场观察时客人不多点的菜品就会被片面地认为不受欢迎，又如影响客户消费行为的外部因素，如广告等会被忽略掉。由于这些弊端，所以酒店管理者们通常会以调查问卷的形式取代现场观察法。

3.调查问卷

酒店可以通过设计结构化或者开放式的问卷来了解客户的信息。调查问卷包括邮寄问卷、网上调研、电子邮件、电话调研、短信等多种方式。

（1）邮寄问卷调研。在过去的调查问卷中，邮寄是经常被采用的一种方式。其优点是可以向众多的客户发放问卷，同时在问卷中可以涉及多方面的问题，能够全面了解客户的信息。其缺点是难以保证问卷的回收率。

（2）网上调研。随着网络的兴起,网上调研也成为许多企业采用的一种方式。现在有许多专业从事问卷调研的网站。网上调研的优势在于费用低廉,只需将问卷公布在网上,而无须印刷问卷。另外,调研获得的数据可以直接输入数据库之中,省去了数据录入这一环节。网上调研的缺点在于:首先,和邮寄问卷一样,难以保证高的回收率;其次,难以保证覆盖到酒店真正所关心的客户,很多时候,企业所关心的客户并不一定会上网;最后,难以保证问卷调研所获数据的真实性。

（3）电子邮件调研。电子邮件调研也是酒店常用的一种方式,主要是通过向目标客户发送附带问卷的电子邮件来收集客户信息。与网上调研一样,电子邮件调研成本低廉,而且速度很快,并且酒店可以事先选择发送电子邮件的对象,确保问卷调研的针对性。同样,电子邮件调研也无法保证问卷的回收率。

（4）电话调研。电话调研是酒店人员通过直接打电话来了解客户的信息的一种方式。电话调研的优势在于能够及时回收客户信息,并且能针对客户的回答进行更为深入的访谈。相比邮寄问卷、网上调研等方式,电话调研的回收率较高。但是统计数据表明,大概有1/3的被调查者拒绝回答。此外,与邮寄问卷调研、网上调研、电子邮件调研等方式相比,电话调研的内容要简单很多,因为许多被访问客户不太愿意长时间接听电话。

（5）短信调研。短信调研是随着手机的普及而兴起的一种调研方式。它通过直接向企业选定的客户群体发送短信的方式来了解客户的信息和态度。例如,国家大剧院就利用短信的方式,向在国家大剧院网站注册的会员发送短信,询问会员对于歌剧、话剧、音乐剧、京剧更喜欢哪一种。与电话调研类似,短信调研也只限于少数几个问题,否则客户就会拒绝回答。

除了上述几种方法之外,酒店还可以利用其他途径来收集客户信息。例如通过客户的投诉和抱怨来获得信息,通过组织客户俱乐部的形式来了解客户需求等。

（三）收集客户信息的时机

1.客户在酒店购买产品时

这是收集客户资料的最佳时机,如姓名、性别、年龄、生日等资料通过客户的身份证就可以得到。

2.在与客户的交流中

营销部要注意和客户的交流、交往,要定期走访客户,要注意同客户交朋友。

3.在为客户服务过程中

员工在服务过程中,也要注意观察客户的一些情况。比如,客户的饮食习惯、睡眠习惯,是否谈论和酒店有关的情况,或者有没有酒店的商机,比如客户要开会、客户近期有商务活动等。

四、客户信息的提取

为了能有效地提取客户信息,提高服务效率,首先应将酒店拥有的客户信息进行科学划分。常用的有以下两种分类方法：

（一）横向分类

横向分类是为了便于销售业务的展开,即企业按客户的性质进行分类。通常的分类标准如下：

按客户所在地理位置划分：客户可分为酒店所在地商圈、所在地的市或直辖市、所在地的省份、所在地的国家,以及国外的客户来源地等。

按客源类型划分：客户信息可分为商务客源、公务客源、度假客源等。

（二）纵向分类

纵向分类是根据企业对客户的商品管理、销售管理和贷款回收管理的实际情况,确定客户等级标准,将现有客户分为不同的信息等级。通行的客户信息等级分类标准有三种：

（1）按客户与本企业的交易数量,可分为大客户信息、普通客户信息,或 A 级客户信息、B 级客户信息、C 级客户信息、D 级客户信息等。

（2）按客户的信用状况,可分为不同的信用等级。

（3）根据客户在服务链中所处的位置划分,可分为中间商客户信息与最终客户信息。

第三节　建立客户档案

一、档案资料分类

（一）客户档案

就客户档案而言,酒店可根据自身客源情况,对客户进行分类建档,以把握酒店的营销方向,确定营销重点,采取相应对策,提高营销效率。比如可将客户分为商务客户、政府客户、长住客户、旅行社客户、写字楼客户、VIP 客户、大客户、潜在客户等。也可将客户分为以下类型：

· 重点客户：长期购买自身酒店产品和服务的客户。

· 普通客户：除去重点客户以外的闲散客户。

· 新客户：当年新开发的客户。

· 停滞客户：当年全年的预定入住量小于一定量(间/夜)的客户。

· 争取客户：此类客户有一定的潜力,但很少使用或购买本酒店产品或服务,而总是购买竞争对手的产品和服务。

·消亡客户:连续两年处于停滞状态的客户。

(二)住房合约

住房合约包括长住房合约、商务住房合约、旅行社住房合约、VIP 住房合约、政府住房合约等。

二、客户档案的主要形式

在建立客户档案的过程中,首先需要确定采取何种形式。目前,国内外企业所选用的客户档案主要有 3 种形式,即客户名册、客户资料卡和客户数据库。这些客户档案各有其特点,建档要求、适用条件和作用不同。

1.客户名册

客户名册是有关酒店客户情况的综合记录。客户名册一般由以下两部分组成:一是客户信息表;二是客户一览表。客户信息表是用来记录、保存所收集到的客户信息的表格文档。酒店在设计客户信息表时,应根据企业自己的需求及客户的类型有针对性地设计。

客户信息在收集的过程中渠道来源很多,收集到的信息也多种多样,而且这些信息一般是不完整、非即期的,同时由于信息提供人员在提供信息时出于各种目的而存在夸大、欺骗的可能,因此,企业在正式填写客户信息表之前,需要先对收集到的客户信息进行核实、评价。核实客户信息主要是通过实地调查来进行,但在实际工作中,除了实地调查核实方式外,还可以通过电话核实及利用公开信息核实两种方式,既可以降低成本,又能获得较准确的核实效果。

2.客户资料卡

使用客户资料卡也是建立客户档案的一种简便易行的方法。目前,许多企业已经开始重视建立和实施客户卡制度,并采用不同类型的客户卡,相互配合使用。

潜在客户调查卡:潜在客户调查卡是设计用于潜在客户调查的资料卡,其内容主要是客户个人和组织的基础性资料,重点是了解客户需求特征、可能的购买时间、地点和方式等。潜在客户调查卡以不同方式邀请潜在客户填写,潜在的客户卡主要用于潜在客户开发,制订新产品策略、促销策略等,但其内容往往需要第二手资料的补充。

现有客户卡:现有客户卡是设计用于对正在进行交易的客户的管理。一旦与某位客户开始进行第一笔交易,就需要建立现有客户卡。这类卡片可以由潜在客户卡发展而来。

三、客户档案的主要内容

普通客户档案、VIP 客户档案以及公司客户档案的内容可以有所不同。通常,VIP 客户档案的内容可以设计得更详细一些,以便为 VIP 客户提供更为周到的个性化服务(表 6.2—表 6.4)。

表 6.2 一般客户档案信息

姓名：		性别：		电话：	
单位		地址			
职务		公司性质			
上级主管		职务		电话	
联系登记					
联系时间	内容			备注	
消费记录					
日期	消费项目	消费金额	反馈意见	处理结果	

表 6.3 VIP 客户档案信息

基本信息					
姓名		性别		生日	
籍贯					
身高		五官特征			
婚姻		家庭住址			
办公电话		家庭电话		手机	
微信号		邮箱			
部门		职务		公司性质	
公司名称		公司地址			

续表

教育背景				
毕业院校		专业		
大学获奖项目				
其他教育背景				
备注				

家庭背景				
婚姻状况		配偶姓名		教育程度
配偶兴趣				
结婚纪念日		子女姓名		
子女年龄		子女教育		

业务背景			
客户前一工作		公司名称	
公司地址		职务	
受雇时间			
目前公司前一职务		日期	
对自己公司态度		事业目标	
未来的考虑			

客户兴趣				
性格		气质		思维
嗜好		嗜好程度		度假方式
喜欢话题		最得意的成就		
性格中的优点				
性格中的弱点				
备注				

客户特点		
是否以自我为中心		决策能力强弱
客户最为关键的因素		

续表

道德感强弱			特殊习惯	
备注				
消费记录				
日期	消费项目	消费金额	反馈意见	处理结果

表 6.4　公司客户档案信息

公司名称：		公司编码：		
协议公司：		协议类别：		
公司信息				
公司类型		所在地区		
公司规模		行业类型		
公司地址				
公司网站				
联系人				
联系电话				
邮箱				
传真				
备注	公司以往消费酒店记录、以往消费产品类型等信息			
联系人信息				
联系人姓名				
所在部门		职位		
联系电话		邮箱		
QQ				
其他				
高层人员信息				

续表

姓名			
所在部门		职位	
联系电话		邮箱	
QQ			
其他			
备注	联系人或高层人员的性格特点、空闲时间等信息		

四、客户资料的更新与完善

客户的重大变动、与本店的业务交往状况,均须及时记入客户资料。客人入住后,要向客房部、餐饮部、其他营业部门了解客人在酒店入住期间有没有什么特殊情况,比如生病、受伤、争吵、打架,有没有什么投诉事件,有没有提出特殊要求,如有任何情况,如实登记在客户档案中。将每一次客人的入住时间、消费总额、消费事项等一一登记在册。

第四节　管理客户数据库

一、客户数据库

客户数据库是近年来在大型企业中出现的客户档案形式。运用现代计算机技术发展成果建立客户数据库,在客户信息存储内容、规模和咨询使用等方面都是前两种方式所不能比拟的。客户数据库是将现有的、可接近的与可接触的每一位客户或潜在客户的众多信息,以组织化的方式收集汇总成一个系统,以实现一些营销的目的,如产生客户信息,挑选客户信息,执行产品和服务的销售,维系客户关系等。

首先,客户数据库使建立大规模客户档案成为可能。过去很多企业是针对中间商等客户建立客户档案,因为这类客户的数量总是有限的,而认为要建立成千上万的个人消费者档案几乎是不可思议的。由于计算机存储信息的高密度性,客户数据库已将不可能变为现实。

同时,电子档案信息易于更改、复制、调阅和传输,也使客户档案管理发生了根本性的变化。通过数据库,企业可以随时了解客户变动情况,不断获取新信息,进行原有资料的充实、调整,动态地反映客户实际情况,大大提高了查阅和使用信息的效率和方便性。

更为重要的是,客户数据库还带来了营销方式的变化。企业可以通过客户数据库发送营销信息,直接影响客户及收集客户反馈,调整营销策略,提供针对不同客户的特定服务,这就是数据库营销的出现。数据库营销就是建立、维系与使用客户数据库与其他数据库(产品、供应商、零售商数据库)的过程,以达到联系、处理与建立客户关系的目的。

　　当然,建立客户数据库难度也比较大。数据库必须使用客户关系管理系统,并且能给品牌管理、产品生产和客户服务等各部门提供信息支持,一般应有发展完备的客户卡作为基础,以及客户档案管理的科学分类方法和经验等。此外,与前两种方式相比,建立客户数据库也要求更多的投资,用于配置计算机硬件,进行软件设计及支付管理人员费用等。

二、客户数据库的使用

(一)运用数据库分析客户消费行为

　　客户数据库是企业经过长时间对客户信息(客户的基本资料和历史交易行为)的积累和跟踪建立起来的,剔除了一些偶然因素,因而对客户的判断是客观、全面的。

　　第一,酒店可以运用数据库提高营销效率,并降低营销成本。酒店通过数据库可以建立详细的客户档案(包括客户的消费时间、消费频率以及偏好等一系列特征,如客户喜欢什么样的房间和床铺,喜欢哪个品牌的香皂,是否吸烟,有什么特殊的服务要求等),这样就可以使每一位客户都得到满意的服务,从而提高营销效率,并降低营销成本。

　　第二,酒店可通过客户数据库来推测客户未来的消费行为。客户数据库可以帮助酒店了解客户过去的消费行为,而客户过去的购买行为是未来购买模式的最好指示器,因此,酒店可通过客户数据库来推测客户未来的消费行为。

　　第三,酒店通过客户数据库对客户过去的购买和习惯进行分析,还可以了解到客户是被产品所吸引还是被服务所吸引,或是被价格所吸引,从而有根据、有针对性地开发新产品,或者向客户推荐相应的服务,或者调整价格。

　　第四,可以利用数据库加强对常客的营销。许多酒店利用常客留下的信息建立了"常客数据库",在此基础上,酒店可统计和分析常客的构成、流向、流量,分析常客出行及消费的趋势,预订酒店的方式与习惯,以及对酒店市场营销活动的反应等,从而采取相应的措施,如挑选适当的时机定期、主动对常客进行回访,变被动推销为主动促销。

　　客户消费行为的几个重要指标:

　　(1)最近一次消费。最近一次消费是指客户上一次购买的时间,它是维系客户的一个重要指标,可以反映客户的忠诚度。一般来说,上一次消费时间越近就越理想,因为最近才购买本酒店的产品或服务的客户是最有可能再购买的客户。要吸引一位几个月前购买本酒店产品或服务的客户,比吸引一位几年前购买的客户要容易得多。如果最近一次消费时间离现在很远,说明客户长期没有光顾,就要调查客户是否已经流失。最近一次消费还可监督酒店目前业务的进展情况——如果最近消费的客户增加,则表示酒店发展稳健。如果最近一次消费的客户减少,则表明酒店的业绩可能滑坡。

　　(2)消费频率。消费频率是指客户在限定的时间内购买本酒店的产品或服务的次数。一般来说,最频繁购买的客户,可能是满意度最高、忠诚度最高的客户,也可能是最有价值的客户。

　　(3)消费金额。消费金额是客户购买本酒店的产品和服务的金额。通过比较客户在一定期限内购买本酒店产品和服务的数量,可以知道客户购买态度的变化,如果购买量下降,则要引起足够的重视。

(4)客户每次的平均消费额。客户每次的平均消费额能说明客户结构,从而帮助酒店认清目前客户的规模以及市场是否足够大。

上述指标可帮助酒店识别最有价值的客户、忠诚客户和即将流失的客户。将最近一次消费、消费频率结合起来分析,可判断客户下一次交易的时间距离现在还有多久。将消费频率、消费金额结合起来分析,可计算出在一段时间内客户为酒店创造的利润,从而帮助酒店明确谁才是自己最有价值的客户。客户最近一次消费离现在很远而消费频率或消费金额也出现显著萎缩,说明这些客户很可能即将流失或者已经流失,从而促使酒店作出相应的对策,如对其重点拜访或与其联系等。

马库斯(Marcus)用消费频率与平均购买额构造了客户价值矩阵,如图6.2所示。对于"优质型客户",酒店要全力保留他们,因为他们是酒店利润的基础。"消费型客户"和"经常型客户"是酒店发展壮大的保证,酒店应该想办法提高"消费型客户"的购买频率,通过交叉购买和增量购买来提高"经常型客户"的平均消费金额。对于"不确定型客户",酒店需要找出有价值的客户,并促使其向另外三类客户转化。

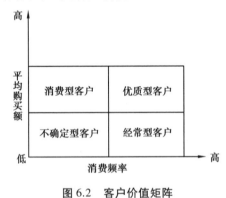

图6.2 客户价值矩阵

(二)运用数据库分析市场拓展业绩

对市场拓展业绩的分析有3种不同的形式(表6.5)。

年度计划分析:指销售人员随时检查完成的业绩与年度计划的差异,必要时可对年度计划作某些修改。

盈利能力分析:指分析不同的产品、区域、市场及渠道的获利能力。

营销效率分析:指销售队伍、广告促销和分销的效率分析。

表6.5 对市场拓展业绩的分析形式

分析类型	主要负责人	分析目的	分析内容
年度计划分析	高层、中层管理者	检查结果和计划目标是否一致	销售分析、市场占有率分析、费用率分析、财务分析等

续表

分析类型	主要负责人	分析目的	分析内容
盈利能力分析	营销主要负责人	检查企业盈亏情况	产品、地区、客户、渠道等盈利情况
营销效率分析	营销主要负责人	各种费用的效率效果	销售队伍、广告促销和分销等效率分析

（三）运用数据库对客户开展一对一的营销

客户数据库是企业内部最容易收集到的营销信息，通过对客户基础信息和交易信息进行加工、提炼、挖掘、分析、处理和对比，可以在海量数据中探求客户现有及潜在的需求、模式、机会，从而直接针对目标客户进行一对一的营销，而无须借助大众宣传的方式，因而减少了竞争对手的注意度，有效地避免"促销战""价格战"等公开的对抗行为。

例如，纽约大都会歌剧院设立了一个 140 万人以上的歌迷资料的数据库，歌剧院运用计算机分析各种类型消费者的特点，从中找出了潜在客户，然后用直接通信的方式宣传推销歌剧票，结果在歌剧票正式公开发售之前，70%以上的入场券就已经利用数据库销售出去了。

蒙牛牛奶于 2001 年年初进入上海市场，一开始想采取进入连锁超市的销售方式，但是这些"门槛"太高，于是找到了麦德龙公司。麦德龙公司利用其强大的客户数据优势，将蒙牛牛奶的样品免费赠送给经过分析、精心挑选出的 4000 户家庭品尝，随后跟踪客户的反馈信息，同时在网上及直邮单上发布蒙牛牛奶促销的消息，从而促进了蒙牛牛奶在上海的销售，使其从一开始每月只有几万元的销售额一下子增加到几十万元。就这样，蒙牛牛奶没有投入大量资金进行广告宣传，也没有投入巨额的超市"入场费"，而是在仅仅投入了数千盒样品的成本下，就顺利地打开了上海市场。这一切，如果没有麦德龙公司庞大的客户数据系统的支持是不可能做到的。难怪有营销专家说："没有数据库，就像在沙漠中迷失了方向一样会付出惨痛的代价。"

（四）运用数据库实现客户服务及管理的自动化

客户数据库还能强化企业跟踪服务和自动服务的能力，使客户得到更快捷和更周到的服务，从而有利于企业更好地保持客户。通过对客户历史交易行为的监控、分析，当某一客户购买价值累计达到一定金额后，可以提示企业向该客户提供优惠或个性化服务。

通过对客户数据库的数据挖掘，企业还可以发现购买某一商品的客户的特征，从而可以向那些同样具有这些特征却没有购买的客户推销这个商品。

例如，零售业的龙头老大沃尔玛在 20 世纪 80 年代建立客户数据库，用于记载客户的交易数据和背景信息，时至今日，该数据库容量已经超过 100 TB，成为世界上最大的客户数据系统。利用客户数据库，沃尔玛对商品购买的相关性进行分析，意外发现：跟尿布一起购买最多的商品竟然是啤酒。原来美国的太太们常叮嘱她们的丈夫下班后为小孩买尿布，而丈夫们在买尿布后又随手带回两瓶啤酒。既然尿布与啤酒一起购买的机会最多,沃尔玛就干脆在它的所有商店里将它们并排摆放在一起,结果是尿布与啤酒的销售量双双增长。

另外,企业建立客户数据库后,任何业务员都能在其他业务员的基础上继续发展与客户的亲密关系,而不会出现由于某一业务员的离开业务中断的情况。

(五)运用客户数据库实现对客户的动态管理

运用客户数据库的企业还可以了解和掌握客户的需求及其变化,可以知道哪些客户何时应该更换产品。

例如,美国通用电气公司通过建立详尽的客户数据库,清楚地知道哪些客户何时应该更换电器,并时常赠送一些礼品以吸引他们继续购买公司的产品。

由于客户的情况总是在不断地发生变化,因此客户的资料应随之不断地进行调整。酒店如果有一套好的客户数据库,就可以对客户进行长期跟踪,通过调整,剔除陈旧的或已经变化的资料,及时补充新的资料,使酒店对客户的管理保持动态性。

此外,客户数据库还可以帮助酒店进行客户预警管理,从而提前发现问题客户。例如以下几种情况:

外欠款预警:酒店在客户资信管理方面给不同的客户设定一个不同的授信额度,当客户的欠款超过授信额度时就发出警告,并对此客户进行调查分析,及时回款,以避免出现真正的风险。

销售进度预警:根据客户数据库记录的销售资料,当客户的进货进度和计划进度相比有下降时就发出警告,并对此情况进行调查,拿出相应的解决办法,防止问题扩大。

销售费用预警:酒店在客户数据库中记录每笔销售费用,当销售费用攀升或超出费用预算时就发出警告,并及时中止销售,防止陷入费用陷阱。

客户流失预警:根据客户数据库记录的销售资料,当客户不再进货就发出预警,酒店及时进行调查,并采取对策,防止客户流失。

虽然搞好客户关系并不一定要建立客户数据库,但是有客户数据库显然可以更方便地搞好客户关系。

三、客户数据库的管理

(一)专人管理

应当强调的是,客户是酒店最宝贵的资产,是酒店的命脉,客户档案的泄密势必影响酒店的生命。曾经发生过员工跳槽前将酒店所有的客户资料刻录下来,将其作为"见面礼"送给竞争对手的事情。因此,酒店对客户数据库的管理要慎之又慎。

对客户数据库的管理应当由专人负责,并且要选择在酒店工作时间较长、对酒店满意度高、归属感强、忠诚度高、有一定的调查分析能力的老员工作为客户数据库的管理人员,要避免低工资人员、新聘用人员、临时人员做这方面的工作。

此外,酒店必须抱着对客户负责的态度,对客户的信息严格保密,避免客户信息的外泄。

(二)客户信息的完善

对酒店而言,通过直接渠道、间接渠道收集信息是酒店了解客户的重要途径。但是,酒店并不是开展一次大规模的收集信息活动就能一劳永逸。对酒店而言,及时更新客户信息与收集客户信息同等重要。在市场竞争激烈的今天,客户的需求和偏好在不断发生着变化,如果酒店不能及时更新客户信息,采用过时的数据来分析客户特征,将会使酒店不能确切了解客户的要求。一旦对客户特征把握不准确,将对酒店产品设计、客户沟通等策略带来严重干扰,酒店的投入就不能取得预定的成效。

在更新客户信息中,酒店需要把握以下几个方面:

1.信息更新的及时性

客户的需求、行为习惯在不断发生变化,需要酒店时刻关注客户的变化。及时更新信息需要酒店各个部门的全力配合。例如,当有客户反映售后服务问题时,售后服务部门应及时记录客户的维修信息,并将其汇总到酒店的客户数据库之中。在酒店的促销活动中,营销部门应及时记录并更新营销活动信息。

2.抓住关键信息

对酒店而言,它所拥有的资源是有限的,酒店不可能每次都记录所有的客户信息。另一方面,客户信息包括许多方面,既包括基本信息,也包括行为、态度等方面的信息。客户不同方面特征的变化速度也是不同的。因此,在更新信息时,需要注意以下 3 个方面:

(1)哪些客户信息经常发生变化?

(2)在这些经常发生变化的信息中,哪些对客户关系的影响更大?

(3)如何能快速收集到这些信息?

3.及时分析信息

酒店更新信息并不是让信息总存储在数据库中,而是希望通过这些客户信息来认识、了解客户,弄清客户特征发生了什么样的变化。因此,对酒店而言,及时录入新的客户信息是客户信息更新的第一步。更为关键的第二步是从时间序列的角度,分析客户信息的变化。在这一步的分析中,需要考虑以下 3 个方面:

(1)与过去相比,客户信息发生了哪些变化? 在哪些方面发生了变化?

(2)这些变化对酒店的利润有何影响?

(3)未来的变化趋势是什么?

4.及时淘汰无用资料

更新客户信息并不仅仅是在数据库中添加新的客户信息,同时还包括及时淘汰无用的数据信息。一些客户的信息长期不用,如果不予以及时清理,那么就会长期占用企业的资源,降低数据库的利用率。

(三)确保客户信息安全

无论是企业信息,还是个人信息,客户的信息安全都应该得到绝对保障。

客户信息数据库是记录客户资料的系统,是酒店了解客户、掌握客户需求特点的平台,通过这个平台,酒店提供个性化服务成为可能。对任何一个酒店而言,所掌握的客户信息都是一笔重要的资产,这些客户信息不仅是酒店为客户提供个性化服务的依据,同时也是制订客户关系管理策略和营销战略乃至酒店发展战略的重要基础。因此,客户信息一旦泄露,不仅会给客户带来损失(很多个人信息被泛滥地应用在各个商业领域,对客户造成了很大的骚扰),涉嫌侵犯客户的隐私权,还会对酒店的发展造成不可估量的损失。

所以,酒店在建立客户信息数据库时,保证客户信息不外泄、客户数据库的安全,就成为管理者必须考虑的重要问题。事实上,酒店一线员工的流动性本身对于客户信息的保密就存在风险,更何况竞争对手出于某些商业目的,很可能使用谍报手段获取客户的信息。在这种情况下,酒店要如何保证客户的资料不被窃取,保障客户的信息安全呢?

1.培养员工信息保密意识

这是有效保护酒店客户信息的第一步,也是最关键的一步。从酒店高层到普通员工,都需要对客户信息引起重视,认识到客户信息是酒店的宝贵资产。为了做到这一点,首先,酒店高层必须对客户信息引起高度重视。其次,应培育相应的企业文化,让员工在工作中注意保护客户信息与资料。这需要酒店注意运用多种手段和方式,从点滴中培养员工的保密意识。

2.对酒店全体人员进行法制教育

酒店全体人员要有法律意识,管理方要对酒店全体员工(特别是涉及客户信息数据库的人员)进行法制教育。

事实上,美国、欧盟等国家都立法保护个人信息,我国也出台了保护客户个人信息的安全性法规。在网络时代,企业较之以前能够更容易地接触到各类客户信息,同时大量的企业也意识到应当利用各种手段和方式及时获取各类信息。但是有不少企业在获取客户信息时却有意无意地侵犯了客户隐私。例如,在设计客户信息卡时,包含了许多与客户家庭或者职业相关的题项。

3.建立相应的制度体系

酒店应当设置密码,以防止有人窃取相关的数据信息。此外,酒店应建立相关的规章制度,规范员工访问和使用客户信息数据库的行为,并对滥用或者盗取客户信息数据库的行为进行惩罚。

(1)与所有涉及客户信息库的人员签订"保密协议"。为了防止将客户信息泄露给其他公司或个人,酒店要与所有涉及客户信息库的人员签订"保密协议",提出具体的要求,如果出现泄露、非法出售客户信息的行为要承担法律责任。

(2)客户信息库要实行分级管理,明确各级管理人员不同的权限。为了防止客户信息的管理过于集中的问题,酒店可对客户信息实施分级管理制度。

分级管理包括两层含义:首先,需要对客户信息数据库中的信息进行区分,按照重要程度划分为高度保密、中等机密、一般信息等不同的等级;其次,要明确规定提供客户信息的审理权限。根据员工职位的不同进行不同的授权,不同职位的员工只能接触到部分数据库资料,而无法浏览整个客户信息数据库。

另外,提供给应用部门的信息要做到使用后销毁。还可以采用技术手段,比如不可拷贝、不可网络传送等。

4.做好自查工作

随着国家立法的逐步完善,企业越来越需要注意对客户隐私信息的保护。酒店可以通过以下问题来检查是否侵犯或者泄露客户个人信息:

(1)酒店在收集客户信息时涉及的内容都是公司所必需的吗?

(2)酒店有没有采取有力措施保护客户个人信息?

(3)酒店有没有将客户信息泄露给其他公司?

附:不建立客户数据库的几种情况

建立和维护一个客户数据库需要投入庞大的资金,因此,如遇以下几种情形,可以考虑不建立客户数据库。

(1)客户一生当中对企业的产品或者服务的购买次数非常有限,或者重复购买的可能性很小,所以,相关企业建立客户数据库的意义不大。

(2)没有品牌忠诚度的客户,也没有必要建立数据库。

(3)考虑成本核算——如果建立客户数据库的代价远远高于从中得到的收益,也不用考虑建立客户数据库。

第五节　研究客户需求

近年来,我国酒店业正经历全球化的历程,以前总部设在德国、美国和英国等国家和地区的酒店管理集团已经开始进入中国市场,其结果就是引发国际为争夺消费者份额而展开的激烈竞争。为了在竞争中获胜,这些酒店集团斥资进行市场调研,想弄清楚客户要购买什么产品,对产品服务地点有什么要求,最吸引他们的是什么,他们如何购买和为什么购买等。

一、影响个体客户需求的因素

营销的基石是人类的需要(Need)。需要是指人们因为缺乏某种事物而没有得到满足时的心理状态。这些需要不是营销人员创造的,而是人们所固有的。欲望(Want)是指想得到某种具体的东西以满足或部分满足某种需要的愿望。它受社会文化和人们个性的限制,是由满足需要的东西表现出来的。需求(Demand)是指对有能力购买并且愿意购买的某个具体产品的欲望,当具有购买能力时,欲望就转变为需求。显然,有效需求是由3个要素构成的,即有效需求=购买欲望+购买力+产品(服务)。

个体客户的需求深受其文化、社会和个人等因素的影响,其中,文化因素的影响最为广泛。

(一)文化因素

文化是决定人们的欲望和行为的最基本的因素。它由基本的价值观、认知系统、欲望和行为所构成,这些是一个人从社会当中不断习得的。文化是通过一些有形的要素表现出来的,比如食物、建筑物、衣着和艺术品。文化是酒店和旅行业不可缺少的组成部分,它决定了我们吃什么、如何旅行、到哪里旅行和住在哪里这样一些问题。文化是动态的,会随着环境的改变而改变。

营销人员总是不断地努力识别出文化的变化趋势,为的是设计一些新的、能被市场接受的产品和服务。例如,由于在文化上出现一种更加关注健康和保养的趋势,许多酒店都增设了健身房或健身俱乐部,有的则与当地的健身俱乐部达成协议,以使客户能够利用其健身设施。在饮食上出现的更加注重清淡口味和天然食品的趋势则使餐馆的菜单设计发生了很大的变化。新餐馆的设计也反映了素雅和简洁的居室装修风格这一潮流趋势。

与此同时,也有不少消费者在食物消费上似乎不仅仅满足于摄取营养,他们还需要较好的口味。例如,一些餐馆面对的是这样一种消费者:点了烤鱼和清淡色拉,却用富含黄油和脂肪的冰激凌做餐后甜点。

每种文化都包含更小的亚文化。通过亚文化可以对其成员进行更具体的识别和社会化。亚文化包括国籍、信仰、种族和地理区域。许多亚文化群都是细分市场的重要构成部分,营销人员常常根据不同亚文化群的口味,设计相应的产品和营销方案。

营销人员必须决定应在多大程度上调整其产品和营销计划以满足不同市场消费者的特殊需要。一方面,他们会刻意寻求产品和服务的标准化,以便简化经营过程并降低成本;而另一方面,他们还要在每一个国家当中调整营销策略,以便使产品与服务能更好地满足当地消费者需要。最近几年,有关是否应该在国际市场上调整或标准化其营销组合这个问题一直是人们争论的热门话题。

(二)社会因素

除了文化因素,消费者的购买行为还受到一系列社会因素的影响,如参考群体、家庭、角色与地位。

1.参考群体

一个人的态度和行为受许多小群体的影响。为一个人所归属的、对其有直接影响的群体叫作成员群体。这类群体包括基本群体(如家庭、朋友、邻居和同事)和次级群体(如宗教团体、专业协会和工会组织等),前一种群体在成员间保持着经常的、非正式的互动关系,而后一种群体的成员之间是一种更正式的但不太经常的互动关系。参考群体是指在一个人的态度和行为形成过程中起着直接(面对面)或间接的比照或参考作用的群体。人们也会受一些他们本不属于但却渴望归属的那种明星群体的影响。比如,一名大学新生可能渴望成为凯悦国际酒店集团管理的一员,即使他还不是这个集体的成员。

营销人员要努力识别其目标市场的参考群体。这些参考群体至少会以三种方式影响消费者:

（1）参考群体给人们带来新的行为和生活方式。

（2）参考群体影响人们的态度和自我观念。

（3）参考群体还会使人们在选择产品、品牌和经销商时产生某种趋同的压力。

2.家庭

家庭成员对购买行为的影响非常大。在亚洲，儿童的影响力也日渐增强。一项调查发现，有66%的亚洲儿童受到电视广告的影响，20%受到网络的影响。这一点很重要，因为在中国有98%的儿童对于观看哪个电视节目具有发言权。全世界的孩子对于一家人外出时在哪里就餐都有着影响力。美国的快餐业在孩子身上投入的广告费用高达140亿美元。

3.角色与地位

一个人从属于许多群体——家庭、各种俱乐部和组织。个人在每个群体当中的位置可以根据他扮演的角色和所处的地位来界定。角色是一个人周围的人期望其应履行的各种活动。儿子或女儿、妻子或丈夫、经理或工人都是最普通的角色。

每一种角色都会影响到购买行为。例如，大学生与父母一起就餐，会不同于与同学就餐。一个人如果认为教堂活动应该节俭的话，那么，他在给其教友俱乐部预订宴会时就会比平时更关注价格。同样一个人，在给公司预订宴会时会更重视细节和质量，而不是价格。在这种情况下，个人的角色对购买行为的影响就非常显著。

我们的角色深受周围环境的影响。在一家高档餐馆就餐，人们的行为举止绝不同于在一家快餐店就餐。人们对在不同档次的餐馆里工作的雇员所扮演的角色也有不同的期望值。如果不能满足这些期望，人们就不能获得满足。

每个角色都代表着一定的社会地位，这一地位反映了社会总体上对该角色的尊重程度。人们通常选择能显示自己社会地位的产品。例如，一个商务旅行者要是遇到他想乘坐的航班已经卖出所有头等舱座位时就会感觉很沮丧。这位旅行者只好被迫购买经济舱。当问他坐经济舱关注什么时，他主要关心一旦让他所认识的人看到他蜷缩在经济舱里，不知人家会作何感想。他似乎并不真的介意经济舱所提供的服务水平稍差一点或座位空间稍小一些。角色与地位都不是恒定不变的社会因素。

（三）个人因素

购买者的决策也受到个人特征的影响，包括年龄和生命周期阶段、职业和经济状况、个性和自我概念、生活方式和价值观。因为许多个人特征对消费者的行为具有直接影响，营销人员必须仔细研究这些因素。

1.年龄和生命周期阶段

我们对食物、服装、家具和娱乐的口味通常与年龄有关。消费行为时时受到家庭生命周期以及家庭成员的数量、年龄和性别的影响。此外，心理生命周期阶段也很重要。成年人在一生中都会经历一些"转变"或"过渡"的过程。在这些生命历程（如成为父母）中，人们的行为不是固定不变的，而是随着时间改变。

营销人员还应该考虑到人生大事或重大变迁，如结婚、生子、患病、搬迁、离婚、参加工作、跳槽、退休、丧偶——都会激发新的需要。

2.职业和经济状况

职业也会影响消费模式。营销人员试图识别那些对其产品和服务比一般人更有兴趣的职业群体,甚至为特定职业群体定制产品。例如,建筑工人经常从开到工地外面的供餐卡车上购买午餐,企业管理人员会从一种全服务餐馆订餐,而普通职员可能自带午餐或从附近快餐店中订餐。

经济状况对产品和品牌选择具有很大影响,这些经济状况包括:可支配收入(收入水平、稳定性及支配时间)、储蓄和资产(包括流动资产比例)、债务、借款能力和对支出与储蓄的态度。如果经济指标显示衰退,营销人员可以逐步对产品进行重新设计、重新定位和定价,还可以推出或重点营销打折品牌,继续向目标客户提供价值。

3.个性和自我概念

每个人的个性都会影响其购买行为。我们所说的个性,是指导致一个人对周围环境作出相对一贯和持久反应的独特心理特征。

在分析消费者对某些产品或品牌的偏好时,个性这个变量是很有用的。比如,一家啤酒公司会发现嗜饮啤酒的人往往会把善于交际和敢作敢为看得很重。这个信息可以用来树立啤酒的品牌形象,并在广告中用这类嗜酒者作为代言人。

许多营销人员都使用一个与个性有关的概念:一个人的自我概念(也叫自我形象)。我们每个人都具有一幅很复杂的心理上的自我图式,而我们的行为往往就与那种自我形象相一致。那些自认为外向的和活跃的人,倘若把乘船旅游视为一种适合老年人躺在摇椅上消磨时光的方式的话,就不会购买乘船度假这种旅游产品。他们更有可能选择潜水或滑雪度假产品。

二、影响组织机构需求的因素

美国营销协会(AMA)每年要召开20多次会议。凯悦和万豪共同占有 AMA 会议生意的一大半,其中万豪一年卖出的客房将近3000间夜。如果将餐饮收入计算在内的话,这笔账总计会达到100万美元。除去用在酒店上的花费,每位会议代表还将支付850美元的交通费和425美元的娱乐费用,外加在当地餐馆就餐的开支。这样,对酒店、航空公司和目的地而言,每一个机构的客户都意味着价值数千美元的生意。

机构需求是一种引致性需求,它最终还是来自对消费者产品或服务的需求。商务活动所引发的机构需求给旅游业带来了会议、特别事件和其他活动。与个体消费者需求相比,企业的需求通常包含着更多的买者和更专业的购买行为。一些经常利用酒店召开会议的大公司可能配备有专门的会议策划人员。专业的会议策划人员接受过谈判技巧训练。他们隶属于像国际会议策划师这样的一些协会,这些协会总是能向其成员提供最新的谈判技术。一家公司所属的旅行社的任务就是要寻找最低的机票价格、出租车价格和酒店房价。所以,酒店必须有训练有素的推销员,以应付训练有素的购买者。此外,一旦会议售出后,其账户就将移交给一位会议服务经理负责。他将与会议策划人合作以确保达到策划人的要求。在酒店之外,与会议相关的职位包括公司会议策划人员、协会会员策划人员、独立的会议策划人和会务及访问局的销售人员。

(一)组织机构购买过程的参与者

识别组织机构的需求首先要分析决策群体中每个成员在购买决策中的作用:

1.使用者

他们是使用产品和服务的人。通常是他们提出购买建议,帮助界定所需产品的特性。如果一次销售会议的各位参加者感受很差,那么他们往往会促使公司以后不再把该酒店作为开会地点。

2.影响者

他们直接影响购买决策,但他们不是最终的决策人。他们经常会帮助界定所需产品的特性,提供评价各种备选方案的信息。已卸任的行业协会的主席们对会议选址可能有一定的影响。行政秘书、配偶、地区经理和许多其他人都能够而且确实对展销会、研讨会、年会和其他集会的选址起到很大的影响作用。

3.决策者

他们负责选定产品的供应商,决定产品的各种具体要求。例如,一家公司负责广州地区的销售经理负责选定在该区召开展销会的酒店,并负责对各种安排进行协商。

4.批准者

他们负责批准决策者或购买者所建议的行动方案。例如,尽管会议是由广州地区的销售经理负责安排的,但仍需要将有关合同提交给公司的营销副总裁,以便得到正式的批准。

5.购买者

他们对供应商的选择和具体购买条件的确定有正式的权力。购买者可以帮助确定对产品的具体要求,在选择卖家和进行谈判中将扮演重要角色。

6.把关者

他们有权阻止推销员或各种信息到达采购中心的成员那里。例如,一位酒店推销员要拜访公司的策划人,就必须先过秘书这一关。秘书轻而易举地就可以把推销员挡在门外,不让他见会议策划人,因为秘书只要不往里送信、告诉推销员说会议策划人不在或干脆说会议策划人不想见这位推销员就行了。

(二)对组织机构购买者的主要影响因素

组织机构购买者在制订其购买决策时要受到很多因素的影响。有些卖家认为,最重要的影响因素是经济方面的。他们认为买家最关心的是谁能提供最低的价格、最好的产品和最多的服务。这种看法提示酒店的营销人员要重视价格和成本这两个变量。

还有些卖家认为,买家会对某些个人因素(如好感、关注或规避风险)作出反应。一项对10家大公司的购买者所作的研究表明,情感因素在公司购买决策过程中起到一定的作用。

这些购买者对"形象"有所反应,购买知名公司的产品,对那些尊重他们并考虑他们个人问题的供应商抱有好感,往往拒绝那些没有表示或迟迟不提出投标方案的公司。

实际上,组织机构购买者对经济和个人因素都有反应。如果供应商所提供的各种条件都非常相似,价格就成为最重要的决定因素。如果竞争产品完全不同,购买者就将面临许多决策变量,而不仅仅是价格比较。

可以将影响组织机构购买者的各种因素分成 4 种主要类型:环境因素、组织因素、人际因素和个人因素。

1.环境因素

组织机构购买者深受当前和未来的经济环境的影响,诸如基本需求水平、经济前景和资金成本这样的因素都十分重要。在经济衰退期,公司要削减旅行费用,而在经济繁荣期旅费预算增加。

2.组织因素

每一个组织都有其特殊的目标、政策、程序、组织结构和系统,它们与购买密切相关。酒店业的营销人员必须尽可能地熟悉它们,而且还要清楚下面一些问题:参与购买决策的人有多少? 他们是谁? 他们采用什么评价标准? 公司对购买者的政策和约束是什么?

3.人际因素

通常有几种参与决策的人,他们的兴趣、权威和说服力都各有不同。酒店的营销人员很难知道购买决策过程中这个群体内部是如何相互作用的。不过,推销人员通常会了解到构成组织环境的一些个性和人际方面的因素,它们对洞察群体运行机制是很有用的。

4.个人因素

购买决策过程的每个参与者都有个人的动机、认知和偏好。参与者的年龄、收入、受教育程度、专业身份、个性和对待风险的态度,都会对参与决策过程的人产生影响。不同的购买者无疑会展示不同的购买风格。酒店营销人员必须了解客户,并运用各种战术去了解环境因素、组织因素、人际因素和个人因素所产生的影响。

第六节 提升客户满意度

一、客户满意的概念

客户满意是客户得到满足后的一种心理反应,是客户对产品和服务的特征或产品和服务本身满足自己需要的程度的一种判断,判断的标准是看这种产品和服务满足客户需求的程度。换句话说,客户满意是客户对所接受的产品和服务过程进行评估,以判断是否能达到他们所期望的程度。

客户满意取决于商品的实际消费效果与客户预期的对比,当商品的实际效果达到预期时,客户满意,否则,客户不满意。

菲利普·科特勒认为:满意是指个人通过对产品的可感知效果与他的期望值相比较后所形成的愉悦或失望的感觉状态。

总的来说,客户满意是一种心理活动。如果产品体验低于期望值,客户就不满意;如果产品体验与期望值相匹配,客户就满意;如果产品体验超过预期,则客户满意度高。客户对产品体验的评价取决于很多因素,特别是客户与该品牌的忠诚关系的类型。对于消费者已经具有正面感觉的产品,客户对产品体验的评价通常都是正面的。

二、客户满意度的衡量

客户满意度是指客户满意程度的高低,衡量客户满意度一般可以从下面几个指标来反映:

1.美誉度

美誉度是客户对企业或者品牌的褒扬程度,借助美誉度,可以知道客户对企业或品牌所提供的产品和服务的满意状况。一般来说,持褒扬态度、愿意向他人推荐企业及其产品或者服务的,肯定对企业提供的产品或服务是非常满意或者满意的。

2.知名度

知名度是客户指名消费或者购买某企业或某品牌的产品和服务的程度。如果客户在消费或者购买过程中放弃其他选择而指名购买、非此不买,表明客户对这种品牌的产品和服务是非常满意的。

3.回头率

回头率是客户消费了某企业或某品牌的产品和服务之后,愿意再次消费的次数。客户是否继续购买某企业或某品牌的产品和服务,是衡量客户满意度的主要指标。如果客户不再购买该企业或该品牌的产品和服务而改购其他品牌的产品和服务,无疑表明客户对该企业或该品牌的产品和服务很可能是不满意的。调查表明,如果一个网站不能吸引人,那么75%的客户不会访问第二次。在一定时期内,客户对产品和服务的重复购买次数越多,说明客户的满意度越高,反之则越低。

4.投诉率

客户的投诉是不满意的具体表现,投诉率是指客户在购买或者消费了某企业或某品牌的产品和服务之后所产生投诉的比例,客户投诉率越高,表明客户越不满意。

但是,这里的投诉率不仅指客户直接表现出来的显性投诉,还包括存在于客户心底未予倾诉的隐性投诉。研究表明,客户每四次购买中会有一次不满意,而只有5%的不满意客户会投诉,另外95%的不投诉客户只会默默地转向其他企业。

所以,不能单纯以显性投诉来衡量客户的满意度,企业要全面了解投诉率还必须主动、直接征询客户,这样才能发现可能存在的隐性投诉。

客户对某酒店或某品牌的产品和服务的事故承受能力,也可以反映客户对某酒店或某品牌的满意度。当产品和服务出现事故时,客户如果能表现出容忍的态度(既不投诉,也不流失),那么表明这个客户对该酒店或该品牌很满意。

5.购买额

购买额是指客户购买某企业或某品牌的产品和服务的金额。一般而言,客户对某企业或某品牌的购买额越大,表明客户对该企业或该品牌的满意度越高,反之,则表明客户的满意度越低。

6.对价格的敏感度

客户对某企业或某品牌的产品和服务的价格敏感度或承受能力,也可以反映客户对某企业或某品牌的满意度。当某酒店或某品牌的产品和服务的价格上调时,客户如果表现出很强的承受能力,那么表明客户对该酒店或该品牌很满意;相反,如果出现客户的流失与叛离,那么说明客户对该酒店或该品牌的满意度是不够高的。

总之,客户满意是一种暂时的、不稳定的心理状态,为此,企业应该经常性地测试。有许多种测量客户满意度的方法。

通过定期调查可以直接跟踪客户满意状况,还可以同时询问一些其他问题以了解客户再购买的意向,以及客户向其他人推荐本公司及品牌的意愿与可能性。

除了定期进行客户满意度调查之外,酒店还需要监测客户流失率,并且联系那些停止购买公司产品或者是转向其他供应商的客户,了解流失的原因。最后,酒店可以雇用神秘客户,假扮成潜在客户,报告他们在购买酒店及其竞争对手产品过程中所发现的优缺点。

对于那些以客户为导向的酒店来说,客户满意度既是目标,也是营销工具。今天,酒店需要特别关注客户满意程度,因为互联网给客户提供了一个迅速向世界各个角落传播正面或负面口碑的渠道。一些客户甚至建立起自己的网站来传播他们的牢骚和不满。

三、提高客户满意度的方法

(一)树立正确服务理念

1.坚持"以顾客满意为中心"

要想打造高的顾客满意度,除了要提供满足顾客基本需求的硬件设施、设备外,最主要是打造让顾客满意的服务。那么,想要打造让顾客满意的服务,就必须坚持"以顾客满意为中心"这个核心点不动摇,一切要从顾客满意的角度出发。

"以顾客满意为中心",要求员工在对客服务过程中站在顾客的角度考虑问题,理解顾客的心态,理解顾客的需求,理解顾客的抱怨和不满。换言之,酒店或酒店服务人员不能总是以自我为中心,总是站在酒店的角度单方面考虑对客服务的问题。否则,酒店员工就永远不会把顾客的问题当作重要的事情去对待,就不会顾及顾客的感受,自然也就不会有很好的顾客满意度。所以,牢固树立"以顾客满意为中心"这个基本点,是开展对客服务、提高服务质量的关键。

2.视客人为亲人

要视客人为亲人,为客人提供亲情化的服务。

从情感的角度来讲，"亲情服务"就是"视客人为亲人"。如果我们只是把客人当作普通的来来往往的过客，那么我们和客人之间永远就只能是服务与被服务的客我关系，那样就不可能赢得顾客的心并留住顾客。所以，要想留住顾客，必须打破这种基本的客我关系，应该把酒店的每一位客人都当作自己家里来的亲戚朋友那样去对待。"以最热情的方式、拿出家里最好的东西，只为把客人招待好"，这种家庭基本的待客之道就是真正的"视客人为亲人"。

3. 不对顾客说"不"

从态度的角度来讲，优质服务就是"不对顾客说'不'"。当今社会，人们生活水平得到了极大的提高和改善，人们的物质生活越来越丰富，人们的各种社会活动和体验也日趋多样化，这就导致顾客的需求日趋多样，顾客的期望也越来越高。因此，要想顾客满意，除了要做好基本的、标准的服务之外，还应当做好基本服务范畴之外的超常服务，这是提升顾客满意度非常重要的一点。要做好超常服务，就必须懂得不对顾客说"不"。不对顾客说"不"，不是简单的文字层面上的不说"不"，而是态度层面的不说"不"。也就是说，酒店必须教会服务人员不要轻易回绝或错失了顾客提出的超常规的、额外的服务需求（或要求），只要顾客提出的需求（或要求）是合理、合法的，我们都应当把顾客的这些需求（或要求）当作一次很好的服务的机会、一次很好的打动客人的机会，抓住这些机会并尽最大的努力去满足顾客的这些需求（或要求）。只有这样，顾客才会更满意，才会被打动。

4. 不让顾客吃亏

从利益的角度来讲，令客人满意的服务就是"不让顾客吃亏"。每一个人的内心其实都是不愿意吃亏的，这是人的正常心理和本能反应。因此，在对客服务中，或者说在与客人的交往中，我们永远不能想着占顾客的便宜、让顾客吃亏。那样的话，最终吃亏的一定是酒店，因为酒店必将因为占了顾客便宜或者说让顾客吃了亏而失去顾客，也就意味着酒店将最终失去市场。并且，酒店更多的时候应该要多替顾客考虑，多为顾客提供便利、创造价值，甚至有些时候还应该主动让利给顾客，让顾客感觉到占了便宜、得了实惠，这样，酒店才可能赢得客人，获得长远的利益。也就是说，"帮助顾客赢，酒店才能赢"。

5. 将"服务"提升到"款待"

从意识的角度来讲，可以将传统的"服务"提升到"款待"的层面。什么是"服务"？常规情况下，酒店面对客人讲的是"服务"；什么是"款待"？家里来了亲戚朋友时讲的是"款待"。这也和第一点提到的"视客人为亲人"是相呼应的，也就是说，当我们面对顾客时，我们的意识能够脱离"服务"的层面，提升到"款待"的层面上，那么，我们所做出来的服务一定是不同的，一定会让客人感受到我们的热情、真诚、温馨，一定能够赢得顾客的满意和认可。

（二）把握好服务的"八度"

以碧水湾温泉度假村为例，他们在对客服务实践中，提炼出了服务的"八度"：

1. 温度——温暖人心

做服务不能是应付了事型的，要打破简单的服务与被服务的关系，将客人视作远道而来的亲戚、朋友那样去对待,要投入真情实意,要发自内心地去把客人照顾好,为客人提供有"温度"的服务,让客人感受到酒店的真诚和意愿,用服务人员的言行给客人内心带来温暖。

2.尺度——恰到好处

服务力求周到、周全,力争让客人省事、省心,但也需要把握尺度,不能因为服务而给客人带来不便和困扰。因此,做到贴心不贴身、关心不打扰、规范不死板、热情不过度的服务,才是恰到好处的服务。

3.深度——细致入微

胜在用心,赢在细节。在与客人沟通交流等接触的过程当中,从细节入手,要注意挖掘顾客的更多信息,关注客人的一举一动、关心客人的饮食起居和爱好习惯,从而从中筛选出有价值的服务突破口,把服务做精、做细,让客人感受到酒店的服务无微不至、无处不在。

4.广度——超出常规

满足客人的超常化需求才最能打动顾客的心,所以,酒店要善于打破原有的基本服务范畴,敢于和善于为顾客提供合理、合法的超常规服务,酒店不是无所不能的,但是酒店将竭尽所能。

5.高度——领先他人

做人无我有、人有我专、人专我精、人精我专的服务,同行不做的酒店不一定不能做、同行做不到的不一定做不到、同行做不好的酒店一定争取做好,这样在服务上就领先了。

6.速度——快速响应

服务是讲求效率的,也是有时效性的。所以,面对顾客的需要和需求,酒店要做到快速响应、马上落实,让顾客看到酒店的服务速度和工作效率,不能让顾客超时等待,不要考验顾客的耐心。

7.风度——职业专业

服务在讲求效率和情感投入的同时,也要保持职业的精神和专业的风范,要展示出训练有素、规范有序的服务形象。要让客人感受到:对待服务,酒店是认真的;提供服务,酒店是专业的。

8.力度——触动情感

要么抓住顾客最准确、最柔软的需求点一针见血,让客人感动;要么寻找到多个突破口接二连三、多点开花,让客人惊喜。一招一式都要直击内心、触动情感。

服务,时而有形、时而无形,服务无常态。服务,重在用心、贵在用情。用心,方能做到及时、周到、专业;用情,才显温馨、体贴、真诚。抓住以上八点,并充分理解、落实到位,想必"顾客满意度"定然水到渠成。

(三)做好服务的"五种手段"

要想做服务,并且把服务做好,必须掌握服务的"五种手段"。"五种手段"可以用五个字来概括:看、听、问、想、做。

1.看——在"看"的过程当中,揣摩客人没有开口的实际需求

这就要求服务人员在服务的过程当中要注意察言观色,做到眼观六路,始终关注自己服务现场或自己周边的状况和客人的一举一动,从而根据自己所看到的一切揣摩出顾客没有开口的实际需求。

【案例】 某天,保洁部的一位阿姨在洗手间门口做清洁时,看到一位女士抱着一个小女孩急急忙忙上洗手间去了,阿姨从客人急急忙忙的状态上感觉到客人一定有什么事情。经过阿姨确认,原来是小朋友排便,把身上、衣服上全部弄脏了。于是,阿姨帮助客人把小朋友身上清洗干净,又帮客人把小朋友的衣服清洗好拿到洗衣房烘干、烫平,然后送回到客人的房间,最终客人专门留下感谢信表示感谢。

此案例正是由于保洁阿姨善于观察,能够发现客人的异常,于是揣摩到客人一定有什么问题,从而抓住了一次服务客人的机会。

2.听——在"听"的过程中,捕捉客人未曾提供的服务信息

服务人员在服务的时候,要注意从中捕捉、收集一些客人未曾提供给我们的有价值、可利用的服务信息。

【案例】 20××年3月15日晚,餐饮部小梁在天池看台时,听到坐在主位的广州某公司的李总在和同事聊天时说他在外工作很多年了,什么都吃过,但最喜欢吃的还是母亲做的清水煮蛋,每次回家母亲都会特意给自己煮一碗。有同事问是不是荷包蛋,李总说不是,就是把鸡蛋去壳,放在烧开的清水里煮,但不搅开,也是一个整的,然后放点糖,感觉特别好吃。小梁将信息记在心里,第二天上早班,就向主管进行了反馈。主管找来锅和其他工具,煮出了李总说的那种鸡蛋。八点多的时候,李总到餐厅用早餐,小梁把煮好的糖水鸡蛋端给李总,并告诉他这是特意为他准备的,请他品尝一下。李总很惊喜,用惊讶的眼光看着小梁说:"你怎么知道我喜欢吃这个,这种东西只有在家才能吃到。"李总不停地说谢谢,还说这是他收到的最贵重的礼物,特别感动。

晚上,李总来餐厅用餐,他特意找到小梁表示感谢,并告诉她自己家乡有一个习俗,就是对家里来的客人才会拿出糖水煮鸡蛋招待,没想到在你们酒店受到如此待遇,很感动,并说下次有机会一定会带家人到这边来体验一下这亲情般的服务。

3.问——在"问"的过程中,挖掘客人没有表明的潜在机会

这里所说的"问",并不是直截了当地去问客人需要什么,而是告诉服务人员要学会与客人进行沟通、交流,学会和客人聊天、谈话,在与客人交流互动的过程当中要有针对性地去"问",通过我们的"问"挖掘一些客人没有表明的服务机会。

【案例】 20××年6月,碧水湾温泉度假村营销部同事接到了深圳一家幼儿园的订房电话,在与旅行社人员沟通过程中,了解到是深圳的一家幼儿园通过旅行社订房,目的是组织即将毕业的大班的小朋友及家长开展一次亲子游。同时,得知幼儿园方的行程安排比较简单,没有专门为小朋友们安排一些活动。得知这些基本信息后,营销部的同事认为这个团队特点明确,是以小朋友为主的亲子游,所以,应该安排一些小朋友喜欢的游戏才更有意思。于是,经过与旅行社及幼儿园沟通,在该团队到达碧水湾的时候,12名穿着公仔服的服务人

员在大堂门口迎接他们,小朋友们一下车就被这些公仔所吸引。很快,小朋友和家长们都被带到提前安排好的一间会议室。碧水湾的工作人员给这个团队的客人安排了一个小时的亲子互动游戏,让这次活动更有意思,也更有意义,得到了旅行社及幼儿园方的一致赞扬,许多小朋友的家长都在微信朋友圈中对碧水湾给予了好的评价。

4.想——在"想"的过程中,策划客人尚未体验的服务环节

通过看、听、问三种方式得到一些顾客信息或服务的机会,那么,接下来就需要思考如何把这些服务的信息或机会利用好,让其发挥应有的价值。所以,要想一想,接下来该怎么去做。那么,我们应该站在三个角度去"想":

站在"客人"的角度去"想"。想一想客人想要什么、需要什么。想客人之所想,想客人之所需。

站在"亲人"的角度去"想"。想一想能为客人做什么?把客人当作远道而来的亲戚朋友那样去对待,发自内心地想让客人满意、高兴。

站在"主人"的角度去"想"。想一想该怎么去做。我们不能为了得到客人的满意和认可,就不择手段、不惜成本、不计后果,而是应该本着对酒店负责的态度,争取以最小的投入获取顾客最大的满意。

5.做——在"做"的过程中,创造客人惊喜感动的传奇故事

这是最后一步,也是关键一步,我们要把"想"好的方案、做法落地,把服务做到位,用我们的用心和努力创造让客人惊喜和感动的服务传奇故事。

第七节 实施在线声誉管理

来自美团网的数据显示,2016年顾客在美团网上的点评超过3.2亿条。《2017中国饭店市场网络口碑报告》显示,在主流OTA(在线旅游)上,顾客点评超过3200万条。这些顾客评价和分享成为酒店在互联网上的信誉评级,会对其他顾客的决策产生或积极或消极的影响。因而,酒店的在线声誉管理就显得尤为重要。(图6.3)

图6.3 猫途鹰(Tripadvisor)酒店在线点评

一、在线声誉对酒店的影响

互联网 Web2.0 以前的时代,顾客的不满和投诉往往是口耳传播,虽说"好事不出门,坏事传千里",但影响面和影响时段毕竟有限。而现在,每个消费者的手机都是一个现场直播的"麦克风""摄像机",投诉和差评会借助互联网传播,不仅影响酒店效益,严重的还可能彻底摧毁一家酒店的声誉。同理,如果在线点评为"好",酒店也可以不用花一分钱,收获顾客主动为其传播的广告效应。因此,在新常态下,提升在线声誉,树立酒店良好形象事半功倍。

相关研究表明,超过 80% 的顾客在选择一家酒店之前,会查看其他顾客的历史评论。而按照木桶效应法则,一条差评可能导致顾客否定一家酒店,转而预订其他同类型酒店。人们常说,1 个投诉的顾客背后有 24 个不满的顾客。互联网上的评价也是如此,更为重要的是,线下的顾客投诉和意见会被层层过滤,有可能不能及时反馈到酒店高层,而互联网上的投诉、不满会快速地、没有任何修饰地呈现在酒店管理者和顾客面前。酒店管理者若对收集到的网上、网下投诉进行分析,就可以快速找到酒店服务和管理方面存在的不足和盲区,有针对性地进行整改。

同理,因为顾客点评是顾客的真实感受,酒店也可以通过阅读竞争对手的顾客在线点评,获取竞争对手在服务、产品和管理上的优势以及存在的问题,弥补自己的短板,并通过精准的竞争策略提升竞争优势。

一直以来,酒店管理是管理者管理和评价员工,管理者掌握着员工的日常绩效评价、薪酬发放甚至职位升迁大权。其实,在酒店行业,员工的劳动成果与顾客对服务的感受和体验紧密相关。因而,在评价员工绩效方面,顾客比管理者更有发言权。酒店管理者应改变原有的管理模式,借助网络在线点评或者其他 OTA 点评工具,把员工置身于顾客监督的"汪洋大海"中,让顾客来评价员工的表现,并以点带面,全面提升酒店的服务水平。

二、在线声誉管理的重点:点评分数与数量

顾客在查看消费点评时,对其影响最大的不外乎三点:一是网评分数,二是差评,三是点评数量。

网评分数是已消费顾客对酒店服务、产品和体验的一种综合评价,对犹豫中的顾客有着重大影响。一般来说,顾客是这样认为的:网评分数较低的酒店,服务、产品一定不好;网评分数高于 4.8 分、网评数量在 5000 条以上的酒店,通常都不错。因为即便酒店能够通过作弊等手段提高分数,但是也很难达到 5000 条之多,所以这两个因素同等重要。

一般来说,顾客有可能对其他顾客给予的好评将信将疑,但往往对差评深信不疑,进而担心不好的消费经历也会发生在自己身上。差评过多,顾客会毫不犹豫地跳转到其他酒店页面。因而,酒店要采取有效措施,将顾客的投诉、抱怨处理在顾客离店甚至是评价之前,减少在线点评的差评率。

许多顾客在选择酒店时,会把在线点评数量作为酒店生意好坏的一个标志:点评数量多代表酒店生意好。反之,顾客会认为这家酒店生意差,转而选择其他酒店。在线点评数量的多少还决定着酒店的品质。有些酒店即使网络评价很高,但在线点评数量较少,顾客往往认

为可信度较差,因而放弃这家酒店。总之,酒店若想吸引更多顾客,就要在确保酒店点评高分值的同时,增加点评数量。

三、酒店在线声誉管理策略

1.把在线点评当作每日的"星级考核"

在线点评是顾客意愿的真实感受,多数能反映酒店真实的服务状态。酒店可以把顾客视为"星评员",把每天的在线点评作为星级考核,反思服务和管理方面的问题,进行有针对性的整改,从而提升服务和管理水平。

酒店要学会利用在线点评这一资源,通过优质的服务感动顾客,让更多顾客自发地分享消费体验,给予好的网络在线点评,放大在线点评的"广告"作用,吸引更多顾客。

不同类型的客人对酒店服务和产品的感受是不同的,不同问题对顾客的影响也不同,有时也会出现产品、服务都不错的酒店点评分数并不高,甚至有差评。相关资料显示,经常入住酒店的点评达人比点评新星给差评的概率要高出 30% 左右,女性顾客比男性顾客给出差评的概率要高 10% 左右,甚至南方客人比北方客人的差评率要高出 20% 左右。网络速度、卫生状况、服务效率、客房噪声、异味等最容易引发投诉和差评。做好这些基础工作可以明显减少差评率,提升酒店网评分数。

2.建立在线声誉管理体系

在线声誉管理体系可以统一员工思想,优化工作流程,减少失误,提高工作效率,更好地实现在线声誉管理的目标。可将在线声誉管理体系细分为点评管理组、责任部门(培训、修订 SOP)、质量考核、产品设计小组和 PR 或酒店危机小组等,分工明确,责任清晰,形成闭环,不断提升品质。

目标具有导向、凝聚和激励的作用,目标确定后,各责任部门会积极围绕目标采取措施,逐步提高在线点评分数,进而实现在线声誉目标。

近几年,在线声誉作为竞争优势,在吸引客源方面的作用越来越明显。酒店在做好自身在线声誉管理的同时,还要时刻关注竞争对手的在线声誉管理。

3.做好在线网络点评的回复

在线点评的回复是在线声誉管理的重点环节。任何网评都要回复,而且及时回复,最好不超过次日。回复内容的多少,要与顾客点评的内容相一致,客人点评内容多的,酒店回复也要相当。语言风格要尽量与顾客点评风格相匹配,对方小清新,回复时也要小清新;对方若用诗词,我们也用诗词来回复。

应该注意的是,回复在线点评不是"售后服务",而应视其为二次营销,让顾客感受到酒店的关注和关心,密切客我关系,努力将新客变成熟客,将熟客变成老客户。

除以上注意事项以外,在点评回复时还要做到"四忌四要":忌语言空泛,套话、空话;忌拖沓冗长,不着边际;忌应付了事,无的放矢;忌多头管理,杂乱无章。要专人专管,要个性回复,要对顾客的表扬及时感谢,要对顾客的批评或建议给予正面回应并表示感谢。面对重大投诉时,相关责任部门的负责人要使用真实姓名在线答复,塑造酒店负责任的品牌形象。回复时,尽量宣传酒店的特色产品,放大酒店的亮点,介绍酒店的促销措施。

需要强调的是,在线声誉管理的根本是服务和产品。离开产品和服务,再好的策略也是无源之水。良好的在线声誉管理是建立在优质的服务和产品基础之上的。

思考题

1.什么是识别客户?"识别客户"与传统意义上的"选择目标市场"有什么关系?

2.客户档案有哪几种形式?

3.酒店如何衡量客户满意度?

4.如何收集客户信息?

5.在哪些情况下不需要建立客户数据库?

6.酒店如何保护客户信息的安全?

7.酒店客户数据库可以用在哪些方面?

8.酒店如何提高客户的满意度?

【案例分析】

一个差评让住客"去死":客户经理该如何处理 OTA 上的评价?

"5 月 6 日,我和朋友入住了西湖边的××公寓酒店。位置在上城区东坡路××号。我们是通过携程网预订的,269 元/天。住进去之后就发现隔音效果不好,能听到外面的人在说话,一直吵到凌晨三四点。5 月 7 日离店之后,在携程网上给了酒店一个差评。5 月 17 日,公寓酒店工作人员突然添加我的微信,给我发红包,要我把这个差评删掉!我没有同意,工作人员接着开始骂我,说'你去死吧'之类的话!"

最终,酒店被整改下架,市场监管局也介入。

分析

OTA 上的评价,对于酒店来说是重要的。住客可能会因为一条好评入住酒店,也可能因为一句差评而选择其他酒店。而当出现差评的时候,酒店的应对方式成了关键,能扭转局势,也可能让酒店陷入困境。对于酒店来说,差评是最糟糕的结局。

面对住客的差评,酒店到底该如何应对?

携程网调研显示,60%的客人在预订酒店时,会浏览差评内容。那么,什么样的差评对酒店影响最糟糕呢?大致可以分为以下三类:

一是包含图片的长篇幅差评内容。

多数人更相信"眼见为实",有图片作为事实佐证的差评,往往能得到未入住浏览客人的认可。同时,这一类图文丰富的点评内容有可能会被系统排在相对靠前的位置,会有更多客人看到。

二是夸大酒店缺点的差评内容。

当客人对酒店产生不满情绪,他在写点评时,可能会故意夸大酒店的缺点,例如前台办理入住时不够热情,在客人差评中可能就变成了"前台态度极其恶劣"。又或者在描述中故意隐去一部分事实,让不知情的客人误解。

三是离店许久才写的差评内容。

对于一年前住过的酒店,客人的点评可能会出现记忆的偏差,甚至有人出现张冠李戴的情况。当然,也有客人直接写发泄性质的差评,其内容往往与酒店现状存在一定出入。因此,携程对于客人可以写点评的时间,已由离店后的一年时间缩短为半年,减轻了这类差评对酒店的影响。

那么,如何减轻差评的负面效应呢?

一、如何减轻差评的负面效应

2019 年 1 月 1 日起,《中华人民共和国电子商务法》明确规定,不得删除消费者对其平台内销售的商品或者提供的服务的评价,否则将可能面临最高 50 万元的罚款。

所以,酒店商家要减轻差评在 OTA 平台上引发的负面效应,主要还是得从"差评回复"入手。

(一)酒店对差评回复要及时(24 小时内为佳)

有调研显示,一半以上的客人会关注差评回复,他们更想了解酒店是否针对反馈作出改进。而酒店越早对差评作出有效回复,该差评对订单转化率的影响越小。

(二)酒店应该了解什么样的差评回复是有效果的

按照差评类别,合理有效的酒店回复可以分为以下三类:

1.事实型差评的回复

对于客人提出与事实相符的差评,酒店应该及时自查,对于可以立刻改进的问题要第一时间处理,及时将改进措施展示在回复里,并强调不会再出现此类情况。

■对于针对环境设施类的差评,青岛某酒店的回复思路参考:表达歉意→已作改进→强调不会再犯。

酒店回复:尊敬的客人,感谢您的光临,很抱歉未能带给您完美的入住体验,我们深感内疚。关于您提出的问题,我们十分重视,并已逐一制订整改措施:①大堂油烟问题,我们现在已彻底解决,前几天因风向原因,致使排风管道倒灌,以后不会再出现类似的情况了;②目前酒店业双人间的床大部分都是 1.2 米的尺寸,我们无法进行调整,推荐您体验大床间,再次向您致以诚挚的歉意,希望您能给我们再次为您服务的机会,体验新房间。

■对于针对人员服务类的差评,该酒店的回复思路:表达歉意→强调处罚→加强管理不再犯。

酒店回复:亲爱的家人,非常抱歉给您带来不愉快的入住体验,您提到的问询回答含糊的问题,我们已经根据首问负责制对当事员工进行了教育和处罚,酒店领导高度重视,已经在全店开展应知应会培训,另外您有任何需求,可随时与我们值班经理联系,我们竭诚为您服务,保证您满意。祝工作顺心,阖家幸福!

2.偏离事实类的差评

酒店收到疑似不符事实的差评后,应该首先从人到物进行内部调查,明确事情的完整经过,有确切证据可证实主要责任不在酒店方时,可以直接用事实礼貌回应,内容要保证别的客人也能一眼辨别孰是孰非。

以下酒店的回复案例,可供大家参考:

■客人有意歪曲事实的差评回复

2015-10入住, 2015-10-26发表　独自旅行　六人间(床位房)

酒店一般,房间有点小,洗发水、沐浴露还要自己出钱,最后要走了要退房,老板娘说要12点才能退房,这个时间退房要扣钱的。(我都要走了,居然还说要扣钱,还要不要我开心地走……我也没说什么……)虽然最后钱退给我了,但是老板娘好像有点不高兴,弄得我自己心里也不太舒服。

酒店回复:亲,您先问问,您是几点退房,我们酒店统一都是12点前退的,您下午6点在房间里睡了一觉才出来,您让我怎么说呢?

■客人阐述与事实有偏差的差评回复

2019-01入住, 2019-01-15发表　独自旅行

这家客栈各方面的服务和设施倒是真的没话说。就是规模太大,好几个院子连在一起成了一片,在客栈里都容易迷路就不说,最重要的是竟然没有狗!

酒店回复:您好! 感谢您的建议和分享! 我们现在已经养了一条狗狗哦! 考虑到有家长带小朋友来,所以养了一条金毛,就在B区的,喜欢狗的可以住在有狗狗的区,不喜欢狗的可以住在没有狗狗的区☺

收起∧

■证实为同行恶意差评的回复

😠○○○○ 1.0分

2018-06入住, 2018-06-22发表　商务出差　豪华双床房

冲着酒店2万多条的点评,预订了这家酒店,但体验感太差,软件、硬件都不行,800多元的房价,性价比太低,真心不推荐。首先我们车子开进酒店,门口岗亭保安没有任何礼貌礼节,爱理不理。车子进入园区,泊车时车场保安没有做任何的指挥与引导,更没有任何的礼貌与主动服务,嘴里还嚼着食物,我 展开∨

酒店回复:都是江浙同行,相煎何必太急!

3.不知所云类的差评

部分客人的点评当中,给差评的原因很模糊,或是字数极少,如凑字数的"呵呵呵呵呵呵呵呵"或"我觉得这家店很一般"。

对于这类客人,酒店可以通过携程IM(Instant Message,即时消息)联系对方,了解差评原因。对于这类差评回复,可用相对巧妙的语言,让其他客人看到酒店的服务态度。

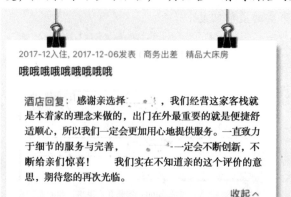

二、应对差评的不当做法

现在多数酒店都十分重视点评,关于差评的几种不合理处理方式,也提醒大家要注意避免。

1.骚扰客人删除差评

为避免差评的上线,部分酒店会想出各种办法联系到客人,要求对方删除或修改点评,这很有可能引发客人反感或投诉升级。携程客人在写完第一条点评后,是可以继续追评的。一旦酒店处理不好,一条差评可能会变成两条(主点评+追评)。

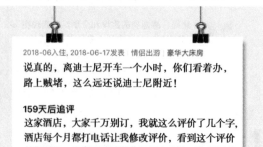

2.泄露客人私人信息

大多数酒店在客人入住后,会登记客史档案,当客人给出差评后,部分酒店可能会将差评跟客人信息对应起来,甚至在酒店回复中暴露客人的姓名等信息。这其实是客人隐私信息的泄露,酒店请务必注意。

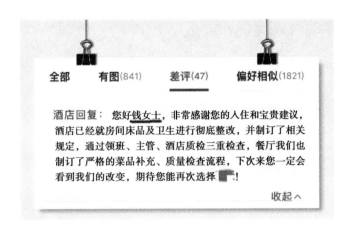

3.跟客人对骂或千篇一律的回复

作为酒店,我们很难要求客人拥有同理心,站在商家的角度去思考问题。所以,确实会存在部分客人给差评抹黑酒店形象的情况,让人难以接受。这也导致有些时候部分酒店觉得委屈,会在回复中跟客人直接对骂起来,也有酒店对客人的差评始终用千篇一律的模板去回复,这两种做法都是不可取的。

对客户管理者的启迪

1.客户管理人员要重视网评回复工作,掌握网评回复的语言、方法和艺术。

2.酒店更应该关注的是:客人在店时,如何加强与客人的沟通,及时纾解客人的不满情绪,在与客人接触的多个节点上提升服务水平,将差评扼杀在摇篮中,如此才是长久之计。

【补充与提高】

碧水湾温泉度假村:如何给客人创造心跳的感觉?

碧水湾温泉度假村位于广州从化流溪河畔,是一家由民航中南空管局投资、按五星级标准建造的集餐饮、住宿、娱乐及大型露天温泉为一体的温泉主题度假村。2018 年,他们创造了 1.3 亿元的营收佳绩,堪称市场传奇。在这背后,是碧水湾为业界所津津乐道的服务传奇。过去三年,碧水湾在携程和同程等网站的用户点评中,满意度一直高居广州地区所有酒店中的前列。

到底是什么原因让碧水湾的客户满意度能一直保持如此高的水平呢? 先来看下面这个例子:

一位客人想到碧水湾度假两天,当时担任房务部 GRO 的齐晓玉从客人打来的预订电话中得知,客人姓王,生日打算与朋友一起在碧水湾度过,一行 3 人。

这一信息通过"快速反馈"机制,很快前厅、餐饮、温泉、客房、营销等所有部门的同事都知道了。客人一下车,齐晓玉已经微笑着站在车旁,热情地迎接,帮王先生拎着行李去办理入住手续。前台的服务员准确地叫出了这位客人的姓氏,并祝他生日快乐。这令王先生又惊奇又感动。王先生办理好入住手续,齐晓玉陪着王先生到电梯口,并一直挥手直到电梯门关上为止。

酒店名称	服务	卫生	环境	设施
碧水湾温泉度假村	4.9	4.9	4.9	4.8
广州文华东方酒店	4.8	4.9	4.8	4.8
广州富力丽思卡尔顿酒店	4.7	4.8	4.8	4.7
广州四季酒店	4.7	4.8	4.8	4.8
广州海航威斯汀酒店	4.6	4.7	4.7	4.6
广州香格里拉	4.6	4.7	4.6	4.6
广州粤海喜来登酒店	4.7	4.8	4.8	4.7
广州W酒店	4.7	4.8	4.8	4.7
广州国际金融中心雅诗阁服务公寓	4.5	4.7	4.8	4.7
广州富力君悦大酒店	4.6	4.7	4.7	4.5
广州正佳广场万豪酒店	4.7	4.7	4.8	4.6

碧水湾在携程等网站的用户点评中,满意度一直高居广州地区所有酒店中的前列

出了电梯,一位微笑着捧着鲜花与贺卡的服务员,已经在门口等候多时。王先生捧过鲜花,嘴上的"谢谢"一直没停。打开房门的那一刻,王先生惊喜了,房间经过精心布置,突出了生日的主题。王先生简直不敢相信眼前的一切,自己就像贵宾一样,忙问身边的朋友是不是事先与酒店沟通好了,准备给他一些惊喜,结果朋友们都诧异地摇头。接下来,又是一连串的感动与惊喜——餐厅服务员免费送上的长寿面以及精美的心形果盘,温泉区更衣室服务员主动端来的解酒柠檬水以及爱心牛奶,温泉区表演舞台 DJ(Disc Jockey,音乐节目主持人)的现场祝贺和惊喜礼物,刚泡完温泉回来,四位服务员送生日蛋糕到房间并唱起了生日歌。这让王先生觉得,在碧水湾,惊喜无处不在,感动无处不在,温暖无处不在。

当他们度过愉快的生日准备离开酒店时,齐晓玉给王先生送上了一份精心包装的礼物。王先生迫不及待地想打开看看,齐晓玉调皮地说:"上车后再打开吧。"王先生在车上拆开礼物,是一个精美的相框,是昨晚庆祝生日时的合影,照片中大家笑得那么开心。那一刻,全车人泪崩……这一切,虽然是齐晓玉精心"设计"的,但并不只针对王先生一个人,所有到碧水湾过生日的客人都会有意想不到的惊喜,各种温馨小故事每天都在发生。

后来,王先生在携程网上发表了一篇感谢信,名为《充满爱与关怀的度假天堂》,简简单单的 750 个字,表达了对齐晓玉和碧水湾的感激之情,并在信中亲切地称她为"晓玉"。王先生在信中说:"源源不断的惊喜和感动,从踏进酒店大堂的那一刻开始。果然是名不虚传的六星级服务水平,令人感动不已,赞叹不已!"

这就是碧水湾《文化手册》中的"亲情服务":"在对客过程中,突出感情的投入,倡导把客人当成远道而来的朋友、亲人,让客人感觉比回家还要温暖、温馨。"碧水湾一直秉承"视客人为亲人,为客人提供温馨、周到、体贴、关怀的亲情服务"的理念,每一位员工都在"微笑服务,快乐工作,将快乐传递给每一位客人"。

第七章
酒店客户分类管理

　　客户是酒店的资产,然而,并不是所有客户都适合到某一个具体的酒店消费。也就是说,并不是所有的消费者都是你要寻找的客户。要找到适合的客户,必须对客户进行分类。

　　客户的分类有各种各样的方法,酒店可以根据自己的需要选定一种或多种分类方法。只要有利于对客户实施管理,能够照顾好客户的日常需求,能够让客户在酒店享受到最佳的服务,就达到了酒店客户管理的目的。

【本章学习目标】

　　·掌握客户分类的基本方法,学会对客户进行分类管理。

　　·了解客户价值管理的含义。

　　·学会对酒店现实客户、潜在客户、大客户、VIP 客户进行管理。

　　关键词:客户分类;客户价值;现实客户;潜在客户;大客户;VIP

　　Key Words:Customer Classification; Customer Value; Existing Customer; Potential Customers;Key Account;Very Important Person

第一节　酒店客户基本分类

客户分类的基础是市场细分。各地各区域内客户资源等级确定的标准,城区与农村不同,发达地区与不发达地区不同,新入住的客户与老客户也不同,针对不同的客户要有不同的分类标准。应因地制宜,严格细分,按照不同的行业制订不同的客户分类方法,提供相应的服务和营销策略,实现酒店与客户双赢的目标。

酒店开业前,最好找专业的酒店策划公司,结合当地市场给予研究分析,从而进行精准的定位。实践证明,正确定位是成功经营乃至持续经营的关键。通常情况下,我们把酒店客源市场分为以下几类。

一、酒店客户的静态分类

(一)根据客户的性质划分

1.消费者

包括个人和组织,其购买产品或者服务的目的是满足自身消费的需要。这类客户是产品的最终消费者,但不一定是购买者。他们关注产品的使用价值,如品质、功能、服务等。例如,过去十几年来,海南三亚高星级酒店的春节度假者许多就是来自北京、上海等大都市,但他们当中有些人不一定是购买者。

2.客户

这类客户是产品的购买者,但不一定是消费者。他们关注的是产品的价格(购买成本)和使用价值。同样在前些年,一到圣诞节或是除夕夜,高星级酒店都会爆满,往往就是有些客户买好酒店的年夜饭送人。

3.团体客户

这类客户是产品的团体购买者,主要用于企业内部生产者的福利,他们主要关注产品的品牌、使用价值和价格。例如某公司年终的员工聚会,可能会安排在一家大酒店,除了聚餐以外,还会有员工自排自演的文艺晚会,有些还将公司的年终报告和颁奖活动安排在这样的晚会中。

4.中间客户

购买产品或者服务并不是为了自身消费,而是以再次出售为目的进而获取买卖之间的差价。他们以盈利为目的,购买产品进行转售。某些公司考虑到一年的客户甚多,便与酒店签署一个优惠价,然后将这个优惠价转卖给他们的客户。这类客户主要由旅行社、旅游批发商、酒店代理商、联营组织、旅游信息中心、航空公司、会议策划人、在线旅行社等构成。他们通过购买酒店产品和服务,再将酒店产品和服务出售给最终消费者或将酒店产品进行包装

组合后再出售给最终消费者的客户;或为酒店代售产品或服务客户。这类客户包括:

旅行社。为酒店提供客源的主要客户之一,它为游客安排旅游路线并提供陪同服务,提供包括住宿、交通等在内的各种资源服务。

旅游批发商。主要从事组织和批发包价旅游业务。他们与酒店、交通运输部门、旅游景点及包价旅游所涉及的其他部门签订协议,预先购买这些服务项目,然后根据旅游者的不同需求和消费水平,设计出各具特色的包价旅游产品,通过旅游零售商在旅游市场上销售。这是旅游业分工越来越细、越来越专业的一种体现。旅游批发商最早是由地接旅行社驻某地的办事处独立衍生出来的,把酒店产品作为其生产某种可供销售的旅游产品的原材料,一次性大量购买酒店的客房,然后与其他项目(如交通、风景点、旅游线路等)结合起来,形成一种特定的旅游产品,进而再通过直接渠道或间接渠道将自己的旅游产品提供给旅游市场。购买他们产品的,往往是作为零售商的旅行社。

酒店代理商。替酒店进行宣传并接受客人预订的机构,酒店按销售额支付一定比例的手续费给代理商。在主要客源地,酒店通常雇用代理商来增加酒店的客源。

航空公司客户。酒店与航空公司的合作,航空公司除了向客人提供飞机航班外,还以旅游中间商的身份为酒店推销产品。比如,航空公司利用飞机的载体推荐酒店,为乘坐飞机的客人预订客房,这是一种跨行业的合作。有一段时间列车也开展这项代办业务。

会议策划人。负责与酒店或其他旅游酒店进行接触、洽谈,因此构成了酒店的中间客户之一,他们在合同的基础上为某些组织机构进行会议和展览策划,是一种在展会选址、谈判、预算和促销方面都很擅长的中间客户。

在线旅行社(OTA)。旅游电子商务行业的专业词语。随着电子商务的高速发展,一个通过互联网为客户预订酒店的行业,它也属于酒店代理商的性质,客人通过 OTA 预订酒店,OTA 赚取提供客户资源的服务费。目前,OTA 已经成为酒店行业的最大客户。

5.公利客户

购买产品或者服务既不是为了满足自身消费的需求,也不是为了赚取买卖之间的差价,而是代表公众利益,向企业提供资源并从企业获利中收取一定比例费用,如政府、行业协会、媒体。

6.内部客户

即酒店员工。内部客户是在内部营销观念中提出的概念。内部营销是指酒店为了成功地实现营销目标,向自己的员工提供使其满意的工作环境及条件,以吸引、发展、促进和保持高水平员工的一系列策略。所以要把员工看作酒店最初的内部市场,把自己的员工当作客户看待,通过创造员工的满意度来创造客户的满意度。

(二)根据客户的重要性划分

酒店必须明确客户管理的重点:哪些是大客户、重点客户?由谁负责管理维护这些客户?他们的需求有什么变化?什么时候有重要的活动?酒店方面需要哪些配合?这些是酒店客户管理的日常活动和中心内容。在客户维护中,需要不断解决过去遗留的问题,才能不断壮大客户群体。

1.VIP客户

酒店的VIP客户是对酒店的经营和发展起重要作用的客户。VIP客户不一定是酒店的大客户,但却是酒店的重要客户,比如社会名人、影视娱乐界著名演员、体育界著名运动员、业内人士及其他等。因此,酒店需要对其特别关注。

2.大客户

大客户是指对产品或服务消费频率高、消费量大、客户利润率高而对酒店经营业绩能产生一定影响的关键客户。换句话说,大客户就是那些在酒店消费次数和金额很多,给酒店带来或即将带来稳定巨大收益的客户。而除此之外的客户群则可划入普通客户(中小客户)范畴。

酒店的大客户和VIP客户都是酒店的重点客户,两部分加起来,约占酒店客户总数的20%,但他们为酒店贡献了80%的利润。

大客户对于酒店要完成的销售目标十分重要,他们是酒店销售收入的主要来源。虽然这部分客户的数量并不是很多,但在酒店的整体业务中有着举足轻重的地位。如果失去这些重点客户将会严重影响到酒店的业务开展,甚至会导致酒店的销售业绩在短期内难以恢复过来,因为酒店很难迅速地建立起其他的销售渠道。酒店与这些重点客户存在一定的依赖关系,因此必须要有一个稳定的合作关系,必须花费更多的时间、人力和物力来做好客户管理。这些重点客户具有很强的谈判能力和讨价还价能力,酒店客户经理必须花费更多的精力来进行客情关系的维护。

那么,如何确定酒店的大客户呢?通常情况下,最直接的做法就是将酒店客户中销售排名最靠前的20%列为大客户。但在实践中往往不能如此简单,挑选大客户有很多的定量和定性的参考指标,并不是靠几个数据就可以确定的。选择的大客户既要符合酒店当前目标,更要符合其长远目标。一定要综合公司的发展战略、营销目标、酒店的细分市场、竞争对手的客户现状等众多的因素。

需要注意的是酒店不应把以下几类"假大户"视为大客户:

(1)不要把偶然一次大量消费的团购客户视为大客户,因为他们的活动可能只有一次,未必是酒店可持续获利的源泉。比如某某人举办丧宴,可能一次订好几十桌,但你不能期待人家下次还在这里举办。

(2)不要单纯把需求量大的重复消费客户视为大客户,而忽略其利润提供能力、业绩贡献度。比如有些低价旅行团,可能每年会给你许多团队,但是要求的价格极低,甚至还要加上各种各样的要求。

(3)不要把盘剥酒店的"扒皮大户"视为大客户,这类客户对酒店来说可能不具备长期维护的价值。有些客户可能在这里开了一个会议,待会议结束后会要一笔不小的回扣。回扣给出去以后,酒店利润已经所剩无几。

3.普通客户

普通客户就是除去重点客户以外的剩余客户。这部分客户的消费潜力比较低,但是由于这部分人占整个客户中的80%以上，随着经营年限的延长，他们当中有些人会升为重点客户，而重点客户中的一部分也会降为普通客户，这种轮替行为在酒店中并不少见。有鉴于此，我们虽不能将时间和精力用于维护每一位普通客户，但是我们起码要随时关注普通客户中的变化，随时准备把那些有潜力的客户提升到重点客户的行列。

（三）根据客户与酒店的战略匹配度分类

客户与酒店的战略匹配度（Strategy Match，SM）就是定位匹配、能力匹配、价值观匹配三个匹配度的总和。

按照客户的价值、客户与酒店的战略匹配度，可以将客户区分为四类：

战略客户：客户价值高，战略匹配度也高；

利润客户：客户价值高，战略匹配度低；

潜力客户：战略匹配度高，客户价值低；

普通客户：战略匹配度与客户价值都低。

（四）按户籍地域分类

为了便于销售人员拜访和管理客户，酒店一般会将客户按照地域进行分类。这样分类的好处是销售员所负责的区域互不交叉，不会造成重复拜访。缺点是各销售人员所熟悉的客户不一定都在同一个区域，当自己熟悉的客户不在自己管理的区域范围的时候，只能把他们交给其他同事去维护，业绩不归自己，销售人员就会不开心。

1.按国籍划分

随着我国国际地位的不断上升，越来越多的国际友人到访。接待入境客人居多的酒店，可按护照的签发地进行分类。如果某一个国家的客户较多，还可以将之再细分成商务类、休闲类、公务类。

2.按省份划分

国内的客人按身份证所记录的户口所在地进行分类。按省份进行分类，有利于酒店营销部门做针对性营销。可以将人数少的几个省份合在一起，称为客户资源小省。而客户资源多的省份可以按城市分类，如广州、深圳、成都、昆明……

3.按市籍划分

如果本市客源市场是酒店的重点，根据酒店市场定位，确定好重点客户群，有的放矢地进行营销，并将本市的客户按照行业进行分类，将客户最多的行业列在客户的第一位，以此类推。

4.按区（县）划分

每一个销售人员负责一个或几个区（县），大城市还可以将一个区（县）划分为若干个片区，通常销售人员只负责在某一个或几个区内拜访客户。但在小城市则需要全城拜访。

这样的分类便于酒店优先考虑对客源地排名前几位的客户群采取有针对性的服务，比如提供客人来源地的风味菜、当地报纸、当地卫星频道，安排会讲客人家乡或国家地区语言的服务人员等。

需要注意的是,现代社会人员流动速度和频率越来越快,如出生在北京却学习、工作在广州、上海的人越来越多,或者身份证是广州,但老家却是四川的人也不少。以户籍所在地划分客源结构对调整服务内容的指导意义越来越弱了。同样的情况也发生在境外人士身上,比如一位持美国护照的客人,可能在中国已生活了十几年,早已习惯了中国人的生活方式,对传统西式的东西反而没有太大的兴趣。

(五)按人口特征分类

按照人口特征进行分类,可以按照年龄、性别、职业、家庭、婚姻、收入等进行分类。

这种分析方式用得较多,却也用得最不好。通常性别与年龄都记录在客人的身份证件上,电脑能非常容易地进行分类,得出男女的比例、各个年龄段的比例等,但如何分析和运用这些信息我们却很少注意过,很多酒店管理人员往往只是大概了解一下就完了。

1.按年龄分类

如果酒店的老年客人比较多,那么在功能布局上就要充分考虑尽可能减少台阶,餐厅离客房的距离不能太远,餐厅的食品种类、味型选择和烹饪方式也要照顾到老年人的消化能力。同样,儿童客人较多的酒店要设儿童客房,也要考虑设置一些游乐场所,还要注意安全系数,卫生间的设计也要考虑到儿童的身高。

聪明的酒店经理人可以根据各个年龄段制订不同的营销措施,打造不同的酒店产品,吸引不同的客户到酒店消费。

2.按性别分类

市场上女士的用品通常放在商场的一楼大厅,有最豪华的装饰,最醒目的灯光,最出色的服务小姐。近年来,也出现了不少为男士打造的专柜,专门出售高档服装、鞋帽、手包、领带、皮带、装饰扣等。高档男女用品已经打入高档酒店的精品店。酒店已经出现专门为女士设立的楼层以及专门为女士制作的食品。曾经流行于东南亚各国的 SPA 也在中国悄然兴起。

一些酒店已经注意到这一点,推出了有特色的女性房间、女性楼层,布置出温馨的客房氛围,如果酒店本身就有一定比例的女性客人,这种方式是可取的。反之,本来女性客人就少,推出这样的特色产品就没有多大的意义,男性客人进了这样的房间会作何感想呢? 如果不能卖给女性客人,把它闲置起来又是多大的浪费呢?

3.按职业分类

不同职业的人,有不同的需求,酒店营销部门将客户按照职业来划分,也是一种合理的划分方法。相同职业的人,或许有着相同的爱好,相同职业的人相互之间认识的也比较多,为他们提供的服务也会有着基本相同的办法。

在当今中国,职业种类非常多,数不胜数,我们只能笼统地把它们归在某一种职业类别中,如金融保险、股份制企业、民营企业等。

4.按婚姻状况分类

中国是人口大国。随着经济的发展,住房和生活条件也在提升,大多数城里人都会与父母分开居住。小两口带着孩子有一个独立的生活空间。但是,中国人的孝道仍然在每个家庭中传承着,因此,每到周末,就会有许多家庭选择在酒店团聚。这种团聚通常选择在社会餐馆,只要酒店的餐饮足够实惠,也能吸引越来越多的家庭聚餐。而度假式酒店则要为家庭度假客人提供亲子客房:房间内摆设一张单人间的大床和一张标准间的小床,让三口之家以略高于普通标准间的价格享受天伦之乐(图7.1)。

图 7.1　度假式酒店为家庭度假客人提供的亲子客房

5.按收入分类

由于受教育情况不同,人际关系不同,职业不同,每个人工作以后的收入不尽相同,工作的时间越长,这种差异就会越大。高收入人群和低收入人群自然分类现象就很明显。按照收入高低进行分类,能够更加容易把相同类型的人群聚在一起,为酒店营销人员服务好客户提供必要的条件。

(六)按消费阶段划分

消费者在不同的消费阶段有不同的消费心理,通过对客户消费心理的分析,针对不同消费阶段客户不同的消费心理,提供有针对性的优质服务,满足客户期望,从而提高客户满意度,也是客户管理的内容。

1.消费前的客户

消费前的客户心理是消费者决定去酒店用餐以及去哪家酒店用餐过程中的心理活动。在这过程中,消费者会考虑很多因素,而酒店的位置与环境、菜品的口味、卫生状况、质量与价格是影响客户决定到哪家酒店用餐的重要因素。

(1)位置与环境。酒店位置是消费价位的间接反应,好的地段肯定在价格上同其他地段有区别,但其中存在着对客户群定向的选择和餐厅经营类型问题。

环境问题不能停留在狭义的清洁上。有这样一个例子:重庆大足的"荷花山庄",巴渝特色气氛浓烈,客户三三两两可以安坐在一艘花艇内观看艇外的各式荷花,品尝巴渝小吃,接受穿着古楼渔家服的"渔家女"热情纯朴的服务,令宾客仿佛来到了世外桃源。这个例子显示的是环境特色的经营理念。舒适的环境能营造食客就餐的情绪,同时也让其得到享受和尊重感。餐饮环境的营造是餐厅的无形资产投入。

(2)菜品的口味。酒店经营者做餐饮必须强调菜品的特色、工艺和口味,而餐饮消费者的目的也是品口味、品特色。要延长一家餐厅的生命周期,在菜的口味上就是要特别。

(3)卫生状况。随着生活水平的提高,人们越来越注重身体健康,注重高标准的饮食卫生,它包括酒店环境卫生、产品卫生、餐具的卫生及服务员在服务操作中提供的规范服务,保持餐厅清洁是对客户的尊重和自身经营的需要。清洁的餐厅可以唤起客户的食欲和心情,这也是客户选择在哪家餐厅进餐的前提,即第一印象。现在许多酒店将厨房与餐厅用透明玻璃隔起来,让客人有机会看到厨房的操作,更多的是让客人看到厨房的卫生状况。

(4)质量与价格。客户永远都会关注质量与价格。吃得好,价格公道,这是每个客户所希望的。酒店是为客户提供了服务后才向客户收取费用的,客户感到物有所值才会光顾酒店。物有所值是产品质量和服务质量的综合体现。如果能让客户感到物超所值,客户会喜出望外,感到惊喜! 当然,提供物超所值的服务是需要付出代价的。

2.消费中的客户

消费中的客户是消费者选定消费地点后,入住或享用餐饮娱乐的过程。在这个过程中,消费者对产品和服务的体验感觉很重要。

(1)尊重。主要包括四个方面的内容:一是受到应有的礼遇。即在服务过程中能得到服务员礼貌的招呼和接待。二是得到一视同仁的服务。在服务中,不能因为优先照顾熟客、关系户或重要客户而忽视、冷落其他客户。在做好重点客户服务的同时,应兼顾其他客户,任何的顾此失彼都会引起部分客户的不满甚至尖锐的批评。三是愿意被认知。客户愿意被认识、被了解,当客户听到服务员能称呼他的姓名时,他会很高兴,特别是发现服务员记住他喜欢的菜肴、习惯的座位甚至特别嗜好时,客户更会感到自己受到了重视和无微不至的关怀。四是对客户人格、风俗习惯和宗教信仰的尊重,使客户获得心理和精神上的满足。另外,服务员的举止是否端庄、语言是否热情亲切、是否讲究礼貌得体,以及是否能够做到主动服务、微笑服务,都涉及能否满足客户求尊重的心理需要。

（2）方便快捷。随着工作节奏的加快,生活节奏也变得越来越快,消费者希望就餐过程中尽量减少等候时间。客户到来的时候要及时为其引座,并为其快捷服务,如添加酒水、上菜迅速、结账快捷。

（3）服务态度。对消费者个性心理来说,好的服务就是要适时、适需、灵活地应变,诚信、贴心的人性化服务,服务态度是最重要也是最灵活的因素之一。"宾客至上,服务第一"的宗旨及"一切为了客户"的服务意识要在每位员工心中深深扎根,客人不但能在规范的服务中舒心用餐,更能享受到超值的服务体验。如客人需落座时服务员会为客人拉椅让座等的个性化、情感化的服务。

（4）讲究身份。客人在享受服务时,希望服务人员能够尊重、关心和重视他们,特别是涉及宾主关系时,主人要显示自己的身份,显示自己款待宾客的气派,服务员此时应使用恰当的语言、规范的动作、恰如其分的服务来帮助主人满足其自信的需求。

3.消费后的客户

这一时期,消费者通常具有以下心理:

（1）"受尊重"的心理需要。客户消费结束后,服务员仍要继续对其进行细致周到的服务,直到客户离店。如及时为客户结账,当客户起身要离店时,服务员要及时提醒客户带好私人物品,引领客人到电梯门口或楼梯口,对其到本酒店用餐表示感谢,并欢迎下次光临。

（2）"求平衡"的心理需要。当客户在享用服务过程中对服务不满,从而使自己的消费感觉到不值时,会产生不平衡的心理效应。要知道,酒店服务不是一种必需的消耗品,而是一种享受品。客户到酒店是来享受的,他们耳闻目睹了许多消费宣传,并积累了丰富的消费经验,他们对服务有自己的理解,这就使我们必须向客户提供标准化、规范化、超常化的服务。客户消费前有一定的期望值;接受服务后会形成实实在在的对比。当两者相当时,表现为满意;当实际感受大于期望值时表现为惊喜,从而达到真正的心理平衡。

（七）按消费者行为分类

1.消遣客户及消费特点

随着经济的发展,人们收入的增加,中产阶级队伍的日渐形成,消遣人群已经成为酒店客户中的一个亮点。他们通常是大公司 CEO 等高级白领,每年都有一定时间可以到世界各地休息度假。这部分人对酒店的要求则有所不同:

（1）地理位置优越,多数会选择安静、有特色的旅游景区;

（2）餐饮出品富有特色,养生和健康食品更有诱惑力;

（3）客房服务项目较完善,干净舒适、大床、布草细软;

（4）有较舒适、完善的康乐中心,温泉、SPA 正在被推崇。

2.政府活动客户及消费特点

过去,各级政府为了推动当地经济的发展,各种招商活动层出不穷。招商活动离不开酒店,甚至把一个地区有没有高星级酒店当作这个地区投资环境好不好的一种标志。政府活动消费行为特点如下:

（1）规模大,时间短。由政府部门组织的会展活动人流量较大,通常需要调动全市的接待资源共同参与。准备时间长,展出时间短,往往2~3天就会结束。

（2）每年春季的两会和每年秋季的党代会是各大城市的会议季节。党和政府的会议使用酒店已经成为政府消费的一大趋势。

（3）政府通过招商引来的大型项目开工典礼、开业典礼也离不开酒店住房和大型宴会。

（4）各种各样的宴请活动都离不开酒店。

3.婚丧嫁娶客户及消费特点

随着人们收入的增加,在高星级酒店举办婚庆活动越来越时兴。婚庆活动邀请的人数也越来越多。在沿海地区,一次婚宴50桌以上是家常便饭,在东部地区每桌婚宴消费3000元以上很正常,一个婚宴现场布置就会花掉好几万元。某酒店曾经举办过一次108桌的婚宴,每桌的消费是10800元,一次婚宴的收入就是100多万元。婚丧嫁娶的消费行为要求:

（1）越是高大宽敞的大宴会厅越是受追捧。

（2）大型活动需要足够的停车场地。

（3）婚庆场地布置越来越豪华。

（4）能说会道的婚庆主持人备受关注。

4.朋友聚会客户及消费特点

近些年来,各种朋友聚会时有发生,同学会、生日会、金婚银婚、拜师宴、酒店庆典、商会团拜等应有尽有。这些活动以私人消费为前提,以宴会模式为主,要求比较苛刻,消费水平参差不齐,但都对服务要求比较高,要求餐饮娱乐结合、多种消费方式结合。

5.国际交流客户及消费特点

1978年以来,中国不断开放自己的市场,让国外的资金和技术进入国内,帮助中国建立起现代化工业体系,中国已经成为世界的工厂。中国的产品不仅能够满足国人的需求,还源源不断地输往世界各地。因此,国际的交流已经势不可挡,不管是外国人进来还是中国人出去,不管是外省人进来还是本省人出去,都离不开酒店,更离不开在酒店内的各种消费。

大型企业为了推销产品,也会在全国各地巡回展出。各地分销商的积极参与,使各地酒店一有会展就会人满为患。例如北京的九华山庄和温泉酒店,每月一次的直销产品推广活动,人数越来越多,时有上万人的会议。

6.私密生活客户及消费特点

酒店已经成为城市私密生活的重要场所,并逐渐成为市场消费的一个板块。这类消费包括私密商务开房、私密约会开房等。

（八）按市场特点分类

1.商务型客户

这类客户主要是为了某种公务或商务活动,可能会多次入住酒店,因此交通方便性、经济性是主要决定因素。

据达沃斯国际咨询公司的调查,世界酒店的业务中,55%的客人来自商务旅游,34%的客人来自消遣旅游。经济越发达的地区,商务游客所占的比例就越大,他们能够给酒店带来的经济利益也越大。

与旅行社客源市场不同,商务散客没有明显的淡季和旺季之分,一年四季,只要有商务应酬,在酒店就会见到商务客人的身影。价格并不是商务散客考虑的首要因素,舒适的商务旅途,才是他们关注的首要问题;温馨的入住体验,也是他们追求的目标。

从某种意义上讲,商务散客是酒店价格体系的调节阀。协议客户、旅行社由于具备量的优势,有着极大的议价空间,具备有效打压酒店利润空间的能力,而商务散客由于数量较少、人数分散,且对价格不敏感,在他们身上酒店往往可以获得更可观的利润率。如果商务散客比例上升,不仅能提升整个酒店的房价体系,还会增强酒店对旅行团队的价格掌控能力和叫板砝码。

商务散客目前在流动客户中占的比例较大。为适应细分市场的需求,商务型客户也分为各种等级。其中,从事国际商务活动,经常往返于国际大集团之间的高层管理人员,往往需要交往与接待,因而形成了不同的需求。他们是各大高端酒店争夺的对象。大量的商务客户是各公司业务人员,他们每天往返于各城市之间,服务他们的客户或推销他们的产品。这类人员更多的是选择各城市中服务设施较为齐全、舒适的大酒店,也有设施简洁实用、服务便利的商务酒店。

随着我国市场经济的不断深入,商务客户群体越来越多,各种商务活动与日俱增。尽管商务客人的消费行为相对来讲比较理性,但由于商务客人的消费通常都是可以报销的,因此,相对而言,商务客人的消费是比较高的。这也是商务散客会成为各酒店争夺的主要对象的缘故。

商务散客的这些特点,使他们成为众多酒店追逐的目标。由于异地商务散客往往通过本地客户接触和了解酒店市场,因此提升本地商务散客对酒店的认知度,就显得极为重要。不过,本地的商务散客由于人数众多,布局分散,并不是集中于几个单位、几个写字楼,而是分散于城市的各个地区,因此销售部的扫楼拜访,效果并不确定,如果找到一种有效覆盖本地商务散客的方式,对酒店将大有裨益。

因为是公务出差,所以这类客人的时间一般都安排得比较紧,常常是早出晚归;来访客人较多,有时还会有一些与公务密切相关的文件、电话;而且他们对生活要求较高,常利用公务之余外出游览,晚上需要娱乐活动。针对这类客人,酒店可尽量向他们推荐比较好的房型。服务员做客房服务时,要注意不要随便翻动他们放在房间的文件。有客人来访时,应事先征得他们的同意,必要时协助供应茶水。特别是在他们工作时,千万注意不要轻易打扰他们。收到有关客人的文件、电话,酒店要根据客人要求,及时送达或发出,以免误事,给客人造成损失,酒店将会惹来诸多麻烦。

商务型客户对酒店的一般要求是:

·酒店要处在商业中心区,交通方便,有利于来访、社交和联系。

·酒店的声誉和知名度要高。

·通信设施方便齐全。

·出于酒店形象上的考虑,商务客人要求客房面积大,设施豪华。

·有专供差旅型人士所使用的行政楼层、酒吧或咖啡厅。

·有设施完善的商务中心和多功能厅。

·有多种餐厅和贵宾厅。

除了商务散客以外,各种类型的公司和企业会议客人也是商务客户的重要组成部分,考虑到公司形象问题,这部分客人要求比较高,酒店要给予足够的重视(图7.2)。

图7.2 公司年会是商务客户的市场,酒店要给予足够的重视

2.长住型客户

长住型客户通常是因为在本地实施某项投资而需要长时间居住在酒店。长住型客户通常会得到较大的优惠,酒店与客人之间通常需要签订契约,这不同于其他类型酒店与客人间的法律关系。长住型客户需求的酒店与公寓相似,客房多采用家庭式布局,以套房为主,房间大者可供一个家庭使用,小者是仅供一人使用的单人房间(图7.3)。酒店配有适合客人长住的家具和电器,通常都有简易厨房设备供客人自理饮食。这类酒店一般只提供住宿、饮食等基本服务,但服务讲究家庭式气氛,亲切、周到、针对性强。这类酒店的组织、设施、管理一般较其他类型酒店简单。

长住型酒店提供的服务与传统的酒店服务有很大的不同,最重要的不同之处在于客房中提供的日常用品和客房服务不同。目前的趋势是,大多数长住型酒店都不提供那些通常在全服务或有限服务酒店里提供的日常用品,如洗发香波、护发素、浴液、浴帽和针线等。为了避免客人在发现酒店不提供这些用品时无所适从,很多长住型酒店设有零售区,以正常的价格出售这些物品。电熨斗、熨衣板和吹风机也是长住型酒店通常提供的项目,酒店的前台还有为客人领取干洗衣服、餐馆订餐等服务。长住型酒店里通常不会提供传统酒店的每天客房清洁服务,除非客人愿意支付费用要求提供此项服务。虽然长住型酒店提供的服务有限,但其房价也要比全服务酒店和有限服务酒店便宜得多,通常是传统酒店的50%。一些长住型酒店也提供早餐、游泳池和健身房,但通常只有少数的高档长住型酒店里有。很多长住型酒店都提供宠物友好服务,即允许客人携带宠物入住酒店,但有些酒店要收取额外的费用。

图 7.3　长住型酒店客房

3.观光型客户

观光型客户的细分市场差异性很大,需求也是千差万别。根据市场营销学的一般原理,可按照旅游者的特点、地理区域、心理因素及购买行为等四个方面对旅游者市场进行细分。旅游者的特点可以表现在很多方面,如年龄、性别、职业、受教育程度、社会阶层、种族、宗教、收入、国籍、血缘关系等。这种细分方法较为常用,因为这些指标与旅游者的欲望、偏好、出游频率等直接相关,而且旅游者的特点比其他因素更容易测量。因此,对旅游企业而言,这些指标是非常重要的细分依据。

以接待旅游团队客人为主的酒店,大多位于旅游城市,客房大多为标准间,装饰比较简洁,除提供一般团队餐的餐厅外,基本上没有更多的配套设施。该类酒店一般以低成本赢得优势。

总之,旅游客人是酒店重要的客户群体。旅游客人一般需求为:白天游览、夜间娱乐、超市购物、特色餐饮、礼品购物等。

4.度假型客户

度假型酒店因地域、经济、文化的不同而具有地方性、灵活性和多样性的特点。度假型酒店的特征是集多种功能、多重角色于一身,形式相对复杂和多元化,与普通观光旅游场所有着相当显著的差别。其地理位置或围绕或远离城市。围绕城市的度假村为城市人群周末度假放松提供舒适的休闲环境;在人们拥有足够的时间时,往往希望远离喧嚣的城市,到名山大川或乡村去享受大自然的舒适。

度假型客户以休闲、游乐、度假为主。随着中国的法定假日越来越多,目前国家正在推进国民带薪休假政策,相信在不久的将来,这部分客户将成为主流。国内的旅游度假型酒店有两种类型:一类是国际标准的度假型酒店,如三亚亚龙湾、大东海、海棠湾已经竖起了国际度假设施的标杆。此类酒店多位于海滨、山区、温泉、海岛、森林等地,开发各种娱乐、体育项目,如滑雪、骑马、狩猎、垂钓、划船、潜水、冲浪、高尔夫球、网球等活动来吸引客人,因此,这些度假区及活动的吸引力是一家度假型酒店成功的关键。另一类是周末度假型酒店,即度假与会议相结合的酒店,如北京的拉斐特城堡酒店、九华山庄。这类酒店一般位于城郊,环境优美,交通便利,酒店内既有齐全的娱乐设施(图7.4),又有完善的会议设施,周末及假日以接待度假客人为主,平时以接待会议客人为主。更多的是如雨后春笋般起来的民宿酒店,小型、简洁、有特色,各有千秋。

图 7.4　度假型酒店为客人在客房内提供 3D 影院

另外,随着社会经济发展,近年来出现了一种新的城市度假型酒店,满足城市商务客人对休闲度假的需要,成为休闲度假新的值得关注的细分市场(图7.5)。

图 7.5　国内新锐酒店集团美豪集团推出的城市度假型酒店
品牌"美豪丽致"一经推出,就受到市场的欢迎,开房率接近 100%

5.会议型客户

会议型客户以出席各种会议、展销的团体为主。会议型客户目前也是中国最大的流动客户之一,通常遍布国际国内各大都市和政治、经济、文化中心及交通方便的游览胜地。会议对酒店的需求发展很快,形成了会议型、会展型、交易型三大类别。跨区域会议对酒店的需求更高,要求酒店设施齐全,综合配套能力强,接待容量大,主要体现在大型会议厅、展览厅、多种会议室配套、宴会餐饮、夜间娱乐、休闲游乐丰富性等。会议的发展,促成了大型会议酒店发展,会议型酒店将会在全国进一步扩张。

会议型酒店除应具备相应的住宿和餐饮设施以外,还须具备会议设备,如投影仪(或LED屏)、录放像设备、扩音设备和先进的通信、视听设备,接待国际会议的酒店还需要具备同声传译系统。会议型酒店一般提供高效率的接待服务,帮助会议组织者协调和组织会议各项事务。

会议客户一般人数较多,住店时间相对较长,活动集中、有规律,时间安排比较紧;会场使用要求高,客房服务任务重(午饭后通常有短暂休息,因此需要在上午及时整理全部房间),会议组织者一般都有自己的工作人员。因此酒店在开会之前,一定要分派专人组成项目组,讲清任务、要求、方法等,精心准备,严格按照工作人员的要求安排客房、餐饮、会议等事宜。报到时办理手续要快,尽可能减少客人的等待时间。开会时要妥善安排、布置会议室,高效做好茶水服务。会议期间酒店要加强与会议工作人员的联系,对可能出现问题的关节点要严格控制,并主动征求意见,及时改进服务,保证会议厅周边环境安宁,确保会议顺利进行。

6.自驾游客户

自驾游属于自助旅游的一种类型,是有别于传统的集体参团旅游的一种新的旅游形态。自驾车旅游在选择对象、参与程序和体验自由等方面,给旅游者提供了伸缩自如的空间,其本身具有自由化与个性化、灵活性与舒适性及选择性与季节性等内在特点,与传统的参团方式相比具有本身的特点和魅力。

自驾车旅游者一般来说属于中上收入的阶层,从经济水平上看,普遍拥有较好的生活条件,是城镇居民中的中高收入者;从文化程度上看,绝大部分具有较高的受教育程度,拥有较强的旅游意识和旅游素养;从年龄比例上看,中青年占主体部分;从人员组成上看,主要表现出2~7个人的群体性特征。据不完全统计,中国人的私家车拥有量已经超过1.4亿辆。周末游以及黄金周自驾游已经成为国人的一道风景线。有些城市还将自驾游的满意度作为检验城市管理优劣的一项重要指标。汽车旅馆也应时而起。早期此类酒店设施简单,规模较小,有相当一部分仅有客房而无餐厅、酒吧,以接待驾车旅行者投宿为主。现在,有的汽车旅馆在设施方面大有改善,且日趋豪华,多数可提供现代化的综合服务。美国的假日酒店集团、华美达酒店集团、豪生酒店集团等均拥有大量的汽车旅馆。

7.修学型客户

修学游主要指针对学生群体设计的以语言学习、教育机构观摩为特点的旅游产品。修学游,既非单纯的旅游,也非纯粹的教学,它介于游与学之间,又融合了游与学的内容,重点在游,而不简单只是修学,是一种以游相伴、以学为主的旅行。也有人认为,修学旅行是指在校学生在学习期间,为了配合课堂及书本所学并弥补其不足开展的以丰富知识、增长见闻、扩大视野、培养素质、增进交流以及学科实践等为目的的旅行活动。组织学生到对方国家、地区参加学习为主要内容的旅游形式,是最能直接体现旅游户外教育功能的旅游产品。

修学型客户以大中学生为主体,往往三五人结伴同行,时间多在寒暑假。他们精力旺盛,要求参观游览的地方比较多,白天多外出活动,晚上也喜欢出去走走看看,对书店、博物馆、科技馆、历史纪念地和文化活动场所比较感兴趣。由于大多数学生还是花父母的钱,所以手里钱不多,对饮食和住宿条件要求不高。酒店要以推荐中低档客房为主,并注意安排叫醒服务。如有可能,对他们比较感兴趣的各种场所或专业资料,服务员要多作介绍;不论是客房服务还是餐饮服务,都要讲究效率,速度要快。

8.康养型客户

康养旅游是以治疗疾病、康复疗养为目的的特殊旅游。康养旅游在欧美以及日韩各国流行多年,2000 年以来,休闲康养旅游在国内日益风行,成为众多企业家、公务员、白领阶层以及老年群体的时尚休闲行动。

康养以度假村和疗养院为主要依托形式,一般处于海滨、矿泉、湖泊风景区,根据自然条件开展水疗、泥疗、森林浴、日光浴等,还应用多种疗养措施如理疗、体疗、疗养营养和疗养心理等(图 7.6),以提高疗养效果。疗养院强调优美宜人的自然环境及良好的社会环境,医护人员热情的服务态度、合理的作息制度和有益的文娱活动,使疗养人员拥有良好的身心健康状态。

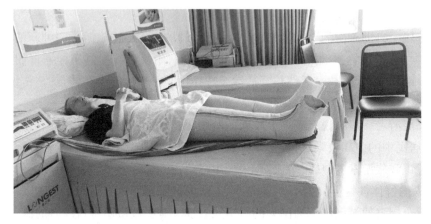

图 7.6　康养型客户需要酒店有完备的康养设施

这类客人多数身体状况不是很好或年龄偏大,一般都希望居住的地方起居方便,能够得到酒店热情周到的照顾与服务。由于是疗养,所以他们一般住店时间较长,活动有规律,喜欢安静的环境,对药物、矿泉和优美恬静的自然风光感兴趣。对这类客人,酒店要尽量安排僻静的房间给他们,服务员要勤下客房,随时询问他们有什么需要帮助。如客人常需在客房用餐,酒店要尽量满足,及时供应。千万要注意,在客人休息时不要打扰他们,保持楼道和客房的安静。

(九)按行业分类

按行业进行分类的好处是比较容易实行链接拜访。通常情况下,物以类聚,人以群分。同行业的客户认识同行的朋友较多,在拜访一个客户后,可以请这位客户帮助介绍行业内朋友作为销售人员的新增客户是很容易的事。这个办法如果运用得好,销售人员的业绩可以迅速提高。不足之处是销售人员交叉来回拜访多,费时、费力又费钱。

行业划分的方法很简单,可根据国家相关部门的分类法:保险业、采矿、能源、餐饮、宾馆、IT业、房地产、服务、服装业、公益组织、广告业、航空航天、化学、健康、保健、建筑业、教育、培训、计算机、金属冶炼、警察、消防、军人、会计、美容、媒体、出版、木材、造纸、零售、批发、农业、旅游业、司法、律师、司机、体育运动、学术研究、演艺、医疗服务、艺术、设计、银行、金融、因特网、音乐舞蹈、邮政快递、运输业、政府机关、机械制造、咨询。

通常客人订房、订餐、订会议室都会以某个协议单位的名义,比如××公司、××部、××局等。通过对这些信息进行分析,我们可以发现到酒店来的客人主要集中在哪些行业,比如是制造业吗?IT业吗?医药业吗?房地产业吗?通信业吗?

当类似的行业比较多时,我们就应该调整酒店的产品和服务,更好地适应客人的需求。比如医药业客人对新产品宣传和发布的要求比较高,制造业对室外展示的场地要求面积大,IT业对宽带速度要求高等。而政府的接待则对安全性和私密性的要求非常高,最好能有VIP专用通道,出入便利。

了解客人所属的行业主要依赖于酒店与客人所在单位的协议,对于散客来说,必须跟他相当熟悉之后才方便询问。

(十)按销售渠道分类

酒店的渠道政策对酒店的营销状况有着举足轻重的影响。正所谓"做生意就是做渠道",怎样在稳固现有酒店营销渠道的同时,增强对客户的吸引力,进而开拓全新的客户群体,提升酒店业绩,是提升酒店营销水准的重要一环。那么酒店究竟有多少营销渠道,这些渠道又有何利弊呢?

从订房来看,预订的方式一般有两类,直接预订和间接预订。前者是指住店的客人自己打电话或通过网络进行预订,他们自己就能说明价格、房型和抵达时间。后者则是通过别人进行预订,包括由协议单位的接待人员或者客人在当地的朋友安排预订,这一类预订有时容易出现对价格、房型和房间最后保留时间的争议。

对客人的预订方式进行分析有助于我们掌握酒店的销售渠道,看看是否需要全面或者局部强化。

1.旅行团队

纵观酒店营销市场,旅行社与酒店的关系可谓相容共生。撇开房价不谈,旅行社的团队能为酒店输送大量客源,因为旅行社订房具有数量大、连续性强的特点,故而对酒店入住率的拉动效应十分明显。

但是旅行社的客户并非全部是品质型客户,特别是一些客房出租率不高的酒店,由于地理位置不佳,或经营管理不善,对旅行社客源的争抢相当厉害。而旅行社的旅游团队客户,并非对服务品质那么挑剔,这在客观上助长了这些酒店在旅行社客源的拼抢。在针对这部分市场的短兵相接中,质量和品质优秀的酒店,往往未必是最后的赢家。

在针对旅行社这一渠道的方式上,酒店还是应该明确自身定位,并与旅行社维持正常融洽的合作关系。过分追求这部分客源的比重,并不一定对酒店的业绩构成显著提升,对于高星级酒店而言,在旅行社渠道的关系上,应避免随意性。

2.OTA 渠道

OTA 在酒店开拓异地客源上功不可没。而此前,异地客户可能对酒店一无所知或仅通过有限的口碑了解。而线上订房的渠道特点在于,在线订房覆盖的有效客户数量比实际从网上订房的客户的数量大,因为有相当的客户是在浏览网站介绍之后作出决定的,只不过他们是通过电话等其他渠道预订。此外,在线预订的属性,决定它有 24 小时不间断的资讯推介效用。

酒店给 OTA 的佣金影响着酒店在网页上的排位,影响着电话呼叫中心的推荐指向,以及是否能够双倍积分,归根到底,这部分客户是网站的客户,并没有真正融入酒店成为酒店自己的客户。而且现在不少网站要求酒店在任何情况下必须预留一定数量客房给网站推销,不管能不能销得出去,如若不行将中止合作。这些霸道的做法,已经引起了部分酒店的不满。

酒店与订房网站合作,并建立联动销售,能打破地域和行政条块分割,形成有利于实现市场营销资源和旅游服务资源上的联合。在酒店分销经营管理中,酒店与网上订房网站合作推出双倍积分计划,能根据积分的多少在各加盟酒店享受优惠或免费住宿、旅行、购物、娱乐等服务,这对价格博弈型客户很有吸引力。而网上订房客户中,价格博弈型客户以及追求时尚便捷生活方式的客户的比重,都颇为可观。

3.协议单位

大客户是酒店的顶梁柱,是酒店的主营收入来源,这就是协议单位客户。这部分客户主要是当地重要的大型国有企业、跨国企业以及政府部门,而这部分客源,也是各家酒店争夺的焦点。这部分客户,销售部高层一般会亲自接待并维系关系。

不过,由于大型协议客户数量增长有限,而且许多客户会同时跟多个熟悉的酒店打交道,中小企业往往也会与多家酒店签订协议,他们也许一年也不到酒店来一次,可见,签这种协议并不能够有效地吸引和稳定客户。

酒店对已经签订协议的长期客户采用专人专管的政策,能尽快将客户的要求反馈到酒店。如遇大型团队或展会,酒店的客房情况应提前向酒店商务协议客户说明,同时询问他们在旺季的订房需求,以便提前做好准备,并对熟客发放酒店宣传册、感谢信及纪念品。在日常营销工作中,酒店销售部的主要精力和工作重心,无疑应放在大型协议客户上。

(十一)按消费规模和消费频率分类

1.按照客人的消费总额及 VIP 等级分类

大部分的酒店都可以统计出年度消费排名,通常全年消费排名前 20 位的客户所产生的消费要占到酒店总收入的 80%左右。按照 80/20 法则,这些是酒店需要重点关注的客源,保持他们的相对稳定是酒店从总经理到每一位员工的重要工作,他们的流失往往会对酒店的正常营收造成很大的影响。

当然,在实践中,我们有时也不完全以消费金额的多少来决定客人的重要性,有些极其重要的 VIP 客户一年甚至几十年也来不了一两次,但对酒店的品牌和声誉却有极大的影响力。比如接待美国总统、英国女王、体坛超级巨星、世界级大科学家等。接待过比尔·盖茨的酒店对 IT 行业有吸引力,接待过巴菲特的酒店对证券投资业有吸引力等。每一家酒店都应该通过接待一定数量的 VIP 客户来提升自己的知名度、美誉度,并检验酒店的产品质量和服务水准。

2.按照客户光顾频率分类

这种方式包括两种客户,一是长住客,即以年为单位包租酒店客房的客人。二是常客,一年之中多次光顾酒店的客人。尤其是后者,应该是各家酒店需要高度重视的客源。一方面,他们光顾的次数多,说明他们对酒店的各项服务达到了高度的认可,甚至已经非常习惯地选择了这家酒店。另一方面,越是经常来的客人,他们的期望值可能会越高,一丁点儿投诉可能都会上达总经理的层面,要把他们"伺候"好并不容易,要不时地给予他们一些"惊喜服务"更是难上加难,这对酒店是一个巨大的挑战。

这两类客户不一定很有名气,却能对他们所在的圈子施加很大的影响力,能吸引同圈子的客人大批量、经常性地到酒店来消费,为酒店创造稳定的收入和利润。反之,当他们拂袖而去时,也会带走一大批客人。

(十二)按消费特征和信用状况分类

1.按照消费特征分类

不同的客源市场有不同的消费习惯和个性化特征。虽然没有哪家酒店能满足所有客人的全部个性化需求,但满足其中的大部分,尤其是主体客源的主要需求是可以做得到的。

比如当客人对无烟房的需求达到一定的水平时,酒店就应该考虑设置专门的无烟楼层,不仅仅只是撤除烟缸、火柴等物品,还应该在中央空调的分区管理上有专门的设备进行控制,否则其他楼层的烟味仍会窜到无烟楼层来。

2.按照信用状况分类

按照信用风险总量管理客户。对存量客户的管理应以信用总量来划分,信用总量越大,客户的风险越大,对酒店的牵制作用也越大。对这样的客户不能简单地以信用等级分类管理,应根据单个客户信用总量制定不同的管理办法。如果与一般客户采取相同的等级管理办法,信用等级的变化会增大酒店风险管理的难度。

二、酒店客户的动态分类

除了对酒店进行静态分类以外,还可以对客户进行动态分类。

(一)现实客户

现实客户可进一步分解为:

1.老客户

老客户指目前正在购买和使用酒店产品和服务的客户。对于老客户的管理,要注意以下要点:

（1）让老客户持续满意。一般老客户会更多地购买他信得过的产品和服务,并且还会对他熟悉的产品进行积极的宣传,在一定程度上为酒店节约了推广成本;当酒店推出新产品时,老客户会首先来尝试,从而使酒店的说服成本降低。与新客户相比,酒店对于老客户的售后服务成本及技术支持成本也较低。要使老客户对酒店的产品持续满意,酒店必须从以下几个方面加以改进。

首先,酒店要不断创新,提供优质的服务产品。产品质量是保证客户与酒店长久合作的唯一途径。因此,要将客户满意度放在首位。要注意建设完善的客户管理体系,将客户满意度放在首位,只有这样才能及时发现老客户已多久没有来消费了,可以及时跟进原因,了解情况,改善自己的不足之处。客户很喜欢你能超越他们的期望,而不是按部就班。遗憾的是,这样的超越没有一个现成的规则,如赠送一件小礼物偶尔会给客户一个惊喜,但是每次都给礼物就成了俗套,不会再引起客户积极的反应了。这也就是为什么说创新非常重要。打破常规的新方法,是尽可能地创造惊喜。

其次,酒店应主动接受客户的抱怨并作出积极的反应。据统计,不满的客户会向 11 个人抱怨,而得到满意回应的客户,则有 95% 会成为回头客。

（2）学会放弃无效客户。当酒店进行获利分析时,必然会发现许多毫无贡献的老客户。对于这部分老客户,酒店首先应该改变他们,如可以采取发送贵宾卡、积分送消费等方式吸引他们回来。但是如果采取了很多方式都不成功,从现实的角度讲,则应鼓励这些客户"主动流失",这并非刻意漠视某一客户群体,而是不要花太多管理精力在消费能力较弱的老客户身上。

2.新客户

新客户指当年新开发的客户。酒店当然要重视老客户,但对于首次入住酒店的新客户也要重视。

一个酒店的新客户开发是一项重要的日常营销工作,原则上一个经营了 5 年以上的酒店,新客户开发量应该在 10%～20%,同样老客户丢失量也会有 10% 左右。如果没有新客户开发量不断地补充,酒店将不可能持续经营下去。

酒店每天都会有新的客户入住,对于城市商务酒店来说,散客入住是主要的客户来源。然而,我们很多时候不太在意散客的入住,妄自认为只要我们广告做得好,就不怕没有散客入住,好像他们的到来是理所应当的。事实上很多时候,散客来过了,走了不再来了,并没有引起酒店管理者的注意,尤其是当酒店生意还比较好的时候。等到有一天,酒店入住率渐渐地下降了,一天不如一天,这个时候才想起追查一下客户到哪去了。说不定到竞争对手那里一看,某某原来不是我们的客户吗,怎么出现在这里啦?

开发新客户有许多方法可以借鉴:通过老客户介绍,通过网上寻找,通过参加展会,通过黄页报纸广告,通过商会名录,通过扫大街的方法到写字楼做陌生拜访。

3.停滞客户

停滞客户就是虽然曾经是酒店开发的客户,也曾经在酒店有过消费,但是已经有很长时间没有任何消费的客户。具体来讲,我们可以把全年消费产量小于 5 间夜,或是全年餐饮消费不到 5 单的客户归到停滞客户类别。这类客户应当引起酒店客户经理的注意。任何一个企业总有部分市场的客户在不断地调整,往往有很多老客户因为种种原因放弃了你的酒店。客户经理应及时详细地了解该客户放弃你的酒店的原因,如果是因为你的酒店曾经有过某次服务不能令客户满意,应当立即道歉并及时进行补救。只要做到这一点,该市场的老客户重新启动的可能性就较大,客户回头的成功率就很高。况且该客户在酒店有具体的客户资料及历史销售数据,客户的相关信息不用再做重复调查,为客户开发节约了很多时间。

4.争取客户

这种客户有一定的消费潜力,甚至发现他们在别的酒店有大宗的消费,但却很少使用或购买本酒店产品和服务。对于这样的客户,酒店高层需要花大力气去争取。任何一个客户经理,都会有相应的客户资源。一个人脉关系很好的客户经理,一定可以利用同行或客户之间有效的资源,获取相应的客户资料。通过现有客户介绍,是争取客户的有效方法。客户介绍法是目前客户经理开发新客户常用的方法之一。因为现有客户对酒店有一定的了解,对酒店名声也有一定的信任度。如果由其推荐介绍,就可以利用其相应的网络及人脉资源,无形之中增加客户对酒店的信任度,也相应地提高争取客户开发的速度及成功率。

5.消亡客户

消亡客户是指连续两年以上处于停滞状态的客户。有些客户或许是公司已经倒闭,或许是已经搬走,或许是由于客户单位联系人更换,或许是酒店的客户经理没有及时跟进客户的变化,被别的酒店挖走了。对于消亡客户要作分析,已经倒闭或者已经搬走不在同一个城市的客户,及时将客户资料放到消亡客户资料夹中。对于那些被别的酒店挖走的客户,如果是优质客户,应该派出更加优秀的客户经理到该客户单位回访,争取让消亡客户"起死回生"。

另外,现实客户中仍可分为住店客人和非住店客人。其中非住店客人主要指的是来酒店餐饮用膳、商场购物、娱乐场所娱乐、健身中心锻炼等。他们可能是当地人居多,而且可能是经常来消费的常客。有些客人来酒店并不是每次都会消费,他们或许只是来看看朋友,或只是随便看看,但是他们有可能成为酒店的潜在客户。酒店给他们留下什么印象,决定着他们最终会不会成为消费客户,而且他们还会成为酒店的宣传员,他们出去后怎么评价酒店,对公众有很大的影响力。

(二)潜在客户

潜在客户指的是对酒店有消费能力和需求,但是尚未成为现有客户的客户。这部分客户是酒店需要花大力气重点开发的,如果说客户是一座冰山,那么现有客户只是冰山的一角。为什么他们还没有成为现有客户,只是因为你的产品不一定符合他们的需求,或者是他们还不了解你的产品。当今中国,有消费能力的人就其数量而言绝对不是一个小数,酒店的市场营销部门要找到客户的需求点在哪。现在流行的说法就是要找到客户的"痛点"在哪,客户需要什么,我们能做什么。

曾经有一个案例,说是某大城市某大老板的太太生孩子,不仅花数万元请了好几个月嫂,还在某五星级大酒店包了一个月的总统套房,作为太太坐月子的临时住所。这样的消费客户谁会事先想到呢?

因此,不管是不是来酒店消费,我们都应该把每一位来到酒店的人当作潜在客户,认认真真地对待,确保给他们留下美好的印象。说不定他就是那个需要包一个月总统套房的人。

第二节　客户价值管理

企业管理理论和实践告诉我们:企业 80%的销售收入和利润,通常是由 20%的客户创造的,称为"最具价值的客户"。20%的销售收入和利润,是由 80%的客户创造的,而其中有些客户会让企业在生意往来和售后服务中亏本,称为"利润低于边际成本的客户"。

根据"二八"定律,酒店 80%的利润,来自 20%的客户。但这还远远不够,要通过对客户的细分,了解和掌握谁是为酒店带来 80%利润,但仅占酒店整体客户的那 20%的客户;又有哪些客户占有酒店整体客户的 80%,却仅仅给酒店带来 20%的利润。

一、酒店客户价值

几个重要概念:

(一)客户感知价值(Customer Perceived Value,CPV)

瓦拉里·泽丝曼尔在 20 世纪 80 年代提出了客户感知价值理论。她从客户的视角把客户感知价值定义为:"客户可以感知的价值与其在获取产品或服务中所付出的成本进行权衡后对产品或服务效用的整体评价。"

(二)客户购买价值(Customer Purchasing Value,PV)

顾客购买价值是顾客由于直接购买为企业提供的贡献总和。顾客购买价值受顾客消费能力、顾客份额、单位边际利润影响。顾客购买价值的计算公式为:PV=顾客消费能力×顾客份额×单位边际利润。

(三)客户交易价值(Customer Transaction Value,CTV)

顾客交易价值是企业在获得顾客品牌信赖与忠诚的基础上,通过联合销售、提供市场准入、转卖等方式与其他市场合作获取的直接或间接收益。顾客交易价值受产品关联度、品牌联想度、顾客忠诚度、顾客购买力以及交易双方讨价还价能力等因素的影响。

(四)客户让渡价值(Customer Delivered Value,CDV)

客户让渡价值学说是美国行销专家菲利浦·科特勒于 1996 年首次提出。菲利浦·科特勒把客户让渡价值定义为顾客总价值与顾客总成本之差。其中顾客总价值指客户期望从某一特定产品或服务中获得的利益;顾客总价值分为人员价值、形象价值、产品价值和服务价值。顾客总成本则指在评估、获得和使用该产品或服务时而引起的顾客的预计费用,包括货币成本、时间成本、精神成本、体力成本。

(五)客户终身价值(Customer Lifetime Value,CLV)

客户终身价值是指企业在与客户保持客户关系的过程中,从客户那里所获得的全部价值。它包括购买价值、口碑价值、信息价值、客户交易价值。

从时间轴考察,客户终身价值由三部分构成:

(1)历史价值,即以往已经实现了的客户价值。

(2)当前价值,即如果客户当前行为模式不发生改变的话,将来会给酒店带来的客户价值。

(3)潜在价值,即如果酒店通过有效的交叉销售可以调动客户购买的积极性,或促使客户向别人推荐产品和服务等,从而可能增加的客户价值。

二、酒店客户价值管理

(一)客户价值管理

客户价值管理就是企业根据客户交易的历史数据,对客户终身价值进行比较和分析,发现最有价值的当前的和潜在的客户,通过满足其对服务的个性化需求,提高客户忠诚度和保持率。客户价值管理是客户关系管理成功应用的基础和核心。

客户价值的差异性是客观存在的,而酒店的资源又相对有限。因此,区分酒店的客户价值并提供与之匹配的差异化的客户服务策略,为高价值客户提供更优质的产品和服务,为普通客户提供普通标准的产品和服务,以达到有效配置酒店资源的目的,也就是顺理成章的选择。

(二)酒店实施客户价值管理的意义

1.可以带来大量"现金流量"的客户

对现有客户按照消费时间、消费数量等指标进行排序,得出哪些客户真正为酒店带来了大量的、稳定的现金流量。这部分客户才是酒店要去重点开发、重点维护的群体。只有他们持续稳定、大量的消费,才能保障酒店的持续发展。

2.可以找到为酒店带来较高赢利的客户

消费金额较高,也是酒店用来区分重点客户与非重点客户的一个极为重要的指标。因为其需求量大,所以才大量消费。

酒店可以用"盈亏平衡法"来分析客户的成本。如果开发一个客户的成本过高,没有形成盈利,酒店宁可失去这个客户,也不要去维护这个客户。因为他不能给酒店带来利润,去维护他只能增加酒店的财务负担。

三、酒店客户价值管理方法

酒店对客户实施差异化管理是客户管理的一个重要前提,对于很多酒店来说,80%的利润往往是20%的客户提供的。因此,酒店就有必要对客户进行分类并区别对待,采取不同的服务政策与管理策略,从而对酒店有限的资源进行优化配置,以实现高产出。

按照客户不同的价值,酒店客户可细分为以下几种类型:①重要客户;②大客户;③普通客户;④小客户。对于这几类客户,应该采取不同的管理方法,同时,客户价值又是在变化之中的,所以,客户价值管理要实施动态管理。

(一)对于重要客户和大客户的管理策略

参见本章"大客户管理"的相关内容。

(二)对于普通客户的管理策略

普通客户是指年度提供客源量不超过一定间夜的客户(具体多少由各个酒店根据自己的客源情况定)。介于大客户与小客户之间的普通客户,通常是最具成长性的客户,其分类管理策略:要时刻关注该类客户的活动情况,在一定范围内采取个性化服务;开发客户的消费潜力和长期价值,使该类客户能够为酒店创造更大、更多的价值。

由于这部分客户相对量比较大,户头多,亦需要有专人负责维护。对这样的客户单位,需要进行必要的调查,按照客户信息收集要求对其公司状况进行摸底调查,并填表登记。必要时对其主要负责人及其家属进行拜访。

(三)对于小客户的管理策略

这部分客户又称"零散客户",通常是指通过OTA预订到来的客户。对这一部分客户的关注也很重要。他们如果在酒店住宿期间得到满意的服务,或许不一定在网络上发表什么看法。但是,一旦他们在酒店遇到麻烦或不满意的服务,他们就会利用线上反馈的机会将酒店数落一通。客户在线反馈意见常常可作为别的客户预订的参考,甚至可以左右未来客户的预订。

对于酒店的小客户,其分类管理策略一般是:该类客户是一个不稳定的客户群体,随意性比较强,可能是缺少对酒店的忠诚度,也可能是消费能力有限,对各类客户收取的服务费用或消费金额超出了他们的心理价位,或者对酒店提供的产品不如意,他们就可能离开酒店转向他处,反之,酒店提供的产品,特别是个性化的服务打动了他们,该类客户也能为酒店带来更大的价值,或晋升为普通客户。因此,对于酒店的客户关系管理来说,一是要实行动态的管理,随时观察客户的购买活动,注意发现他们的需要,特别是隐性需要,以此来增加客户的忠诚度。二是不可忽略每一个客户,要以同样的质量提供尽善尽美的服务,发现、发掘客户的消费潜能,加强与这类客户的联系,站在客户的角度思考问题,解决和满足客户的需要,逐步培养该类客户的忠诚度,使之成为酒店的普通客户。

总之,酒店要根据自己的实际情况做好客户的分析工作,既要抓住关键的少数,又不可忽略次要的多数,因为少数和多数都是在变化中的。要根据客户价值制订相应的营销措施、营销策略,一方面是关键的少数更加稳定,成为忠诚的客户;另一方面通过酒店提供的产品和相应的措施,使次要的多数转化为关键的少数。

但不论是关键的少数和次要的多数,酒店都必须以产品的品质作为保障。

四、客户价值管理中的营销团队建设

对客户进行分级管理意味着要进行相应的组织、流程配套,否则,客户分级也就失去了意义。可能的客户分级管理配套措施包括:

1.流程的差异化

通过差异化的流程来为不同级别客户提供差异化的服务,或者针对不同级别客户,采取不同的市场、销售策略。

2.组织的差异化

客户经理制是客户分级管理的一种重要形式,不同客户的管理差异在于是否有专职客户经理提供长期的、一对一的专业服务,或者在于由不同水平的人员担任不同类别客户的客户经理。客户级别越高,负责该客户的售前、产品和服务提供、客户关系维护的人员能力要求就越高。

所以,实际上,客户的分级也对应着销售或服务人员的分级,而这种分级其实也可以是营销团队管理的一种方式,是营销团队建设的一种架构。我们可以针对不同级别客户,制订相应的不同级别销售或服务人员的能力素质模型,成为相应的招聘、培训、考核、薪酬和晋升/降级的依据,从而建立起营销团队的管理体系。

第三节　现实客户管理

现实客户是指已经与酒店建立了买卖关系、交易关系、合作关系的客户,这是酒店已有但要充分开发的重要资源。酒店客户管理首先要管理好这些已有的客户。

一、收集客户资料

为了实施有效的管理,就要注意收集客户的资料。要通过对资料的收集、分析,找出当前客户的共性需求、个性需求,以研发适合客户需求的产品,提供恰如其分的服务,以此来赢得客户的认同,并使其逐渐成为酒店忠诚的消费者。

(一)客户资料收集的内容

从广义上说,凡是客户的资料都应该纳入收取之列。主要资料分为:

基本资料:客户的姓名、性别、年龄、生日、工作单位及地址、职务、联络方式、生活习惯、

个人爱好、喜忌、交际圈等。在互联网时代,还应该收集客户的有关网络信息资料,如电子信箱、QQ号、微信号,甚至是客户的朋友圈,以及客户的身体状况等。

外延资料:客户家庭成员的资料,包括客户伴侣的姓名、性别、年龄、生日、工作单位及地址、职务、联络方式、生活习惯、个人爱好、喜忌、交际圈等。

客户企业的基本资料:企业的名称、地址、组织架构的成员、生产的产品、经营情况、曾获得的荣誉。如果客户是企业的主要领导,也可以收集客户企业其他相关人员的资料,如办公室主任、司机等。

酒店全体员工都要有信息意识,在服务过程中,要注意随时了解一切有利于酒店营销的信息,收集现有客户的资料,包括通过客户的网站、客户的公众号来了解客户的基本信息,了解客户的经营活动情况等,为酒店管理者提供决策的依据。

(二)建立客户资料收集的管理体制

收集到的客户资料是酒店重要的资产,是为酒店提供经营方向、研究产品设计、服务设计、制定营销政策、制定价格政策、开展营销活动、培养忠诚客户的重要依据。酒店管理者应充分认识到客户资料收集和管理工作的重要性,建立收集客户资料的体系和流程,确定客户资料的管理部门,统一上报客户资料,做好客户资料的梳理、登记和管理工作。

收集客户资料,不是少数人的事情,所有员工都有责任担当客户资料的收集工作。酒店在日常经营中应要求前台、餐饮、康乐等部门为每一位来店客户都建立起完备的数据库档案,并通过管理客户的个人档案,记录下客户的消费偏好、禁忌、购买行为、住店行为等特征。这样,当这位客户再次光顾时,酒店就能够提供更有针对性的个性化服务,尽量使客户每次光临都能产生"满意加惊喜"的感觉,从而进一步强化客户的满意度和忠诚度。

二、感知并满足客户需求

在收集客户资料的实践中,客户信息主要来源于酒店服务或客户购买和消费酒店产品的过程中。比如在客人的用餐中,客人挑选了干啤酒,并点名要青岛的干啤酒,同时要恒温的,就告诉我们他对青岛啤酒的钟爱,对啤酒温度的要求。客户点过了干啤酒后,又提出要苏打水,就要考虑客人是不是有尿酸高的可能,需要少推荐海鲜菜品。把这些信息记录下来,下次这位客人来用餐就可以直接说,先生,这次您还点青岛的干啤酒吗? 要恒温的? 还需要安排苏打水吗? 客人听了服务员的问话就会十分高兴,他会认为服务员是用心对待他的。

在科技手段发达的今天,为了更多地了解和掌握客人的特性,抓住客人的心理,以便提供使客户更满意的服务,客人每次到店消费,服务员都应该注意观察,从客人的消费过程中采集客户的信息。比如,客户在酒店举办生日宴会,服务员就要搞清楚生日的主人是谁,他的名字、生日的具体日期、联络方式,宴会中赠送给寿星一个小礼物,借机会询问一些更多的有关信息,用餐后做好登记。如果每年的这一天的前几天主动和客人联系,提前祝贺客人生日快乐,并询问一下客户是否还要预订生日宴,这样做一方面客人感到很惊喜,认为酒店很重视他,有面子;另一方面就要考虑是否需要在酒店预订用餐。这样做会满足客人的自尊的需求,同时也会逐渐地培养忠诚的客户。

需要说明的是,客人的需求有显性与隐性之分。显性需求是指客人直接向酒店服务人员提出来的需求,比如,对房间的要求,需要大床房,酒店在有条件的情况下,是很容易满足这一要求的。如果做不到,比如大床房间没有了,前台也应该做好记录,在住期间,如果酒店有条件解决就一定解决,如果解决不了,客户下一次来办理入住,服务人员就可以主动与客户交流:"先生,上次您来办理入住正巧酒店当时没有大床房间,这次您还是要大床房间吗?我一定为您安排。"这就会赢得客人的喜欢。客人最大的满足就是酒店的服务人员心里有他。

隐性需求就是客户不直接言明的需求,这就需要服务人员有高度的责任心,做好对客人习惯的观察工作。比如早上进入客人的房间,从房间的状态来观察客人的入住习惯。枕头摆放的形态,枕头是单独摆放的还是两个枕头摞在一起的? 如果是两个枕头摞在一起了,那么今天晚上开夜床时,服务人员就可以也把两个枕头摞在一起。比如床头柜上放有一本书,说明客人有晚上看书的习惯,服务人员可以考虑赠送给客户一枚酒店定制的书签。

服务人员把看到的都做好登记,交给有关部门进行梳理,这样就可以在客户再次入住酒店时提供更好的服务。这些看起来都是很细微的事情,却正是打动客人、赢得客人青睐之处。

所采集的客户信息一定要应用,应用的时候,有时还需要与客户沟通,这样才能起到效果。比如客房服务员两次打扫一位客人的房间时,都听到客人播放古典音乐,由此服务员认定客人喜欢古典音乐,这一信息被酒店客户信息库所采集,所以,每当这位客人入住时,都会特意为其房间播放古典音乐。但是服务人员一定要与客人沟通,比如给客人留言:尊敬的××先生,得知您喜好古典音乐,我特意为您选了《渔歌唱晚》《高山流水》,希望您能喜欢。这样客户就会很高兴。如果没有沟通,即使客人每次来酒店都为他准备了古典音乐,客人会误认为那是酒店例行公事播放的古典音乐,这就没有达到酒店迎合客人需求的目的。

三、客户资料的动态管理

客户信息的存储和处理技术是客户信息管理的核心技术,数据仓库技术在其中占有重要地位。因为客户信息是十分巨大的数据,为了能够实现数据使用的便捷高效,需要对使用的数据库进行慎重选择。建议采用大型的关系型数据库管理系统,并带有决策查询优化的组件。客户信息在存储过程中应考虑冗余问题,避免浪费大量有效的空间。

客户信息库建立的目的在于应用。只有对客户的动态有了把握和了解,才能清晰客户接待的贡献大小;只有不断地更新信息库,才能分析研究客户的消费轨迹;只有找到酒店与客人交流沟通的切入点,才能恰如其分地制订出营销的计划。

动态管理客户资料,要记载客户上次入住酒店的时间、本次入住酒店的时间,间隔的时间是多少,购买了什么产品、属于哪一种消费的形式、消费多少、客户是否满意、提出过哪些问题、购买酒店产品后有哪些反映,有没有消费后的回访电话,等等。

对客户资料实施动态管理,记载客户行为信息,主要目的是帮助酒店的市场营销人员和客户服务人员在客户分析中掌握和理解客户的行为。客户的动态信息反映了客户的消费选择和决策过程。

动态数据一般都来源于酒店营销人员和一线服务人员。来自各个部门的消费记录,也包括消费账单。描述客户的兴趣和爱好的偏好信息,就离不开服务及酒店销售产品的全过程。另外,客户的业余爱好也有助于帮助了解客户的潜在消费需求。如有些客户喜欢户外运动,有些客户喜欢旅游,有些客户喜欢打网球,有些喜欢读书等。

动态数据的收集也包括收集与客户行为相关的,反映和影响客户行为和心理等因素的相关信息。比如,客户满意度、客户忠诚度、客户对产品与服务的偏好或态度、竞争对手行为等。动态资料的收集是为了更有效地帮助企业的营销人员和客户分析人员深入理解影响客户行为的相关因素。

动态数据的收集,对于高端客户和活跃客户来说是非常重要的,它可以有效地反映客户的行为倾向。对于酒店有效地掌握客户营销策略和客户服务策略的设计和实施至关重要。它会帮助酒店分析和预测客户与酒店的亲密度、客户对酒店的忠诚度、有没有行为偏移的动态。

第四节　潜在客户管理

在酒店行业竞争激烈的今天,供大于求的矛盾会越来越突出,瓜分市场的企业会越来越多。酒店一方面要管理好、服务好现有的客户,另一方面还要不断地挖掘潜在的客户,不断拓展市场,提高酒店的市场占有率。

一、潜在客户

潜在客户就是酒店目标客户群体中待开发的客户。由于对酒店不了解,缺少概念,这部分客人具有很大的潜力,他们当中也存在着普通客户、大客户等。经过对潜在客户的开发,一部分客户可能成为普通的客户,他们会进入能够为酒店提供20%利润的80%的客户群体。一部分也可能成为能够为酒店作出重大贡献的客户,经过培养也可能成为忠诚的客户。

要制订潜在客户鉴定流程,以确保所有销售代表使用相同的方法,最大限度地保证潜在客户的精准性。

二、寻找潜在客户

客户信息的收集是客户信息管理的出发点和落脚点。客户信息的收集可以广泛地利用各种渠道和手段,最为有效的是网络营销所提供的大量信息。但也不能忽视传统的方式(例如电话咨询和面对面交谈)发挥的作用,它们可以作为互联网的有效补充,保证客户信息的全面性。

潜在客户管理又被称为客户挖掘管理。通过潜在客户管理,可跟踪准客户的询价,并将合格的业务潜在客户安排给合适的人员,这样销售代表将即时获得最新的销售准客户,永远不会丢失潜在客户。

(一)在现有客户中寻找潜在客户

每一个现实的客户都有他们的交际圈,酒店又是他们的交际场所。在他们的交际活动中,接待人员、服务人员要注意提供客人满意的服务,以此来感染陌生的客人,通过与陌生客人结识,交换信息和活动后的回访来发展新的客户。根据物以类聚、人以群分的惯例,现实客户和他所邀请的客户的层次大体是相同的。所以,我们的目光应该关注重要客户、大客户的活动动态。重要客户、大客户活动就是在给酒店提供发掘潜在客户的机会。

(二)根据酒店的市场定位寻找客户

酒店应该依据本酒店的市场定位,以酒店为圆心,画出自己的目标客户的寻找圈,还可以通过拜访、组织联谊会等形式邀请拟订的潜在客户到酒店参加活动,从活动中发现潜在客户。

(三)通过网站或公众号吸纳客户

在互联网时代,智能手机成为人们新的"情侣",实名制的手机又为我们与客户的交往提供了极大的方便。我们可以通过扫酒店公众号派发纪念品或是酒店的代金券等方式来吸纳酒店的粉丝。

(四)组织促销活动吸纳客户

酒店可以利用年节假日的时机组织一定的促销活动,比如六一儿童节组织关心儿童的活动,以此来吸引孩子的家长,从中甄别出潜在的客户。

(五)通过媒体鉴别客户

营销人员要注意参阅各种媒体,了解社会群体、企业的活动的信息。比如,一家企业在报纸上刊登了获奖的喜讯,酒店登门祝贺就远比送去广告更有用。

(六)通过参加社会活动发掘客户

当前,各行各业都在开发各种类型的市场,人们也都认识到了资源的重要性,因此各类社会活动越来越多,对这部分群体不可忽视,要在这种活动中发现可以发掘的潜在客户。

对新客户的动态要做好跟进工作。通过发短信、打电话、登门拜访等形式加强与客户的沟通和了解,了解客户的需求,寻找为客户服务的机会,加强相互之间的感情交流,加强与潜在客户进行的互动,使潜在的客户转化为现实的客户。

但需要注意的是,切不可通过买卖的方式来获得客户信息,这是一种非法的行为。

第五节　大客户管理

一、大客户分类

大客户第一是指客户规模大,包括公司的分销商、经销商、批发商和代理商;第二是指客户的价值大,不同的客户对酒店的利润贡献差异很大;第三是指客户影响力大,大客户的营销战略直接决定着酒店整体营销战略的成功与否,也决定着酒店营销战略的长期性和稳定性。

为了进一步做好对大客户的管理,还可以将酒店的大客户进一步细分为以下几种类型:

1.经济型大客户

经济型大客户产品使用量多,使用频率高,购买量大。他们为酒店提供了源源不断的客源。以旅行社为例,他们最关注的是客房和早餐,只要客房干净舒适,早餐适合客人的口味,有很好的停车场,就愿意长期合作。

2.重要型大客户

重要型大客户拥有特殊地位,也受到人们的广泛关注,当他们成为客户时,一定要把他们服务得好好的。面对重要型大客户时,一定要按照接待单位的要求办理,把他们当作贵宾中的贵宾。

3.集团型大客户

集团型大客户通常是上市公司、大型国企、垄断行业企业,他们有许许多多的分公司、子公司,甚至是孙子公司。他们每一年都有很多活动需要举办,很多产品需要展示,常常一个集团就可以开一个大型展示会。他们不会像经济型客户那样能提供源源不断的客源,也没有重要型客户那样大的影响力,但是他们每办一次活动都能带来丰厚的利润。

4.战略型大客户

经市场调查、预测、分析,战略型大客户具有发展潜力。这类客户通常是刚刚在当地落脚的大型投资商。刚到一个地方,为了显示其公司的实力,通常会在当地选择最好的酒店作为他们的临时居所。一旦项目建设成功,他们再也不会停留在你这里,说不定还要从你这里挖走比较成熟的员工,甚至是经理级人员。

二、对大客户的管理

1.高度重视大客户

大客户多为职业投资者,如大型国企或上市公司。他们每年的接待量很大。这些大客户的主要负责人经常会在酒店出现,酒店的客户经理和前厅的工作人员一定要有极高的敏感度,随时发现随时报告给酒店的高层领导,在最短的时间内到达接待地点。大客户们并不需要酒店做出多大的付出,只要在他们接待客户的时候,酒店总经理能够及时出现在他的面前并及时给予必要的关照,他们就会觉得很有面子。也正是由于大客户群体自身条件的优越,因而很容易成为竞争对手必争的目标。面对市场上越来越多的高端酒店,诱惑是避免不了的,大客户也会很容易被外界因素影响,被其他酒店拉走的可能性也较大。因此,从这个意义上说,大客户的忠诚度是最低的。巩固这层客户关系的服务工作最关键,也最辛苦。要想长期留住该类群体,仅靠一些物质手段是远远不够的,必须从思想上、情感上甚至文化上使他们获得价值认同感,这样才能真正留住他们,提高他们的忠诚度。

2.制订大客户管理策略

大客户(客户价值中的前20%)的管理策略:为该类客户建立专门档案(表7.1);指派专门的销售人员负责销售业务;提供消费折扣;派人定期走访客户,了解其需求动态以及对酒店的意见和建议;采用直接销售的渠道方式;不定期地组织一些活动,联络与客户的感情;不断改进酒店的服务和管理工作,解决客户的个性化需求。

表7.1　客户信息表

单位名称		注册时间			
注册资本	万元	注册地址			
办公地点				办公楼宇	□自有　□租用
单位电话		传真号码		单位网址	
主管单位				行业类型	
经营组织	□上市公司　□合资公司　□国有　□事业单位　□股份制　□有限责任公司　□私人				
员工人数	人	男女比例	男　%,女　%	中高级职称	人,　%
经营产品				年销售额	万元
销往何地				市场占有率	%
公司资质		同行评价	□很好　□一般　□差	同行中地位	□领先　□居中　□差
竞争对手				发展前景	□优　□还好　□不行
开户银行		信用状况	□很好　□一般　□差	资金状况	□充足　□尚可
付款态度	□爽快　□迟缓　□拖欠	同行信用评价		□很好　□一般　□差　□很差	
接待人数		使用酒店		与我店关系	□已签约　□尚未
法人代表		性别		出生年月日	
出生地点		联系电话		电子邮箱	

续表

法人代表其他信息:	□已婚 □未婚	孩子:□男 □女	年龄: 岁	学校:
配偶姓名	工作单位:		联系方式	
父母年龄	父 母	工作单位:	□离休 □退休	身体状况:

主要负责人学历:□博士 □硕士 □本科 □大专 □中专 □高中 □初中以下

主要负责人性格:□温柔 □开朗 □古怪 □自大 气质:□稳重 □寡言 □急躁 □饶舌

主要负责人专业经历:在行业内有 年的经验。 社会职务:

主要负责人兴趣爱好:□摄影 □旅游 □游泳 □高尔夫 □网球 □健身 □唱歌 □跳舞
□酒吧 □其他

主要负责人嗜好:酒:□量大 □一般 □不喝;烟:□抽 □不抽; 其他:

在组织中的角色:□决策人 □非决策人	在组织中的影响力:□超强 □一般 □差
语言表达:□能说 □一般 □口拙	思维方式:□稳健 □保守 □激进
主管单位负责人	电话: 微信:

其他联系人

单位	姓名	职务	关系	电话及微信

初次拜访: 年 月 日 受访人: 职位: 客户经理:

二次拜访: 年 月 日 受访人: 职位: 客户经理:

续表

再次拜访：　年　月　日　受访人：　　职位：　　　　客户经理：					
客户绩效	年　月至　　年　月		入住房夜		房费收入：
餐饮收入：		会议收入：		其他：	
客户住店信息	入住人姓名		入住时间及房号		

客户反馈意见：

　　1.前台：

　　2.客房：

　　3.餐饮：

　　4.娱乐：

　　5.工程：

　　6.安全：

处理方法：
结果如何：

再次入住信息	入住人姓名		入住时间及房号	

续表

客户反馈意见:
1.前台:
2.客房:
3.餐饮:
4.娱乐:
5.工程:
6.安全:
处理方法: 结果如何:

第六节　VIP客户管理

VIP客户是英文"Very Important Person"的简称,意为"非常重要的客人",一般称为"贵宾"。他们有时候不一定会给酒店带来直接的经济利益,但是他们的到来可能会给酒店带来相当程度的社会效益。许多VIP客户的到来会引起社会各界的关注,也是各种媒体喜欢追逐的对象。比如国家级政治人物的到来,知名影星、歌星、体育明星的入住,都会引起社会大众的关注。

对VIP客户的接待服务是酒店给予在政治、经济以及社会各领域有一定成就、影响和号召力人士的一种荣誉。VIP客户接待服务是酒店优质服务的集中体现,也代表着酒店接待服务的最高水准。酒店应该根据客人的重要程度编制接待礼遇。

一、VIP客户的等级及界定

酒店VIP客户等级可划分为四等,按级别高低依次为V1、V2、V3和V4(表7.2)。

表7.2　××酒店VIP客户等级

等级	申请资格
VI	国家元首、国家部委领导、省级党政军主要负责人

等级	申请资格
V2	1.市级主要领导 2.社会名流(演艺界、体育界、文化界) 3.同星级饭店董事长、总经理 4.与本店合作较多的旅行社总经理 5.每年实际产生客房间天数在 600 间以上(含 600 间),或者年综合消费在 35 万元以上的协议公司的主要负责人或订房人员 6.对饭店有过重大贡献的人士 7.个人以协议价入住饭店 20 次/年以上的客人 8.长包房客人 9.饭店邀请的贵宾
V3	1.对酒店起到重要作用的各种负责人 2.每年实际产生客房间天数在 360 间以上(含 360 间),或者年综合消费在 20 万元以上的协议公司主要负责人或订房人员 3.个人以协议价入住饭店 10 次/年以上的客人 4.饭店邀请的宾客
V4	1.个人以会员申请价入住饭店 3 次/年(365 天内)以上的客人 2.个人以协议价入住饭店 5 次/年以上的客人 3.餐饮消费达到 5000 元/月以上的客人 4.饭店邀请的宾客

二、VIP 客户的申请办法

1.申请人

任何客人都可以申请成为 VIP。VIP 卡为积分累计卡,客人在酒店的每一次消费都会累计积分。VIP 卡有效期为申请之日起 365 天。

2.申请办法

上述客人可在酒店总台、大堂副理或客房等处获得申请表格,用正楷将表格填写完整并签署姓名,寄至酒店订房部或交总台服务人员,然后转交销售处。若客人符合申请条件,经公关销售处批准后,在客人递交申请表的 5 个工作日内,销售处将 VIP 卡及使用手册邮寄或送到客人手里。

3.使用方法

(1)VIP 卡只限本人使用,不可转借他人,VIP 卡上印有卡号,每次使用时须出示客人的有效证件。当客人入住酒店及在柜台结账时,须出示 VIP 卡,以便酒店从卡中读取客人的资料及其积分,否则客人的本次消费将无法记入他的累计积分中。

(2)每两个月,客人将收到销售处邮寄给他的积分情况通知,请客人及时确认,若有差错应及时与销售处联系。

(3)当客人的联系地址或个人资料变更时,需即时通知销售处,以确保及时收到销售处给客人邮寄的所有宣传或促销资料。

(4)当客人在预订房间或预订餐位时,需提前告知前台其 VIP 卡号,方便酒店为客人提供相应的优质服务。

三、VIP 客户的维护管理

(1)制订 VIP 客户接待程序,由市场营销部统一分发"VIP 接待计划书"到各部门,各部门根据计划书落实接待规格和细节。

(2)销售部:销售人员要经常拜访个人负责区域内的 VIP 客户,每晚值班的销售人员,在值班时间内,要负责接待跟踪 VIP 客户的入住等情况。

(3)客户服务部:客服人员要经常电话联系 VIP 客户;需要上门拜访的,每月应保证1 次。

(4)针对不同的 VIP 客户举办不同主题的鸡尾酒会、联谊会等活动,每季度 1 次。

(5)逢重大传统节日,如春节、中秋节等,应赠送 VIP 客户节日礼物,感谢他们对酒店的支持。

(6)酒店总经理和市场营销总监应定期在店内宴请部分 VIP 客户,以示酒店对他们的重视程度。

(7)根据酒店制订的"VIP 客户积分奖励计划",给 VIP 客户奖励。

(8)一线部门的员工要记住 VIP 客户的姓名、称谓、相貌特征、消费习惯、个人爱好等,为他们提供个性化的惊喜服务。

(9)每逢 VIP 客户生日,在店内的 VIP 客户,酒店赠送生日蛋糕或酒店指定的干红葡萄酒;在酒店外或外地的 VIP 客户,酒店及时寄去生日贺卡,带去酒店的问候和祝福。

(10)在每月市场营销分析会上,设立酒店 VIP 客户消费前十名主题汇报项目,方便各部门对 VIP 客户的了解和适时地维护客户关系。

(11)维护 VIP 客户的各级相关人员的分工:

·总经理、营销总监全面负责指导酒店的 VIP 客户的管理。

·公关销售处经理负责维护酒店指定的 VIP 客户及媒体广告方面的 VIP 客户。

·销售人员负责个人销售区域内的 VIP 客户的管理与销售。

四、VIP 客户在住店期间可享受的优惠项目

VIP 客户在住店期间可享受一定的优惠,以下是某酒店 VIP 客户在住店期间可享受的优惠:

(1)所有消费场所享受 9 折优惠。入住获赠免费欢迎水果、凭房卡洗桑拿免费。

(2)住店期间凭房卡洗衣、熨烫 8.5 折优惠。

(3)提供机场接送服务。

(4)凭房卡免费使用酒店的健身房和泳池(泳池使用期等同于酒店开放期)。

(5)在房况许可的情况下,免费延时退房至 15:00。

（6）享受 VIP 快速进、退房服务。

五、VIP 客户接待程序和标准

酒店通常按照客户的重要程度进行分类,分别以 V1、V2、V3、V4 予以表述,划分标准由各酒店根据客户组成自己制订,并根据不同级别制订相应的接待标准。

以下为某酒店 VIP 客户接待程序和标准。

（一）V1 级客户

1.接待对象

国家级、省部级党政领导人,著名大型企业 CEO,世界著名艺人、体育明星,为酒店作过重大贡献的人士等。

2.准备工作

（1）设立接待小组。通常由酒店总经理、副总经理担任组长、副组长,各部门总监担任小组成员。

（2）市场营销部负责填写"接待通知单",对酒店环境布置、卫生、安全、工程等提出具体要求,经总监签字后(国家级领导人由酒店总经理亲自布置任务)分发给各部门负责人。

（3）将客人在酒店活动安排形成书面格式打印出来,分别放入客人房间。

（4）公关部完成总经理欢迎信,交总经理签字后放入客人房间。

（5）召开各部门负责人专题会议,就接待任务进行动员和布置任务。

（6）各部门负责人根据接待任务单提出的要求,在接待任务开始前 3 小时完成。

（7）根据级别的需要,由总经理、副总经理以及各大部门负责人参与检查落实。

（8）接待任务开始前 1 小时,各项工作完全准备就绪。

3.迎宾规格

（1）准备欢迎水牌或(和)横幅,根据接待单位的要求办理。

（2）临时抽取部门女员工若干名担任迎宾小姐,提前 15 分钟到达指定位置。

（3）根据级别的需要分别由总经理、副总经理、部门总监率队,提前 15 分钟到达指定地点迎宾。

（4）客人车队到达酒店门口时,迎宾、保安整齐向车队行"军礼",待车子停稳后,迅速为客人打开车门。左手拉住车门把手,右手挡住车门顶,提示客人注意不要碰头。

（5）如遇到下雨天气,应事先准备好雨伞为客人遮雨。

（6）前厅行李员负责搬运客人的行李。

4.接待规格

（1）前厅经理或大堂经理引领客人直接到达入住楼层,在客人房间抽空为客人办理入住登记。

（2）办完登记后向客人询问是否还有其他需要帮助的事项,如无,则微笑着祝福客人入住愉快,并面对客人退出房间。

5.客房礼仪

(1)A级果篮1份、A级花篮1份、进口葡萄酒1瓶(用葡萄酒蓝装带开瓶器)、酒店点心曲曲饼1份等VIP礼品,附带洗手盅、刀叉一副。

(2)提前30分钟向客人房间派送。

6.餐饮礼仪

(1)餐饮设定专用餐厅,配备经过精挑细选的服务人员。

(2)由VIP专职接待人员与厨师长共同商定菜单。

(3)厨师长根据菜单需要,与采购人员共同选定食品原料,确保食品用材新鲜、安全,放在专用的冰柜里加上锁,只允许被指定为VIP客户做饭的厨师才能开锁。

(4)厨师长选定专门厨师进行精细加工,精心挑选盛菜的碟盘。

(5)服务人员上岗前需要进行仪容仪表检查,不符合要求的一律重新化妆。

(6)VIP宴会开始前1小时进行模拟走台排练,让每一个服务人员熟悉当晚VIP客户的饮食习惯、如何上菜、如何上汤、如何介绍菜品,尽一切可能把VIP晚宴变成一次宫廷演出。

(7)VIP客户用餐完毕,全体工作人员直立在桌旁目送客人离开,并与客人说再见。

(8)参加服务VIP客户的所有服务人员以及菜单都应记录在当日客户档案上。

7.VIP客户离店

(1)接待负责人随时了解VIP客户离店的时间。

(2)参与欢送人员提前10分钟到达指定位置等候,欢送客户上车。

(3)待客户的车队离开时,向车队挥手致意,直到车队远离看不到为止(图7.7)。

图7.7　广州从化碧水湾温泉度假村员工列队欢送前来参加
"碧水湾现象研讨会"的国内酒店总经理及旅游院校老师们

(二)V2级接待

1.接待对象

市级党政军主要领导、上市公司CEO、国内有名气的艺人和体育明星等。

2.准备工作

(1)设立接待小组。由部门总监担任组长、副组长,各部门负责人参加。

(2)市场营销部负责人填写"接待通知单",对酒店环境布置、卫生、安全、工程等提出具体要求,经由总监签字后分发给各部门负责人。

(3)将客人在店活动安排形成书面格式打印出来,分别放入客人房间。

(4)公关部完成总经理欢迎信,交总经理签字后放入客人房间。

(5)召开各部门负责人专题会议,就接待任务进行动员和布置。

(6)各部门负责人根据接待任务单提出的要求,在接待任务开始前3小时完成。

(7)根据级别的需要,由总经理、副总经理以及各大部门负责人参与检查落实。

(8)接待任务开始前1小时,各项工作完全准备就绪。

3.迎宾规格

(1)准备欢迎水牌或(和)横幅,根据接待单位的要求办理。

(2)临时抽取部门女员工2名担任迎宾小姐,提前15分钟到达指定位置。

(3)根据级别的需要分别由部门总监率队,提前15分钟到达指定地点迎宾。

(4)客人车队到达酒店门口时,迎宾、保安整齐向车队行"军礼",待车子停稳后,迅速为客人打开车门。左手拉住车门把手,右手挡住车门顶,提示客人注意不要碰头。

(5)如遇到下雨天气,应事先准备好雨伞为客人遮雨。

(6)前厅行李员负责搬运客人的行李。

4.接待规格

(1)大堂经理引领客人直接到达入住楼层,在客人房间抽空为客人进行入住登记。

(2)办完登记后向客人询问是否还有其他需要帮助的,如无,则微笑着祝福客人入住愉快,并面向客人退出房间。

5.客房礼仪

(1)B级果篮1份、B级花篮1份、国产葡萄酒1瓶(用葡萄酒蓝装带开瓶器)、B级酒店点心曲曲饼1份,附带洗手盅、刀叉一副。

(2)提前30分钟向客人房间派送。

(三)V3 级接待

1.接待对象

酒店 VIP 会员、连续住酒店 10 间(夜)以上客户、总经理邀请的重要客户。

2.准备工作

(1)市场营销部负责人填写"接待通知单",对酒店环境布置、卫生、安全、工程等提出具体要求,经由总监签字后分发给各部门负责人。

(2)各部门负责人根据接待通知单提出的要求,在接待任务开始前3小时完成。

(3)由各部门负责人检查落实。

(4)接待任务开始前1小时,各项工作完全准备就绪。

3.迎宾规格

(1)前厅经理、大堂副理提前15分钟到达指定地点迎宾。

(2)如遇到下雨天气,应事先准备好雨伞为客人遮雨。

(3)前厅行李员负责搬运客人的行李。

4.接待规格

(1)大堂经理引领客人到前厅接待处为客人进行入住登记。

(2)办完登记后向客人询问是否还有什么需要帮助的,如无,则微笑着祝福客人入住愉快。

(3)安排行李生引领客人到客房。

5.客房礼仪

(1)C级果盘1份、C级花篮1份、C级酒店点心曲曲饼1份。

(2)提前30分钟向客人房间派送。

(四)V4级接待

1.接待对象

酒店普通会员、连续住酒店5间(夜)以上客户、总经理邀请的普通客户。

2.准备工作

(1)市场营销部负责人填写"接待通知单",经由总监签字后分发给各部门负责人。

(2)大堂接待处特别予以关注,大堂副理及时与客户取得联系,提示客人酒店所在地的气候及应准备的衣物。

(3)接待任务开始前1小时,各项工作完全准备就绪。

3.迎宾规格

(1)待客户到达时,大堂经理表示欢迎。

(2)如遇到下雨天气,应事先准备好雨伞为客人遮雨。

(3)前厅行李员负责搬运客人的行李。

4.接待规格

(1)大堂经理引领客人到前厅接待处,协助客人进行入住登记。

(2)办完登记后向客人询问是否还有什么需要帮助的,如无,则微笑着祝福客人入住愉快。

(3)安排行李生引领客人到客房。

5.客房礼仪

(1)D级果盘1份、D级酒店点心曲曲饼1份。

(2)提前30分钟向客人房间派送。

思考题

1. 如何对酒店客户进行分类?

2. 什么是客户价值管理?

3. 酒店如何做好对大客户的管理?

4. 酒店 VIP 客户分为哪几种类型,如何做好 VIP 客户的接待服务工作?

【案例分析】

如何做好康养型酒店客户的服务

位于国内某著名风景区的某干部疗养院,以接待国家和省市干部疗养为主,曾经接待过众多国家和省市领导人,在新的历史条件下,酒店需要转型发展成健康养生型度假酒店。酒店总经理面临的问题是酒店在新的时代背景下,应如何开发这一市场,做好康养型客户的服务和管理工作。

这家干部疗养院即将转型为康养型度假酒店

问题:您能否给出一些开拓这一市场,做好康养型客户服务和管理的思路?

【补充与提高】

某酒店 VIP 等级接待规格明细

(一)相关部门接待规格

部门	V1	V2	V3	V4
客房部	1.贵宾在店期间,酒店豪华轿车一辆 24 小时听候调用 2.贵宾抵店前 15 分钟,酒店欢迎队伍等在大门外就位,等候贵宾抵达;贵宾抵店前 10 分钟,饭店总经理、市场销售总监及各部门经理到一楼门厅外的车道处等候迎接 3.贵宾抵店,总经理陪同直接从专用电梯进入客房 4.行政管家、当值主管、领班在楼层迎接 5.前厅部经理、大堂副理陪同客人至房内进行登记或免登记 6.每天首先安排 VIP 房卫生清扫,贵宾外出时均需及时整理房间。贵宾房夜床服务安排在晚上 7 时以后 7.客房布置 V1 款	1.贵宾在店期间,酒店轿车一辆 12 小时听候调用 2.贵宾抵店前酒店总经理、总监、公关、营销部经理、前厅部经理等在一楼门厅外的车道处等候迎接 3.贵宾抵店,前厅部经理陪同直接从专用电梯进入客房 4.行政管家、当值主管、领班在楼层迎接 5.前厅部经理陪同贵宾到房内登记 6.客房布置 V2 款	客房布置 V3 款	客房布置 V4 款
餐饮部	1.完全了解贵宾的身份、习惯、餐标、餐式、用餐时间及其他注意事项 2.餐饮部经理为贵宾每餐准备 3 套菜单。 3.安排贵宾在专门的餐厅包间用餐 4.开餐前,由餐厅主管负责检查贵宾使用包间的设备及餐具 5.开餐中,由餐厅主管亲自为贵宾服务,两名优秀服务员配合 6.按政府接待部门要求提供酒水、香烟和茶叶等物品 7.每餐使用饭店高档餐具 8.服务人员应熟知菜肴典故,能够随时回答贵宾提问 9.提供分菜服务	1.完全了解贵宾的身份、习惯、餐标、餐式、用餐时间及其他注意事项 2.餐饮部经理为贵宾开每餐菜单,准备 2 套 3.贵宾在餐厅包间用餐 4.开餐中,由餐厅领班为贵宾服务 5.每餐提供进口、国产酒类、饮料各 3 种备选,每餐提供一级茶叶两种以上 6.使用饭店高档餐具 7.服务人员应熟知菜肴典故,能够随时回答贵宾提问	1.完全了解宾客的身份、习惯、用餐时间及其爱好 2.开餐时,主动为宾客服务、与宾客交流	1.完全了解宾客的身份、习惯、用餐时间及其爱好 2.开餐时,主动为宾客服务、与宾客交流

续表

部门	V1	V2	V3	V4
保安部	1.贵宾抵店前15分钟,保安人员以50米1人,分两侧列队于酒店大门前。贵宾车队抵达时,行举手礼 2.贵宾入住楼层,实行双岗不间断巡逻,辅以24小时监控 3.贵宾离店,提前15分钟以50米1人距,在饭店大门的通道两侧列队完毕,向离店贵宾行举手礼	贵宾入住楼层,加强巡逻,辅以24小时监控	正常保安工作	正常保安工作

(二)客房布置

V1款

品　名	规　格	数　量	摆放位置	备　注
鲜花	高档花篮	大小号各两盆	主卧室、客厅茶几	酒店花房提供,视状况更换
签名簿、签字笔	高档	一本、一支	写字台	
果篮	高档果篮	一篮	客厅茶几	时令水果,每日补充更换(至少4种)
酒水	进口红葡萄酒	一瓶	小酒吧台	配镀银冰桶及四只酒杯
绿色植物	盆栽	两盆	客厅、卫生间	视区域面积
欢迎卡	饭店贵宾专用	一张	茶几上	总经理签名

V2款

品　名	规　格	数　量	摆放位置	备　注
鲜花	中档花篮	大小号各一	主卧室、写字台	饭店花房提供
果篮	中档果篮	一篮	客厅茶几时令水果	每日更换补充(4种以上)
酒水	国产红葡萄酒	一瓶	小酒吧台	配四只酒杯
绿植	盆栽	一盆	客厅	视区域面积
欢迎卡	饭店贵宾专用	一张	茶几上	总经理签名

V3 款

品　名	规　格	数　量	摆放位置	备　注
鲜花	中档花篮	一篮	写字台	饭店花房提供
果篮	中档果篮	一篮	客厅茶几	国产水果
绿色植物	盆栽	一盆	客厅	视区域面积
欢迎卡	饭店贵宾专用	一张	茶几上	总经理签名

V4 款

品　名	规　格	数　量	摆放位置	备　注
果篮	普通果篮	1篮	圆茶几上	时令水果
欢迎卡	饭店贵宾专用	一张	茶几上	总经理签名

第八章
会员管理

　　VIP 客户是酒店的重要客人,酒店要努力将重要客户发展成为酒店会员,而会员卡则是酒店建立和维护客户关系的重要方式,是客户管理的主要内容之一。

　　酒店通常会在行政楼层设立会员俱乐部,发展会员并为酒店会员提供优质服务。本章主要介绍酒店会员管理制度。

【本章学习目标】

- ·认识酒店会员俱乐部。
- ·了解酒店会员卡。
- ·掌握会员卡的管理。

关键词:俱乐部;会员卡
Key Words:Club;Membership Card

第一节　会员卡管理

酒店的会员通常是酒店的重要客人,酒店通常发行会员卡,为会员提供特殊服务,以鼓励和发展酒店忠诚客人。

一、会员卡的功能

会员卡同时具备打折优惠、储值和积分三项功能。

优惠功能:按照卡内的折扣信息给予住房和菜品相应折扣。

储值功能:会员卡可提前预存金额,以方便消费。会员卡储蓄的数额越大享受的优惠折扣越多。

积分功能:根据会员的消费积分,会员可以领取相应的奖励、获得打折优惠或会员身份升级等。

二、会员权益

不同的酒店可给予会员不同的权益,以下权益可供酒店制订会员权益时参考。

(1)酒店会员凭会员卡可享受酒店住房和餐厅菜品执行价的8.8折优惠,协议单位和特别客户可根据达成的协议给予相应的折扣。

(2)所有会员住房可延迟到15:00退房,免收半天房租。

(3)会员优先享受酒店预订、会员特价和各项优惠措施。

(4)享受酒店的消费积分奖励和邀请免费参加酒店举办的各类会员联谊活动和参加抽奖活动。

(5)在酒店客房紧张时,会员将享有客房预订优先权。

(6)预订延时保留在因故未能在预订保留时间内到达酒店时,经电话确认后,酒店将为会员适当延长保留时间至20:00。

(7)会员凭会员卡至酒店联盟商家消费,可享受相关的优惠待遇,具体优惠以联盟商家的规定为准。

(8)生日当天在酒店消费的会员可获赠生日礼物一份。

(9)定期专人回访和个性贴心服务。

三、会员卡的管理

(一)会员卡申领条件

会员卡办理需满足以下条件之一:

- 单次消费满一定金额可以获取。

- 累计消费满一定金额可以获取。
- 特定情况给予赠送。
- 客户自行购买会员卡。

单次消费金额要求:单次消费满××元即可获取 VIP 卡。

累计消费金额要求:累计消费满××元即可获取 VIP 卡。

特殊情况下给予赠送:如特殊客户、老客户、活动赠送、联盟会员等情况,VIP 卡赠送须总监级以上人员同意并在会员卡赠送单上签字方可赠送。

(二)会员卡的办理及发放

(1)为保证和维护会员利益,每一张卡务必由申请人真实填写会员信息登记表,并确认遵守《××酒店会员管理制度》。

(2)会员卡的办理:会员申请人需持有效证件按照规定如实填写会员资料,并按照酒店的会员费用标准付费后方可办理会员卡,原则上一个证件只能办理一张会员卡。

(3)会员卡由前厅部、餐饮部、客户服务部办理手续,向客人收取和进行充值,并向客人出具会员储值单,正式发票待客人每次消费后给予等值面额的发票。

(4)销售人员和其他部门员工销售的会员卡,可将客人带领到前台或客户服务部办理手续,并由销售人员在会员信息登记表上签署姓名,以便业绩统计。

(三)会员卡充值

酒店会员可根据实际情况进行充值,酒店可根据客人充值数额的不同,给予不同程度的优惠和待遇。

(四)会员卡的使用

(1)会员卡是客人在酒店储值消费和享受各项优惠措施的唯一凭证,该卡只限本人使用,持卡人应妥善保管会员卡和密码并按规定使用,若因丢失、转借和密码泄露等造成的损失,酒店概不负责。

(2)会员须在住宿登记和餐厅茶楼结账时出示会员卡(卡号)和输入密码,以便享受优惠和累计积分,否则为无卡对待,过后补卡不被接受。

(3)持卡人资料若有变更,必须及时办理变更手续。否则,因此而引起的责任由持卡人承担。

(五)会员卡的挂失、补办、换卡和退卡办理

挂失:会员卡遗失后,持卡人须在 24 小时内凭有效证件到酒店挂失。因未及时挂失引起的责任由持卡人承担。

补卡:办理挂失的会员卡,可在 3 个工作日后办理补卡手续,补卡不得更改会员卡原有持卡人姓名和身份证号码等重要资料,每张卡需交补卡费××元,原卡内的相关信息方可转入

新卡内继续使用。

换卡:会员必须爱护会员卡,如不慎损坏可申请换卡,换卡时每张卡须交卡费××元,原卡内的相关信息方可转入新卡内继续使用。

退卡:客人因正当理由要求退卡的,应当场验证会员卡密码和原始登记信息无误后,请客人持会员卡和与原始登记信息相符的有效证件到财务部办理退卡手续,由财务核实客人资料和账户资料后给予办理,并收回会员卡,原则上退回的会员卡不再对外发放。

(六)会员卡的发放促销

以下方案供参考。

(1)每张卡一次性储值500元以上,免收卡费;每张卡一次性储值1000元以上,免收卡费,并给予客房××折的特别优惠。

(2)凡在酒店按执行房价入住任意一种类型的客房一间一晚和在餐厅消费××元以上的客人,赠送会员卡一张,免收卡费,但本次消费不可凭该卡享受优惠。

(3)和酒店签约的协议单位,可视情况需要购买和赠送会员卡。

(4)对于特别客户,酒店可赠送会员卡并免收卡费。

(七)会员积分管理

酒店鼓励消费,消费越多积分越多,每个酒店积分奖励措施不同,从免费住房到酒店消费餐券、实物奖励都有不同,实物的价值从几元到几百元不等。

(1)会员在酒店消费××元积1分。

(2)积分每满××分可获赠免费入住酒店豪华标间(或单人间)一间一晚。

(八)员工促销奖励办法

(1)酒店鼓励全体员工大力宣传和推广会员卡,每出售一张会员卡给予售卡人××元奖励。

(2)一次性储值××元奖励××元,以此类推。

第二节　会员俱乐部与会员分级管理

一、会员俱乐部

会员俱乐部通常设在酒店行政楼层,主要作用是对客户进行维护并向客户以会员卡的形式推销储值卡,从最低端的银卡,而后上升为金卡、钻石卡、白金卡等。会员卡的售价从1万元到数万元不等,价格越高,享受的优惠条件越多。

会员卡制度是会员俱乐部管理的主要方式,也是酒店客户管理的重要内容。通过办理会员卡,可与客户建立起长久稳定的客商关系,让客户享受新时代的尊贵服务,提升客户的忠诚度与满意度。同时,酒店这样做还可以提前得到客人的现金,以利于酒店资金周转,也免去了害怕收不回钱的烦恼。

会员部的服务人员需要选择形象好、服务温馨、沟通能力较强、服务水平较高的人员担任。会员部人员除了按照会员卡级别提供不同的优惠条件之外,其他任何服务都要一视同仁,对每一位会员都应热情接待、温馨服务。会员部所有成员都应熟悉每一位会员的性格特点和消费习惯,以便向客人提供及时、优质的服务。

二、会员分级管理

根据会员的忠诚度和消费额,可对会员进行分级管理。根据级别的不同(可依据充值额确定),享受不同的优惠待遇。

以下以某大酒店会员卡政策为例,说明不同级别会员卡所能享受的不同待遇。

【案例】

1.至尊卡

至尊卡通常是酒店中最为珍贵的会员卡,充值额度不少于10万元。持卡人到酒店行政楼层消费通常可以带一位客人免费享用早餐和茶歇,超过一名客人一同消费时,超过部分的费用由持卡人支付。需要时可以免费享用行政楼层小会议室持续两个小时一天。入住酒店可以享受当日门市价5~7折优惠。餐饮零点消费可以享受全单8折优惠,两人以上消费时可以获得一人免单优惠。酒店举办大型优惠活动时,至尊卡客人可以选择按照至尊卡优惠条件付账,也可以选择按照大型活动的优惠条件付账。

2.钻石卡

充值额度为5万~9万元。持卡人到酒店行政楼层可以免费享用早餐和茶歇,如果带客人一同消费,客人的费用由持卡人支付。可以免费使用行政楼层小会议室一个小时一天。入住酒店可以享受当日门市6~8折优惠。餐饮零点消费可以享受全单8.5折优惠。三人以上消费时可以有一人免单。酒店举办大型优惠活动时,钻石卡客人可以选择按照钻石卡优惠条件付账,也可以选择按照大型活动的优惠条件付账。

3.白金卡

充值额度为3万~4万元。持卡人到行政楼层可以免费享用茶歇服务。如果带客人到行政楼层消费,客人的费用由持卡人支付。入住酒店可以享受当日门市价7~9折优惠。餐饮零点消费时可以享受全单8.8折优惠。酒店举办大型优惠活动时,白金卡客人可以选择按照白金卡优惠条件付账,也可以选择按照大型活动的优惠条件付账。

4.金卡

充值额度为1万~2万元。持卡人到行政楼层可以免费享用茶歇服务。如果带客人到行政楼层消费,客人的费用由持卡人支付。入住酒店可以享受当日门市价9折优惠。餐饮零点消费时可以享受全单9折优惠。酒店举办大型优惠活动时,金卡客人可以选择按照金卡优惠条件付账,也可以选择按照大型活动的优惠条件付账。

所有会员卡在酒店游泳池和健身房可以全年免费使用。

思考题

1.什么是酒店会员卡,会员卡通常分为哪些类型?

2.酒店会员卡的主要功能有哪些? 如何推广酒店会员卡?

【案例分析】

××酒店会员(VIP)订房积分奖励制度

一、客人积分奖励政策

无论VIP卡还是会员卡均为积分累计卡,客人在酒店的每一次消费都将累计成积分自动转入积分卡内。若VIP的积分有变动,则须于当日将积分情况通知客户。

1.根据客人的消费金额以积分的方式换算。(币别:人民币)

客房消费2元=1分;

餐饮部分(1F自助餐厅、西餐厅、大堂吧、红酒吧、雪茄吧)5元=1分;

康体部分(电子高尔夫练习场、棋牌室、茶室、5F卡拉OK)2元=1分。

2.兑换客房奖励及办法:

积分满1000分,可抵用升格至高级房的待遇;

积分满3000分,可抵用升格至海景房的待遇;

积分满5000分,可抵用入住行政房一间/天的待遇;

积分满7000分,可抵用入住普通套房一间/天的待遇;

积分满9000分,可抵用入住高级套房一间/天的待遇;

积分满10000分,可抵用入住行政套房一间/天的待遇。

(备注:积分不享受酒店的促销活动)

3.兑换客房申请:提前预约确认。需要兑换积分时,可直接扣除积分消费(需有效卡)。

4.限制:会议、婚宴、宴会及外卖等团体类活动不享受积分奖励及优惠条款。

二、订房人员积分奖励政策

1.制订订房人员积分奖励政策的目的主要是针对各协议公司的订房人。

①酒店将以年度计算协议公司订房人的积分,不可跨年累计。

②计算办法:以协议公司为单位,根据订房人公司每年在饭店的客房、餐饮和康乐等消费的金额,按照下列标准:

客房消费2元=1分,会议客房消费4元=1分,会议场租及餐饮、康体消费5元=1分。

③积分可兑换本地大型商场的购物券。

④经兑换后的积分将自动扣除,不能重复兑换。兑换时间以一年为限。

⑤订房人员的积分可通过销售部查询,随时了解最新积分情况。负责该订房人员公司的销售代表需在每月月初通知订房人上个月的积分累计情况。

2.积分兑换明细:

积分满 1000 分,可抵用价值为 40 元的购物券;

积分满 2000 分,可抵用价值为 80 元的购物券;

积分满 3000 分,可抵用价值为 120 元的购物券;

积分满 4000 分,可抵用价值为 160 元的购物券;

积分满 5000 分,可抵用价值为 200 元的购物券;

积分满 6000 分,可抵用价值为 240 元的购物券;

积分满 7000 分,可抵用价值为 280 元的购物券;

积分满 8000 分,可抵用价值为 320 元的购物券;

积分满 9000 分,可抵用价值为 360 元的购物券;

积分满 10000 分,可抵用价值为 400 元的购物券。

上述两个积分奖励方案,应向前厅部和市场营销部宣讲,让 VIP 客户和订房人员在询问积分情况时能给予正确的答复。

问题:如何评价该酒店会员(VIP)订房积分奖励政策?

【补充与提高】

会员计划升级能否让"流量变留量"?[①]

在流量为王的当下,会员体系是酒店集团的核心资产。近期,洲际、雅高、德胧、亚朵等酒店集团不约而同地升级了会员计划,引发了业界的关注。消费者关心的是会员权益做了哪些增减、是否符合心意,酒店在意的是如何实现会员计划的最大价值。事实上,会员计划的变革正是为了解锁"流量变留量"的密码。

消费者:入会晋级不"香"了

---

① 摘自:王玮,中国旅游报,2022-09-01。有修改。

"以前我想拥有所有知名酒店集团的'塔尖会籍',只为入住时一系列的专属'福利',但现在我只保留了一家会籍,如果有入住其他集团旗下酒店的需求,就在OTA上比价后直接预订。"旅游达人嘻嘻在网络上的这一番留言,道出了很多"酒店控"当下的想法。

"酒店会员计划的推出本是为了给忠诚度高、回购力强的消费者提供专属的增值服务,以此吸引更多的消费者加入,并不断通过入住消费来完成会籍升级。但是现在预订的渠道越来越多,想要获得的权益也不是非要成为会员才能得到,入会、晋级也就不那么'香'了。"酒店体验师阿布分析道,消费者选择成为酒店会员的原因,无非就是想享受非会员没有的独特权益。

前段时间,阿布发现自己的亚朵会员权益更新了。在增加的若干条权益中,最吸引他的就是线上健身平台Keep将App中十款收费课程,在亚朵旗下100多家门店上线。只要亚朵会员入住这些门店,就可以免费体验课程。对于健身爱好者阿布来说,这一项会员权益让他找到了除了常规优惠服务之外的兴奋点。

事实上,酒店会员固定权益行权率低已成为一个普遍问题。对于年轻消费者来说,生日福利、限定下午茶等权益明显吸引力不足。

不久前,在上海工作的90后消费者司马燕成为德胧集团"百达星系"的会员,"百达星系"是该集团在今年才推出的全新酒店会员计划。在司马燕看来,这个会员计划隐去了不断消费晋级的功利色彩,等级晋升以会员在指定场景所体验累积的时间为价值尺度,变得更具娱乐性和探索性。再加上她经常出差、度假的地方都有这家集团的酒店,就忍不住想入会体验一下。

"我们想要的权益其实不复杂,首先是会员价格最优,如果有会员计划可以承诺'订房比其他渠道贵立即补差价或赔付房费',这会马上打动我们。当然,会员计划的升级、保级措施是否合理,会员订单的退改期限是否有更长的时效,其他特色权益是否有较强的实用性或趣味性等也是我们考虑的范畴。"司马燕告诉记者,她与身边同龄朋友交流过此类话题,大家基本是此类想法。

"因为工作我需要经常出差,之前成为酒店会员的目的就是希望有为会员专设的快速入住通道、有客房优先免费升级的权益、有行政酒廊安静舒适的用餐环境……"70后商旅人士张先生一直是几家国际酒店集团的高级会员,他告诉记者,会员专属服务内容是他最看重的部分,但受疫情的影响他的差旅次数减少了,会员等级是否会下降和会员积分何时过期是他目前最在意的。令张先生感到高兴的是,他发现有的酒店集团已升级了会员权益,增加了即使不入住也可以享受酒店健身中心、会议室等区域的权益并放宽了积分兑换的时间和范畴,但也有一部分酒店会员计划不够人性化,让他萌生"退会"的想法。

在多数业者看来,会员计划在酒店的运营中发挥了不小的作用,一定程度上为酒店实现了原始的流量积累。但随着悦己消费、品质消费、体验消费成为主流,消费者对于传统酒店会员计划的规则产生了不同看法。

酒店:权益赋值让会员更"黏"

"如今的酒店会员计划已经到了变则活,不变则腐的关键时期。"有业者已经意识到,传统的酒店会员计划已难以满足日益增长的会员需求。酒店会员计划对消费者的吸引力正在降低,对酒店营销推动作用也越来越小,精准发力解决痛点势在必行。

记者注意到,"会员权益赋值越高,用户黏性越大"已成为业界共识,但国际酒店集团和国内酒店集团采用了不同的做法。比如,在如何让新一代消费者拥有他们想要的"优越感"这一点上,国际酒店集团升级会员计划时,把更多的焦点放在了专属服务上。

雅高酒店集团的会员计划——"雅高心悦界"就在近期专门为中国客人推出了会员权益升级计划。雅高集团大中华区首席商务官黄谨言介绍,升级后的会员计划设置了会员早餐专区和会员楼层,还配备了桌边服务、派送特定菜品、专属客房布置等相应服务。

在洲际酒店集团司首席执行官 Keith Barr 看来,会员住得越久,消费就会越多,会员体系是酒店最赚钱的渠道。升级后的洲际酒店集团会员计划不仅增加了入门等级,还把此前"最高级别会员都无法保证享受免费双早和其他双人共享权益"等被诟病的问题解决了。不过,在增加权益的同时,该会员计划的保级难度也有所提升,其目的就是鼓励会员多住多消费。

国内酒店集团则把更多的关注点放在了构建多元化体验场景上。

"此前酒店行业的会员计划,基本上就是围绕酒店这一主体,会员消费越多酒店能够给的优惠或是折合间夜数也就越多。"亚朵集团会员业务部门的负责人熠洪介绍,亚朵新的会员计划在原有酒店权益的基础上,整合了更多用户有高频需求的生活方式类权益,涉及出行、阅读、运动、饮食、艺术等多个领域。"我们期望亚朵会员拥有的权益能覆盖其日常生活的方方面面。"

如今,酒店已经迈入了多业态融合发展的浪潮中。在多数业者看来,酒店会员计划的焕新应该同酒店行业的发展趋势紧密相连。既然酒店不断探索除住宿以外的商业模式,会员计划也应多业态运营。简单来说,会员的积分不仅可以在更多的生活领域使用,获得积分的渠道和场景也可以更加多元。

事实上,积分是会员行使专属权益的"入场券"。如何获取积分,如何在有效期内使用完,如何以此来完成会籍升级等都是消费者非常在意的,如果酒店的规则不够公平或没有与时俱进,就会出现严重的"掉粉"现象。

德胧集团推出的新会员计划之所以被不少会员称为是公平规则,除了积分的增长是以时间为尺度,时间具有连续性,会员只要在该集团旗下的酒店和其他场所攒够时间值就可以兑换相应的体验外,积分不会过期,会籍不会降级等规则都让会员觉得很合理。而且,在不少会员的计划中,会将日常商旅出行入住的酒店间夜值积累起来,兑换满足家庭出游需求的高端度假酒店体验。反过来看,这是德胧集团让消费者更多了解其旗下住宿产品的机会,该集团在此过程中又完成了一次成功的产品推介和用户拉新。对于酒店集团来说,发展会员的根本目的正是获取可转化的流量。

业界:别让海量会员"休眠"

流量是酒店运营的根基。在酒店行业,形成一定数量规模的会员体系可以让酒店在公域流量之外,建立起自己的"护城河"。而活跃的会员可以直接为酒店赋能,巩固品牌效应的同时,提升经营收益。有数据显示,某大型酒店集团今年第二季度的直销贡献率达到 65%以上,其中有很大一部分来自其上亿会员的贡献。

然而流量有效转化并非易事,这也是为何不少酒店集团面临海量会员进入休眠状态却无可奈何的原因。酒店不断升级会员计划的目的就是要进一步强化会员体验,培养会员黏性,增强会员消费力。在多数业者看来,如何提高会员的复购率,不让数量庞大的会员形同虚设是酒店运营中很关键的一步。

"往往好的会员计划的共同点就是规则简单、持续复购。"盈蝶咨询首席执行官胡升阳曾撰文分析,酒店可以通过消费频次的不同把会员分成高价值用户、中价值用户、低价值用户。在制订会员计划时,对于高价值用户可以加强服务和个性关怀,让会员有明显的价值感;对中价值用户,可以用礼品和优惠券引导其提高消费单价和频次;对长期未光顾的低价值用户,可以做针对性唤醒。只有这样有针对性地抛出权益,才能有效留住客人。

在胡升阳看来,酒店需要周全考虑会员计划的每个关键节点,为会员加上精准的标签,判断出会员的消费特征与行为喜好,在此基础上维护好会员的权益并打造个性化服务。反之,如果酒店运营团队还停留在传统的营销思维方式上,比如,在OTA渠道动态调整房价时,没有同步调整会员价格,形成会员价高于OTA价的情况,又或者认为眼下来自会员渠道的收益较少,不去用心经营,那么就会造成消费者认为还不如转去OTA预订的局面,会员复购率也就无从谈起了。

"当然,增加复购率的同时,拉新也非常重要,但是酒店也要清楚地认识到,拉新成本并不低,且依然会遇到新粉一时间激增的假繁荣。"有业者提醒道,有一部分新用户是奔着"薅羊毛"来的,这些用户的消费购买行为可能就是一次性的,行使完新注册会员的权益后,如果酒店接下来优惠力度不足,便会进入"沉睡"状态。因此,酒店在拉新时,也要考虑接下来的营销计划,实现精准营销,别为了一时的会员数增长而忽略了策略的精准性。

事实上,已有酒店会员业务部门的负责人向记者坦言,随着用户需求不断变化,酒店会员权益升级的速度是否能跟上,如何通过服务的品质和保障实现会员的长期留存,如何对会员反映的问题进行及时处理和反馈等都是他们必须要面临的考验。

知名忠诚度营销专家曾智辉在分析全球酒店会员计划的趋势和挑战时提到,酒店集团会员计划可以从以前单纯的客户忠诚计划向生活服务商转型,注重客户流量经营,提升客户的消费贡献,也可以通过增加与第三方合作伙伴或外部品牌的联合营销来完成会员计划的升级,还可以通过提高会员在酒店集团旗下各个品牌之间的跨品牌体验,进而增加会员渠道的收益。公域流量红利最终会越来越小,如何将公域流量转为私域流量并激活它,需要专业的能力。酒店会员计划多种形式的变革已经开始,也将为行业带来新的思考。

第九章
不同渠道客户管理

　　不同渠道的客户有不同的特点,要求有不同的客户管理方法。本章主要介绍会展客户(MICE)团队客户、政府客户等不同渠道的客户管理。

【本章学习目标】

- ·了解团队客户的客户管理方法。
- ·了解政府客户的类型及客户管理方法。
- ·掌握 MICE 客户的客户管理方法。
- ·掌握 OTA 客户、新媒体客户等其他客户管理方法。

关键词:团队客户;政府客户;MICE 客户;OTA 客户
Key Words:Group Customers;Government Customers;MICE Customers;OTA Guests

第一节　团队客户管理

一、团队客户

团队客户是指具有相同目的、相同背景的客户进行的组团式消费客户。团队客户(特别是会议型团队)是酒店收入的重要来源,对于会议型酒店而言,往往30%的团队客户可贡献企业70%的营业额(有些甚至超过90%)。因此,团队客户是各大酒店努力争取的客户对象,酒店必须高度重视高价值团队客户以及具有高价值潜力的团队客户。

团队客户每年都会与酒店达成书面上的合作协议,在合作协议中规范了合作双方的权利和义务,酒店以协议价格为客户提供会场、用餐、住宿等酒店服务。

二、团队消费的特点

与散客客户相比,团队客户具有消费人数多、消费总额大、消费周期长、消费标准相对固定、消费单价低等特点。

另外,工作会议一般安排在每个季度结束的时间段举行,经销商会议、年会一般在岁末年初举行。

三、团队客户管理目标

(1)利用价格杠杆,旺季时将酒店利润最大化,淡季时追求高出租率。

(2)通过不同的手段更好地将酒店及周边优势整合,吸引各类团队客源。

(3)维护好团队客户关系。

四、团队客户的分类

(一)按团队性质划分

旅游团队。如旅行社、旅游公司等团队客户。

其他商务公司。以公司或个人为主达到一定人数的也可称为团队。

(二)按客户特征划分

按客户特征,团队客户可分为大客户、重要客户、集团股东客户等。其中大客户是指产品使用量大、使用频率高的客户。重要客户是指党政军、公检法等国家重要部门的客户。集团股东客户是指与本企业在产权、所有权中具有密切联系、使用本企业产品的客户。

（三）按团队规模划分

1.按团队人数

小型团队，100人以下；

中型团队，100~500人；

大型团队，500人以上。

2.按消费产品种类

单纯会议：只使用会场；

综合会议：在酒店范围内使用会场、用餐、住宿等酒店产品。

（四）按客户团队的消费周期划分

（1）一次性消费团队客户。

（2）多次消费团队客户（大客户）。

比如说一个团队会议今年开了消费100万元的会议，明后年不开了，也很难将其视为大客户；但如果是持续的消费行为，今年消费100万元，明年消费100万元，后年还消费100万元，那我们就可以认为它是大客户了。

区分一次性消费的团队客户和多次消费的团队客户（大客户）的意义在于：要想客户在酒店有大量消费，酒店必然要在其中下很大的功夫，动用非常多的资源，如果客户团队可以持续在酒店消费，那么前期开发大客户的成本分摊到后面持续的采购行为当中，等于摊薄了酒店方面的付出成本。但如果是一次性消费，就需要考虑投入产出比。

（五）按客户单位采购需求划分

分散还是统一采购，有的企业团队，如银行业，按照总行、省分行、市分行（中心支行）、县区支行、街道营业点等框架具有大范围的分支机构，一般都会建立自己的全国范围内的供应商采集库。符合标准（酒店级别、酒店产品价格等）的酒店供应商都会去其供应商采集库，在有团队业务需求时，经办人会结合区域内实际情况进行择优统一选择。

（六）按行业划分

1.保险业、教育培训团队等

客户特点：一是会议人数多，经常有500~2000人的大型会议，只是单纯使用会场，住宿房间、餐饮等综合性消费相对较少；二是会议安排临时，大都根据工作任务完成量临时安排会议，预订场地档期比较急；三是预算偏低，会议举办场次多，参加人数多，预算低，控制消费总量。

2.重工机械、银行业、电力行业等

客户特点：一是对场地要求高，重工机械类往往要求酒店有室外大型场地，用来停放展示机械设备。汽车类要求有液压车载电梯，会场门足够大，这样会场可以进展车。二是对服

务水平要求高,银行业、电力行业预算比较充足,对酒店会场、客房设施设备、餐厅菜肴质量有较高的要求。

五、团队客户工作规程

(一)酒店产品报价、信息确认、合同签署

1.报价

酒店针对团队客户的产品报价(会场、用餐、住房等)一般以文字形式(原件、传真)进行,并需要盖章确认。部门每一个销售经理应以市场销售部统一的报价为模板。如客户有特殊要求,可制作专用报价单。

一些大型企业通常会集中建立供应商采集库,在年初提供报价材料统一入库。该企业会议在一段时间内只需要提供一次报价即可。

制订合适的酒店产品报价区间。面对竞争越来越激烈的酒店行业市场,市场销售部一般根据时间节点(淡旺季、大型展会、促销活动、档期调整等因素)制订合适的酒店产品报价区间,切忌全年固守一个价格区间。市场销售部所有销售经理的报价均在该价格区间内合理浮动。特殊价格可报请酒店批准再执行。

2.规范管理

所有的酒店产品资源预订、变更、取消应以文字或内部 OA 系统审批,清晰明了、准确无误,可记录可查询。所有预订必须和酒店现有资源一一对应,然后再下单到相应部门落实预留。

3.签订酒店资源预留合同

报价单经双方认可执行后,根据报价单内容签订酒店资源预留合同,在合同中明确说明使用酒店产品资源的项目、数量、价格等标准,约定预付款金额、预付时间、结款方式、结款期限等内容。

4.执行合同

根据双方合同签订的内容逐项跟进执行,确保团队活动在酒店顺利举行。

(二)客户档案的留存及交接

要按规定做好客户合同档案、客史、工作任务布置单等日常文字内容留存及交接工作。

1.团队客户的预订、变更、取消和客史档案资料

团队客户的预订、变更、取消和客史档案资料的建立、更新、注销,统一按照酒店即部门工作制度进行。需要抄送酒店其他营业部门的,落实签收程序。

2.合同、工作任务布置单、请示等材料

合同、工作任务布置单、请示等材料以年度为范围收集、整理、装订。涉及酒店档案管理工作范围的按照酒店工作时间节点交到总经办、财务审计等部门。

（三）重大团队和大型团队的接待

1.制作接待预案并上报酒店领导批准

对于重大团队和大型团队的接待,要制作详细周到的接待预案,并上报酒店领导批准,然后,将酒店领导批准的有关团队接待的内容抄送给酒店前厅部、客房部、餐饮部等相关职能部门,销售经理要提前落实计划内各项安排和细节,确保接待整体准确无误,让客人满意。

2.多次与团队经办人沟通

前期需要与团队经办人进行多次沟通,尽可能了解团队客人的入住信息、抵达时间及团队活动当天在店的流程安排。团队活动在店期间,实时与经办人联系沟通,及时、妥善地解决出现的各种突发情况。团队离开后,与经办人沟通反馈情况,找出接待工作中的不足,在后期团队接待中进行改进。

六、团队客户的客户关系管理

（一）客户拜访

1.准备拜访资料

销售经理携带个人名片、酒店图册、酒店内部刊物、最新酒店产品宣传单页等。精美的酒店宣传片生动、信息丰富,反映企业文化和理念,作为对外公关制度化、经常化的最佳手段,成为发布酒店产品信息和酒店动态的窗口和交流阵地。

2.做好"三个了解"

拜访客户前要做好"三个了解"。一是了解客户的具体信息,包括客户公司性质、公司规模、公司行业特征、公司主要产品、客户消费习惯等信息。这些信息是销售经理为客户推荐酒店产品时的基础,也是与客户沟通时寻找兴趣话题、谈话突破口的必要条件。二是了解酒店产品。了解酒店产品信息是对销售经理最基本的要求,对自己酒店产品的熟悉掌握,才能结合客户实际情况,为客户选择最合适的酒店产品;才能面对客户的提问侃侃而谈,让客户感受周到细致的服务。三是要了解同行酒店信息。市场中的行业竞争越来越激烈,产品信息也越来越透明,充分了解自身产品和同行产品的优劣势,才能在客户面前扬长避短,把自家产品最好的一面展现在客户面前。

拜访客户之前一定要做好相关准备工作,有礼有节,不卑不亢,不能把拜访客户变成骚扰客户。

（二）客户公关

1.偶然间的"小惊喜"

冬日的一杯热奶茶、夏日的一杯冰饮料、客户生日当天的一个小蛋糕,不仅是对客户的公关,更是对客户的真心实意。把客户当成朋友,和客户成为朋友,是销售经理们工作中不断追寻的目标。

客户经理人员应当明白,客户公关只是销售工作中的敲门砖,是销售酒店产品、维护客户关系的一种锦上添花的方法,可以拉近销售经理和客户之间的距离,但最终维护客户还是需要自身靠得住的产品,需要销售与客户之间的真心真情,需要建立在供需双方合作共赢的基础上。否则,仅靠物质维系的关系无法长久。

2.邀请团队经办人来酒店参观

(1)做好客人参观的协调工作,通知有关部门相关参观的具体信息。邀请客户,尤其是重要单位(团队)的经办人来酒店参观也是客户管理工作中重要的组成部分,需要协调其他职能部门并告知客户在酒店参观的具体信息,如参观的性质、人数规模、客户身份(级别)、持续时间、酒店内的行走路线等。

(2)提前准备好客户参观的会场、客房、餐厅等场地。销售经理和宾客关系主任要在客户到店前按照既定店内行走路线检查会场、客房、餐厅的设施设备。

(3)恭候客人参观。在酒店大堂或其他指定位置提前等候客户到达,按照客户级别,大堂副理、销售部负责人、分管副总经理、总经理协同等候接见。在参观酒店过程中,如遇到酒店其他领导在场应向客人介绍。

(4)做好善后工作。参观结束后,销售经理必须陪同客户到酒店门口并送别客户。根据客户对酒店的产品要求编辑整理一些酒店的资料(文字、图片、视频)发给客户,对客户在参观中重点提出的问题予以记录,及时反馈给部门负责人及酒店其他职能部门,得到酒店方面有关领导的最终解释后,再转达给客户。

(三)建立团队客户档案

1.为团队客户建立客户档案

随着市场竞争日趋激烈,粗放式的客户管理已经不能适应当前的形式,对于客户管理的基础性工作——档案管理就需要实现精细化、系统化。客户档案可以真实而详细地记录该客户在酒店的消费历史、消费金额、经办人信息、历次会议规模、VIP人员消费习惯、信用等级等信息。这些信息可以为销售经理与客户合作添加真实有效的依据。

2.客户档案建立是一个动态过程

要在已有资料的基础上不断更新完善,酒店行业受到宏观市场环境和微观客户变化的影响很大,客户档案需要不断更新和动态调整。要以与客户的合作为前提,分门别类地加强对客户资料的收集整理,定期开展对客户档案的修订核查工作,及时了解客户动态变化,确保档案信息的准确性、时效性,为下一步的营销与合作提供有力支撑。

3.在客户档案管理中要主次分明

往往要重点关注前、后百分之十的客户,只有这样才能维护优质客户,发掘潜在客户,产生最大化利润并降低企业风险。对大客户的信息收集工作一定要做深做细,经常与客户联系,了解客户单位动态,让客户感受到持续的关注;对风险性大的客户管理,要重点关注其经营状况,随时了解其经营动态,并不定期调查,提醒业务人员有关客户的当前状况,最大限度控制风险。

4.确保客户档案的真实有效性

建立客户档案的初衷就是为酒店决策服务,为酒店经营服务,切不可为了做档案而做档案。建立准确、完备、客观的客户档案,是销售经理与客户沟通时选择判断的重要依据,是随时随地了解客户的重要途径。客户档案管理,不能停留在一些简单的数据记录和单一的信息渠道来源上,要坚持多方面、多层次、全方位地了解客户信息。

5.专人负责客户档案

客户档案是酒店的生命线,是见证酒店发展的真实资料,是酒店和客户之间互惠互利、友谊长青的历史见证。因此负责此项工作的管理人员要有高度的责任感和使命感,必须要择优选派专人负责,需要特别强调的是,客户档案管理人员还要具备对档案内容、数据的调查分析总结能力。

(四)认真签订团队客户服务合同

酒店在签订团队客户服务合同时,可通过前期的预判,将部分重要条款进行更改或明确,以防此类纠纷的出现。

·团队客户用房、宴会会议及餐厅由于需要提前针对人数作出特定安排,酒店应该在合同中明确规定各个时间节点的取消政策。

·商定团队合同时,酒店在与团队明确人数/房数的时间点的同时,还需对细节的修改时间和次数等作明确规定,例如具体到店日期、菜单等信息,以防由于多次修改而耗费的人力及时间成本。

·碰到人数较多的团队客户时,酒店需提前与团队方沟通备用方案,以灵活应对不同状况。

·合同中需明确列明预付金的数额、预付时间,以减少不必要的纠纷。

·由于团队活动会占用酒店方大量资源,为保障酒店的合法利益,合同中需明确注明取消规则和违约金条款,同时违约金的比例也应考虑与入住日期的远近相关联。

(五)团队客户关系管理中的危机处理

1.团队客人投诉的处理

(1)对服务态度的投诉。客人对员工的服务态度,如言语粗鲁、态度冷漠、爱理不理等的投诉。

(2)对服务质量的投诉。如酒店的员工没有按照有关正规服务流程来服务,如分错房、会议物品提供错误、行李无人搬运等的投诉。这类投诉在酒店接待繁忙时很容易发生。

(3)对设施、设备的投诉。因未能及时检查、维修酒店的设备、设施(如空调、照明、供水、电梯等)而造成的问题的投诉。尤其是历史悠久的老酒店,更容易出现此类现象。事实上,即使酒店建立了较完善的维护制度,也很难完全消除所有设施、设备潜在的问题。

面对会议代表(特别是经办人)的投诉,无论是哪种类型,酒店方面一要高度重视,立即整改。先做事,再道歉。往往好的补救措施和补救结果,再加上诚恳的道歉,更容易受到客人的谅解。二要在整改后再次征询经办人的意见,了解经办人对整改措施的反馈。三要不断总结经验教训,避免重复出现同样的问题。

2.酒店资源短缺问题的处理

(1)自然情况下的酒店资源短缺。在为客户预订酒店资源时,如客户要求的房间数量大于本酒店实际持有数量,在征得客户同意的情况下,主动为客人寻找周边同等档次的酒店客房资源,再组织大巴来回运送外宿宾客。在本酒店服务人员充足的情况下,可安排酒店工作人员到外宿酒店协助客户办理入住手续。如客房短缺情况比较频繁,可以与周边同等档次的酒店签订合作协议,更顺畅地为客户办理外宿服务。

(2)人为因素下的酒店资源短缺。一些人为的因素,如酒店客房超预留、预留重复、预订错误导致的部分宾客无法使用会场、房间、餐厅等酒店资源,应第一时间为客户解决问题。一是内部检查资源情况,一些可以协商取消的预订予以取消。与同期在酒店预订的其他团队联系,精确预留的资源,多预留的资源予以取消。二是在附近酒店寻找类似资源,酒店主动承担来回交通费用,把在本酒店无法入住的宾客运送到其他酒店。三是向经办人道歉,说明情况,适当赠予客户单位部分酒店产品作为补偿。往往在消除错误的过程中,可以更好地与客户经办人沟通,取得对方的原谅和信任,为今后双方继续合作起到积极的作用。事情处理好后,应总结教训,找出问题的内部根源,对涉及的酒店人员给予相应的处理,减少类似问题的再次发生。

3.不可控因素的影响

如地震、水灾、雪灾等自然灾害的影响,国内外重大事件的影响。应第一时间告知原预订客户,在双方已签订的合同基础上进行协商,如更改活动日期,联系更改到其他酒店举办等,最大限度减少损失。

第二节　政府客户管理

一、政府客户

政府客户是指因政府消费而形成的客户群体,如政府工作会议、地方招商引资、外事接待服务等,是酒店日常接待中的一个重要组成部分。政府客户支出主要为财政支出。政府客户不同于企业客户,它有特定的采购主体,一般情况下为省、市两级政府采购机构。采购资金为政府财政性资金。政府采购活动一般公开、公正、公平地开展。酒店提前参加所在省、市两级党政机关定点饭店招投标工作,中标后作为财政采购库中的供应商,合理合情合法地为政府客户提供会议、餐饮、住宿等酒店内相关服务。

二、政府客户分类

政府客户主要在酒店举行各种政府会议,包括以下类型。

一类会议。指国务院批准的、以国务院名义召开的,要求省、自治区、直辖市、计划单列市负责同志参加的会议。

二类会议。指国务院各部委、各直属机构召开的,要求省、自治区、直辖市、计划单列市有关厅(局)或本系统在各地机构的负责同志参加的会议。会议会期一般不得超过 3 天,与会人员一般不得超过 300 人,工作人员控制在代表人数的 15% 以内。

三类会议。指国务院各部委、各直属机构及其所属内设机构召开的,要求省、自治区、直辖市、计划单列市有关厅(局)或本系统在各地机构有关人员参加的会议。三类会议会期一般不得超过 2 天,与会人员不得超过 150 人,工作人员控制在代表人数的 10% 以内。

四类会议。低于以上级别的政府会议为四类会议。四类会议与会人员一般不得超过50 人。

三、政府客户的特点

(一)接待流程程序化

政府客户对礼仪及接待程序有自己的标准,所有事务必须提前沟通及安排。

1.政务会议安排

(1)按标准排座次、放姓名席卡,以便领导同志对号入座。放大镜、彩色笔、毛巾等物品根据各人需求准备。

(2)主席台座次排列,领导为单数时,主要领导居中,2 号领导在 1 号领导左手位置,3 号领导在 1 号领导右手位置;领导为偶数时,1、2 号领导同时居中,2 号领导依然在 1 号领导左手位置,3 号领导依然在 1 号领导右手位置。以此类推。

(3)如参会重要领导较多,还应准备座位图放于会场入口处或会议桌上。及时对接会议经办人,如有临时变化,应及时调整座次、席卡、会议资料,防止主席台上出现名签差错或领导空缺。还要注意认真核对席卡,谨防错别字出现。

2.政务宴请安排

(1)一般主陪在面对房门的位置,副主陪在主陪的对面,1 号客人在主陪的右手位置,2 号客人在主陪的左手位置,3 号客人在副主陪的右手位置,4 号客人在副主陪的左手位置,其他可以类推或相对随意。以上主陪的位置是按普通宴席掌握,如果场景有特殊因素,应视情况而定。

(2)签约仪式中,签字双方主人在左边,客人在主人的右边。双方其他人数一般对等,按主客左右排列。

(3)服务人员在服务时既要眼疾手快,也要保持舒适距离。在掌握参加宴请的 VIP 客史的情况下,有针对性地准备好相关物品。

(二)消费价格标准化

政府客户及团队会议都会严格按照党政机关定点饭店价格标准、差旅标准进行消费。

会场、住宿、餐饮各项酒店产品都要严格按照相关标准对应与会代表一一妥善安排。

(三)质量要求高端化

政府客户对酒店餐饮出品质量以及会议的场地、服务是否及时与周到有较高要求。

(四)保密工作严格化

一些政府活动有国家领导人、地方政府负责人参加,除了对服务质量和流程有着高标准严要求,更要求活动全程的安全保密工作严格到位。参会人员的人身安全、会议流程、会议内容的秘密严守,都是对酒店及酒店工作人员的考验。酒店及酒店工作人员要学习保密制度条例,在做好会议服务的同时,配合上级主管机构,地方公安局、派出所做好安全防范工作。

四、政府客户的客户关系管理

政府客户的客户关系管理主要强调以下几个方面。

(一)建立政府客户档案

针对当地政府和政协各部门名录进行收集,建立符合酒店需求的重要客户档案,通过了解各政府部门会议、住宿及其他需求并予以跟进,同时进行日常定期与不定期的拜访,在节假日及重要相关人员生日,通过信息平台送去祝福,加强感情交流。

(二)加强与具体经办人员的沟通

酒店市场销售部要安排销售经理专人对接,长时间稳定对接经办人,经常走访,持之以恒,勤于沟通中下层关键岗位人员,密切与各层次人员的交往,理顺客户单位各部门之间的关系。要以真诚的态度打开门,要以工作热情感动人,要以认真的工作态度使该单位将本酒店作为会议的第一选择。

(三)做好日常接待

接待政府客户/团队时,首先要了解预订人姓名、职务、团队(单位)名称。记录经办人单位信息、总需求房间数、团队中外宾人数(外宾有无需要报备当地相关上级主管部门)、陪同房间数、抵/离店日期、抵/离航班、付款方式等。与酒店预订部联系预留所需房间、会场、用餐等相关资源。落实后,与对方按照时间节点跟进,确定具体房间、会场、用餐等细节。最后将用餐地点、会场位置、房间情况告知对方经办人。

重点是与经办人沟通好此次政府接待的标准,如根据活动性质确定用餐餐标(用餐人数、参加领导级别、招商引资、外宾参加等)、房间标准(住客级别、外宾参加等)。

(四)做好VIP会务团队接待(专项会议接待)

根据会议及与会VIP级别、会议人数规模、时间节点等因素做好会议接待预案,对接待工作中一系列环节逐一做好相关准备。

1.餐饮部分

(1)考虑到在店时间长度、用餐次数,要对接厨务部确定每餐菜单的品种、口味。如果会议代表中涉及少数民族代表,提前做好安排。

(2)做好餐前检查工作,根据宴请单要求,在餐前认真做好设施设备、菜品、人员到位等专项检查工作,了解VIP餐饮喜好、忌口,预留好VIP用餐餐位或区域。

(3)跟踪餐中服务工作,严格遵守VIP接待服务流程,开展细心、细微、细致的服务,突出用情服务、用心做事的精神,争取给每一位用餐客人留下惊喜的印象。

(4)在用餐结束后,配合宾客关系主任做好VIP欢送工作。

2.会场部分

(1)会前对所有参与服务人员进行强化细致培训,对各会场将要参会的VIP客史有所了解,以便更好地提供服务。

(2)每场会议开始之前,都对场内物品摆设、台型、话筒、灯光、音响做全面细致的检查,每场会议结束后,第一时间与经办人对接,及时安排下一场会议的排位座次、领导行程路线。

3.客房部分

(1)检查客房设施、房间内常规物品配备,以及客房辖区的卫生工作。

(2)对接经办人,配备入住客人所需的眼镜、血压计、书籍、鲜花等个性化用品。

4.美工部分

(1)提前与会议经办人对接关于会场布置(背景桁架制作、喷绘材料选定、横幅尾标制作、欢迎指引水牌、欢迎信等),并按照会议流程及时安装到位。

(2)会中进行照片、视频的拍摄,为酒店或客户留存相关资料。

5.酒店会议对接人

(1)会前反复沟通,重大型会议需要召开会前协调会。及时了解并掌握会务组的各项需求,第一时间反馈给酒店相关领导以及各职能部门,以及餐饮、客房、会议的具体负责人,根据要求及时调整、整改。

(2)会议期间如有问题及时反馈给相关部门进行整改和检修,提前对接重要VIP信息(如VIP名单、航班号、接待车辆车牌、到店时间、行走路线、贴身管家、在店行程安排、离店时间等)并落实到部门、个人。

(3)提前与会务组确认各会务手册内容、会场会标、尾标、指示牌、标语等确切文字,做好会议文宣用品制作安装工作。制作会议流程表、客户行业背景、VIP客史等会议相关应知应会内容,抄送酒店各相关职能部门学习使用。

五、政府客户的客户关系管理中应注意的问题

1.建立互利双赢模式

实时关注酒店所在省市的财政政策,如党政机关定点饭店费用标准、出差标准,合情合

理为政府客户提供服务咨询,既为酒店营收的增加添砖加瓦,也为政府开支节约建言献策,还为政府单位又好又省地举办会议贡献来自酒店的力量。

2.掌握政策动向,挖掘会议信息

要加强会议信息的挖掘。信息也是生产力,及早从源头上获取商机信息,往往可以起到事半功倍的效果。政府客户尤其是财政客户乃兵家必争,当前信息公开且有时限,营销的关键是领先对手发现商机,提前行动感动政府。要紧跟政策导向,政府提倡的,就是酒店要做的,顺应政策环境,才能有信心、有底气做重大项目。更主要的是沿着政策走向,才能分析判断下一步动作,迅速捕捉商机。一是要加强与交通、水利、国土、建设等大系统部门的联系,从源头上及早获取相关项目信息,做到早上门、早营销、早收益。二是要加强财政源头信息收集,重点收集财政改革信息、财政账户开立信息、财政资金流向信息、财政关键岗位人员信息及同业营销动向信息,有针对性地采取措施。三是要紧跟资金流,顺藤摸瓜,加大对财政下游机构类客户的营销,提高下游承接率。认真梳理财政资金拨付的下游承接客户,特别是财政、交通、水利等大系统下游承接客户。

3.加强队伍建设

业务发展离不开人,人是关键因素。要牢固树立"以人为本"的理念,把人脉关系广、业务素质高、责任意识强的年富力强的员工选拔到机构业务客户经理岗位上,充分挖掘员工的潜力,调动员工的工作热情和积极性。要加强业务培训,使员工熟悉机构业务知识,提高业务技能。要强化服务意识,成立财政业务营销服务团队,准确分析客户需求,精心打造产品和方案,做出亮点,提高市场地位。同时,客户经理要加强与财政客户重要岗位关键人员的感情培养,双方建立深厚的友谊,要赢在平时。

第三节　散客客户管理

与其他客源相比,散客客户更受酒店喜爱。酒店在此类客源上所花费的人力物力各类成本较为低廉,但所获得的收益却高于其他渠道客源。

酒店按不同散客住店需求,采取不同的价格体系及优惠策略,提供不同的房型、各套票组合(餐饮+住宿+娱乐等)、分时段优惠价格等方法,营销部门应思考如何将此类客源转为酒店固定客源,提高客户忠诚度。

散客作为流动客人,很多是第一次来酒店入住,酒店除了通过前台及相应服务人员提供优质细节服务,给客人留下一个好的印象外,还可通过赠送入住小礼物、办理会员卡、通过填写的信息资料进行后续拜访来使客人成为回头客以及协议客户。

一、服务好商务散客

商务散客数量最多,影响力最大。这类客户多为因公出差,不是每天固定到,却相对稳定。只要服务到位,一般不轻易更换酒店。从这个意义上讲,他们的忠诚度最高。但这并不是由他们与酒店的亲疏关系决定的,而是由于这些散客本身的业务关系,每年不得不来到此地,酒店正好在地理位置及服务设施方面符合他们的需求。商务散客在我们整个服务过程中参与程度相对较低。所以,我们营销的重点应放在如何提高他们的参与度上。例如,可以通过客户关系经理或宾客关系主任负责专门等候预订散客的到来,事先检查预订散客的预留房间以确保房间整洁,甚至专门定制商务散客的客用品。商务散客入住后,客户经理通过电话及时问候,也可以在某个时间段邀请商务散客参加免费下午茶等。举办这些活动不仅能够切实解决商务散客下午休闲问题,还能够唤起他们参与酒店活动的热情,使他们感受到酒店对他们的重视,以此扩大在商务散客中的影响力,巩固其对酒店的忠诚度。

对于商务散客,在不影响成本的情况下,酒店还可考虑适当提供免费的洗衣及熨衣,以及免费机场接送等服务。

二、紧盯中介客户

每个酒店都有很多中介客户,这些中介客户就是酒店所在地的商务公司,包括政府部门、企事业单位以及旅行社。酒店的商务散客大多是通过这些中介客户介绍来的。中介单位是较为特殊的群体,他们的文化素质和层次相对较高,有较强的独立性和较大的掌控能力。如果酒店没能很好地服务他们,他们随时都有可能"移情别恋",改变他们的选择,让他们的客户住到别的酒店去。掌控这些单位接待权的往往不是法人代表或公关人员,而是办公室主任或总裁秘书。因此,酒店一定要特别重视这个群体。

三、其他类型散客客户的接待

1.家庭散客

一般以一家三口至四口为主。此类型客人,可根据客户的预算推荐合适的房型,并根据酒店成本,适当赠送部分小礼物或者早餐。

2.熟客

此类客户为固定客源,如客人同意,可将客人转至协议客户,如客人不愿意,可给予比其他散客较低的房价。此类做法让熟客有面子的同时,也会觉得酒店对他们很重视,从而提高此类客人的忠诚度。

3.情侣客人

此类型客人对房型需求基本以大床房为主,可根据客人类型,推荐合适的房型。

4.旅游客人

旅游客人基本都是第一次来酒店住宿,对吃、住、玩等各方面都不甚了解,酒店除推荐合适房型之外,可适当推荐当地的景点及套票,同时为客人提供解说区域内知名景点等服务。

第四节　协议客户管理

一、协议客户

协议客户,顾名思义是与酒店在住宿、餐饮、娱乐、会议以及其他设施方面,达成协议约定的客户。其通常包括当地重要的大型国有企业、民营企业、跨国公司、股份制公司、政府部门等。

协议客户为酒店最重要的客源之一,需保持长期跟进及维护,最主要的原因就是可以稳定酒店的出租率,同时不受淡旺季等因素影响。

二、协议客户特点

协议客户在有住宿需求的同时也会有会议、用餐及娱乐等配套需求,可为酒店带来综合性收入,而其中部分高端协议客户的影响力更会带来行业产业链上的客户消费。

不论是商务型、度假型还是会议型酒店,具有消费能力的企事业单位为高质量的协议客户。此类客户能够在带来稳定客源的同时,也让酒店有稳定的出租率以收到良好的经济效益。

协议客户(尤其是商务型酒店的协议客户),对酒店的无线网络、交通、酒店设施配套(如会议室、现代化办公设备等)、服务水平等有较高要求。

三、酒店与协议客户关系管理

协议客户是酒店最重要的客源之一,在开发和维护此类客源时,酒店营销部门需结合酒店本身的优势,做好以下工作:

(1)做好酒店周边及所处城市的各企事业单位的了解与拜访,确定重点客户,进行订房协议的签订并持续进行后续回访工作。

(2)通过搜索当地的黄页、行业的连锁服务网(QQ群及微博等网络群体)等方式,进行陌生拜访,针对重点企业进行拜访,提高酒店协议客户签订量。

(3)增加酒店来访散客转为协议客户的概率,前台同入住客户保持良好的沟通,收集客人名片,转交至营销部门进行后续跟进。

(4)挖掘客户需求信息,引导签订协议的客户到酒店消费。酒店销售部门通过拜访及多次联系客户,挖掘客户各类需求[出差集中月份、差旅预算、住宿档次、需求类型(客房+餐饮+会议+其他)、交通工具、喜好、其他竞争对手所给予价格及相应优惠等],通过不同的价格设置规则,签订不同的协议,引导签订协议客户到酒店进行消费,同时后续对协议信息进行不间断更新,对流量高的协议客户进行拜访。

第五节　OTA 客户管理

一、OTA 客户

OTA 的全称是 Online Travel Agent，主要指在线旅游服务代理商。用 OTA 直接预订的旅客，多数是把使用 OTA 当成比较和收集信息的一种手段，通过 OTA 对比各酒店价格，通过用户评论判断酒店的好坏以及适合度。

国内有影响的 OTA 包括携程网、旅游百事通、驴妈妈旅游网、乐途旅游网、芒果网、同程网、途牛旅游网、快乐 E 行旅行网、Expedia、Booking.com、美团等。

二、OTA 客户管理

酒店对于各大 OTA 客户，可谓既爱又恨。一方面，酒店需要依赖 OTA 提供稳定且占比较大的预订客源；另一方面，OTA 又瓜分了酒店客房的利润，使酒店几乎无利可图，成为 OTA 的打工者。

过去几年，顶级酒店品牌 26% 的预订是通过在线完成的，其中 18% 的预订来自品牌酒店网站，8% 的预订来自 OTA。非品牌酒店情况更令人担忧——42% 的预订是在线完成的，但其中 32% 的预订来自 OTA，仅 10% 的预订来自酒店网站。根据最近的调查，酒店经营者必须专注于他们的酒店网站以及通过 SEO、SEM、邮件营销和打包产品等方式来增加在线直销渠道的收入，并通过最有效的策略来利用 OTA 渠道。

酒店的 OTA 客户管理主要做好以下几点：

1. 控制好 OTA 客户用房比例

OTA 客户会分走酒店很大一部分利润，酒店在 OTA 客户身上几乎无利可图，但为了保证一定的开房率，酒店必须与 OTA 合作。在这种情况下，酒店应控制好 OTA 客户的比例，通过会员制以及提高服务质量等方式努力开发自己的客户。

2. 保持价格一致性

需要提醒酒店注意一条曾被视为最基本的原则：所有酒店必须在自己的网站上显示最低价格以及最后一间客房的库存。

一个完全的价格一致性策略（包括最优价格保证）将吸引消费者通过酒店网站进行直接预订，其原因是：

· 所有预订的变更都必须通过酒店来处理；

· 所有特殊要求都通过酒店进行处理；

· 提供一流客户服务的是酒店而非 OTA 或其他外部预订渠道；

· 酒店最终担保预订。

酒店经营者要提醒合作伙伴（而非竞争者）：所有的公布价格（包括通过 OTA 的 24 小时销售及限时销售产品）必须在酒店网站上显示，并将其整合到在线预订引擎中。手机渠道也不能例外，同样要保持价格一致性的策略。如酒店已搭建 CRS 系统，酒店渠道及多数 OTA 的变价会在同一时间实现。

3.正确使用 OTA 渠道

酒店的确应该尽一切努力利用在线直销渠道，但建议酒店在使用 OTA 策略时采取相反的措施：仅集中于"大型 OTA"，如携程、艺龙、Booking.com，相对规模较小的 OTA 并不能帮助酒店触及更多的客户，而且还要花更多时间。

从与 OTA 合作开始，酒店就应该在所有的协议中限制 OTA 及其子公司在 SEM 营销（搜索引擎营销：Search Engine Marketing）中参与品牌相关关键词的竞价，如与酒店的官方名称相关的关键词。

利用 OTA 时，酒店在执行价格一致性原则时应采取严格的标准，并对 OTA 的下列行为进行监控：通过削减自己的佣金或加价幅度，将你的酒店房间以"更低"价格销售，或在计算总税金和费用时玩一些数字游戏。

在以下时间段利用 OTA：周末、团队预订取消、淡季等。另外，通过 OTA 进行任何销售或促销只能当作最后的手段，如果酒店确实需要通过 OTA 来进行促销，也应在酒店网站和相关营销渠道（微信、电子邮件、手机、社交领域）进行同样的促销活动。

监测 OTA 渠道对酒店预订的贡献率，并与行业的情况进行对比。要记住：如果你对自己的酒店网站投入更多，那你就不需要付那么多的佣金给 OTA 了。

4.服务好 OTA 客户，加强与 OTA 合作

酒店首先要按照协议，保证 OTA 客户用房，并服务好 OTA 客户。

现阶段酒店与 OTA 的关系有利有弊，但长远来看，是可以实现双赢的。酒店在拥有本身优势的同时，找到合适的 OTA 渠道，通过 OTA 平台获得更有利的位置以及更高的曝光率，从而实现利益最大化。

5.努力将 OTA 客户转化为酒店的忠诚客户

酒店营销部门可通过良好的产品包装设计、宣传图片的视觉冲击、酒店直销渠道的增值服务等方法，做好自身的内部管理，通过超预期服务和附加值服务此类客户，将 OTA 的招待客人变成酒店的忠诚客户和固定客人。

6.防止出现受控于 OTA 的被动局面

2017 年，某国内酒店集团暂时叫停了与国内三个知名 OTA 的合作。与此同时，某省旅游饭店协会又携 200 家酒店宣布对某知名 OTA"断供"。上述两起酒店对 OTA"翻脸"的理由是代理渠道的价格倒挂等违背约定的行为，争夺酒店定价权。

酒店与 OTA 管理最棘手的争议之一就是 OTA 争夺酒店定价权，引起争议的最主要原因是在线旅游企业间的竞争。

作为酒店方，在保证自己与 OTA 合作的同时又不受控于对方，需要坚守三个底线：第一，永远坚持酒店中央渠道价格最低；第二，保持自身核心竞争力，自有会员价格最惠；第三，

酒店 App 最便利,对客户服务细致化,提供 OTA 之外的情景服务和体验。

7.针对竞争对手的优势及劣势制订专门的策略

无论在什么行业,竞争对手总是和自己做着类似的事情,酒店业也不例外。因此,酒店必须分析多种类型的竞争者。在某个工作日,酒店最大的竞争对手可能是 X 酒店,而在周末,酒店最大的竞争对手则是 C 酒店。酒店在在线领域的竞争对手和在前台领域的竞争对手可能是不同的。

8.针对国际访客开展营销

你需要针对酒店所在目的地的国外游客到达、酒店顾客以及网站等数据进行分析,以确定酒店最重要的国际顾客群以及客源市场。然后,针对酒店所在目的地和酒店自身产品的现有和潜在客源市场,创建 5~10 页的外国语言网站(记得翻译预订引擎页面)。

不同语言版本的网页将成为酒店面向国际顾客进行所有营销活动的"基地"。首先,在百度、Yahoo 页面以当地语言进行 SEM 营销,并将着陆页设定为相关的语言网站。然后,在一些国际旅游网站的酒店列表中添加酒店信息,由此在国际旅行者访问的其他门户中提高酒店的可见度。

9.专注于在线直销渠道:酒店网站

要防止受控于 OTA,就必须建设和专注于自己的直销渠道:酒店自己的网站。

网站必须是"正常运营的",在酒店分销中,做到上述这一点是必要前提。确保网站达到行业中最好的设计、网站结构和 SEO 的标准。最重要的是,确保网站与最新的 Google Panda 和 Freshness 算法升级兼容。

你要保证酒店网站上所有内容都是互动的、独特的,并且是与品牌相关的。创建专门的页面、特惠信息以及打包产品,以吸引不同类型的关键客户群体,如商务旅行者、家庭顾客和周末旅行者("闺蜜旅行"、暑期亲子游)等。

如果酒店网站的结构不错,那你可以使用 SEO、SEM、邮件营销以及其他数字营销渠道来提高网站流量并吸引更多直接预订。

你应重视"SoLoMo"(social,local,mobile,marketing),将其作为酒店的目标数字营销策略中最关键的要素。这三大要素与营销平台的整合,使酒店能为现有顾客以及消费者实时提供更具个性化且更相关的内容,这在以前是无法做到的。

尽管大多数酒店经营者都了解,在本地的列表、地图以及社会媒体(如微博、微信等)上始终保持展示状态是非常重要的,他们也知道不能低估手机营销的潜力。5% 的酒店预订是通过手机设备完成的,而 51% 的商务旅行者使用手机设备来获取旅游资讯(谷歌的数据),相比以前的数字,这一比例还在持续增长。酒店经营者必须重视手机渠道,他们可以先建立一个手机版的网站,然后针对手机、平板电脑进行 SEM 以及 SMS/MMS 信息获取策略。

对于为何要集中于在线直销渠道这一问题,最有说服力的一个原因就是谷歌的"Zero Moment of Truth(ZMOT)"现象:在使用手机访问了无数网站以及来源后,消费者倾向于回归到使用电脑来进行预订。只要专注于提升网站内容和设计的质量,并打造强大的品牌形象和营销信息,就能保证消费者会再次访问酒店网站。如果能达到上述要求,下一步就是要进行"测试、测试、测试",以确定网站的有效性和投资回报率,并制订标准和分析如何更好地利用分析技术提升回报率。

第六节　MICE 客户管理

一、MICE 客户

MICE(Meeting,Incentive,Conference,Exhibition)客户是指以出席、参观会议展览、奖励旅游活动为目的的客户群体,包括:
- 会议(Meeting)。
- 奖励旅游(Incentive)。
- 大型会议(Conference):包括各种学术会议、各大知名公司的员工培训会、私人聚会、产品发布会、协会会议活动(图 9.1)。
- 展览(Exhibition):如旅游类专业展、采购类专业展、高新科技类专业展、工业产品展。

随着各大企业的发展和会议市场的快速崛起,酒店内的 MICE 客源已不仅仅满足于"会议+餐饮",从知名平台订单的市场消费构成上来看,"客房+餐饮+会议"已成为 MICE 市场的常态,此类客源对酒店的设施要求更为全面,涵盖吃、住、行、会等。

图 9.1　粤港澳大湾区酒店产业发展高峰论坛暨粤港澳酒店总经理协会年会在深圳某酒店召开(刘伟 摄)

二、MICE 客户管理

会展业现如今已成为服务业的重要组成部分,酒店发展此类客源,在带来收益的同时,对酒店的品牌也会带来一定的影响力,因此,需要重视这一客户市场的开发和维护。

(1)通过对区域各新兴行业相关联客户(包括行业协会客户)的会议市场的了解,对相关重点客源进行拜访以及维护。

(2)在现有的 MICE 客源基础上,辐射周边区域及城市大中型企事业单位的奖励旅游会议或区域产品销售会议。

(3)酒店营销部门需加强各类会议客户信息档案的管理,根据市场需求及变化作好相应的价格调控,以提高此类客源收入。

(4)提供完善的会议设施、设备,完善的会议服务流程和标准,热情、周到、细致的会务服务。这一点十分重要,否则,营销部门拉来客户,如果因为设施、设备和服务问题,而使会议"搞砸"了,则会议主办方就再也不会来酒店举办活动,酒店丢掉的将不是一个客人,而是成百上千的客人;不是一批客人,而是随后可能出现的多批客人。

(5)为 MICE 客户提供会后配套服务。MICE 客户可能来自全国各地,甚至世界各地,除了开会以外,常常还伴随着会后旅行游览活动,为此,酒店要为 MICE 客户提供优质的旅游咨询服务,或直接为 MICE 客户组织旅游活动,满足客户的旅游需求。马尔代夫一家酒店为MICE 客户提供专业的休闲活动专员,可统筹安排为期 6 日的团体行程,内容包括房间设置、酒店安排及各类休闲活动。这家酒店通过水上运动、潜泳、浮潜、深海垂钓等活动,在欢乐丰富的互动中加强团队凝聚力,满足不同 MICE 客源的需求。

第七节　新媒体客户管理

一、新媒体客户

新媒体客户包括来自微信、微博、贴吧、微电影、论坛、专业酒店营销平台等新兴媒体平台的客户。

新媒体对地域及空间的限制较少,传播信息不仅仅是单独的文字或者图片,还附有音频、视频等多触觉通道,客户端多样化,通过电脑、手机、短信等就可以及时发布与传播酒店最新信息及相应主题内容。

二、新媒体客户管理

此类客源的运营管理主要是寻求与专业的酒店营销平台、团购网站合作。另外,在知名的酒店论坛及微博中,发表各种专业见解,传播酒店信息和推广活动等,在积聚人气的基础上,吸引不同种类的客源。

例如,某酒店品牌入驻某城市初期,由于知名度低,基础粉丝薄弱,品牌形象并不深入人心。酒店特请某营销平台通过时下最流行的 H5 游戏形式,为酒店量身打造了小游戏,配合 H5 宣传页面,将本次活动主题进行广泛推广,后期此活动完美达到目的,在吸引了大批粉丝积极参与的同时,品牌的影响力扩大了,知名度也得到了提升。

思考题

1.如何做好对团队客户的客户管理?

2.政府客户有哪些特点? 如何做好对政府客户的管理?

【案例分析】

金庆盛金钻 OTA 客户 24 小时专属 VIP 微信群
——如何将 OTA 客户转化为酒店的忠诚客户

24 小时专属 VIP 群服务是指定多位酒店高管只为一位客人提供全天候的贴身服务,以便客人在店期间所有相关事宜能够得到妥善的安排,保证服务的连续性,体现客人的尊贵及优越性。

为了将 OTA 客户转化为酒店的忠诚客户,广西南宁金庆盛金钻酒店创新性地为携程等 OTA 客户建立专属 VIP 微信群,包括酒店总经理在内的酒店高管都加入此群,为 OTA 客人提供专属服务,这不是“1 对 1”的服务,而是“X 对 1”的服务,即入住酒店的这位 OTA 客人有任何需求,只要在微信群里提出,马上就有酒店管家、营销人员或相关高级管理人员响应,第一时间(几秒钟或几分钟之内)为客人解决问题,客人往往对此服务阵容和响应速度受宠若惊,很快就转化为酒店的会员或忠诚客户。

(一)专属微信群推广建立的目的

(1)满足顾客应得的服务,再享受超出其期望值的服务;

(2)给顾客留下深刻、难忘的回忆,增加 OTA 客人对酒店的依赖;

(3)树立超前的服务理念:追求客人的赞誉,好的服务才是最好的营销;

(4)领先他人,做到“人无我有”。

(二)专属微信群建立的方式

(1)前厅部每班次应查看挑选几种客人的预定,以便事先设定在办理入住时询问是否添加专属 VIP 群。

(2)24 小时专属 VIP 群的相关信息必须知会前厅部及酒店其他部门,以保证相关部门可以直接找到沟通对象,以免客人被打扰。

(3)在该客人入住期间,24 小时专属 VIP 群应对该客人所有服务的处理/协调负有责任,确保达到客人的高满意度。在该客人入住期间,24 小时专属 VIP 群里高管应收集/更新该客人的喜好/客史,以备日后参考。

(三)OTA 专属 VIP 群客人评价

问题:您如何看待和评价金钻酒店的 OTA 客户管理方法?

【补充与提高】

VIP 接待关键时间到位检查表

1.日期:_____ VIP 名称:_____

2.区域:_____ 放置地点:_____

1.前厅部自查

卫生	环境氛围（灯光、背景音乐）	人员到位	仪容仪表/礼貌礼节	其他（控梯、设施等）	检查人	检查时间

问题及整改跟进：

2.安保部自查

车道畅通	车道卫生	通道安全	安全隐患	保安到位	仪容仪表/礼貌礼节	检查人	检查时间

问题及整改跟进：

3.工程部自查

旋转门	温度	灯光	显示屏	电梯	显示屏	检查人	检查时间

问题及整改跟进：

4.销售部自查

人员到位	仪容仪表	礼貌礼节	其他(指引牌/欢迎词等)	检查人	检查时间

问题及整改跟进：

5.质检部复查

卫生	环境氛围	人员到位/仪容仪表	客用设施	检查人	检查时间

问题及整改跟进：

分管领导巡查：_____　　　　总经理签批：_____

第十章
客户忠诚度管理

　　在市场竞争愈演愈烈的今天,客户已经真正地成了酒店的一项重要资产,因此,如何提高客户忠诚度,争取和保持客户就成了酒店生存和发展的使命,成为酒店客户管理的重点。

【本章学习目标】

- ·了解客户忠诚度的概念。
- ·学会制订客户忠诚度计划。
- ·掌握维护和提高客户忠诚度的方法和策略。
- ·学会对客户进行分级。
- ·学会对流失客户的管理。

关键词:客户忠诚度;计划
Key Words:Loyalty;Plan

第一节 客户忠诚度

【案例】

愉快的碧水湾之旅让我们亲身体验到酒店优质的服务。无论是酒店大堂到楼层,还是餐厅到温泉,所到之处,所有员工都积极热情地主动上前询问需要什么帮助并给予指引。尤其当我们打开房门,一下就被惊艳到了。订房的时候,我顺嘴一说带孙女去碧水湾泡温泉过生日,没有想到管家精心布置了房间,让我们瞬间被幸福包围着。晚上,酒店还特地为孙女送来了生日蛋糕,太有心了。更让我们惊喜的是,在酒店员工的指导下,孙女在生日当天亲手栽下一棵风铃木幼苗,非常有意义。孙女说明年过生日还要来碧水湾,看望她栽的小树!

——某客人

酒店既要不断开发新客户,开辟新市场,提高市场占有率,又要努力保持现有客户,培养长期忠诚的客户,稳定市场占有率。因此,只有理解客户忠诚,并了解哪些因素影响了客户忠诚,酒店才能采取相应的营销策略,有针对性地提出保持客户忠诚的途径和方法。

一、客户忠诚

(一)客户忠诚的概念

客户忠诚是一个在理论文献和研究实践中被人们经常提到的概念,由于它的内涵比较丰富,至今没有一个统一的定义。塔克(Tucker)把客户忠诚定义为连续3次以上的重复购买。哈洛韦尔(Hallowell)把客户忠诚看成对产品、服务或品牌的一种特别的偏爱。迪克(Dick)和巴苏(Basu)则认为,只有当重复的购买行为伴随着较高的情感态度取向时才能产生真正的客户忠诚。因此对于酒店来说,客户忠诚是指客户对酒店产品和服务的认可和信赖,坚持长期到该酒店消费,并在此过程中表现出的在心理和情感上的一种高度信任和忠诚的程度,是客户对酒店产品和服务在长期竞争中所表现出的综合评价和肯定。现在,大多学者都倾向于用重复购买行为和积极的情感取向来研究和衡量客户的忠诚。

换言之,客户忠诚是从客户满意概念中引出来的新概念,是指客户对某个酒店的产品和服务十分满意,从而产生对该酒店品牌的信赖,并希望一有机会就到该酒店消费的心理倾向。满意是大前提,持续信赖而再次消费是客户忠诚所表现出的最终行为,满意未必会忠诚,忠诚却必然是满意。客户忠诚实际上是一种客户行为的持续性。不同的客户所具有的客户忠诚差别很大,不同行业的客户忠诚也各不相同。那些能为客户提供高水平服务的国际品牌酒店往往拥有较高的客户忠诚度。

客户忠诚还指客户对某个酒店产品或服务的依恋或爱慕的感情。它主要通过客户的情感忠诚、行为忠诚和意向忠诚表现出来。其中,情感忠诚表现为客户对酒店的理念、行为和视觉形象的高度认同和满意;行为忠诚表现为客户再次消费时对酒店的产品和服务的重复购买行为;意向忠诚则表现为客户做出的对酒店的产品和服务的未来消费意向。这样,由情感、行为和意向三个方面组成的客户忠诚营销理论,着重于对客户行为趋向的评价,通过这种评价活动的开展,反映酒店在未来经营活动中的竞争优势。

(二)客户忠诚对酒店的影响

1.忠诚客户是酒店品牌的维护者和宣传者

忠诚客户会主动维护和宣传酒店的品牌形象。忠诚客户在购买酒店产品时,不仅会多次表现出对某个酒店产品和品牌有偏爱,同时,也会主动维护某个酒店品牌。比如,有位客户喜欢香格里拉酒店,他或许出差到任何地方,只要有香格里拉的酒店,都会选择入住香格里拉酒店。曾经有一位喜欢香格里拉的客户与喜欢希尔顿的客户无端地争执起来,只是因为喜欢希尔顿的客户说了几句香格里拉服务也有欠妥的地方,就遭到了喜欢香格里拉的客户的反击,而后双方争吵起来。

忠诚客户通常不会或很少会转到别的酒店消费。忠诚客户不仅自己会入住喜欢的酒店,还会向熟悉的朋友推荐入住同样的酒店。对于其他客户的影响力,客户的宣传比酒店自己的宣传要强很多倍。

2.客户忠诚的小幅度增加会使利润大幅度增加

忠诚客户的增加几乎不需要酒店再增加任何宣传招揽费用,如果忠诚客户在每一次入住时都能够享受到热情的接待和无微不至的关怀,说明客户对酒店的一切活动都非常满意,就不会产生任何因为客户投诉而遭受的赔偿。长此以往,酒店的口碑就会成为无形的销售能力。越来越多的陌生客户就会慕名而来,酒店的利润数额当然会水涨船高。

培育忠诚客户是实现持续的利润增长最有效的方法。酒店必须把与客户做交易的观念转化为与消费者建立友好关系的观念。

毫无疑问,酒店建立的目的是挣钱,可是如果我们把挣钱作为酒店的唯一目的,而忽视了客户的利益诉求,这样的酒店是经营不下去的。因为酒店挣的钱是从客户那里来的,如果只考虑挣钱,斤斤计较,在利益面前不吃半点亏,甚至小气到克扣客人应有的福利,客人一定会跑到竞争对手那里去。一个好的酒店一定是时时处处为客户着想,让客户成为好朋友,然后成为忠诚客户。

3.有利于酒店核心竞争力的形成

在现代营销活动中,营销观念是酒店战略形成的基础。客户忠诚营销理论倡导以客户为中心,提示酒店的营销活动必须围绕这个中心进行,关注客户对酒店的评价,追求客户较高的满意度和忠诚度,这是市场营销观念的完善和发展。客户忠诚营销理论要求酒店将客户作为一项重要的资源,对酒店的客户进行系统化的管理,借助于客户关系管理软件的应用,获取客户的相关信息,并将之作为酒店战略决策的基础。实践证明,倡导客户忠诚所形成的核心竞争力将会在酒店的经营活动中得以体现。

(三)客户忠诚度的"六大效应"

酒店经营实践表明:买方市场条件下,客户忠诚才是现代酒店最宝贵、最可靠、最稳定的资产。高度忠诚的客户不仅是酒店竞争获胜的关键,也是酒店长治久安的根本保证。其功能主要表现为六大效应:

1.盈利效应

忠诚的客户首先会继续购买或接受酒店的产品和服务,而且愿意为优质的产品和一流的服务支付较高的价格,从而增加酒店的销售收入和利润总额。

2.广告效应

忠诚的客户往往会把自己愉快的消费经历和体验直接或间接地传达给周围的人,无形中他们成了酒店免费的广告宣传员,这远比狂轰滥炸的巨额广告投资促销效果好。正所谓"最好的广告是忠诚的客户"。

3.示范效应

忠诚客户一经形成,不仅对酒店的现有客户与潜在客户的消费心理、消费行为提供可供选择的模式,而且可以激发其仿效欲望,并有可能使其消费行为趋于一致,甚至引发流行现象。

4.降低成本效应

忠诚的客户通过重复购买、宣传介绍、称赞推荐等方式可以使酒店减少诸如广告、公关、宣传等促销费用开支,降低其经营与管理成本。

5.经营安全效应

忠诚客户会很乐意尝试酒店其他的产品,这就使交叉销售得以成功,从而实现了酒店经营的多元化,大大降低了酒店的经营风险。

6.竞争优势效应

忠诚的客户,不仅为其他酒店进入市场设置了现实壁垒,也为本酒店进入新市场提供了扩张利器,这使酒店在市场竞争中具有领先于对手的相对优势。

(四)客户忠诚的分类

客户忠诚可分为以下几种类型。

客户忠诚分类	特点
利益忠诚	这种客户的忠诚来源于酒店给他们的额外利益,如价格刺激、促销奖励等。有些客户属于价格敏感型,较低的价格对于他们有很大的诱惑力,因此,在同类酒店中,对于价格低的产品保持着一种忠诚,这类客户的忠诚是不稳定的。一种倾向是客户通过初期使用对某酒店真正产生兴趣,或是对该酒店真正感到满意,这种忠诚变得更加稳定和持久。 另一种倾向是一旦酒店的价格上涨或者酒店的优惠政策取消,这些客户立即会离开该酒店,忠诚也将随之消失

续表

信赖忠诚	当客户对酒店的服务感到满意,并逐渐建立信赖感时,他们会逐渐形成一种忠诚。这种忠诚是具有高可靠度、高持久性的。可以看出,这种客户是品牌的热心追随者和义务推销者,是酒店最宝贵的资源
垄断忠诚	这种客户的忠诚来源于酒店在该地区的垄断地位。在这种情况下,不论是否满意,客户都别无选择,只能长期使用这家酒店。一旦出现替代品,客户就会"解脱",去试用新的酒店
亲缘忠诚	酒店的员工甚至员工的亲属会义无反顾地使用该酒店的服务,这是一种很牢固的用户忠诚,但在很多情况下,这些客户对该产品或服务并不感到满意,甚至还会产生抱怨。他们选择该酒店的服务,仅仅是因为他们属于这家酒店,或者他们的亲属和朋友属于这个酒店;而一旦脱离这种亲缘关系,他们就会立即放弃这种忠诚
惰性忠诚	有些客户出于方便的考虑或者因为惰性,会对某个酒店保持长期忠诚。例如,一些出差人员常常选择在固定的酒店入住,原因是酒店距离办事机构较近,或者他们对这家酒店的服务人员十分熟悉。客户这样做,一是出于方便,省去进行比较和选择的时间;二是出于一种安全性心理,不必担心受骗,能够降低入住风险。这种忠诚并不牢靠,一旦发现有更加方便、更为满意的目标,这种忠诚就会随之消失
潜在忠诚	潜在忠诚是指客户虽然拥有但是还没表现出来的忠诚。客户希望继续入住某酒店或享受服务,但酒店的某些特殊规定或者一些客观因素限制了客户的这种需求。酒店可以通过了解客户的特殊需求,进行适当的调整,将这种忠诚变为其他类型的忠诚

除此而外,营销专家理查德·奥利弗教授还将客户忠诚分为四种类型:冲动型忠诚、情感型忠诚、认知型忠诚、行为型忠诚。

1.冲动型忠诚

冲动型忠诚是基于意向的忠诚,也就是说人们倾向于购买。冲动型忠诚的客户决策过程比较简单,非常容易受外在因素影响,尤其是与价格相关的促销。对于冲动型忠诚者来说,往往竞争对手的一个更优惠的价格促销信息就可能把这个客户吸引过去。

2.情感型忠诚

情感型忠诚是基于偏好的忠诚,人们是因为喜欢而去购买。情感型忠诚的客户决策主要取决于客户对商品喜好的态度。一位渴望拥有哈雷摩托车的年轻人,可能会一直保持着对哈雷摩托车非常强烈的购买意愿,如身上穿的衣服、戴的手表都是哈雷戴维森品牌的。

3.认知型忠诚

认知型忠诚是基于信息的忠诚,是理性的忠诚。认知型忠诚的客户基于商品的功能特征、性价比等具体信息的了解而产生购买行为。他们很多时候像一个专家,不仅了解产品的功能,还收集各种资料进行研究来了解产品的差异性和技术特性,他们甚至比销售人员更清楚产品的性能,知道哪里存在缺陷。他们会综合考虑各种因素,最终产生这个产品更适合自己的认知,从而形成忠诚的购买行为。一旦市场上存在更好的产品,他们也会仔细研究和比较。

4.行为型忠诚

行为型忠诚是基于行动的忠诚。客户已经形成了对某种产品的购买惯性,为了买到这样的产品往往需要付出努力,或是克服一定的障碍。比如愿意为了买到某公司发布的某个新产品而排队等待很长时间。就像喜欢苹果手机的客户不惜花费近万元,排队很多天也要抢到第一批货。

与冲动型忠诚和情感型忠诚相比,认知型忠诚和行为型忠诚都显得更加理性,这样的理性忠诚通常可以持续更长的时间。冲动型忠诚的客户忠诚程度最低,持续时间较短。行为型忠诚的客户忠诚程度最高,持续时间也最长。

了解了这四种客户忠诚的行为,我们就能在营销中分辨客户的忠诚行为差异,并且采取不同的营销策略来吸引不同类型的客户。

二、客户忠诚度

(一)概念

客户忠诚度指客户忠诚的程度,是一个量化概念,是指由于质量、价格、服务等诸多因素的影响,客户对某一酒店的产品或服务产生感情,形成偏爱并长期重复购买该酒店产品和服务的程度。

忠诚的客户群体是一个相对稳定的动态平衡。现实生活中,从来没有永远的忠诚客户,酒店无法用金钱买到客户的忠诚,只能增加客户的忠诚。

(二)客户忠诚度的衡量指标

酒店需要建立客户忠诚度衡量指标体系,以便全方位评价客户对酒店的忠诚程度,从而分析引发客户不忠诚及客户流失的原因,并及时采取改进措施。

客户忠诚度 衡量指标	步骤	执行标准
购买重复性	1	客户重复购买的次数。在一段时间内,客户在酒店重复消费的次数越多,说明客户对该酒店的忠诚度越高;反之,则越低。对于经营多种产品的酒店而言,重复购买酒店的某品牌的不同产品,也是一种高忠诚度的表现
客户持久性	2	客户持久性反映的是客户在酒店连续消费的时间
客户牢固性	3	客户牢固性反映的是客户受各种因素(如价格、广告宣传等)的影响程度。牢固性高的客户受各种因素的影响较小,始终购买同一酒店的产品和服务,而有些客户只在促销、打折或大规模宣传时才购买该酒店的产品和服务,他们的牢固性相对较低
客户稳定性	4	客户稳定性是客户消费周期和频率的表现,每隔一段时间就购买一次该酒店产品的客户被认为是稳定的,而那些偶尔购买、购买时间随机的客户被认为是不稳定的。这三个指标综合起来可以反映客户的忠诚度

续表

产品购买率	5	客户购买产品的数量占消费群体对产品总需求的比例。这个比例越高,则客户忠诚度越高;反之,客户忠诚度越低
品牌关注度	6	客户对酒店品牌的关心程度。一般来讲,关心程度越高,忠诚度越高。关心程度和购买次数并不完全一致,例如,某个品牌的酒店,客户经常光顾,但是并不一定每次都入住
挑选时间	7	客户预订酒店时所用的时间。客户挑选酒店品牌时用时越短,客户忠诚度越高;反之,客户忠诚度越低
价格敏感度	8	客户对某个酒店价格的敏感程度。价格敏感程度越低,受酒店价格的影响程度越小,忠诚度就越高;反之,受酒店价格的影响程度越大,忠诚度越低。运用这一标准时,需要注意酒店对客户的必需程度、酒店的供求状况以及酒店的竞争能力三个要素的影响
竞品偏好度	9	客户对市场上的同类酒店的偏好态度。客户对市场上某一酒店品牌态度的变化,大多是通过与几家酒店的竞争比较而产生的。客户对竞争对手表现出越来越多的偏好,表明对本酒店的忠诚度在逐渐下降
服务质量事故承受程度	10	客户对服务质量事故的承受能力。客户对某酒店品牌的忠诚度越高,对出现的质量事故也就越宽容,承受能力就越强。

附:有关客户忠诚度的错误认识

随着客户忠诚度理论在许多行业的广泛应用,客户忠诚度战略已成为营销管理理论的热点。然而,许多酒店经营者对"客户忠诚度"的内涵和外延没有真正理解,从而形成认识上和实践中的误区。其主要表现为:

1.客户满意就是客户忠诚

在酒店经营过程中,很多人认为:如果客户满意,就会频繁地购买酒店的产品和服务,从而形成客户忠诚。实际上,客户满意是客户需求被满足后的愉悦感,是一种心理活动,源于客户期望与其感觉中的服务实绩的比较。而忠诚客户所表现出来的却是具有免疫力的持续购买行为。一位客户对某个酒店产品和服务表示满意,并不一定意味着他下次仍会继续购买该酒店的产品。《哈佛商业评论》报告显示,在满意于商品的客户中,仍有65%~85%的客户会选择新的替代品。应该说,客户满意是客户忠诚的必要条件而非充分条件。

2.价格优惠是提高客户忠诚度的关键所在

不少管理者认为,要赢得客户满意,建立客户忠诚,价格优惠是关键。不可否认,诸如打折、赠物之类的价格优惠在短期内可能提高销售额,增加市场占有率,但是这种做法却很少能让客户真正远离竞争者,变成本酒店的持续购买者。实际上,降低价格不仅无助于建立客户忠诚,反而会将原本忠诚的客户变成对价格敏感的客户,最终有损酒店本身的利益。

3.提高市场占有率也就提高了客户忠诚度

存有此种观念的酒店管理者并没有真正弄清市场占有率和客户忠诚度的区别。在相同市场的前提下,市场占有率是酒店与其竞争对手比较的结果,酒店若热衷于市场占有率的提高,势必会专注于开发新的客户,而忽略维系老客户。事实上,市场占有率的提高反而会阻碍忠诚客户的开发。因为一旦提高了市场占有率,酒店就必须面对各种各样的客户,以不同的产品和服务去取悦不同的客户,很可能忽略了极有潜力成为忠诚客户的客源,使他们转向竞争者。这样酒店的损失更大,更难弥补。

综上所述,只有酒店走出对客户忠诚度认识上的误区,根据自身的实际情况,认真分析客户的心理,综合考虑各种因素,才能更好地提高客户的忠诚度。要想成为一家经营成功的酒店,一家能立足于市场的酒店,就必须不断培育忠诚客户,并将客户忠诚作为酒店追求的目标。

第二节　客户忠诚度计划

一、客户忠诚度计划:概念

客户忠诚度计划是指通过维持客户关系和培养客户忠诚度而建立客户长期需求,并降低客户品牌转换率的客户管理计划。通常的形式包括客户分级会员制、累计消费奖励制度等,如酒店会员制计划、消费积分卡的累计使用奖励。客户忠诚度计划包含三个要素:信息科技的运用、客户信息(知识)的洞察,以及直接与个性化的客户沟通。

由于科技的进步,产品的多样化和品牌的竞争日趋激烈,酒店要留住客户和提升客户忠诚度的难度越来越大了。这也是近年来客户关系管理越来越受重视的重要原因之一。而客户忠诚度计划作为客户关系管理的重要技巧之一,正在逐渐风行(图10.1)。

希尔顿客户忠诚度计划:希尔顿荣誉客会

希尔顿荣誉客会是一项客户忠诚计划。它通过激动人心、真实可靠、与众不同的各种可能性为会员提供精彩纷呈的非凡体验。希尔顿荣誉客会可在104个国家和地区的超过4700家酒店中为客户提供各种值得分享的精彩体验。凭借13大卓越品牌,他们可提供满足各种预算和场所要求的完美酒店。

希尔顿荣誉客会积分也可提供比以往更加丰富的使用方式。客户可利用希尔顿荣誉客会积分预订或升级至任何客房,不仅仅是标准房,还包括他们最精致豪华的套房,甚至还可使用积分和现金组合来预订客房,以便客户能以更快速度使用奖励积分。他们与航空公司、信用卡发行机构和零售商之间的合作关系为客户提供数百种通过日常消费赚取积分的方式。他们对慈善事业的积极参与,正在帮助希望回馈社会的热心人士轻松实现自己的愿望。

全新的营销活动以"希尔顿荣誉客会,值得分享的体验"为宣传主题,向中国宾客展示成为希尔顿会员将变成工作之余的一种享受。作为希尔顿荣誉客会的一名会员和常客,甄子丹也现身发布会现场,以自己的亲身体验为希尔顿大做宣传。

除了新的营销活动,希尔顿荣誉客会还推出了专门面向中国会员和旅行者的定制化体验和服务。

据介绍,希尔顿荣誉客会最近设立了中文网站,以便更好地满足会员的需求,并创建了微博官方账号,以增进和中国宾客的互动。

希尔顿荣誉客会已经接近 3000 万会员,这是一个里程碑式的成就,其中,大中华区就有近 10 万名希尔顿荣誉客会会员。

图 10.1　希尔顿荣誉客会

二、制订客户忠诚计划应遵循的原则

乐购客户俱乐部、汉莎航空常旅客俱乐部、宝马车主俱乐部等都是客户俱乐部成功运营的典范,这些客户俱乐部的成功都证明了这一点:适合客户需要是忠诚计划成功的关键。

仅仅通过促销手段和客户回馈机制是不能获得客户的长期忠诚的,酒店必须首先保证核心产品的质量满足客户的基本要求,才能通过客户俱乐部模式实现客户忠诚的战略目标。

理解客户对忠诚计划的内容和奖励有什么偏好是设计一个行之有效的客户忠诚计划的关键点。也就是说,一个好的忠诚计划要求酒店首先理解客户的需求,并且在此基础上保持服务营销资源上的持续投入。

一个设计良好、运营卓越的忠诚计划通常需要遵循以下原则:

1.设立门槛

对于想要参与忠诚计划的客户,首先要设立门槛。这种限制型会员的政策会激发客户的渴望,更能增加忠诚计划的价值感知,并确保将最好的资源提供给最好的客户,酒店的服务营销资源最大限度地分配在那些回报最为丰厚的客户身上。

2.要有与众不同的核心利益

客户俱乐部的产品是第一位的,酒店需要能够给俱乐部的会员提供一些独特的利益,这些利益是客户很难从其他地方获得的。忠诚计划是建立在富有价值的核心产品和服务基础上的。

3.提供个性化服务的软激励

由于竞争对手较难模仿,软激励往往对形成酒店的差异化竞争优势非常有效。比如设计客户互动参与的晚会等。软激励提供除了货币价值之外的其他期望价值,是塑造忠诚计划富有情感价值的重要内容。

4.适当使用硬激励

要认识到硬激励会增加客户的消费,但并不是忠诚计划的基石。类似会员积分、消费折扣、奖励礼品之类的硬激励,能够改善短期的客户感知,但对长期忠诚的影响有限。更为关键的是,硬激励非常容易被模仿,竞争对手很容易就可以推出一个一模一样的积分计划,甚至比现有任何积分计划更加慷慨。

5.向客户提供差异化服务

对不同的客户提供不同的会员利益和服务待遇。会员其实非常关注自己和什么人在一起。客户分级有助于俱乐部的会员觉得酒店在差异化地对待客户。

6.善用会员活动的影响力

精心策划的会员活动对于建立客户的交流和情感帮助很大,同时会员活动对于新客户的开拓和客户保持也有效果。只针对精英会员设计的活动,能够有效地提升精英会员的归属感。

7.提供一系列仅限会员参与的独特活动

酒店通过自身的影响力和采购力实现一些特殊资源的有效控制和利用,比如可以通过赞助某项赛事的方式,赛事的门票仅向会员提供,这样可以有效地提升酒店客户俱乐部的价值认知,并有助于提升有相关偏好客户的价值认同。

8.保持良好的会员沟通

有针对性的会员活动是建立互动的良好机会,但是参加活动的会员通常只占俱乐部会员数量的小部分。酒店还需要建立更加通畅完善的沟通机制,比如通过直邮方式或是微信方式替代的会员通信。会员通信中传递客户感兴趣的内容,能够增加会员客户感知,并且在与客户保持通畅沟通的同时,也建立一条良好的营销通路。乐购就是通过向十几类不同的客户分别提供杂志的做法建立了非常良好的客户沟通,并通过沟通建立的信任提升了交叉购买的贡献。

9.给予客户更多便利性和选择性

在兑换相应奖励时,尽可能地从客户角度出发,提供便利的兑换方式。尽可能地给予客户更多的选择性,让客户能够真正获得想要的产品和服务。

10.加强会员推荐的应用

会员推荐价值反映了客户俱乐部的吸引力和认同度。一个优秀的客户俱乐部是值得分享的。鼓励会员携带朋友或家人出席俱乐部的活动,刻意设计一些会员奖励作为礼物传递等方法都有助于会员推荐。调查证明,会员推荐的客户质量远远胜于酒店自己开发的客户质量。

11.利用忠诚计划弱化在服务和产品质量上的失误

客户俱乐部可以对服务的问题快速地作出个性化的反应。一个忠诚的客户愿意相信较差的服务只是一个例外,而不是惯例,因此偶尔一次不好的体验并不会导致客户转向其他竞争者。

12.保持投入回报的平衡

一个精心设计、准确预测的客户忠诚计划是可以实现盈亏平衡的。例如,希尔顿酒店的忠诚计划——希尔顿荣誉客会会员计划就是一个独立运营的忠诚计划,通过精心的积分设计和会员利益整合而实现了良好的盈亏平衡。在航空行业,汉莎航空的 Miles & More 忠诚计划证明:一个运营卓越的常客忠诚奖励计划不仅可以保持盈亏平衡,还可以通过会员经营,创造持续可观的增值收益。

13.有效的组织和运作机制

客户俱乐部是一个持续运营的机制,是需要专门的人员或团队进行管理的。酒店是否需要设立独立的客户俱乐部组织?如何设定客户俱乐部的职能与运营归属?客户俱乐部的战略运营与常规运营机制是什么?是否需要寻找专业的机构来提供外包服务?这些需要根据酒店的规模、档次等实际情况综合考虑。

14.持续的运营投入

客户俱乐部营销模式也可以实现短期的财务目标,但是眼光一定要放长远。客户俱乐部经常综合考虑多种经营目标,有时需要持续的投资,应该以什么样的优先次序来保持持续的投资是至关重要的。如何对客户俱乐部运营的财务投入进行规划和预算常常是一个非常有挑战性的任务。

在现实中,有许多忠诚计划是很难全部达到以上标准的。事实上,即使是那些正在努力达到上述标准的忠诚计划也面临着重重压力,而不能被快速复制。这也是保持忠诚计划的长期成功需要酒店持续改进的原因所在。

对于赢得客户忠诚来说,好产品仍是第一位的,客户是因此而来。客户俱乐部模式并不能解决酒店产品和服务存在致命缺陷的根本问题,酒店必须首先解决好核心产品的质量问题。酒店不能因为实施客户俱乐部模式获得了一些短期的成绩和机会,就忽略现存产品的质量问题。

三、客户忠诚度计划的保障体系

1.选择合适的供应商

酒店的产品质量对客户忠诚度的影响很大。所以,首先应从供应商选择开始,努力选择能够满足酒店客户需求的供应商。这是维护客户忠诚度和实施客户忠诚度计划的重要保障。

第一,选择的供应商应该能够为酒店提供优质的原材料。原材料的好坏很大程度上决定着酒店产品的优劣,也决定着客户的满意度。只有优质的原材料才能为客户提供更高的产品价值,才有可能带来更好的客户满意度,而更好的满意度是创造客户忠诚度的基础。

第二,供应商提供的产品应该保证价廉物美。除了物美以外,供应商提供的原材料和产品还要有价格优势,符合低成本原则。物美价廉的产品除了能给酒店创造利润以外,还能给客户带来更高的价值,降低客户的货币成本。酒店只有处处为客户的利益着想,才能逐步建立起客户忠诚度。

第三,供应商必须能够保证货源充足。以餐饮产品为例,如果客户在餐厅点菜,要什么没什么,点十道菜五道菜没有,不管多有耐心的客人也会生气,再好的服务也很难让客户满意。

2.提供良好的环境和优质的服务

好的入住环境才能够让客户享受到住店的乐趣。酒店要有专业的设计风格、美好的酒店装饰、创新的物品陈设、优雅的背景音乐等,能够给客户创造一个良好的住宿环境并产生良好的记忆。

服务永远是第一位的。卓越的服务是客户忠诚计划的基础,提供客户忠诚,必须坚持不懈地努力提高酒店服务质量,为客户提供卓越服务。

3.维护客户关系

首先,实行频次计划,为客户建立数据库,回报那些经常到酒店消费和购买相当数量产品的客户。例如,给他们打折、赠送积分等,这有利于提高客户终身价值。一个酒店如果能够充分挖掘客户的终身价值,那么这个客户所带来的价值将是非常巨大的。

其次,进行反馈营销。在客人入住期间,鼓励客人提出问题、评价和建议。例如,凡是愿意花几分钟完成"客户意见调查表"的客人,可以获得几个积分或兑换一项价值相同的服务,如免费洗烫衬衣一件或获赠一杯咖啡。调查显示,96%的不满意客户是不会投诉的,他们许多人只是不再回到你的酒店,并且会把自己的不满告诉身边的朋友。如果是这样,其给酒店带来的负面影响是巨大的,可能会因此而失去一大批潜在的客户。所以酒店客户管理人员应该主动与客户交流,仔细倾听客户的诉求建立方便的投诉渠道,了解他是否满意酒店提供的各项服务,并询问改进的建议以及是否有失望之处。在这个过程中,快速把结果反映给领导层,让他们对产品作进一步改进,以便更好地满足客户的需求,并对客户的抱怨作出快速、有建设性的反应。

最后,还应定期与客户联系,帮助其了解改进了的产品和服务以及新产品的推广。通过这一系列的客户管理手段,提高客户对酒店的忠诚度。

4.重视服务补救

除了努力为客户提供卓越服务以外,酒店还要十分重视和做好服务补救工作。对于服务失败的补救措施要有特殊的处理方式,尽可能授权员工在现场识别会员并提供尽可能个性化的满意服务。

四、优化酒店忠诚度计划:借助客户点评

酒店已经意识到,过去那套忠诚度计划可能无法满足新生代客户对奖励的"独特性"和"及时性"的需求。若想吸引和培养新生代的会员客户,酒店可以借助客户点评中蕴含的数据和信息来优化忠诚度计划,在奖励内容和方法上另辟蹊径。

1.独特性

2014 年初,德勤会计师事务所的报告《如何领跑客户忠诚度计划》对常客加入忠诚度计划的数量进行了统计,平均每位常客加入 2.6 个忠诚度计划,并在 1.8 个会员计划中保持活跃状态。如何吸引常客尤其是"千禧一代"的旅行者并培养其忠诚度对酒店又是一个新的挑战。

而据德勤的调查研究,66%的"千禧一代"认为"独特的奖励"是选择某个酒店忠诚度计划至关重要的因素。什么是独特的奖励? 对客户来说,酒店能提供其他酒店所没有的奖励就是独特的奖励。看起来这对现在同质化严重的酒店是难上加难。但如果酒店利用好自身的信息、数据,从中挖掘甚至创造出不一样的价值和体验,就能够提供这种"独特性"。首先,酒店可以通过客户点评更好地了解自己,知道自身的优势和长处所在,借助在线声誉管理工具统计客户的点评内容,从而获知客户眼里酒店独特的吸引力和优势是什么;其次,结合酒店自身的特点为会员提供多样且独特的忠诚度计划奖励,除了兑换免费房、积分这些大类,适当增加一些有特色的小项目,即使积分不多,同样也可以享受到酒店特别的服务和奖励。

2.及时性

除了独特的体验之外,在这个日新月异的时代,新生代的客户也更希望能在短时间内得到直接的奖励,而不是通过长时间的积攒积分再换几晚免费住宿或不痛不痒的礼品。尤其是在中国,忠诚度计划在年轻一代中更为普及。对目前在国内拥有大量会员的两家国际管理品牌——洲际和喜达屋酒店集团的忠诚度计划调研发现,18~34 岁的会员几乎占了会员总数的一半,尤其是在普通会员中占比最高。

德勤的调查结果显示,超过四分之三的新生代酒店会员客户希望在三个月内就能从忠诚度计划中获得奖励。所谓奖励,其实酒店可以换个思路,并不一定就要实物,个性化的体验和氛围同样也囊括在内。酒店需要获得更精准、深入的客户信息,找到客户的真实需求,丰富会员档案,从客户的个人信息、入住偏好、行为习惯等方面发散思维,在会员入住时提供一些与众不同的、定制化的奖励内容,让客户能及时享受到忠诚度计划带来的满足感。而获得客户信息的方法之一是从客户自身,从客户的点评内容中获取其入住偏好。之后,酒店可以根据客户的特征尽快并经常提供多样的、定制化的奖励内容,让客户的入住体验不再仅仅只是睡了几晚,而是超出其预期的、即时的喜悦感受。

酒店和客户的信息也属于酒店的数据资产,是可以为酒店充分利用的资产之一。酒店通过借助客户点评来增进对目标客户的了解,并转化为忠诚度计划多元的内容和要素,为客户提供丰富多样且独特及时的体验价值,让初级会员也能享受到忠诚度计划奖励,培养、吸

引更多的忠诚客户并进行口碑营销。届时,酒店客户的住宿体验也将发生质的飞跃。

第三节　提高客户忠诚度的策略与方法

一、客户忠诚度模型

客户忠诚度模型是一个被商业企业运用到满足客户和相关利益者的期望,从而提高其忠诚度以达到(甚至超越)企业目标的长期性战略。客户忠诚度模型最早由赖克海德(Reichheld)和萨瑟(Sasser)于1990年提出。当时的观点是根据行业的不同,客户保持度每提高5%,利润可提高25%~85%。产品的质量和服务决定客户的满意度,忠诚度体现企业的盈利能力。

服务质量模型是在忠诚度商业模型的基础上进行深入的探究和细化,但最终还是得到相同的结论。根据服务质量模型,客户满意度是首先建立于最近一次购买产品和服务的体验。而这次的评价完全取决于实际接受到的服务和因之前服务质量产生的期望的对比。如果最近的体验结果好于预期,客户满意度会变高。即是说,如果客户的预期是比较低的,即使是比较平庸的服务,客户满意度也会高,就算是较低价格的较平庸的服务也一样。同样,如果客户感知到之前的服务质量是比较好或者感知到产品买贵了或这个服务不值这个价钱,自然他就会不满意这次服务。

二、提升客户忠诚度的策略

1.重新调整酒店业务流程和组织结构

客户忠诚营销的实施工作是酒店的一项系统性工程,要求酒店建立以忠诚度为基础的业务体系,合理分配和利用资源,这将对酒店现有的业务流程带来影响。同时,客户忠诚的实施也是对酒店现有的组织结构的挑战。它要求酒店内部形成一个自上而下的便于客户关系管理工作开展的畅通的信息传播体系,改变以往那种相互分割的状况,使组织能对客户的信息作出迅速的反应。

2.运用好80/20法则

酒店实施客户忠诚计划时应该好好应用80/20法则。实践证明,酒店80%的收入来源于20%的客户。所有的客户对于酒店来说价值都是不一样的;其中一些客户为酒店带来了长期的价值。明智的酒店经营者应该时时跟踪客户、细分客户,并根据客户的价值大小来提供有针对性的产品和服务。因此我们在推行客户忠诚计划时,应该把重点放在20%~30%的高价值客户上,但同时不能忘了那些有价值的潜力客户,并采取相应的营销策略。

3.让现有客户感到被关爱

维护现有客户比赢得新的客户要便宜得多。花成本关注新客户的签约,而忘了维护现有客户的满意,是一个很大的错误。与现有客户保持定期沟通,了解他们是否对你提供给他们的产品和服务一直感到满意,确保他们了解你提供给他们的产品、服务和机会,利用每次沟通的机会问客户:"我们还可以为你做些什么?"

4.与客户建立多层联系

酒店与客户的联系不应该只来自单一的渠道或销售人员,这种狭窄的接触会使酒店信息失真,并产生不准确的判断。而且这种委托关系是很脆弱的,当联系发生变化时,会为竞争者敞开大门。理想的情况是客户与酒店之间有多层的联系,并且多层联系的信息能够得到整合。比如,客户经理应该经常组织酒店中层干部与客户的各类联谊会、座谈会、交流会或者小型竞技活动,这样的联系活动无疑会增强酒店与客户之间的友谊。

5.服务第一,销售第二

在消费者意识抬头的年代,良好的客户服务是建立客户忠诚度的最佳方法,包括服务态度,回应客户需求或申诉的速度、退换菜品服务等,让客户清楚了解服务的内容以及获得服务的途径。因为当今的客户变得越来越挑剔,并且在购买了产品后会非常"敏感",他们在与酒店交易时,希望能够获得足够的愉悦,并且能够尽量减少麻烦。当这些客户获得了一个很好的客户服务体验时,他们自然会形成"第二次购买";不过,如果他们获得了一个不好的体验,他们会向周围更多的人宣传他们的"不幸"。因此,酒店要想提升客户体验,必须要把与产品相关的服务做到家,然后才是真正的产品销售。

6.超越客户期望,提高客户满意度

客户的期望是指客户希望酒店提供的产品和服务能满足其需要的水平,达到了这一期望,客户会感到满意,否则客户就会不满意。所谓超越客户期望,是指酒店不仅能够达到客户的期望,而且还能提供更完美、更关心客户的产品和服务,超过客户预期的要求,使之得到意想不到的,甚至感到惊喜的服务和好处,获得更高层次上的满足,从而对酒店产生一种情感上的满意,发展成稳定的忠诚客户群。

7.差异化经营,"物有所值"

当商家把"打折""促销"作为增加客源的唯一手段时,"降价"只会使酒店失去他们最忠实的"客户群"。"促销""降价"的手段,不可能提高客户的忠诚度,"价格战"只能为品牌酒店带来越来越多的"毫无忠诚可言"的客户;而当酒店要寻求自身发展和高利润增长时,这部分客户必将流失。培养忠诚的客户群,不能仅做到"物美价廉",更要让客户明白"物有所值"。由于现代酒店经营同质化越来越严重,酒店只有通过细分市场,搞出特色,寻求差异化经营,找准目标客户的价值取向和消费能力,才能真正培养出属于自己的"忠诚客户群"。

8.建立"客户再生"战略

没有一家酒店能够100%地保留客户,每一家酒店都需要重新获取这些已经流失的高价值客户。研究学者发现,向一个流失客户销售产品的成功率比向一个新客户销售更容易成功。在很多酒店,挽回流失客户往往是最容易被忽视的,而做好这项工作却是必不可少的,这项工作做好了可成倍增加酒店的收入。一般情况下,酒店每年平均流失的客户高达20%~40%,因此,酒店不仅需要不断寻找新客户,更需要建立"客户再生"策略。

9.重视员工忠诚度的培养

哈佛商学院的教授认为,客户保持率与员工保持率是相互促进的。这是因为酒店为客户提供的产品和服务都是由内部员工完成的,他们的行为及行为结果是客户评价服务质量的直接来源。一个忠诚的员工会主动关心客户,热心为客户提供服务,并为客户问题得到解决感到高兴。

另外,如果一个酒店的员工流动率太高,该酒店要想获得一个较高的客户忠诚度是不可能的。因为客户所获得产品和服务都由员工提供,如果都是新员工在提供服务,很难确保他们能够使客户获得满意的感受。

因此,酒店在培养客户忠诚度的过程中,除了做好外部市场营销工作外,还要重视内部员工的管理,努力提高员工的满意度和忠诚度。客户忠诚的核心原则是首先要服务好你的员工,然后才有可能服务好你的客户。

三、提高客户忠诚度的方法

1.建立客户数据库

为提高客户忠诚度而建立的数据库应具备以下特征:

(1)一个动态的、整合的客户管理和查询系统;

(2)一个忠诚客户识别系统;

(3)一个客户流失显示系统;

(4)一个客户购买行为参考系统。

酒店运用客户数据库,可以使每一个服务人员在为客户提供产品和服务的时候,明了客户的偏好和习惯购买行为,从而提供更具针对性的个性化服务。

2.识别酒店的核心客户

建立和管理客户数据库本身只是一种手段,而不是目的。酒店的目的是将客户资料转变为有效的营销决策支持信息和客户知识,进而转化为竞争优势。无数酒店的实践证明,酒店利润的80%来自其20%的客户。只有与核心客户建立关系,酒店稀缺的营销资源才会得到最有效的配置和利用,从而明显地提高酒店的获利能力。

识别核心客户最实用的方法是回答三个互相交叠的问题:

(1)你的哪一部分客户最有利可图、最忠诚? 注意那些价格不敏感、付款较迅速、服务要求少、偏好稳定、经常购买的客户。

(2)哪些客户将最大购买份额放在你所提供的产品和服务上?

(3)你的哪些客户对你比你的竞争对手更有价值?

通过对这三个问题的回答可以得到一个清晰的核心客户名单,而这些核心客户就是酒店实行客户忠诚营销的重点管理对象。

3.了解客户的价值取向

知道客户的价值取向对于建立较高的客户忠诚是非常重要的。但是,酒店要想真正了解客户的价值定义也绝非易事,因为客户的价值定义也是不断变化的。

4.找出客户最感兴趣的主题

一对一个性化的服务已经成为一种趋势,例如可以设计一个程式,请客户填入他最感兴趣的主题,或是设计一个程式自动分析客户资料库,找出客户最感兴趣的主题。当有这方面的新产品时便主动通知客户,并加上推荐函,必能给客户一个不一样的个人化服务的感受。

每次客户活动都应该进行详细策划,互动内容应该适合每位客户。客户经理应有能力捕捉更多客户的个人信息,建立复杂的模型。客服人员获得的信息越多,他们和客户的关系就会越好。比如,在成百上千的客户中,哪些人喜欢钓鱼、哪些人喜欢唱歌、哪些人喜欢旅游或体育运动。每次活动安排就挑选喜欢同一种活动的客户参加,设立适当的奖品,更容易引起大家的兴趣。

5.掌握沟通技巧

客服人员要学会沟通,掌握完美的倾听艺术,必要时适当模仿客户的谈话风格。除此之外,还可以采取多种沟通渠道。随着现代技术的引入,电报、传真、有线电话已经被微信、电子邮件、无线电话所取代。今天的消费者都离不开手机,除了正常的面对面交流之外,还可以增加互动渠道,通过电话、微信、电子邮件和短信等取得联系。

6.尽快解决客户的投诉

对于大多数酒店而言,不满意的客户中只有 10% 会向酒店投诉;而 90% 的客户不会向酒店表述出来,这些抱怨只会反映在一些行为中,例如拖欠酒店的应付账款,对一线的客户服务人员不够礼貌,等等。而且,他们会借助互联网,把这些不开心的经历发到网上,让成千上万的人知道他们的感受。因此,酒店必须在这件不愉快的事情发生之前快速解决,尽一切努力给客户一个倾诉抱怨的机会,让他们说出心中的不快,同时尽快解决这些不快的问题。有些酒店的员工在客户投诉时常常表现出不耐烦、不欢迎,甚至流露出一种反感,其实这是一种非常危险的做法,往往会使酒店丧失宝贵的客户资源。

应优先处理客户投诉,发现问题要迅速解决。合适的经理人员应放在客户关系管理的位置上,他们拥有良好的沟通技巧、经验和品牌知识。如果需要,可以分配专门的资源给客户经理和客服人员,让客户经理与客户建立良好的人际关系,增强彼此之间的信任。当客户经理与客户之间建立起了彼此信任的关系,处理客户投诉就会易如反掌。

客服人员对待每个问题要有主人的意识,永远不能说:"对不起,这不是我的责任。"应该确保问题得到解决,即使它不是自己的直接责任。

总之,服务不周造成的危害是显而易见的,弥补这种危害带来的影响,应被视为一次机遇而不仅仅是痛苦的例行公事。这项工作包括两方面,一是为客户投诉提供便利,二是对这些投诉进行迅速而有效的处理,并设法安抚不满的客户。

7.加强退出管理,减少客户流失

退出,指客户不再购买酒店的产品和服务,终止与酒店的业务关系。酒店要认真分析客户退出的原因,总结经验教训,利用这些信息改进产品和服务,最终与这些客户重新建立起正常的业务关系。

分析客户退出的原因是一项复杂的工作。客户退出可能是单一因素引起的,也可能是

多种因素共同作用的结果。

减少客户流失,还要预测未来可能发生的事情,即试图预测可能会考虑离开的客户,确定引起客户不满的关键行为,如花费下降。然后积极主动地咨询:"我注意到您最近很少过来消费,有什么原因吗?"

在关键时刻,有益的和适当的干预可以起到事半功倍的作用。当今的消费者不避讳让酒店为他们提供更多的服务,如果他们不满意,会选择离开。因此,作为酒店客户经理,不仅要关心当前的客户需要什么,如何满足他们的需要,还要随时考虑到在今后相当一段时间内能否留住客户的问题。

8.把握客户忠诚的"五个阶段"

一般来说,客户忠诚度可以划分为五个阶段:听说→猜疑→试试看→重复购买→主动宣传。在与客户交往的过程中,很容易搞清楚客户处在什么阶段,针对某个阶段的客户,寻找相应的办法,解除客户的顾虑,把客户培养成主动宣传的角色。

9.学会换位思考,亲身体验和感受酒店服务

将自己放到客户的位置多换位思考。只要有可能,请多体验你所代表的酒店产品和服务。就像是食品生产商要吃酸奶,感觉一下酸奶的味道是不是对胃口;汽车制造商也需要驾驶汽车,体验一下车辆驾驶起来是不是自己想要的感觉。住酒店也是一样,作为酒店客服人员应当亲自睡一睡客房,感觉一下床垫是不是软硬适宜,水温是不是正合适,电视画面是不是清晰,电话是不是能够接得顺畅;也可以到餐厅点点菜品,看看菜单上的菜品是否齐全,体验一下点菜后多少时间能够上菜,菜品的味道是否鲜美,服务人员的态度是否热情。

10.减少影响客户取向的不利因素

客户遇到不必要的复杂的办事程序、低效甚至是麻烦时,系统就成了影响其取向的因素。客户针对排长队、服务慢、雇员缺乏培训、环境恶劣及标志不清等的抱怨,都是系统出问题的例证。

酒店员工举止欠妥、说话刻板、语气漠不关心,这时候,人便成了主要的影响因素。还包括粗鲁、不敢目光接触,以及衣着或修饰不当。

为使生意长久兴旺,酒店应当设法减少影响客户取向的不利因素,并提供超出客户预期的产品和服务以建立好的口碑。一家酒店也许可以做出最好的食品,但如果它没有将影响客户取向的不利因素减至最低,并为客户提供积极有效的服务的话,就会很少人留意到这家酒店与其他竞争者之间有什么区别。

【案例】

国际品牌酒店:如何维护客户忠诚度?[①]

酒店业最近在直接预订方面大费心机,努力从 OTA 手里争夺市场份额。客人忠诚度对

---

① 品橙旅游,2016-04-25。有修改。

酒店来说至关重要,为忠实会员和客户提供专享的体验已经迅速成为一种手段,"万豪三项专属优惠""喜达屋优先会员计划""凯悦金护照""希尔顿 Stop Click Around",一系列促销活动为酒店维护客户营造了一个良好的开端,随着越来越多的运营商合并,对忠诚会员的激励还需要一直继续下去。

1.万豪酒店:为忠实会员提供品牌化体验

4月1日,万豪国际首席执行官阿恩·索伦森(Arne Sorenson)表示,在万豪和喜达屋合并后,忠诚度计划是头等重要的事情。

万豪礼赏计划推出三项专享优惠,回馈最忠诚的会员。

第一项奖励:"体验市场活动"——今年5月起,万豪旗下丽思·卡尔顿酒店的全球奖励会员都有机会参与精心策划的活动,包括得到纽约百老汇歌舞剧门票、与受欢迎的体育团队见面,或者上私人烹饪课的机会。要想得到这样的奖励,会员可申请万豪酒店奖励的丽思·卡尔顿酒店积分。

第二项奖励:"高级礼宾服务"——计划于今年5月下旬首先在美国,针对万豪礼赏计划的贵宾开展这个项目。礼宾部可以提供酒店设施和服务的预订,如餐厅订位、水疗、高尔夫球以及特殊场合的布置安排。万豪计划进一步针对包括美国之外的会员以及丽思·卡尔顿酒店的会员扩大礼宾项目。

第三项奖励:"延迟退房服务"——今年5月16日开始,万豪酒店及其旗下丽思·卡尔顿酒店的铂金会员预订酒店时,如需要延迟退房,就可以享有最迟能在下午4点退房的特权。这项好处只有会员充分参与万豪酒店奖励计划才能享受,其中不包括度假村、会议酒店及万豪度假俱乐部。万豪酒店和丽思·卡尔顿酒店的奖励计划还将为白银会员提供延迟当天退房的特权。

万豪国际的忠诚度项目副总裁表示:"提高客户的忠诚度,想让客户的旅程更加完美而个性化,让客人们享受在旅行和生活中最渴望享受到的体验——这也是我们反馈客户忠诚度的最好方式之一。"

除了为忠实会员提供各项特权,万豪还于本月初推出了优惠房价,鼓励客人直接通过酒店预订,而非第三方在线旅行社如 Expedia 和 Booking.com。

J.D.鲍尔(J.D. Power)的最新顶尖酒店忠诚度计划显示,万豪礼赏计划拥有约5400万全球会员,与希尔顿荣誉客会会员数量并列第一。

2.喜达屋酒店:为留住忠诚客户,开展系列促销活动

鉴于竞争对手都在奋起直追,大批的忠实客户仍在观望,品橙旅游获悉喜达屋酒店本月

开展了一系列促销活动,以尽可能减少损失的用户群。

两周前,喜达屋就已经开始给其优先会员(SPG)发送了一系列关于促销信息的电子邮件,提供加速会员积分的方法。该促销活动针对不同人群提供不同的福利。尽管优先客户的排名不是最靠前的,它还是得到了很多商务旅行者的狂热追随,很大程度上构成了酒店的收入来源。

在与万豪忠诚度项目的合并过程中,喜达屋需要维护其客户,这可能也是其采取促销活动的一部分原因。

3.凯悦酒店:提供贵宾专享折扣,提升直接预订业务

凯悦酒店一直重视客户的重要性,据品橙旅游了解,近日针对其忠诚度计划"凯悦金护照"的会员提供了专享折扣。会员只要通过凯悦官网或 App 预订酒店,就能得到10%的折扣。该项折扣先期会针对美国、加拿大和澳大利亚的凯悦酒店,之后会在其他国家展开,目前该折扣活动还没有公布截止日期。

凯悦商务全球高级数码副总裁埃伦·李(Ellen Lee)表示,促销的主要目的是"与客户建立长期关系,提高忠诚度"。公司希望借助这样的促销活动,增加客户的直接预订量。

凯悦酒店还对品牌的移动数码互动进行了改进和提升。近期将推出凯悦酒店的 App,会员可以在线登记,快速结账,在手机上管理预订信息,并通过社交渠道如 Facebook 和 Twitter 获取客户服务,可以通过升级版的凯悦 App 直接预订酒店。

会员忠诚度计划不一定会影响凯悦与在线旅行社的关系,埃伦·李表示:"凯悦与在线旅行社关系不错,它们会利用自己广泛的资源,帮助我们做宣传。"但凯悦希望能获取更多有关客户喜好和预订的信息,提升客户的总体体验。

4.希尔顿酒店:"Stop Click Around"加大官网营销力度

希尔顿酒店在社交媒体上投入了大量的精力,通过营销活动激励忠实会员"官网直接预订"活动带来了巨大的活跃度。品橙旅游报道过,希尔顿今年推出"Stop Click Around"活动,承诺经希尔顿官网、呼叫中心、移动应用或旅行社预订可享受折扣。忠诚度计划的成员还可以有积分以及获得希尔顿酒店数字钥匙使用权等诸多优惠。而且荣誉客会会员不仅可以通过官网预订房间,还可通过"授权的旅行社"和"首选商务旅行合作伙伴"预订房间。

(编译:品橙旅游 Wendy)

第四节　客户忠诚度管理标准

客户忠诚度管理标准是按客户忠诚度管理的相关工作内容制订的有关工作品质、工作要求的标准。

一、客户忠诚度建设内容及标准

酒店在建立客户忠诚度的过程中,需要根据基本的管理内容和事项,确定客户忠诚度建

设的整体方向,并为忠诚度衡量标准提供依据。

客户忠诚度 建设内容	步骤	执行标准
确定客户 价值取向	1	了解影响客户价值取向的因素,如酒店服务质量、办事效率、工作人员素质,通过对这些因素进行改善,来赢得客户取向
为客户 创造价值	2	通过更好地为客户解决问题、提高服务质量、改进服务态度等额外价值,而不是单纯的价格调整,为客户创造更多的价值
处理客户 不满	3	当客户表示不满时,要及时、高效处理,并将处理结果告知客户,同时向客户提供一些补偿,以抵消和弥补给他们带来的损失
提供超值 服务	4	创造条件让客户对酒店的价值产生认知,如改善陈旧落后的设施设备,提供"超值"的服务质量,提升酒店荣誉等
服务差异化	5	服务差异化包括较低层次的礼节礼貌、中层的酒店服务功能差异化和较高层次的服务文化差异(使服务在客户头脑中确立一定地位)
服务定制化	6.1	合作定制化。通过与客户沟通,了解其需求,涉及满足其需要的服务内容,由客户和酒店联合设计,交与酒店进行定制化服务
	6.2	适应定制化。为客户提供标准化服务,客户可以根据实际需要,要求将标准进一步深化
	6.3	形式定制化。根据客户的要求为其提供不同的服务形式、服务标准和个性化要求
提供更多 信息	7	在客户预订酒店的同时为客户提供全面的、相关的资料、信息、结构图表、注意事项说明等
销售理念	8	坚持向客户销售酒店的"服务理念",而不是单纯销售酒店的有形产品和服务,并对客户进行理念"灌输"和"教育"
培养互动	9	了解客户的具体情况,通过互动,双方在某种程度会逐步实现各自的需求
客户参与 与决策	10	重视客户、尊重客户的建设性意见,邀请客户参与酒店产品开发、设计和服务及酒店管理的改进
提高客户 关系质量	11	不仅为客户提供优质的服务、质量良好的产品,提高客户的消费价值观,而且与客户建立、保持并发展长期的合作关系
建立客户 档案	12	客户档案包括入住日期、时间、房号、用餐情况、菜单保存、满意度回访、客户详细资料等内容,进而了解客户的实际需求

二、客户忠诚度计划实施标准

酒店实施客户忠诚度计划,目的在于稳定客户群体,防止竞争对手介入,维护酒店的直接利益,并满足客户关系发展、客户需求提升的需要。

客户忠诚度计划实施标准	步骤		执行标准
建立忠诚度计划	1.1		一级忠诚计划。最重要的手段是价格刺激、额外的利益奖励。奖励的形式包括折扣、累计积分、赠品、奖品等,增加客户的财务利益,从而增加购买频率
	1.2		二级忠诚计划。主要形式是建立客户组织,包括正式或非正式的客户俱乐部、客户协会等,进而了解客户需要,使企业提供的产品或服务富于个性化和人性化,更好地满足客户的需求和欲望,使客户成为忠实客户,或有效提高客户忠诚度
	1.3		三级忠诚计划。主要通过为客户提供客户转向竞争者的机会成本,增加客户脱离竞争者而转向本酒店的收益,增加与客户之间的结构性纽带,同时附加财务利益和社会利益
提高客户转换成本	2.1	程序转换成本	潜在危机成本,客户转投其他酒店,可能带来的潜在的负面结果,如提供的服务不尽如人意、酒店服务产品质量不佳等
			评估成本,客户转投其他酒店,必须花费更多时间和精力了解和熟悉对方的服务人员和服务水平
			适应成本,客户如果转投其他酒店,需要耗费时间和精力适应对方服务方法及技巧等
			组织调整成本,客户转投其他酒店,必须耗费人力物力与新的酒店建立合作关系
	2.2	财政转换成本	利益损失成本,客户转投其他酒店将失去原酒店提供给忠诚客户的众多优惠、关照政策
			金钱损失,客户转投其他酒店,可能需要支付更多费用
	2.3	情感转换成本	个人关系损失成本,客户转投其他酒店可能造成人际关系损失。为客户提供更加人性化、定制化的产品,与客户建立情感层面一对一的关系
忠诚度计划实施	3.1	实际性	忠诚计划涉及的优惠条件必须切实满足,不能将无法实现的内容列入忠诚计划
	3.2	可选择性	在忠诚计划中为客户提供多种选择
	3.3	便利性	对客户忠诚度的奖励必须方便活动,避免繁琐的手续和附加条件
	3.4	成本可控性	控制忠诚计划方案的成本与赢利性,评估给予客户的优惠政策,确定明确的目标和指标,衡量忠诚计划能够增加的赢利
	3.5	增加信息	通过实施忠诚度计划,提供客户所需要的更多、更实际的信息

第五节　客户忠诚度评估

一、NPS 评估模式

多年来,企业一直在努力探寻可以量化"客户忠诚度"的简便方式,其中净推荐值(Net Promoter Score,NPS)当属经典。

NPS 曾经是最流行的,也是最经典的"客户忠诚度"评估方式,最早由贝恩咨询企业客户忠诚度业务的创始人弗雷德·赖克霍德(Fred Reichheld)在 2003 年《哈佛商业评论》发表的《你需要致力增长的一个数字》(One Number You Need to Grow)一文中提出。

在 NPS 评估模式中,企业只需通过调查问卷的形式,询问客户"您向朋友推荐我公司产品和服务的可能性有多大"这类简单的问题,就能从客户中鉴别推荐者(Promoter)、被动者(Passive)与贬低者(Detractor)。在一定程度上,通过 NPS 指标可以看到企业当前及未来一段时间内的发展趋势及盈利能力。

虽然 NPS 简单易行,但也存在很大的缺陷。它不仅难以收集全面的客户反馈信息,也无法深入挖掘客户给出负面评论的根本原因。

NPS 的操作方法是根据受访者打分的情况将客户分为三类,而在此过程中,企业会遗漏大量宝贵的客户信息。

与此同时,问卷调查这种形式本身就存在可靠性和真实性问题,因为受访者在被询问的过程中很可能会隐藏自己的真实想法。

所以,要想真正了解一个客户的忠诚度情况,单纯询问一个问题而没有其他的补充信息或跟进措施远远不够,而且只知道结果而不知道背后原因是不能帮助企业采取有效措施并提高"客户忠诚度"的。

二、大数据时代的"客户忠诚度"评估方式

在过去十多年中,互联网与移动互联网技术快速发展,客户与企业的互动方式不断被创新,越来越多的企业需要在社交网络、电子商务平台以及移动端直面客户。

随着客户数据的爆炸式增长,NPS 等传统"客户忠诚度"评估模式的局限性也变得愈加明显。但是另一方面,不断发展和成熟的大数据分析技术却让企业真正得以全面洞察客户体验,以更加智慧的方式评估和提高"客户忠诚度"。

随着互联网、社交网络、电子商务以及移动互联网的兴起和不断发展,企业与客户之间的接触变得无处不在,客户反馈信息形成了海量、多样化、跨渠道以及碎片化的大数据。为了收集与挖掘所有客户接触领域,企业需要制订能够全方位挖掘零散评论的解决方案,包括获得语音评论记录的语音分析以及挖掘文本评论的文本分析。然而,无论是语音分析还是文本分析,企业首先面临的问题就是如何把非结构化数据转化为结构化数据。

在大数据时代,客户数据以语音、文本、图片、视频等各种形式分散在电话、邮件、网络、客户端以及社交媒体等众多客户接触领域中。所有这些互动方式都会留下数字跟踪信息,为企业提供客户忠诚、愤怒或消极应对现象的原因。

企业需要借助先进的大数据分析技术深入挖掘客户体验的全过程。通过分析所有客户接触领域,了解并影响客户体验是企业提高"客户忠诚度"并实现长期增长的关键。

第六节　酒店客户流失管理

客户流失是指本酒店客户由于某种原因而转向其他酒店消费的现象。

【案例】

客户不见了……

蓝小姐是 ABC 公司驻京办的工作人员,她们公司每年都有 100 多天入住 M 酒店,加上一年一度的年会活动,该公司每年在 M 酒店的花费超过 30 万元。2018 年 8 月的一天,蓝小姐气冲冲地到前台找到大堂副理小郭,说她老板的丝绸睡衣被洗坏了。小郭接过睡衣仔细看了看,确实有几个小小的泡泡,且稍稍有点发黄,不仔细看根本看不出来。小郭按照酒店通常的做法,立即表示道歉,并愿意按照酒店的惯例,赔偿洗衣服务费 10 倍的价格。这样看起来似乎没有什么问题,一切都很正常。但是,对于蓝小姐来说,却远没有完。因为她的老板并不同意这种处理方式,她说她的丝绸睡衣花了 300 多美元买的,按照当时的汇率可是 2000 多元人民币呢。现如今已经不能穿了,怎能赔偿 200 元人民币就算完了?于是投诉升级了。此事汇报到总经理处,总经理说自己也是按照国际惯例处理的,没什么问题啊。大堂副理只好如实转告蓝小姐。蓝小姐毕竟是在大公司工作的人,知道投诉无门,微笑着说声谢谢走了。

酒店以为此事已经解决了,以至于蓝小姐的客人是什么时候离店的都不知道。一切照常,M 酒店的生意与往常没有什么差别,生意仍然火爆。

快到年底了,销售部想起蓝小姐的公司每年的年会还没有下订单,于是赶快打电话询问。蓝小姐仍然还是客客气气地回答,说是年会还没有定,一有消息会告知。其实他们的年会早就已经订到别的酒店了,而且这段时间,她们公司陆陆续续来了很多人,都安排在别的酒店。直到年会开完,M 酒店才知道人家已经跟自己"拜拜"了。销售总监这才想起过去拜访,问问怎么回事。蓝小姐不痛不痒地回答说,你们 M 酒店生意那么好,也差不了我们这个小小的客户,所以我们就不麻烦你们了。销售总监这才想起上次那个小小的投诉,因为蓝小姐说服了她的老板,不要为了 2000 多元钱去跟酒店大吵,那样有失身份。蓝小姐说宁愿自己去给老板买一件新的,今后再也不住他们酒店就是了。所以她们提前退房也没有引起任何人的注意,以至于后期很长时间没有人过问此事。不知不觉,M 酒店已经失去一个客户。

在激烈的市场竞争条件下,客户已经成为现代酒店业最重要的资源,客户决定着酒店的命运与前途。因此,谁能赢得更多的客户资源,谁就拥有更多的市场份额,谁就能在市场竞争之中立于不败之地。正如管理学大师彼得·德鲁克所言:"衡量一个企业是否兴旺发达,只要回过头看看其身后的客户队伍有多长就一清二楚了。"

然而,市场调查显示,一个酒店平均每年有10%~30%的客户在流失,这是很多酒店发展过程中所经历过的事。很多酒店常常不知道失去的是哪些客户,什么时候失去的,也不知道为什么会失去,更不知道这样会给他们的销售收入和利润带来怎么样的影响。他们完全不为正在流失的客户感到担忧,反而依然按照传统做法拼命招徕新客户。

挽回那些曾经存在的客户关系,比招揽一个新客户更有价值也更加容易。《挽回客户——如何重新抓住流失客户并使他们忠诚》的作者吉尔告诉我们,挽回客户是一门艺术,不应该花费所有的精力来争取新客户。事实上,应该把注意力集中在另外一个群体上,那就是流失的客户。花费同样的精力,只有5%的可能争取到新客户,却有40%的可能重新挽回老客户,因为最艰难的就是要用新产品去征服新客户。而挽回老客户可节省推销费用和时间,因为维持关系比建立关系更容易。对一个新客户进行推销所需费用远远高于一般性客户服务的相对低廉的费用。

美国市场营销学会AMA客户满意度手册所列的数据显示:每100个满意的客户会带来25个新客户;每收到一个客户投诉,就意味着还有20名有同感的客户;争取一个新客户比维护一个老客户要多6~10倍的工作量;客户水平提高两成,营业额将提升40%。挽回老客户,是降低销售成本的最好方法。

一、控制客户流失的重要性

很多酒店似乎只关心如何获得新的客户,如何扩大销售额,而忽略了如何保持老客户。实际上,老客户才是酒店最具吸引力的群体:

原因:

(1)老客户为酒店贡献更多的利润。

(2)酒店保持老客户的成本要比获取新客户低得多。

在营销手段日益成熟的今天,我们的客户仍然是一个很不稳定的群体,因为他们的市场利益驱动杠杆还是偏向于人、情、理的。如何提高客户的忠诚度是现代酒店人一直在探讨的问题。客户的变动,往往意味着一个市场的变更和调整,一不小心甚至会对局部(区域)市场带来致命的打击。这个现象在酒店业界特别突出,一个酒店可能由一个销售代表做到一定的销售量,但是这个销售代表离开后,销量就会有明显的下滑。酒店的管理者务必在关键时刻擦亮眼睛,以免客户在不经意间流失,给酒店的市场运作带来不利影响。

二、酒店客户流失的形成过程

在激烈的市场竞争中,即使是满意的客户,也有可能随时"背叛"你,而"投靠"你的竞争对手。所以,绝对不能满足于能够吸引多少客户,更重要的是能够留住多少客户。

客户流失的形成过程如下图所示:

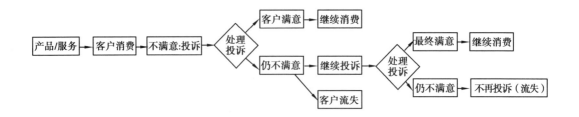

【案例】

10月13日,第三季度优质服务明星颁奖大会在三号会议室召开,58名服务明星一时间传遍酒店,成为同事们之间的美谈。然而,在本部销售人员拜访一家曾经经常在酒店客房、餐饮消费,但近2个月已无消费记录的钻石卡客户时,该公司的副总经理是这样说的:"每次都是你们的销售人员热情地把我们邀请过去,但每次我们都是被你们的服务人员赶走的!"

该公司是由港商投资的电器公司,是本酒店的钻石卡客户之一。因其董事长是香港人,需常住酒店,故经常入住本酒店客房,且入住期间常在各餐厅用餐,月平均消费3万元左右。该公司负责人反映,酒店服务人员素质欠佳,并举了很多例子说明,主要集中于以下两点:

服务生硬呆板,语气强硬,不给客人面子。

4个多月前,该公司董事长陪同客人在酒店某餐厅吃饭,在结账时,客人要求签单挂账,服务人员径直走过去,当着众多客户的面说因该公司未及时支付挂账单,已被停止使用签单权,当面拒绝客户的签单要求。

因酒店财务一般于每月5—10日对挂账公司邮寄上月账单,如果在寄账单当月未能结清,则会停止此公司的签单挂账权,待结清后再开通。而该公司规定的各类付款务必于当月5日前结清。当账单寄到时,刚好错过了该公司的付款时间,所以经常被停止使用签单权。因有好几家公司的付款周期都与该公司相同,后经本部与财务沟通,已对此类公司的付款周期进行了调整。但在未调整前,餐饮服务人员类似的"服务"情况竟出现过两次,让客户在其客户面前颜面无存,使该公司的董事长及相关负责人心存不悦。

(作为服务人员,遵守酒店规定并没有错,但亦应尊重客人,如能将客人带至一旁轻声委婉地向客户说明,效果定会有所不同。酒店员工待客"一视同仁",未能让熟客感受到特殊关怀。)

该公司前来本酒店消费的主要就是董事长本人,每月均有住房及用餐记录,但每次消费时,负责接待的服务人员均以陌生的眼光看着他,从未能热情地称他一声"×先生",只有某餐饮部门的管理人员表现稍好一点。酒店待客的"一视同仁"(视若陌生人)让其感到不受尊重,加上上述两次事件的发生,该董事长命令其下属员工,以后不得再到该酒店消费。

从6月份开始,该公司员工真的就不再过来了,直到负责维系该公司关系的销售人员发现,并协同销售经理一同拜访,方得知个中缘由。经调查了解到,该公司在××酒店已包下一长住房,专用于其董事长来深住宿。据说相比本酒店,××酒店的服务人员很热情,让其感受到如亲人般的关怀,故他宁可选择硬件不如本酒店的××酒店作为其定点消费场所。

后经销售部销售人员盛情相邀,该公司负责接待的方小姐才勉强表示有机会一定会跟其领导表达本酒店的歉意和邀请。在销售人员的争取下,该公司将于10月26日预订33间本酒店豪华房及套房,还在中餐订了五桌宴席。为了挽回此客户,销售部全程关注该公司的消费过程,力争将其从××酒店的手中争取回来。

在销售人员对客拜访时,经常发现本酒店的客户流向××酒店,客户对本酒店的硬件是非常赞赏的,但对于软件却评价不高。为了提高酒店经营效益,本酒店大力推出一系列促销活动,并通过多种手段给予客人优惠,其出发点无非希望通过酒店的举动感动客户,让其成为酒店的忠实客户,从而使酒店经营收入得到提高。但有时候事与愿违,因酒店的综合服务水准不够稳定,在对客服务过程中遇到问题时处理也不够灵活,令客人不满,无形当中便造成了客户的流失。

点评:衡量一个酒店是否成功的标准之一是该酒店的客户保有率。争取一个新客户比维护一个老客户要多6~10倍的工作量,只有有效地挽回老客户,降低客户流失,方是降低销售成本的最好方法。在酒店服务工作中,应时时关注客户满意度,从客户的立场思考问题,为客户提供优质服务,挽留住老客户,才能在激烈的市场竞争中立于不败之地,不断提高酒店的市场份额。

三、客户流失识别

针对客户的流失,酒店一般可以借助下列指标来进行识别,而这些指标可以通过客户调查问卷和酒店日常记录等方式获得。

(一)客户指标

客户指标主要包括客户流失率、客户保持率和客户推荐率等。

1.客户流失率

它是客户流失的定量表述,是判断客户流失的主要指标,用公式表示为:客户流失率$=\frac{客户流失数}{消费人数}\times100\%$。它直接反映了酒店经营与管理的现状。

2.客户保持率

它是客户保持的定量表述,也是判断客户流失的重要指标,用公式表述为:客户保持率$=\frac{一段时间内最终客户总量-该段时间内新增客户总量}{现有客户总量}\times100\%$。它反映了客户忠诚的程度,也是企业经营与管理业绩的一个重要体现。

3.客户推荐率

它是指客户消费产品或服务后介绍他人消费的比例。

(二)市场指标

市场指标主要包括市场占有率、市场增长率、市场规模等。通常客户流失率与上述指标成反比。酒店可通过市场预测统计部门获得这方面信息。

(三)财务指标

例如销售收入、净利润、投资收益率等。通常客户流失率与此类指标成反比。酒店可通过营业部门和财务部门获得上述信息。

(四)竞争力指标

在激烈的市场竞争中,一个酒店所流失的客户必然是另一个酒店所获得的客户。

四、客户流失的原因

管理人员深入了解客户流失的原因,才能发现经营管理中存在的问题,采取必要的措施,防止其他客户流失,有时还可促使已经流失的客户重新回到本酒店消费,与本酒店建立更稳固的合作关系。管理人员要计算出每一位老客户对酒店的"终身价值",来确定挽回哪些客户,放弃哪些客户,然后选择适合的时间去重新接触正确的客户,并让他们树立起对酒店、产品、服务的忠诚度。

客户流失的原因通常有以下几种:

1.销售人员流动导致客户流失

这是现今客户流失的重要原因之一,特别是酒店的高级营销管理人员的离职变动,很容易带来相应客户群的流失。如今,营销人员是每个酒店最大、最不稳定的"流动大军",如果控制不当,在他们流失的背后,往往伴随着客户的大量流失。其原因是这些营销人员手上有自己的渠道,也是竞争对手所看中的最大的个人优势和资源。这样的现象在酒店界比比皆是。

2.竞争对手夺走了客户

任何行业的客户都是有限的,特别是优质客户,更是弥足珍稀。20%的优质客户能够给一个酒店带来80%的销售业绩,这是恒定的法则。所以优质客户自然成为各大酒店争夺的对象。随时小心,也许你的主要竞争对手现在正在对你的大客户动之以情,晓之以理,诱之以利,以引诱他放弃你而另栖高枝。任何一个酒店无论是什么品牌,不管是在硬件设施方面或者软件服务方面肯定都有不完善的地方,而商战中的竞争对手往往最容易抓到你的软肋,一有机会,就会乘虚而入,所以也警示酒店必须加强员工团队的建设问题。

3.市场波动导致失去客户

任何企业在发展中都会遭受震荡,酒店也不例外。在波动期间,往往是客户流失的高频段位,如酒店高层出现内部问题或者酒店最高决策者更换人选时。还有一个问题就是酒店出现意外的灾害等,都会让市场出现波动,这时候,嗅觉灵敏的客户们也许就会出现倒戈。

4.细节的疏忽使客户流失

没有客人,酒店也无法生存,酒店与客户虽是利益关系,但情感也是一条很重要的纽带,一些部门对服务细节的疏忽,往往是客人流失的最大原因。对酒店而言,细节上的失误不仅会让酒店损失眼前的客人,更重要的是,在这个信息发达的时代,这些口口相传的"小事件"

可能会毁掉一个巨大的潜在客户市场。

5.大酒店轻视小客户

店大欺客是营销中的普遍现象,一些著名酒店苛刻的市场政策常常会使一些中小客户望而生畏,或者是身在曹营心在汉。一遇到合适时机,人家就会甩手而去。而他们的负面宣传效应往往会给酒店带来更大的损失。

6.沟通不畅自然流失

酒店管理上的不规范,长期与客户缺乏沟通,会导致客户的自然流失。

7.因诚信问题失去客户

酒店的诚信出现问题,如有些酒店的销售经理喜欢向客户随意做出口头承诺,结果又不能兑现,或者返利、奖励等不能及时兑现给客户。客户最担心与没有诚信的酒店合作,一旦有诚信问题出现,客户往往会选择离开。

8.客户失望型流失

因对酒店的产品和服务不满意,客户终止与酒店的客户关系。客户因失望而流失的具体原因可能是多方面的:本酒店的产品和服务价格偏高,很可能是导致客户失望流失的主要原因;也可能是客户感到本酒店有缺陷或服务不周(如不回答客户问题、随意回答客户问题、回答客户问题时与客户争执、把产品或服务缺陷的责任归于客户等);以及其他方面,如未能处理好投诉(不及时或不恰当)、消极的服务接触(职员不能尽力满足客户需求)、不适的事件(因为服务不好而对客户产生影响的事件)、伦理道德问题(客户认为酒店有违法违规、越权等问题)等。

9.客户自然消亡

例如客户破产、身故、移民或迁徙等,无法再享受酒店的产品和服务,或者客户目前所处的地理位置位于酒店服务的覆盖范围之外。

10.客户需求变化

客户自身的需求发生了变化,需求变化类客户的大量出现,往往是伴随着科技进步、新酒店开业和社会习俗的变化而产生。

五、防止客户流失应对措施

防范客户流失,让客户永远在酒店消费,是酒店最希望看到的,但事实上这种目标是无法实现的。随着市场竞争的日益激烈,客户对利益的追求也越发现实,会在利益的杠杆上来回摆动。尽管如此,我们还是可以通过一定的努力让客户"爱"我们多一点,久一点。

1.深入分析客户"跳槽"的原因

"跳槽"到别的酒店,并不再来之前酒店消费的客户是"完全跳槽客户"。那些在这家酒店消费同时也到别的酒店消费的客户是"部分跳槽客户"。对待这两种客户,酒店应该认真地调查和分析其跳槽的原因,深入了解客户跳槽的真实想法,才能发现营销管理中的问题并采取相应的补救措施,甚至还可以使已跳槽的客户重新回来,并与之建立起更为牢固的关系。酒店可以通过定期调查,直接测定大客户满意状况。具体操作时,酒店可以在现有的大客户中随机抽取样本,向其发送问卷或打电话咨询,以了解大客户对酒店各方面的印象。测试可以分为高度满意、一般满意、无意见、有些不满意、极不满意。大客户对酒店有了好的印象,意味着酒店创造了较高的客户满意度,而了解了酒店大客户不满意的原因则能更好地改进服务工作。

通过调查分析,客户经理可从跳槽客户身上获得大量信息来改进客户服务工作。举例来说,民航、飞机制造商、民航局在飞机失事时会不惜一切代价寻找飞机上的黑匣子,目的是找出空难发生的真正原因,并采取改进措施,从而保证后续的飞行安全,这也是航空公司在复杂、危险的运营环境中极少发生重大事故的主要原因。酒店业也一样,应找出客户跳槽的黑匣子。但由于文化和心理因素等多方面的原因,许多经理人不愿深入了解客户跳槽的真正原因,也无法真正找出客服工作的失误所在,在某些酒店里,总结经验、教训可能还会影响营销经理的前途。

2.为客户创造高客户价值

成功的企业通过实施客户关系管理来改善企业与客户之间的关系。以"客户为中心"是CRM的基本思想,这就要求企业在经营过程中不断地为客户提供超越期望的商业经历,即为客户创造高的客户价值。优异的客户价值是能够在客户心中造就与众不同的驱动力,使客户成为忠诚客户、终身客户。

酒店是以营利为目的的,追求利润是酒店的目标,利润来源于哪里? 来源于酒店为客户所创造的价值。酒店利润不可或缺,并且至关重要,但是酒店一定要认识到利润是客户价值创造的结果。只有为客户增加了价值,酒店的价值才会增加,酒店利润才会增长。防范客户流失的工作既是一门艺术,又是一门科学,它需要酒店管理者不断地去创造和保持优质的客户价值,才能最终获得并保持忠诚的客户。

防止客户流失并非要挽留每一位客户,而是要保持有价值的客户。同一件产品对不同的人有不同的价值,价值因人而异,相当多样化,很难予以界定。也就是要进行市场细分、客户细分,准确地找到那些潜在客户。

3.创新是酒店生存的永恒法则

所谓创新,概括地说,就是继承前人,又不因循守旧;借鉴别人,又有所独创;努力做到观察形势有新视角,推进工作有新思路,解决问题有新办法,使各项工作体现时代性,把握规律性,富于创造性。酒店想要生存就必须不断创新,赶上市场发展的步伐,一个原地踏步的酒店最终的结果就是被淘汰,被遗弃。

4.树立"以客户为本"的经营理念

树立"以客户为本"的经营理念需要酒店将客户提高到战略的高度,即酒店必须实行"以客户为中心"的经营理念。客户意识就是质量意识,因为今天的质量就是明天的市场,没有一个好的质量,想占领市场是不可能的,如果客户对产品不满意,企业就无法生存。

5.需要突出差异化服务

差异化是人造出来的,但创造差异化必须尊重人性,并在消费者生活规律的基础上加以发掘和引导,创造差异化才能成功。酒店营销的真正内涵:在细节上突出差异化和人性化,从大处着眼,从细节上入手,让客人方便、舒适、安全。酒店要想留住客户,就必须在附加价值方面有所突破。酒店不仅有价格折扣,还要提供间接方面的实惠。例如,麦当劳和肯德基时不时搞一些活动,多付几块钱就可以获得一个小孩子喜欢的小玩具。他们深深懂得,抓住了小孩的心就抓住了大人的钱包。

6.加强与客户沟通

沟通是人与人之间、人与群体之间思想与感情的传递和反馈的过程,以求思想达成一致和感情的通畅。沟通有口头沟通和书面沟通两种形式:口头沟通是指借助口头语言实现的信息交流,它是日常生活中最常采用的沟通形式,主要包括口头汇报、讨论、会谈、演讲、电话联系等。而书面沟通则通过正式文件、备忘录或者邮件等进行沟通,它的特点是持久性。书面沟通通常用在必要的时候,并且在不增加双方工作量的情况下使用。所有书面的表达必须清楚、简洁,尽量用短句替代长句,用主动语态替代被动语态,措辞要自然。

酒店与客户之间的合作是建立在充分了解的基础上的。酒店加强与客户的沟通,除了需要签署正式的合作合同或协议,更多的是使用口头沟通的形式。通过沟通可以增加彼此的了解和信任。酒店应当及时将自己的经营战略和策略上的变化信息传递给客户,以便于客户及时了解酒店的变化,使合作能够顺利开展。

7.加强与客户的感情投资

除了优质的产品和优惠的价格体系外,还需要有一套完善的针对客户售前、售中、售后的优质服务,而且还要做到及时地、细心地呵护你的客户,用真心去服务客户,用真诚去打动客户,用真情去留住客户。

预测可能会考虑离开的客户,实施客户服务补救措施。

减少客户流失,还要预测未来可能发生的事情,即试图预测可能会考虑离开的客户,确定引起客户不满的关键行为,如花费下降。然后积极主动地咨询:"我注意到您最近很少过来消费,有什么原因吗?"

在关键时刻,有益的和适当的干预可以起到事半功倍的作用。当今的消费者不避讳让酒店为他们提供更多的服务,如果他们不满意,会选择离开。因此,作为酒店客服经理,不仅要关心当前的客户需要什么,还要随时考虑在今后相当一段时间内能否留住客户的问题。

有时,即使产品质量不断提高,服务水平不断提高,可缺陷和客户的不满还是会发生,当酒店和客户发生矛盾时,如何挽留住客户就成了关键。酒店如果能够合理地解决客户的问题,客户对酒店一般是不会失去信任的。

(1)如果情况不是很严重的话,一次道歉作为补偿也会被客户接受。大多数客户对酒店失去信任是因为他们的问题没有被公平地解决。

(2)酒店在解决问题时要多听取客户的建议或者给客户提出可供解决的方案。

(3)承认自身的错误,承担应负的责任,并尽快处理客人的投诉。

(4)在处理客户问题时,应由专人负责,而不是经常换人。

六、酒店客户恢复策略

酒店客户恢复策略是针对那些提出解约的客户或已终止业务关系的客户而实施的,旨在挽救客户关系或争取与流失客户恢复业务。

1.弄清楚客户流失的原因

找回流失客户首先需要搞明白他们当初为什么会选择离开。不幸的是,在被问及为什么客户选择离开的时候,许多专业销售人士常常无言以对。一项调查显示,接近一半的销售经理相信客户决定离开的主要原因是在其他场合发现更低的价格。还有三分之一的销售经理认为,客户决定离开的首要原因是客户的"需求发生了变化"。事实的真相并非完全如此。

调查的数据显示,客户决定停止使用酒店的原因基本上都是糟糕的客户服务(74%的受访者提到)或者极差的产品质量(32%的受访者提到)。只有不到四分之一的受访者将价格作为一个问题,而所谓的"需求发生了变化",只有可怜的14%的份额。

因此,对于客服人员来说,如果正试图重新赢回原有客户的话,第一步工作就是要找出他们决定离开的真正原因。这就要求客户经理鼓起勇气,并且诚实和虚心地提出问题,期望得到令人吃惊的不乐观回答。

2.真诚道歉

一旦听到自己酒店在哪里做错了,就应该立即道歉,并向客户解释从那时起已经发生的变化,确保他们将获得更好的服务。这项工作比大家想象的容易。其原因就在于,尽管客户感到十分恼火并决定离开,但酒店提供的产品毕竟还是有一定吸引力的。

3.尊重老客户

餐厅如有创新菜品推出或营销活动,要在第一时间内发信息知会老客户,让老客户有受到尊重的感觉,体现餐厅对他的关怀,即使已很久没有来消费的老客户,也要坚持,这样可以挽回客户对餐厅好的印象。对于已长时间不来消费的老客户,也应在每年重大节日、他的生日,坚持发祝福短信,不能因为客户没有来消费了,就不理睬和不管理这部分客户。只要坚持下去,就会让这部分流失的客户重新回来消费。

4.收集客户信息

酒店要建立良好的客户管理系统,注意收集老客户消费信息,如果发现两个月都没有来消费过一次的老客户,管理者要打电话向老客户问候,了解没来消费的原因,以便及时调整。在收集客户信息时,最好不要直接问电话号码,很多客户都不希望被打扰。可以留下老客户的微博、QQ或微信号,以方便联系,由专人负责老客户微博、QQ、微信号管理,不定时地与老客户聊聊微博、QQ、微信以增进情感,如果该客户两个月内来消费不超过一次时,管理者可以通过微博、QQ、微信与他沟通未经常来消费的原因和意见。

5.撰写客户流失分析报告

此外,还应建立相应的客户建议机制及进行经常的客户满意度跟踪调查,对于已经流失的客户,则必须进行流失分析,找到问题的根源。比如某饭店要求对于失去的每一个客户,管理者必须写一份详细报告。

思考题

1.什么是客户忠诚度？

2.如何制订客户忠诚度计划？

3.如何维护和提高客户忠诚度？

4.怎样对流失客户进行管理？

【案例分析】

"明年过生日还要来碧水湾，看望她栽的小树！"

听说广州从化碧水湾温泉度假村的服务不错，是中国旅游与酒店业的一面旗帜，广州"西北狼"餐馆的老板准备带孙女去体验一把。

度假结束，该餐馆老板情不自禁地写下了这么一段肺腑之言：

刘教授晚上好🎤
愉快的碧水湾之旅让我们亲身体验到酒店优质的服务👍👍👍无论是酒店大堂到楼层，也无论是餐厅还是温泉，所到之处所有员工都积极热情地主动上前询问需要什么帮助并给予指引。尤其当我们打开房门，一下就被惊艳到了，订房的时候我就顺嘴一说带孙女去碧水湾泡温泉过生日，没有想到管家精心布置了房间，让我们瞬间被幸福包围着，晚上还特地为小孙女送来了生日蛋糕，太有心了👍更让我们惊喜的是，在酒店员工的指导下，小孙女在生日当天亲手栽下一棵风铃木幼苗，非常有意义，小孙女说明年过生日还要来碧水湾，看望她栽的小树！

"明年过生日还要来碧水湾，看望我栽的小树！"

问题：

1.碧水湾温泉度假村是如何将客人转化为忠诚客户的？

2.从客户忠诚度管理的角度，你从该案例得到哪些启发？

【补充与提高】

制订忠诚度计划要以客户为中心

在帮助酒店品牌吸引新客户、留住现有客户、获取收入和保持竞争力等方面，客户忠诚度同样非常关键。酒店企业们发现，在过去的一年里，他们提高忠诚度项目奖励门槛的做法对客户忠诚度毫无帮助,反而造成了大量的客源流失。酒店应该真正地在客人方面进行投资。

为了实现这一点,酒店应该更多地关注数据分析,了解客户细分并在客户参与忠诚度计划前、参与时和参与后对他们的行为模式进行量化分析。只有这样,酒店才能打造出可以提升项目效果的具体忠诚度策略,其中包括层级分明的奖励结构、针对千禧一代的营销方针、圈定潜在的品牌代言人、为区域内居民提供独家优惠产品并将 AR 技术(Augmented Reality,即增强现实技术)整合进用户体验中。

1.数据分析要反映企业目标

最近,康奈尔大学针对酒店忠诚度项目做了一项调查。结果强调,酒店必须用自己的目标来衡量忠诚度项目。将目标设定为"转化壁垒"和减少客户流失率的忠诚度计划与定位于客户获取和刺激消费的计划有着不同的衡量标准。研究人员在两组单体酒店中用自己设计的忠诚度计划进行了研究。结果显示,在加入忠诚度计划后,已经是常客的客户入住频率增加,比起另一组中没有加入计划的常客,酒店从前一组常客身上获取的收入增加了50%。酒店必须在分析数据前规划好自己的忠诚度计划的目标。酒店的常客没有增加消费,也许是因为酒店的项目架构不利于忠诚度,或者因为项目本身就没有针对这种目标来设计。

2.分级制度可以增加交易量

忠诚级别或者说等级,它的特点是提供递增的独家优惠产品,并由客户参与程度来划分等级。它让酒店有机会以提供奖励的方式与客户有创造性地进行联系,如折扣、免费一日游、音乐票、品酒会、夜间娱乐活动、餐馆和零售店优惠等。例如,威斯汀酒店为客户提供周一下午三时的退房服务,这是他们"让周一更美好"活动项目的一部分,也是他们用来打造产品差异化的方式。

3.重视千禧一代的消费能力

1980 年到 2000 年,美国约有8600 万的人口出生。随着这个群体年龄渐长,一半人都进入了他们的收入和消费的高峰期,他们即将成为全球旅游业和零售业消费的主体。这意味着酒店必须重视千禧一代市场,对于这个群体来说,不间断的数字连接和交流空间非常重要。

这就是为什么泰森斯角万豪酒店移除了休闲吧台和大堂间的间隔,将商务网络连接区域和娱乐区域融合到一起。万豪酒店在美国及海外市场的其中一个目标就是:通过满足千禧一代对科技和设计的喜爱,吸引这个消费群体。万豪酒店品牌还宣布在美国 329 家分店和 20 家海外分店中推出移动办理入住服务,以满足今天的核心旅客——你都可以猜到了,是千禧一代。

4.赢得本地居民忠诚度

对于酒店经理来说,除了千禧一代以外,同样重要的是让居住在酒店附近的潜在客户也参与进来,不论他们的年龄大小。这些人是本地度假旅游时在酒店留宿或者在酒店餐厅用晚餐的潜在群体。本地人通常也希望自己的本土品牌获得成功,因为社区旅游产品可以吸引外来游客,增加访问人数,提高区域内环境并支持当地经济发展。

例如,美国酒店连锁品牌金普顿酒店(Kimpton Hotels & Restaurants)从同一集团在欧洲的精品酒店身上汲取灵感。金普顿酒店开展每月一次的"和本地人一样"（Like a Local）活动,目的是让客户体验更接近本地化;此外还有一个"红酒时刻"（Wine Hour,从欧洲引入）,目的是让客户和员工融合在一起。该品牌同时还将酒店餐厅从酒店资产中拆分出来,独立运营。金普顿酒店的高管马克·詹宁斯（Mark Jennings）将本地客户忠诚度的重要性解释得很明白:"我们的餐厅80%的消费来自本地居民。吸引本地客源非常重要,本地和外来的客源让我们的业务非常繁忙,酒店入住率非常高。"

5.AR 技术体验

智能手机和平板电脑每年对移动 AR 应用的下载量很大。AR 技术融合了真实世界和虚拟世界。酒店可以利用这些移动应用来变现,并通过虚拟（还有真实）服务的设计提高客户入住体验,从而提高客户忠诚度。Omni Hotels & Resorts 酒店和万豪酒店都推出了针对智能手机 AR 应用的平面广告宣传。在广告中,透过手机镜头,实体纸张变得栩栩如生。

但这仅仅是一个开始。想象一下,假如酒店将这个列为忠诚度项目的一项奖励。酒店可以打造自己酒店的 AR 虚拟之旅,此旅途由虚拟的"著名客户"来陪伴,或者让客户查看在特定的季节里,他们的房间和外部景观是什么样。如 Architip 这个 AR 应用,它可以重构历史旅游景点,同样也可以提升客户的旅程体验。其中的关键是差异化和打造独特的酒店品牌体验。

第十一章
客户沟通技术

　　管理就是沟通,要做好客户关系管理,必须首先学会与客户的沟通,掌握沟通理论、方法和技巧。

【本章学习目标】

　　·正确认识客人。
　　·学会与客户进行有效沟通。

　　关键词:沟通;征访
　　Key Words:Communication;Interview

第一节　正确认识客人

一、客人"是"什么

(一)客人是服务的对象

在酒店的客我交往中,双方扮演着不同的"社会角色"。服务人员是"服务的提供者",而客人则是"服务的接受者",是"服务的对象"。酒店员工在工作中始终都不能忘记这一点,不能把客人从"服务的对象"变成别的对象。所有与"提供服务"不相容的事情,都是不应该做的。特别是无论如何也不能去"气"自己的客人。道理很简单:客人来到酒店,是来"花钱买享受",而不是来"花钱买气受"的。

(二)客人是最要面子的人

常见客人到酒店的前台或餐厅,说的第一句话就是:"叫你们老总(经理)来。"来干什么? 来给客人一个"面子",给了客人面子,其他事情(如价格、结账单)就好办多了。一次,一位酒店老总在酒店广场巡视,看见常客张老板从轿车里出来,正在给他带来的商家介绍说,这里是当地有名的酒店,他在这个酒店里很有面子,并说他无论走到哪里,服务人员都认识他,对他恭恭敬敬。他还说:"不信你们跟我看看。"那位常客满面春风地带着他的客户走到大厅门前,门童早已拉开大门,笑容满面地招呼他:"张老板上午好! 请进!"张老板还未到服务台,前厅的几位服务员就异口同声地问候:"张老板好!"张老板说:"来了几个朋友,开两个套房。"服务员很快办理好了入住手续,并请张老板签字入住。当他从电梯到客房楼梯时,客房服务员已为他们打开房间,在门口迎接张老板一行的到来……事后张老板感谢酒店给了他"面子",使他的生意做得十分顺利。酒店服务中常说的一句话是:"把面子给客人。"这是因为迎合了客人"求尊重"的心理。

(三)客人是具有优越感的人

在酒店里,我们所做的一切都是为了客人,客人的要求,只要不是无理的,我们都要满足他们。一次,一房客叫来服务员,说他来了两位客人,要两包茶叶和两个一次性纸杯,房间备有两个盖杯,可客人就是不用。服务员按客人的要求将茶叶和两个一次性纸杯拿过去时,这位客人说又来了两位客人,再要两袋茶叶和两个一次性纸杯,服务员又立刻返回去拿。这位客人对他的朋友说:"听说这里的服务员态度很好,我非得考验考验她们。"对此类客人,只要要求不过分,都应该尽量满足,这体现了态度问题。

(四)客人是具有情绪化的自由人

一位客人在餐厅喝多了,跟跟跄跄地走在廊道里,一位男服务生走上前问候并想搀扶他,客人恼羞成怒,大声训斥服务员说看不起他。明明喝多了,但客人非说半斤八两白酒不算什么,明明摔倒了,但那位客人还大声嚷嚷"没事儿,没事儿!"事后还是服务员搀扶他走进了房间,并帮他脱掉鞋和外衣,盖好被子,关好房门才离开。在客人的行为不超越法律的范围内,服务人员要学会宽容客人,设身处地地为客人着想,用换位思考的方式来处理这些问题。

(五)客人是追求享受的人

酒店应该在一定的范围内满足客人的精神享受和物质享受,并不断开发新产品来满足他们更新更高程度的享受。比如:我们发现床头控制柜太烦琐,可改为单向控制;在床的枕头上增添靠垫,使客人躺在床上能舒舒服服地看电视;延长就餐时间,以满足客人的送餐服务;为使客人在廊道里好找服务员,在廊道的电梯旁安装服务电话;除了客房里备有多种小食品和扑克牌外,服务中心还可按客人要求,随时提供水果、巧克力;还有专门设立保健按摩服务等。

(六)客人是绅士和淑女

谈及是否遇到过特别粗鲁的客人时,丽思·卡尔顿酒店的一位经理对酒店的培训生讲道:"如果你善待他们,他们自然也会善待你。切记,你们要以绅士和淑女的态度为绅士和淑女们提供优质服务。"说着,他停下脚步,弯腰捡起地上的一些杂物,放入自己的口袋,然后接着说:"我们要尽力帮助客房服务生,正如他们帮助我们从楼厅内清理餐车一样。"这位经理以自己的言行完美地诠释了酒店员工与客人及同事的沟通。

二、客人"不是"什么

(一)客人不是评头论足的对象

任何时候,都不要对客人评头论足,这是极不礼貌的行为。请听一下一位客人的经历和反应。

"当我走进这家酒店的餐厅时,一位服务员颇有礼貌地走过来领我就座,并送给我一份菜单。正当我看菜单时,我听到了那位服务员与另一位服务员的对话:'你看刚才走的那个老头,都快骨瘦如柴了还舍不得吃……''昨天那一位可倒好,胖成那样儿,还生怕少吃一口,几个盘子全叫他给舔干净了!'听了他们的议论,我什么胃口也没有了。他们虽然没有议论我,可是等我走了以后,谁知道他们会怎样议论我。我顿时觉得,他们对我的礼貌是假的!……"

(二)客人不是比高低、争输赢的对象

不要为鸡毛蒜皮的小事与客人比高低、争输赢,因为即使你"赢"了,却得罪了客人,使客人对你和你的酒店不满意,实际上你还是输了。

(三)客人不是"说理"的对象

在与客人的交往中,服务人员应该做的只有一件事,那就是为客人提供服务。所以,除

非"说理"已经成为服务必要的组成部分,作为服务人员,不应该去对客人"说理"。尤其是当客人不满意时,不要为自己或酒店辩解,而是立即向客人道歉,并尽快帮客人解决问题。如果把服务停下来,把本该用来为客人服务的时间,用去对客人"说理",其结果肯定是"吃力不讨好"。

(四)客人不是"教训"和"改造"的对象

酒店的客人中,"什么样的人都有",思想境界低、虚荣心强、举止不文雅的人大有人在。但服务人员的职责是为客人提供服务,而不是"教训"或"改造"客人。如果需要教育客人,也只能以"为客人提供服务"的特殊方式进行。

第二节　掌握与客人的沟通技巧

一、学会倾听,善于察言观色

客服人员应该得到良好的培训,不仅要学会待人接物,更要学会做一个懂得倾听的使者。因为,客服人员就是酒店总经理的"亲善大使",出现任何问题,他要第一时间出现在客户的面前,并真正专注于客人在说什么,以便从他们的语音语调中听出情感线索,并相应地附和他们的反应,平息客人的愤怒,解决他们的诉求,解除他们的担忧。鼓励、积极、正面的语言如"我的建议是……""我完全理解……"同时,远离负面语言如"也许……""我不知道……",这些都是危险的信号,可能会使你失去客人。

不同的客人有不同的性格,员工不仅要学会倾听,还要善于察言观色,"见什么人说什么话",随机应变地改变自身的言行。

二、适当模仿客户的谈话风格

客服人员应该多多研究并适应客户谈话的风格,以便更容易与他们沟通。如果客户是一本正经地说事,客服人员必须认真地对待。如果他是随意发表看法,也可以轻松地非正式响应。口音是一个有争议的问题。模仿投诉者的口音,通常不太受欢迎。然而,如果酒店的客户群主要来自北方,就必须用普通话与客户沟通而非当地语言,这样的谈话方式才能被接受,同样,语音语调也很重要,不同的语言语调会产生不同的意思。

三、对客人不仅要斯文和彬彬有礼,而且要做到"谦恭""殷勤"

斯文和彬彬有礼,只能防止和避免客人"不满意",而只有"谦恭"和"殷勤"才能真正赢得客人的"满意"。所谓"殷勤",就是对待客人要热情周到,笑脸相迎,嘘寒问暖;而要做到"谦恭",不仅意味着不能去和客人"比高低、争输赢",而且要有意识地把"出风头的机会"全都让给客人。如果说酒店是一座"舞台",服务员就应自觉地去让客人"唱主角",而自己则"唱配角"。

四、对待客人,要"善解人意"

要给客人以亲切感,除了要做"感情上的富有者"以外,还必须"善解人意",即能够通过察言观色,正确判断客人的处境和心情,并能根据客人的处境和心情,对客人作出适当的语言和行为反应。

【案例】

"先生,您不太舒服吗?"

为了营造温馨的氛围,使客人来到总台就像回到家一样温暖、亲切,我们还将亲情服务融入日常工作当中。客人来到总台时,我们尽可能多地和他们交谈,从中得到有益于我们服务的信息,例如客人的喜好、口味等。在一个很冷的晚上,一位南京来的客人登记住宿,他无精打采,而且不停地擦鼻涕,我便问:"先生,您不太舒服吗?"那位客人无奈地说:"火车上冻得要死,车又晚点,药都没处买。"我于是给他安排了一间供暖的房间,并告诉他要多喝些热水。把那位客人安排好后,我便打了免费送药的电话,半小时后药就送来了。当我把感冒药送到客人手中时,他激动地说:"你们的服务真是做到家了。就是我自己的亲人,也只能做到这份儿上了,太谢谢你了。"

五、"反"话"正"说,不对客人说"NO"

将反话正说,就是要讲究语言艺术,特别是掌握说"不"的艺术,要尽可能用"肯定"的语气,去表示"否定"的意思。比如,可以用"您可以到那边去吸烟",代替"您不能在这里吸烟";"请稍等,您的房间马上就收拾好",代替"对不起,您的房间还没有收拾好"。在必须说"NO"时,也要多向客人解释,避免用钢铁般生硬冰冷的"NO"字一口回绝客人。

【案例】

希尔顿酒店如何对客人说"NO"

希尔顿不允许员工对客人说"NO"。当客人问:"有房间吗?"如果没有怎么说?

"对不起,我们最后的两间保留房已经卖出去了,很抱歉。"

作为五星级酒店,如果只说这句话,那他只说了一半。还有一半怎么说呢?他应该说:"我给您推荐两家酒店,档次跟我们差不多,而且价格还低20元,要不要帮您看看?"客人听到这句话,能不要吗?接待员马上联系其他酒店的客房预订中心,直到把客人送上车。这种出乎意料的服务一下就会赢得客人的好感,激起客人下次一定要住希尔顿的欲望。

六、否定自己,而不要否定客人

在与客人的沟通中出现障碍时,要善于首先否定自己,而不要去否定客人。比如,应该说:"如果我有什么地方没有说清楚,我可以再说一遍。"而不应该说:"如果您有什么地方没有听清楚,我可以再说一遍。"

七、投其所好,避其所忌

客人有什么愿意表现出来的长处,要帮他表现出来;反之,如果客人有什么不愿意让别人知道的短处,则要帮他遮盖或隐藏起来。比如,当客人在酒店"出洋相"时,要尽量帮客人遮盖或淡化,绝不能嘲笑客人。

八、不能因为与客人熟,而使用过分随意的语言

做酒店工作久了,就会与许多客人成为朋友。于是见面的问候不再是"您好",而是"哇！是你呀!""早知道你住在这里,就不来打扫了",彼此之间的服务也由"格式"化变成"朋友"化了。这会导致沟通失误,甚至造成严重后果。

【案例】

你死了,还有你的家人……

年底,某日深夜1点多,有一常客略带醉意地来总台结往日挂账。为安全起见,这个时间收银的柜台账目已上交财务,客人应在白天由财会人员结账。服务员往日与这位常客很熟,加之台前又没有什么事情可做,于是服务的"格式"化就变成了熟人之间的随意化了,缺失了原来的敬重、分寸。对话由浅入深地讲开了:

"你们怎么规矩这么多？给你们送钱还不要,要是我死了,是不是就不用结账了？……"

"没关系,你死了,还有你的家人,怎么也赖不了账的。"

客人一时来火,"快过年了,你还说这话……"边说边操起柜台上的东西砸在了服务员的头上,并扬言一定不放过她,要修理她,要她付出代价……

从上面的事件中可以看出,客人可以把你当"熟人"调侃,随便套近乎,可你作为服务员却不行。在工作中,酒店员工不能因为与客人熟而导致礼貌用语的缺失。

第三节　客户征访

一、客户征访的意义

宾客反馈的信息,可以帮助酒店改善硬件设施的合理性,更是有效控制服务质量的手段,防止投诉发生。

高星级酒店中大堂副理往往担负征访宾客的任务。征访宾客能使酒店管理层及时发现服务中存在的问题,从而不断提高服务质量,同时改善宾客关系。

良好的宾客征访可以巩固宾客关系,增加宾客对酒店的好感,使宾客成为忠实的长期客户,还能丰富客历档案,为个性化服务提供条件。

二、大堂征访

酒店征访宾客普遍采用大堂征访、电话征访、进房拜访三种方式。

(一)大堂征访的特点

相比电话征访,大堂征访具有调查效果显著的优点,与进房拜访相比,则比较随意、自然、节省时间,而且在某种程度上可以节省拜访礼品的花费,效果相近;不过大堂征访宾客的时机很难把握,随机性很大。

(二)征访对象的选择

大堂征访宾客前应做好充分的准备工作,掌握当日离店团队、散客的重要信息,预测征访名单。宾客征访注重选人,旅行团导游长期接触酒店行业,反映的问题很专业;会议负责人与酒店各部门协调较多,反映的问题具有代表性;长住宾客能够很好地对比酒店服务的变化;高房价散客、贵宾对服务细节很讲究,征访不仅体现酒店尊重的意愿,更能丰富客史。大堂副理在征访宾客时应合理控制征访类型的比例,保证普遍性与代表性。

(三)征访礼品的准备

大堂宾客征访可以选择一些精致的小礼品赠送宾客,方便与宾客快速建立友谊。例如,含有市区地图、景点介绍的城市旅游宣传册很受外地客人的喜欢。此外,赠送印有酒店标识的饰品,如钥匙圈等小件生活用品,可以起到宣传酒店的作用;当天的报纸、茶水都是与休息等待结账宾客建立友谊的好"礼物"。

三、问题的选择

询问宾客的问题,可以是酒店近期反映得较集中的问题:淋浴的水温是否够热? 卫生间喷淋的出水量是否够大? 床上棉织品是否柔软、舒适? 点播电视的反应速度是否够快? 电视遥控板操作是否较易掌握? 入住期间对服务较为不满的地方有哪些? 或是最感动的服务是什么? 好的与坏的方面都要兼顾,征访过程中令宾客感动的优质服务也要记录下来,倡导优质服务在酒店中的开展。

四、征访程序

1.建立友谊

可提供及时的服务(如拎行李)或酒店的产品介绍与宾客迅速建立友谊;因人而异,也可推荐酒店近期的优惠促销活动,以便互相熟悉,增进了解,为征访时沟通提供便利,但交流时间应短些,方便切入正题。

2.赠送礼品

赠送事前准备的小礼品,礼貌地询问宾客,"是否可以打扰您很短的时间",加深与宾客之间的关系。

3.说明目的

向宾客说明目的时应注意语言技巧,尽量取得宾客的好感。"大堂副理代表酒店总经理收集宾客的意见,改善酒店服务质量,希望得到您的配合。"

4.填写表单

双手递上"宾客意见调查表"、笔,请宾客填写。征访过程中配合"宾客意见调查表"使用,会使征访效果显著提升,故表单内容上的设计也非常重要,会直接影响征访的质量。

5.针对提问

宾客填写完毕,依据表单中的不满之处细心询问原因,如宾客对服务很满意的,可将事前准备的问题礼貌提出。

6.礼貌送行

宾客征访结束,大堂副理应礼貌送别宾客离店。

五、征访工作注意事项

在征访过程中,要善于观察宾客的细微之举,应注意宾客不耐烦的举动,及时停止引起宾客厌烦的问题。此外,应注意时机与场合的把握:

(1)忌宾客在总台结账时征访,造成收银员紧张,发生工作失误;

(2)忌宾客热烈交谈时,打断宾客的谈话;

(3)忌征访在大堂吧休息的宾客;

(4)忌征访陪小孩玩耍的家长,给照看小孩的宾客带来不便;

(5)征访过程中应把握好时间,避免影响宾客行程;

(6)征访时宾客接听电话要礼貌退后、回避。

宾客征访过程中意见较强烈的应视为投诉,按照投诉规程进行处理,及时提供补救服务。宾客征访的内容记录在日志上,在报表中反馈给管理层。每周、月末做好宾客意见的收集、整理工作,管理层应对服务质量分析中暴露较严重的问题立即纠正,宾客反映集中的问题,及时跟踪、落实改进。征访表单作为月底统计宾客满意率的依据,为酒店月度服务质量QC分析提供参考。

思考题

1.如何正确认识客人?

2.怎样与客人进行有效沟通?

3.客户管理人员如何进行大堂征访?

【案例分析】

某日,有几位客人在客房吃西瓜,桌面上、地毯上到处是西瓜籽。一位客房服务员看到这个情况,就连忙拿了两个盘子,走过去对客人说:"真对不起,不知道您几位在吃西瓜,我早应该送两个盘子过来。"说着就去收拾桌面上和地毯上的西瓜籽。客人见这位服务员不仅没有指责他们,还这样热情周到地为他们提供服务,都觉得很不好意思,连忙作自我批评:"真是对不起,给你添麻烦了! 我们自己来收拾吧。"最后,服务员对客人说:"请各位不要客气,有什么事,尽管找我!"

问题:如何评价这位客房服务员与客人的沟通方式?

【补充与提高】

宾客征访常见形式的优缺点比较

征访方式	征访对象	优点	缺点
大堂征访	结账散客	填写"宾客意见调查表",面对面交流,较易发现问题	征访时机较难把握
电话征访(晚安电话)	入住 1 日以上的宾客	征访对象的选择上较灵活,需灵活把握进房电话的时机	电话中语言交流,沟通效果不理想,很容易流于形式
进房拜访	VIP 或重要客户	可以作好充分的征访准备,最好事前电话询问	准备拜访礼品的成本较高,容易影响宾客休息

第十二章
客户投诉管理

中国有三家企业在《哈佛商业评论》上亮相,它们是海尔、海景和海底捞。

青岛海景花园大酒店的经管理念是:

· 客人离店时必须是满意的,我们才能赢;客人不满意,就是我们输了。

· 从最爱抱怨的客人那里,能得到最有价值的意见和建议。

· 与客人争辩,我们永远是输家。

· 无论谁对谁错,都要给客人留足面子,不能让客人尴尬。

酒店服务员和管理人员应当明白,掌握接待投诉客人的要领和处理客人投诉的方法和技巧,正确处理客人的投诉,不仅会使自己的工作变得轻松、愉快,而且对提高酒店服务质量和管理水平,赢得回头客,具有重要意义。

【本章学习目标】

· 了解产生客人投诉的原因。

· 认识正确处理客人投诉的意义。

· 掌握正确处理客人投诉的目标和原则。

· 掌握处理客人投诉的方法和艺术。

关键词:投诉;处理;目标;艺术

Key Words:Complaint;Handling;Goal;Arts

第一节　正确认识客人投诉

酒店工作的目标是使每一位客人满意,但事实上,无论多么豪华、多高档次的酒店,无论酒店管理者在服务质量方面下了多大的功夫,总会有些客人,在某个时间,对某件事、物或人表示不满,因此,投诉是不可避免的。这时,客人可能去找大堂副理投诉(接待投诉客人是大堂副理的主要职责之一),也可能直接向服务员发泄心中的不满,或向领班、主管甚至部门经理投诉。因此,无论是服务员还是管理人员,在接待投诉客人和处理客人投诉方面都要训练有素。

一、投诉的产生

客人对酒店的投诉通常有以下几方面的原因:

(一)硬件故障

即作为硬件的设施设备出现故障。比如,空调不灵,电梯夹伤客人,卫生间水龙头损坏,冷热水供应不正常等。酒店的设施设备是为客人提供服务的基础,设施设备出故障,服务态度再好,也无法弥补。我国酒店与国际酒店相比,存在的突出问题之一就是设施设备保养不善(尤其是一些经营时间比较长,有"悠久"历史的老酒店),这不仅造成酒店经营成本的上升,而且严重影响了酒店的服务质量,常常引起客人投诉。

(二)软件问题

1.客人对作为软件的无形的服务不满

如服务员在服务态度、服务效率、服务时间、服务方式(如夜间大堂地面打蜡时不设护栏或标志,以致客人摔倒)等方面达不到客人的要求与期望。

2.酒店管理不善

比如住客在房间受到骚扰、客人的隐私不被尊重、财物丢失等。

(三)客人对酒店的有关政策规定不了解或误解

有时候,酒店方面并没什么过错,客人之所以投诉是因为他们对酒店有关政策规定不了解或误解造成的。在这种情况下,就要对客人耐心解释,并热情帮助客人解决问题。

上述问题,可以归结为两种类型:一是有形因素,二是无形因素。对于这两种因素,客人投诉的倾向性和投诉的方式是不同的。美国马萨诸塞州立大学的罗伯特教授曾对美国东部主要城市6家酒店的1314名客人做过调查,结果表明:对于有形因素,愿意当面向管理部门提意见的旅游者占59%,而对于无形因素,只占41%。这说明,客人对于无形因素,一般不太愿意当面向管理部门提意见投诉。一方面,正是由这种因素的"无形性"本身造成的,客人担心"说不清";另一方面,无形的因素通常都是服务方面的问题,而服务又涉及具体的"人",客人外出,一般不愿意轻易伤和气,不愿意"惹事",这是主要原因。

二、正确处理客人投诉的意义

投诉是沟通酒店管理者和客人之间的桥梁,应该正确认识客人的投诉。投诉是坏事,也是好事,它可能会使被投诉的对象(有关部门或人员)感到不愉快,甚至受惩,接待投诉客人也不是一件令人愉快的事,对很多人来讲,是一种挑战。但投诉又是一个信号,可以知道酒店服务和管理中存在的问题。形象地说,投诉的客人就像医生,在免费为酒店提供诊断,以使酒店管理者能够对症下药,改进服务和设施,吸引更多的客人入住,因此,管理阶层对客人的投诉必须给予足够的重视。

具体而言,对酒店来说,客人投诉的意义表现在以下几个方面:

1.可以帮助酒店管理者发现酒店服务与管理中存在的问题与不足

酒店的问题是客观存在的,但管理者不一定能发现。原因之一是,"不识庐山真面目,只缘身在此山中"。管理者在一个酒店一工作就是几年,甚至几十年,长期在一个环境中工作,对本酒店的问题可能会视而不见,麻木不仁,而客人则不同,他们付了钱,期望得到与他们所付的钱相称的服务,他们也可能住过很多酒店,对某个酒店存在的问题,在他们眼里可能一目了然。原因之二是尽管酒店要求员工"管理者在和不在一个样",但事实上,很多员工并没有做到这一点。管理者在与不在截然两样。因此,管理者很难发现问题。而客人则不同,他们是酒店产品的直接消费者,对酒店服务中存在的问题有切身的体会和感受,因此,他们最容易发现问题,找到不足。

2.为酒店方面提供了一个改善宾客关系的机会,使其能够将"不满意"的客人转变为"满意"的客人,从而有利于酒店的市场营销

研究表明,"使一位客人满意,就可招揽8位客人上门,如因产品质量不好,惹恼了一位客人,则会导致25位客人从此不再登门",因此,酒店要力求使每一位客人满意。客人有投诉,说明客人不满意,如果这位客人不投诉或投诉没有得到妥善解决,客人将不再入住该酒店,同时也将意味着失去25位潜在客人。无疑,这对酒店是个巨大的损失。通过客人的投诉,酒店了解到客人的"不满意",从而为酒店提供了一次极好的机会,使其能够将"不满意"的客人转变为"满意"的客人,消除客人对酒店的不良印象,减少负面宣传。

3.有利于酒店改善服务质量,提高管理水平

酒店可通过客人的投诉不断地发现问题,解决问题,进而改善服务质量,提高管理水平。

第二节　处理客人投诉的目标和原则

一、处理客人投诉的目标

处理客人投诉的目标是使"不满意"的客人转变为"满意"的客人,使"大事化小,小事化了"。

二、处理客人投诉的原则

1.足够重视,尽快处理

酒店服务人员及管理人员要明白,处理客人投诉时的任何拖沓或"没了下文"都会招致客人更强烈的不满。

2.不与客人争辩

即使是客人错了,也不能与客人争辩,不能与客人正面起冲突,只能耐心地解释,取得客人的理解和谅解。事实上,只要有一点点争辩,都会引起客人的极大不满,给妥善处理投诉带来障碍。

3.同情客人,维护客人的自尊心

客人是来花钱买服务的,遇到问题和挫折,首先要对客人表示同情,维护客人的自尊心,这样才有利于问题的解决。

4.以解决问题为中心,而不是追究责任

处理客人投诉时,首先是尽快帮客人解决问题,不要在客人面前追究责任,或者抱怨同事,这样给客人的印象更不好。

5.不因小失大,必要时把"对"让给客人

在酒店行业乃至整个服务业,都流传着一种说法:客人总是对的。我们应该清楚,这只是一种服务理念,是无条件为客人提供服务的思想体现。事实上,客人不可能总是对的,只是要求我们不要与客人争论"对"与"错",很多时候,谁对谁错并不重要,重要的是客人满意,酒店效益提高,因此,很多时候,即使客人错了,酒店也提倡员工把对"让"给客人。

6."双利益"原则

处理客人投诉时,既要保护酒店的利益,又不能损害客人的利益。如果片面追求酒店的利益,其结果必然损害客人的利益,最终结果是损害了酒店的长远利益。

在酒店利益与客人的利益发生冲突时,很多酒店管理者都以酒店的眼前利益为出发点。比如,在房内物品丢失或损坏时,不考虑客人的态度和利益,而是让客人赔偿。这样,不仅没有使客人满意,实际上也是在损害酒店的长远利益。处理客人投诉的"双利益原则"要求酒店考虑客人的利益和酒店的长远利益。管理者要树立美好的远景,放眼未来,以客人的合法利益和一大部分酒店能接受的不合理利益为中心,在不断地维护客人利益的基础上树立自己的口碑,扩大自己的品牌效应,从而获得自己最终、也是最大的利益。这也是很多国际品牌酒店在处理客人投诉时遵循的原则。

第三节　处理客人投诉的程序和方法

接待投诉客人,无论对服务人员还是管理人员来说,都是一种挑战。要使接待投诉客人的工作不再那么困难,使工作变得轻松,同时,又使客人满意,就必须掌握处理客人投诉的程序、方法和艺术。

一、处理客人投诉的程序

1.做好接待投诉客人的心理准备

为了正确、轻松地处理客人投诉,必须做好接待投诉客人的心理准备。一般来说,客人来投诉,说明酒店的服务和管理有问题,而且不到万不得已或忍无可忍,客人是不愿当面投诉的,因此,首先要替客人着想,树立"客人总是对的"的信念,换个角色想一想:如果你是这位客人,在酒店遇到这种情况,你是什么感觉? 更何况在酒店业,乃至整个服务业,我们提倡在很多情况下,"即使客人错了,也要把'对'让给客人"。只有这样,才能减少与客人的对抗情绪。这是处理好客人投诉的第一步。

2.认真倾听客人投诉,并注意做好记录

前已述及,对客人的投诉要认真听取,勿随意打断客人的讲述或作胡乱解释。此外,要注意做好记录,包括客人投诉的内容、客人的姓名、房号及投诉时间等,以示对客人投诉的重视,同时也是酒店处理客人投诉的原始依据。

3.迅速领会投诉者的真实意图

在倾听客人投诉的同时,要迅速领会投诉者的真实意图。

一般来说,投诉客人有三种心态:一是求发泄(客人在酒店遇到令人气愤的事,怨气太重,不吐不快);二是求尊重,以显示自己的尊贵(有时,即使酒店方面没有过错,客人为了显示自己的身份或与众不同或在同事面前"表现表现",也会投诉);三是求补偿(有些客人无论酒店有无过错,或问题是大是小,都可能前来投诉,其真正的目的并不在于事实本身,不在于求发泄或求尊重,而在于求补偿,尽管他可能一再强调"并不是钱的问题")。

求发泄的客人火气较大,一般伴随粗鲁的举止,他们习惯于否定一切,例如说:"你们的服务简直糟透了!"无论酒店哪类人员前去协调沟通都暂时难以安抚他们的情绪。此类宾客的说法显然有不客观、不恰当的地方,接待这类客人,正确的做法是先将其引领至人流量少的地方(如客房、商务洽谈室等),顺其心意安抚,如"真抱歉,我们的服务工作是有做得不够

好的地方",等他们的怒气稍微缓和时,再详细沟通。

求尊重的客人往往表现为有较高的修养素质,尽管情绪也较为激动,但措辞相对缓和。除了谈论投诉事项的本身,他们会由此延伸出其他话题发表见解,高谈阔论中可显示其见多识广。"让你们总经理来见我""我住在某某酒店的时候"是这类客人的常用语。

前两类宾客因初期表现类似,因此刚受理投诉时可能难以判断。相对来说,求补偿的客人特征较明显,除了抱怨、批评外,他们会重复强调"我不是为了钱",但对话中又经常提及自己的损失,且不时会反问酒店人员:"你说这事该怎么办?"这就是要求赔偿的潜台词。

当然,投诉宾客的类型并不是绝对的,但无论是哪一种,接受客人投诉时,首先要做到热情相待、耐心听取;不要与客人进行无谓的争辩或随意打断他们的话语,即便对方怒气冲天,甚至蛮不讲理。相反,要心平气和,逐步引导,充分尊重投诉者,使其感受到酒店十分重视他提出的问题,显示出酒店经理有教养、有风度,并有能力帮助客人处理好投诉的事情。若直截了当指出客人的错误,就如"火上浇油",损害了客人的"面子",问题反而难以解决。如果客人投诉的真正目的在于求补偿,则要看看自己有无权利这样做,如果没有这样的权利,就要请上一级管理人员出面接待投诉客人。

4.对客人的不幸遭遇表示同情、理解和道歉

在听完客人的投诉后,要对客人的遭遇表示抱歉(即使客人反映的不完全是事实,或酒店并没有过错,但至少客人感觉不舒服、不愉快),同时,对客人的不幸遭遇表示同情和理解。这样会使客人感觉受到尊重,自己来投诉并非无理取闹,同时也会使客人感到你和他站在一起,而不是站在他的对立面与他讲话,从而可以减少对抗情绪。

5.对客人反映的问题立即着手处理

客人投诉最终是为了解决问题,因此,对于客人的投诉应立即着手处理,必要时,要请上级管理人员亲自出面解决。处理客人投诉时,要注意站在客人的立场上,维护他们的尊严,把"错"留给酒店,巧妙地给对方下台阶的机会,客人最终会理解酒店的诚意。同时,要善于察言观色,适时地用征询、商量、建议性的口吻与宾客交谈。但也要注意,把"对"让给宾客并不等同于承诺所有。酒店经理应避免主观轻易地表态,单纯的"是"或"不是"容易使自己陷入被动局面。告诉客人你能做什么,如有可能提出可供选择的意见和办法,不可为安抚宾客而擅自做主或超越权限作出不合实际的许诺,损害酒店的利益和声誉。

6.对投诉的处理过程予以跟踪

接待投诉客人的人,并不一定是实际解决问题的人,因此客人的投诉是否最终得到了解决,仍然是个问号。事实上,很多客人的投诉并未得到解决,因此,必须对投诉的处理过程进行跟进,对处理结果予以关注。

【案例】

一位客人深夜抵店,行李员带客人进客房后,将钥匙交给客人,并对客房设施做了简单的介绍,然后进入卫生间,打开浴缸水龙头往浴缸内放水,客人看到行李员用手亲自调试水温,几分钟后,行李员出来告诉客人水已放好,请客人洗澡,早点休息。客人暗自赞叹该酒店

服务真不错。

行李员走后，客人脱衣去卫生间洗澡，却发现浴缸里的水是冰凉的，打开热水龙头，同样是凉水。于是打电话到总台，回答是："对不起，晚上12点以后，无热水供应。"客人无言以对，心想，该酒店从收费标准到硬件设备，最少应算星级酒店，怎么能晚上12点以后就不供应热水呢？可又一想，既然是酒店的规定，也不好再说什么，只能自认倒霉。"不过，如果您需要的话，我让楼层服务员为您烧一桶热水送到房间，好吗？"还未等客人放下电话，前台小姐又补充道。

"那好啊，多谢了！"客人对酒店能够破例为自己提供服务表示感激。

放下电话后，客人开始等待。半个多小时过去了，客人看看表，已经到了凌晨1点，可那桶热水还没送来，又一想，也许楼层烧水不方便，需要再等一会儿。又过了半个小时，电视节目也完了，还不见有热水送来，客人无法再等下去了，只好再打电话到总台。

"什么，还没有给您送去？"前台服务员表示吃惊，"我已经给楼层说过了啊！要不我再给他们打电话催催。"

"不用了，还是我自己打电话问吧。请你把楼层服务员的电话告诉我！"客人心想，既然前台已经通知了，而这么久还没有送来，必定有原因。为了避免再次做无谓的等候，还是亲自问一问好。于是，按照前台服务员提供的电话号码，客人拨通了楼层服务员的电话，回答是："什么，送水？酒店晚上12点以后就没有热水了！"

……

在上述案例中，其实客人并非一定要洗澡，只是酒店已经答应为客人提供热水，才使客人"白"等了一个多小时，结果澡也没洗成，觉也没睡好，还影响了第二天的工作。其问题就出在服务员虽然答应为客人解决问题，但没有对解决过程和解决结果予以关注。

7.与客人进行再次沟通，询问客人对投诉的处理结果是否满意，同时感谢客人

有时候，客人反映的问题虽然解决了，但并没有解决好，或是这个问题解决了，却又引发了另一个问题。比如，客人投诉空调不灵，结果，工程部把空调修好了，却又把客人的床单弄脏了。因此，必须再次与客人沟通，询问客人对投诉的处理结果是否满意。比如，可打电话告诉客人："我们已通知维修部，对您的空调进行了维修，不知您是否满意？"这种"额外的"关照并非多余，它会使客人感到酒店对其投诉非常重视，从而使客人对酒店留下良好的印象。与此同时，应再次感谢客人，感谢客人把问题反映给酒店，使酒店能够发现问题，并有机会改正错误。

这样，投诉才算得到真正圆满的解决。

二、处理客人投诉时的注意事项

在接待和处理客人的投诉时，要注意以下几点：

1.切不可在客人面前推卸责任

在接待和处理客人投诉时，一些员工自觉或不自觉地推卸责任，殊不知，这样给客人的

印象更糟,使客人更加气愤,结果,旧的投诉未解决,又引发了客人新的更为激烈的投诉,出现"投诉的'连环套'"。

【案例】

一日,甲、乙两位服务员分别打扫A、B段客房,A段某房的客人从外面回来,发现床单没有换,于是找到乙服务员。问道:

"服务员,为什么不给我换床单?"

"这不是我打扫的房间,不关我的事,你去找甲服务员说!"说完,转身就走了。

剩下气呼呼的客人站在走廊……

最后,当然是客人找部门经理投诉了!

案例中,客人开始是对服务质量不满意,继而对服务态度不满意,导致出现投诉的"连环套"和投诉的一步步升级,"小事"变成大事,对此,酒店服务和管理人员应当切实加以注意。

服务员应该记住,客人投诉时,他所关心的是尽快解决问题,他只知道这是酒店的问题,而并不关心这是谁的或哪个部门的问题,所以,接待投诉客人,首要的是先解决客人所反映的问题,而不是追究责任,更不能当着客人的面推卸责任!

2.尽量给客人肯定的答复

处理客人投诉时,要不要给自己留有余地? 一些酒店管理人员认为,为了避免在处理客人投诉时使自己被动,一定要给自己留有余地,不能把话说死。比如,不应说"十分钟可解决",而应说"我尽快帮您办"或"我尽最大努力帮您办好"。殊不知,客人,尤其是日本及欧美客人,最反感的就是不把话说死,什么事情都没有个明确的时间概念,正如一位投诉客人所言,"贻误时间,欧美和日本客人尤为恼火"。因此,处理客人投诉时,要尽可能明确告诉客人多长时间内解决问题,尽量少用"尽快""一会儿""等等再说"等时间概念模糊的字眼。如果确实有困难,也要向客人解释清楚,请客人谅解。

三、如何面对"找茬儿"的客人

酒店员工在与客人的冲突中,始终处于"不利"的地位,或者说是"不占优势"的地位的。那些故意来"找茬儿"的客人,对这一点了解得非常清楚。他们知道,无论他们自己说了什么,或做了什么,只要服务员稍稍有一点"出格"的言行,他们就可以去向经理投诉,而且那些被投诉的服务员,肯定是要挨批、受罚的。这些客人知道,哪怕是他们先骂了服务员十句,只要服务员回了一句,他们也可以把自己说成是"受害者"而大闹一场。对于这种"不平等",那些"找茬儿"的客人知道得很清楚,而有些服务员却往往由于一时的冲动,而把它"忽略"了。一些服务员之所以在客人面前"吃亏",就是因为他们忽略了自己与客人之间的这种在角色上的"不平等"。

作为服务人员,要进行自我保护,就必须面对现实,承认在与客人的冲突中,自己始终是处在不利的、不占优势的地位的。在客人面前,绝不能有"你厉害,我比你还厉害"的想法。只有不让冲突发生,发生了,也绝不让它"升级",才是最佳的选择。面对那些带有挑衅性的、故意来"找茬儿"的客人,服务员只有用正确的想法来控制自己的情绪和言行,才能使自己立于"不败之地"。

【小贴士】

立于不败之地

你是客人,我是服务员。此时此地,我是不可能与你平起平坐的。如果你骂我一句,我也骂你一句,虽然是"一比一",到头来,吃亏的还是我。这个道理,我是不会忘记的。

我知道你是故意来找茬儿的。你的办法是激怒我,等我一还击,你就有了大闹一场的借口,就能赢得"观众"的同情。我要让你的如意算盘落空,所以我决不还击!

你无理而又无礼,这是你的问题,不是我的问题。我犯不着因为你的问题而生气。不管你是谁,只要你还是客人,我就仍然把你当作客人来接待。能把礼貌待客坚持到底,我就立于不败之地!

第四节　处理客人投诉的艺术

为了妥善地处理客人的投诉,达到使客人满意的目的,处理客人投诉时要讲究一定的艺术。

一、降温法

投诉的最终解决只有在"心平气和"的状态下才能进行,因此,接待投诉客人时,首先要保持冷静、理智,同时,要设法消除客人的怒气。比如,可请客人坐下慢慢谈,同时,为客人送上一杯茶水。此时,以下几点要特别注意,否则,不但不能消除客人的怒气,还可能使客人"气"上加"气",出现火上浇油的结果。

(1)先让客人把话说完,切勿胡乱解释或随便打断客人的讲述。

(2)客人讲话时(或大声吵嚷时),你要表现出足够的耐心,绝不能随客人情绪的波动而波动,不得失态。即使遇到一些故意挑剔、无理取闹者,也不应与之大声争辩,或仗"理"欺人,而要耐心听取其意见,以柔克刚,使事态不致扩大或影响他人。

(3)讲话时要注意语音、语调、语气及音量的大小。

(4)接待投诉客人时,要慎用"微笑",否则,会使客人产生"出了问题,你还'幸灾乐祸'!"的错觉。

二、移步法

投诉应尽量避免在大庭广众之下处理,要根据当时的具体环境和情况,尽量请客人移步至比较安静、无人干扰的环境,并创造良好的气氛与客人协商解决。避免在公共场所与客人正面起冲突,影响其他客人,或使酒店及投诉客人都下不了台。

三、交友法

向客人表达诚意,同时,适时寻找客人感兴趣的、共同的话题,与客人"套近乎"、交友,解除客人的戒备和敌意,引起客人的好感,从而在投诉的处理过程中赢得主动,或为投诉的处理创造良好的环境。

四、快速反应法

对投诉的处理应该迅速、果断,这反映了酒店对投诉和客人的态度以及对投诉的重视程度,能提高客人的满意度。相反,在处理客人投诉时的任何拖沓,都会使客人更加反感,甚至"肝火上升",即使投诉解决了,也不能使客人满意。客人反映的问题解决得越快,越能表现出饭店的诚意和对客人投诉的重视,也越能体现饭店的服务质量,取得客人的谅解,换来客人的满意。否则,即使问题解决了,客人也不会满意。

五、语言艺术法

处理客人投诉时,免不了要与客人沟通。与投诉客人沟通时,特别要注意语言艺术,要注意运用礼貌的语言、诚恳的语言以及幽默的语言,另外还要注意避免无意中伤害客人或容易引起客人误解的语言。

六、充分沟通法

要区别不同情况,把将要采取的措施告诉客人,并征得其同意,告诉他们解决问题需要的时间。对一些较为复杂的问题,在弄清真相前,不能急于表达处理意见;对一时不能处理的事,要注意让客人知道事情的进展情况,避免误会,以为酒店将他的投诉搁置不理。

七、取同情法

对客人动之以情,晓之以理,让客人理解问题的出现并非酒店的主观意愿,而且酒店也愿意承担一定的责任或全部责任,必要时告诉客人,赔偿责任将由当事服务员全部负责,以体现酒店对投诉的重视,同时博取客人的同情。在这种情况下,很多客人会放弃当初的赔偿要求。

八、多项选择法

多项选择法即给客人多种选择方案。在解决客人投诉中所反映的问题时,往往有多种方案,为了表示对客人的尊重,应征求客人的意见,请客人选择,这也是处理客人投诉的艺术之一。

第五节 客人投诉的统计分析

一、客人投诉的统计

投诉处理完以后,有关人员,尤其是管理人员,还应对该投诉的产生及其处理过程进行反思,分析该投诉的产生是偶然的,还是必然的,应该采取哪些措施,制定哪些制度,才能防止它再次出现。另外,对这次投诉的处理是否得当,有没有其他更好的处理方法进行反思。只有这样,才能不断改进服务质量,提高管理水平,并真正掌握处理客人投诉的方法和艺术。

客人投诉有助于酒店发现其服务和管理中存在的问题,是酒店提高服务质量和管理水平的杠杆,因此,酒店管理人员应重视客人的投诉,加强对客人投诉工作的管理,做好客人投诉的记录等基础工作,并定期(月、季或年)对客人的投诉进行统计分析,从中发现客人投诉的规律,采取相应的措施或制定有关制度,以便从根本上解决问题,从而不断提高服务质量和管理水平(表 12.1)。

表 12.1 客人投诉情况分析表

月份\项目	一	二	…	十二	小计	宾客分类			合计	情况分析
表扬 酒店印象						散客		内宾		
表扬 前厅服务						散客		内宾		
表扬 客房服务						散客		内宾		
表扬 餐厅服务						团队		内宾		
表扬 康乐服务						团队		内宾		
表扬 商品部						团队		内宾		
表扬 商务中心						长住		外宾		
表扬 食品						长住		外宾		
表扬 遗失物品寻回						长住		外宾		

续表

月份 项目	一	二	…	十二	小计	宾客分类			合计	情况 分析
投诉 商品部服务						散客		内宾		
投诉 商务中心						散客		内宾		
投诉 康乐服务						散客		内宾		
投诉 前厅服务						散客		内宾		
投诉 餐厅服务						散客		内宾		
投诉 餐厅食品						团队		内宾		
投诉 客房卫生						团队		内宾		
投诉 客房服务						团队		内宾		
投诉 客房用品						团队		内宾		
投诉 客房设备						团队		内宾		
投诉 电视						长住		外宾		
投诉 空调						长住		外宾		
投诉 洗衣						长住		外宾		
投诉 供水						长住		外宾		
投诉 电梯						长住		外宾		
投诉 维修服务						长住		外宾		
投诉 遗失物品						长住		外宾		
投诉 ⋮						长住		外宾		
建议										

二、外国客人对我国酒店的常见投诉

我国酒店与国际酒店业无论在硬件方面还是在软件方面,都有一定的差距,常常引起国际旅游者的投诉。此外,由于东西方文化差异以及我国有些酒店从业人员缺少酒店意识,也常常引起外国客人的投诉。

以下是外国客人对我国酒店的常见投诉。

(1)酒店内的公用厕所的清扫员要分性别。

"男厕所应由男清洁员来清扫,我走了几家酒店,都是上了年纪的女士在搞清洁卫生,外国人不习惯,有的甚至吓得退了出来。酒店要按国际习惯办事。"

（2）客房没有冰块供应。

"我们美国人冬天都要吃冰块,更不要说夏天了。希望客房里能有冰块供应,至少大堂里应该有。这是美国人的基本生活需要。这与你们中国人爱喝茶是一样的道理。"

（3）卫生间及卧室有"毛发"。

"客人走进给他安排的房间,如果发现毛发那是不能容忍的。将会认为'极不卫生',但你们好多酒店对此并不在乎,枕头上、被子上、地毯上、浴缸边经常可见。"

（4）酒店没有无烟区和无烟客房。

"中国人抽烟太厉害,我们西方国家在公共环境里很少有抽烟的。希望中国的酒店在大厅和餐厅里专门辟出一块无烟区。有的客房一进门,一股残留的烟味便扑面而来,我无法忍受,只能换房。"

（5）商务客房多是灯光暗淡。

"我是常驻商务代表,每天办公到深夜（不仅仅只是写东西）。但住了许多酒店,商务客房的灯光多数暗淡。这些客房应该按办公室的要求来调整灯光,加强亮度。"

（6）酒店工作人员大声喧哗。

"在酒店内任何地方,从总经理到服务员讲话都要注意轻声,切忌大声喧哗。酒店里大嗓门讲话,给客人留下不文明的印象。国外公共场所都是轻声讲话,这也是个礼貌问题。但在中国很多酒店,工作人员大声喧哗的现象却较为普遍。"

以上客人投诉与问题在我国很多酒店带有普遍性,应该引起我国酒店管理人员的高度重视,使我国酒店尽早与国际酒店业接轨。

思考题
1.产生客人投诉的原因有哪几个方面?
2.如何看待客人的投诉?
3.处理客人投诉的目标和原则有哪些?
4.试述处理客人投诉的方法和艺术。

【案例分析】

教授暴怒了!
——一位大学教授在××酒店的奇葩经历

我的博士生们毕业去郑州、开封工作好几年了,一直邀请我们去当地调研。由于工作忙,拖到今年9月1日才终于成行。

在河南的学生们非常热情，为我们安排的是××酒店行政豪华间。

9月3日晚上9点左右，我们打开行李箱取换洗衣服时，发现了走遍全球而没有见过的咄咄怪事：里面的干净换洗衣服居然每一件都湿了一大块，其中一双袜子更是完全湿透了！仔细检查箱子，才发现箱子盖上有几块白色像是白灰浆落上去的污渍，箱子表面有多处磨痕，磨痕和白灰浆融在一起，箱子内部的衬条一边完好但另一边被损坏了一块，把衣物拿出来，能够清晰地看到里面有两条水渍痕。但在上午11点我们出去时，这个箱子是完好的、干净的，而且临出门时我专门把拉链全部拉好，完全封闭。箱子是今年3月底刚买的，全新、小巧，只用过两次，质量很好，从北京到郑州一路都是随身携带，没有离开过视线，一直到酒店入住。

我立即打电话请当晚值班的大堂经理吕某下来查看。他来到房间时，我按照律师学生的要求，先对他申明我需要全程录音录像，他很爽快说地没有问题。吕经理的第一反应是行李间的屋顶漏水，我说不可能，就算渗漏，也不会把里面的衣服打湿。因为这个箱子是防水的，何况屋顶根本没有渗漏，站在行李台一摸上面墙顶就知道了，都是干的。他说需要去拿仪器来查开门记录，然后他又去监控室看监控录像，直到大约10点，仍然没有他的讯息，我就去大堂找他。他不在，工作人员通过电话找到他，他告诉我，他初步查看的监控录像，只看到清洁工开门以及我出门到电梯间垃圾箱处放过两次垃圾等简略情况。我在电话里告诉他，明天我们要离开郑州了，今晚就不用再反馈了，第二天上午10点钟，请他们给我回复是怎么回事，损失的箱子需要赔偿，我提醒他这是有全程录音录像的。大堂经理先是告诉我，第二天上午他交班了，是别的同事接待我，他会汇报给"领导"，然后又非常优越蔑视地告诉我，您尽管像录音，"和我没关系"。这是我第一次听到一个酒店大堂经理告诉我，在酒店发生的事居然和他没关系！我只能回答他，这个箱子的损坏是在你们酒店发生的，你们不负责谁负责？当时我还以为这可能是个人行为问题，但是第二天发生的一切，则让我彻底瞠目结舌，终于明白什么是傲慢无礼，可以面对铁一般的事实瞪着眼睛想尽办法无耻地抵赖、狡辩、瞎说！

9月4日上午10点多了，仍然没有任何酒店的工作人员和我联系，尽管这位吕经理说他会交接给下一班的人。我拨通该酒店所谓的"快捷服务"，明确要求接线生为我转接当天值班的至少副总经理一级，结果接电话的一位女士，自称是大堂经理，居然说不知道我所说的事。我再次口头报上房间号（尽管他们的内部电话应该是会非常清楚地显示房间号码的），请她查询电脑记录，告诉她昨天晚上的吕经理应该有留下记录。然后她请我去45楼的行政酒廊谈话。实在无聊荒唐，我哪里有时间去行政酒廊消磨？我告诉她，请她带上当天值班的最高层面管理人员直接来我房间查看现场，这是我在电话里反复强调的。结果这位很快下来了，一个小女生，带着一位高大的保安，看来是有备而来的，不过好像是准备来战斗而不是来解决问题的。我询问她管理人员呢，她倒是反应很快，说她先来查看一下。同样，我郑重地告诉她，我们需要全程录像，然后她就在我学生的录像镜头下，把昨晚吕经理找的各种借口、理由与可能性又重来了一遍。我把那双干净的折叠好的被弄湿透了的袜子拿给她请她摸一下，明确请她回答是否是湿的。她没有办法再抵赖了，只能回答是。而这时已经过了一个晚上。别的衣服潮湿的程度不一，但同样无法否认。然后她竟然说"是不是你们放进去的衣服就是湿的?"无语了,请问你会带着一箱湿衣服出门吗?何况每件衣服都是局部湿一块。她又像吕经理一样,要马上把这些衣物送去烘干,当然又被我立即回绝,这不是要破坏现场吗?何况弄湿这些衣物的是什么水还不知道呢!这些都有录像为证。这位工作人员没话说了,只有去请管理人员。更荒唐的两位人物马上就要现身了。

经过这番铺排与浪费口舌(我们中午就需要离开,下午3点的高铁),前厅部经理徐女士隆重登场了,递了一张名片,还带着一位男性,号称"曲"(音)某的当天"总值班",当然身后少不了那位高大保安,一副战斗准备。同样是告知她们全程录像,我问徐经理,事件的整个经过你了解吗?她回答"了解。介于这种情况我们建议你报警!"这是上午10点20分。那好吧,事情发生在酒店,就由你们来报警吧。然后,徐经理要求查看箱子现场,和前面几个一样,没有任何的歉意,而是找各种理由推脱,诸如是以前产生的吧等。箱子的磨痕和白灰浆是融合在一起的,如此显眼,完全是新产生的,还能找这个理由抵赖,够厚颜无耻的。同样是告知他们全程录像,同样是又要求他们每一个人亲手摸一下衣物,尤其是那双袜子,在镜头面前反复询问这位徐经理和"曲"某,是否是湿的。两个人无法抵赖都清楚地回答是湿的。

上午10点43分左右,警员带着辅警到来,查看了环境和行李箱损坏的情况,询问了情况,就带着我们去监控室看监控录像。徐经理又让人送来门锁开启的打印记录。我和学生、辅警在一起查看几个重要时间节点的监控录像,徐经理带着警员出门不知去哪里了。即使快进,也不可能在这么短暂的时间内看多少,过一会儿,警员与徐经理回来了,又告诉我们这个打印的门锁记录上时间是有误的,差20分钟左右。然后警员问,你们要协商处理吗?我扭头问这位徐经理和"曲"某,你们要协商处理吗?他们面无表情,不回答,那就很简单了,走法律程序,报案。徐经理告诉我们回房间等候警方来做笔录。

一个小插曲也很有意思:在监控室去电梯间路上,墙上有管理层名字与图片,徐经理气急败坏地阻止我拍照,太有意思了,这还是机密了?这是什么组织啊?在常规的高端连锁酒店入住时,房间办公桌面上一般都会有一封署有总经理名字的欢迎函,网页上也有管理层的信息。"曲"某告诉我们说这个××酒店的网页上没有总经理的信息(其实迈点网上就有其总经理的任命新闻和大幅照片)。太有意思了,反正我们凭记忆也记下来了,为什么需要这么神秘呢?这是开门迎客的酒店吗?

回到房间后,我们等呀等,没有任何人来,也没有任何通知。直到12点多,已经饥肠辘辘、等无可等了,我打电话问这位徐经理,她才说警员们已经离开了,如果要报案、做笔录的话需要去中队。她又询问我们是几点钟的高铁。哎呀,徐经理啊,是你要我们回房间等的呀!(又一疑问:徐经理为什么让我们回房间空等?)学生们当即陪同我们退房下楼,准备跟随酒店的车带路领我们的车去中队所在地。在等车时,徐经理突然又态度极其亲切,要"借一步说话",当然没有什么需要借一步的,直接说就是,结果她说:"你们出来玩,别因为这个扫兴,何况你们没有丢失什么财物,报案也不会处理的。"这真是太有趣了:是徐经理在两个小时前建议我们报案的(有录像为证!),现在又不想我们去报案,你是想玩哪一出啊?我们明确回答她:第一,我们不是来玩的;第二,我们要报案,我们要个说法。这位徐经理就又开始和我们扯皮,说箱子上的磨痕是以前产生的等。面对铁证,这位前厅部经理居然还能再找各种理由抵赖、耍赖,难道真的是我们"疯了",自己往自己的箱子里灌水把干净衣物弄湿,而且还要顺手把自己崭新的箱子内胆扯坏一块、把漂亮的外壳弄伤,还不过瘾,再泼上一些白灰浆污渍以作箱子的外观装饰?两个小时前让我们报警的是徐经理,现在"借一步说话"暗示我们不要去报警的也是徐经理,这是实在无法理解的人格分裂症状啊。

徐经理的戏份结束了,她没有跟车去中队,总值班"曲"某和另一位年轻员工开着奥迪A6,领着我们的大众汽车驶向金水区文化路中队的所在地去做笔录报案。值班的警员写道:入住××酒店,行李箱被划破……"曲"某迫不及待地跳出来说"只看到箱子上有白灰,没有看到划破",还要警员去拍照取证。做记录的警员实在看不下去了,说"人家的箱子在你们酒店的房间里被划破,又没诬你们,你们还要找人家扯皮,人家当然不高兴了,都是服务行业,要理解一下嘛"(警员原话),这位"曲"某才闭嘴,走出去打电话,估计和酒店报告此事,看来后面还躲得有"高人"在遥控指挥。

笔录完成,我们上车,意想不到的一幕却发生了:那位一直没有说话的酒店年轻员工,悄悄一个人走到我们窗前,诚恳地说了一句"抱歉!"作为一个普通人,他也看不下去了,这是事情发生到现在,我们听到的第一句赔礼的话。遗憾的是,这是这个斯文的年轻员工私下表达出来的个人歉意,并不代表他所在的酒店。

这就是我在××酒店的奇葩经历,值得记为商业案例。

问题:

1.请对上述案例以及该酒店管理人员的处理方式加以评述。

2.如果你遇到这样的事情,你将如何处理?

【补充与提高】

"外事投诉"处理的方法与技巧

近几年酒店因为外国客人的入住率越来越高,难免会有一些外国客人因服务方面的一些不满而提出投诉,我们把这种投诉称为"外事投诉"。由于语言、信仰、文化的不同,外事投诉处理起来比较麻烦,我发现由于看待问题和解决方法的角度不同,往往造成处理投诉的结果不同。有时会把小事变成双方对立的大事,有时会把大事变成小事或没事。

因为近几年我在这方面经历的事情多了,处理外事投诉的成功率也高,常有同事要我把"秘诀"告诉大家,美其名曰"总结经验、广而告之",推脱不过,提笔归纳以下几种方法。

1.用同感交朋友法

某日客房管理人员找到我说有一个黎巴嫩外商的衣物被强效洗涤剂洗花了色彩,不知如何向人家交代,估计后果会很麻烦。我们端了水果,提了鲜花上门道歉,解决问题。一进门说明了来意,表示了歉意,然后就听他指着衣服说情况。我不时地说:"哎呀!真是严重了、太不应该了、不能再穿了……"然后我说:"因为你的名字很长,我可以称你黎巴嫩先生吗?请先吃点水果,消消气,说到吃,我想问一下您,酒店的饭菜还吃得习惯吗?如果有机会请你到我的家乡,那里离草原很近,牛羊肉很多,这个季节点上篝火,烤只全羊,唱起牧歌,跳起舞,会很有意思。"他立刻问:"烤羊肉?你们也吃烤羊肉,那我让你看我在土耳其是怎么吃烤羊肉的。"于是他打开他的手提电脑,调出他存的照片,有家人的,有朋友的,还有他女朋友的照片。我们夸她很漂亮,他一边指着在土耳其烤羊肉时的照片,一边给我们介绍全过程……谈了很久,像老朋友,很友好。

最后我说:"黎巴嫩先生,我们真的很抱歉,由于员工操作失误给你带来损失,我想知道你希望如何解决。"他说:"算了吧,忘了这件事吧!"

2.顺藤摸瓜法

处理问题一定要把握分寸,要有技巧,要把一点小小的筹码放在四两拨千斤的时候再用。要看"火候"。某日有外商投诉,他的裤子被洗坏了,并告知说这条裤子在宁波专卖店标价1400元。我们从员工那里了解了收衣时的情况,服务员说右裤脚有一小破洞,客人当时也知道并认可。我们进入客房后,仔细查看那条裤子的确损坏严重,我同意客人的说法,真心地道歉。一边道歉一边用手指着损坏的部分往下看,手指停在了那个"小破洞"旁。"啊,这里还有个破洞,这个也是我们毁坏的吧?"他连忙答道:"不,不是的,这是我自己不小心弄的,与你们无关。"我说:"看到这条裤子被损坏成这样很是心痛,我们决定赔偿,请你告诉我你是什么时候买的这条裤子?"潜台词就是你的裤子破了,值多少钱?客人此时已很不好意思了,问道:"请问是谁赔?酒店还是员工?"我知道,此时是把下台阶的梯子送过去的最佳时刻,"可能是员工,因为她没有按要求操作,给您造成损失。"客人立即回答道:"那就算了吧,服务员一直对我都很不错,不能因为这条裤子让他们赔钱,就算了吧。"

试想一下,一开始就指出"破洞",或直接就问这条裤子你穿破了,要多少钱?太直白了矛盾易激化,不易下台阶。有些事情在相互尊重的交流下,心领神会效果更好。

3.换种说法谈

某日前台来电话告诉我前台收银处有位外国客人正在发火,我急奔过去问情况。原来外国客人要办离店手续,客房查房时间过长。当时外国客人忍不住问情况,被告知"楼层正在检查你的房间,请稍等"。本来就火了的客人大声喊道:"难道我还能搬走客房什么有价值的东西?!"他认为这是对他的不尊重,我连忙解释:"先生,是我们的员工没有把意思表达明白,我们不是检查房间里少了什么,相反是怕多了什么你遗忘了的东西,这样会给你的旅途带来不便,我们这就为你办手续。"服务员立刻理解含义,一边继续为他办手续,我一边到另一部电话上询问房间情况,当然服务员得到我的明确答复的同时把手续交给了客人,结果是客人笑了,还一直在道歉:"是我误解了你们,对不起。"其实,这种事可以举一反三,如客人喜欢你的宣传册、烟缸、小工艺品并装进了自己的包里,你不要说这是酒店的东西要罚钱,你可以说:"很高兴你喜欢这些东西,浙江小商品世界闻名,我们可以样品的价格给你,好吗?"

4.直接面谈法

有的时候我们会发现激动异常的不是外国客人,而是陪同或翻译(不排除有个人利益的原因),提出的条件也十分苛刻,让人难以接受。某周日,部门领导打电话到我家里说,因为洗丢了客人名贵的袜子,翻译说那双袜子价值50美元,要求我方要么照价全赔,要么房费全免,并且以当日11:00为最后期限,否则向上级投诉。

我想一个穿得起如此名贵袜子的外商,不会吝啬到如此不通情达理的地步。我怀疑这是否是客人的真实意思表述。因此,我与部门领导一同敲开了这位外商的房门,表明了我们的来意,同时为丢失了他的名贵袜子表示歉意。他打开了他的箱子和衣柜说:"我用的所有东西,都是这一品牌,丢了就算了,告诉员工今后小心一些,不要犯同样的错误就行了,不需要赔,没关系。"看得出翻译提的苛刻要求,这位客人根本不知道。

这位客人一周后再次来到酒店,很友好。

5.剥洋葱法

解决以上的案例简单的方法不是没有,比如你可以告知对方:我们酒店洗衣单上的规定明确地告知客户,如有损坏最高按洗衣费10倍赔款处理,那么一双50美元的袜子丢了,如何赔呢? 即使按最高洗衣费4元乘以10也不过40元人民币,最后的结果肯定是双方都不能接受。有些事情其实已经很明确了,但在处理中仍需要足够的耐心和时间一步一步把过程走下来,就像剥洋葱,需一层一层地剥。

这就要求我们多了解各国的文化、信仰、历史,还要掌握客人的心理,要有一个友好、宽容的心态;要自信,面对外国客人要有礼貌但不可以自卑;要充分理解对方,但绝不做无原则让步。要学会适时、适事地搭梯子,但别乱搭,以免引起尴尬更难收场。那么洋葱如何一层一层地剥呢?

第一,要充分了解事情经过,掌握说服对方最有利的证据。第二,给人的第一印象很重要,了解了事情的大小、轻重、缘由后,一定要把握好自己在现场的态度分寸,太过了不庄重,太浅了不重视。国家文化不同,性格也不同,如美国人大度、幽默,法国人和意大利人浪漫、豪爽,德国人严谨,英国人讲究礼貌、绅士风度,要见机行事。第三,根据对方的态度,敏捷地度量你让步的最低限度,以确保酒店利益不受或少受损失。第四,寻找达到目的的途径和方法。当然此时是你需要让对方感受到你有理有据的一面和他方的不足之处。第五,做好摆好梯子、下台阶的工作,要越隐蔽越好,让对方看不出来,给足他面子。第六,准备好道谢的话。给对方造成了不便,还这么理解我们的工作,理应道谢。同时,应尽量少用高职位说话,我在投诉现场时常以英语老师的身份出面,首先,教师职务广泛受到尊敬;其次,对外国客人来说,面对一个懂英语的老师好沟通,能交流;再次,是老师又不戴胸牌,可以显得比较中立,因为胸牌可以很明显地告诉对方你说话的分量;最后,因为是老师,言谈时可使气氛轻松些,不那么严肃,易操作,好把握。

其实,处理外事投诉的方法很多,任何事件都会随着当时的情况、时间、环境发生变化,这就要求每一个当事人必须保持冷静,特别是说话,哪些话能说,哪些话不能说。说过了,你没有余地,容易让人家揪住小辫子不放;说浅了,你不甘心,人家觉得不到位。要知道说错一句话,有时候会"火上浇油",后果更麻烦。尽量少说"没办法,按我们酒店规定……"或"你怎么这样……"

总之,酒店工作做久了,经验总结得多了,处理投诉就会容易得多。

(郭铁荣)

第三篇
酒店客户管理新趋势

第十三章
客户管理新理念

　　酒店行业一直提倡"客人是上帝,客人永远是对的"这一理念,可是经营过程中我们会遇到形形色色的客人,有些客人的素质并不高,针对这类客人我们还必须秉承这一理念吗? 有没有什么好的办法应对这些客人?

【本章学习目标】

　　·了解当今世界客户管理新理念。
　　·学会用新的客户管理理念指导酒店客户管理实践。

关键词:新理念
Key Words: New Ideas

第一节 客人不是"上帝"

一、客人不是上帝

长期以来,国内酒店业流行"客人就是上帝""客人就是皇帝"的经营管理理念。但事实上,在代表先进酒店管理水平的国际酒店集团,从未有哪一家酒店集团把客人看作"上帝"或"皇帝",因为上帝以教化民众为己任,是至高无上的神。把客户当作上帝是对神的不敬。上帝不吃不喝,看不见摸不着。客人是有血有肉有感情的人,他们也有喜好和厌恶,有时难免还有偏爱,甚至偏执。有时客人喝多了会在员工面前失态,甚至无理取闹,出言不逊,使员工完全感觉不到他们是"神"。

如果把客户当"上帝"对待,员工会在上帝面前诚惶诚恐,无所适从,因而,也无法提供发自内心的、真诚的、酒店客人所需要的亲情化的服务。此外,如果把客人看作"上帝"或"皇帝",那么势必将员工置于不平等的地位,使员工产生自卑心理,从而严重影响员工的服务心情,影响员工的服务质量,使员工笑不出来。这也是多年来我国酒店业一直提倡并要求员工为客人提供微笑服务,但收效甚微的重要原因之一。

那么,酒店业到底应该如何看待客人呢?

(一)客人是"绅士和淑女"

一般来说,国际酒店集团通常将客人看作有修养的"绅士"和"淑女"。特别是在城市商务酒店,应将客人看作需要帮助的绅士和淑女。

(二)客人是"亲人"

度假型酒店应将客人当亲人一样对待,这也应验了"宾至如归"的企业文化。例如我国温泉度假行业的标杆企业从化碧水湾温泉度假村,正是因为贯彻了这一服务理念,才有了今天的辉煌。他们认为,如果将客人当成"上帝""皇帝"看待,就会使员工诚惶诚恐,无法向客人呈现亲切自然的微笑,也无法让前来度假的客人感觉到舒适、放松。

【链接】

碧水湾温泉度假村的亲情服务

亲情服务要求在服务过程中,必须突出感情的投入,倡导"把客人当朋友当亲人,当成远道来的贵宾",比在家还要温馨;亲情服务要求必须突出"想客人之所想,急客人之所急"这一服务准则。亲情服务必须突出服务的"深度和广度",也就是说,"客人想到了,我们替客人做到;客人没想到的,我们要替客人想到而且做到"。

亲情服务要求大力倡导细微化服务。要善于"察言观色",揣摩客人心理,预测客人需求,在客人未提出要求之前,我们就能替客人做到,使客人在消费中得到精神上的享受。亲情服务要求突出"超常服务",为客人提供规范服务以外的额外服务,就容易打动客人的心,给客人留下美好印象。

亲情服务要求特别温馨的话语和恰如其分的"体语"。要善于"见到什么类型客人说什么话"。比如,要根据不同场景改变问候方式,时而微笑,时而点头示意,使人感到亲切自然。

二、员工不是仆人

"我们是为绅士和淑女提供服务的绅士和淑女。"(图 13.1)这是世界一流酒店集团丽思·卡尔顿酒店集团的管理理念和企业文化。

图 13.1　员工是为客人服务的绅士和淑女

这句话的含义十分深刻。

(1)客人是有教养的"绅士"和"淑女",而不是高高在上的"上帝"或"皇帝"。

(2)员工也是"绅士"和"淑女",因此,员工也应该有很高的素质。

(3)员工不是仆人,员工与客人在地位上是平等的。客人也应该尊重员工。

这一理念不仅提高了对客服务的酒店员工的身份和地位,而且提高了酒店的服务质量,既赢得了酒店客人对员工的尊重,同时也赢得了源源不断的高层次客人。

酒店员工将客人视为绅士和淑女,也视自己为平等的、用专业服务赢得尊重的绅士和淑女。因此,在这里工作的人非常看重自己的价值,也认同自己是优秀的专业人士。为此,当遇到行为不端、轻视或辱骂员工的客人时,酒店会保护自己的员工,将客人拒之门外。

员工不是仆人,也不是雇员。在万豪酒店集团,管理方规定不能将员工称为雇员,而应称为同事。这一新的称呼体现了全新的管理理念:员工不是打工者,而是为了共同的目标而合作共事的同事,从而体现了团队精神、合作精神和主人翁意识。

三、"客人永远是对的"吗?

"客人永远是对的"似乎是酒店业界和服务业普遍认同的。事实上,不能机械地去理解这句话,客人也并非永远是对的,而是主张在服务行业,员工要把对让给客人。为什么要把对让给客户？因为客户是花钱来买服务的,他需要得到尊重,需要得到他感觉舒适的服务,他还需要保留足够的面子,这样他才会心甘情愿地买单。尤其在大庭广众之下,你让他下不了台,即使你赢了,用强迫的手段让他买单,他可能成为最后一次买单的人。因此,酒店主张把对让给客户,其目的就是要给客人留有足够的面子,并且心甘情愿地买单。当然,底线是在客人不违法的情况下,把对让给客人。如果客人的行为已经触犯了法律,那就必须依法办理了。

第二节　顾客至上,员工第一

一、"倒金字塔形"的管理理念

传统的酒店管理理念是:顾客是上帝,管理者就是要管理好员工,让员工为客人提供良好的服务。在此,顾客第一,管理者第二,员工第三。管理者高高在上,管理者与员工的关系是金字塔形(图 13.2)。新的管理理念则认为:顾客至上,员工第一,管理者是员工的服务员。管理者的职责是为一线员工提供服务、支持和保障。管理者与员工的关系是倒金字塔形(图13.3)。

图 13.2　传统理念(金字塔形)　　图 13.3　新理念(倒金字塔形)

之所以有这种倒金字塔形的管理理念,是因为顾客永远都是最重要的,所以,顾客至上。而员工处于对客服务的第一线,要使客人满意,必须首先使员工满意,只有有了满意的员工,才会有满意的客人。与管理人员相比,员工第一,管理人员是一线员工的服务员。酒店从上到下,要把解决顾客接触点的问题视为酒店中高于一切的头等大事,全力以赴支持一线员工,为一线服务。要树立上级为下级服务,二线为一线服务,上工序为下工序服务,全员为顾客服务的大服务观。

二、为一线员工充分授权

(一)优质的服务需要充分授权

要使客人满意,为客人提供优质的服务,必须在服务现场及时解决客人遇到的各种问题,而要解决这些问题,常常需要一线员工拥有充分的授权。

丽思·卡尔顿酒店有一个"闻名遐迩"的规定:任何一位员工,无论是客房服务、门童还是行李员,无须上级批准,都有 2000 美元的额度去服务有需要的客人。正是因为这个授权,客房人员会在发现客人落在房间的护照时,立刻打车到机场,从洛杉矶追到旧金山,在客人出国之前送还护照。

有人会问:有没有人将这笔钱花在亲朋好友身上? 有没有专门的预算来预计这笔钱在收入中所占的比例? 当了解到酒店每年的额外支出很少,也没有人滥用这一授权时,你可能感到不可思议。丽思·卡尔顿酒店的管理人员解释说,独特的体验并非一定要花钱才做得到,我们的员工非常珍惜酒店给予他们的权力,大家致力于在不花钱或少花钱的情况下,努力让客人得到最好的服务,在客人遇到问题时,负起第一份责任并立刻解决。比如,有一位服务员在和客人聊天时,得知客人的妻子钟爱巴黎酒店提供的意大利肉酱面,而且现在就很想吃。为了提供非凡的体验,服务员立刻向总厨们提供了巴黎酒店的电话号码,他们便可获得食谱并在旧金山为客人再现了那份特别的菜肴。当客房送餐人员奉上精心准备的美食时,客人及其妻子,喜悦之情难以言表。

不过,每个动用了授权的员工,在报销这笔费用时,需要将自己的故事写下来并传播出去。在每天的晨会上,由团队中的人轮流分享这些小故事,再讨论如何在自己的工作中创造这个传奇服务。晨会上传播的故事给员工各种灵感,所以,丽思·卡尔顿酒店用了最棒的方法来保障授权——没人会将钱用在自己的亲朋好友身上,因为无法向其他同事和公司交代;也没人会滥用,因为大家的目的都是创造独特体验,但并非一定要运用授权资金。丽思·卡尔顿酒店所用的方法,既极大地尊重和信任了员工,又用这种信任为自己的商业经营提供了保证。

(二)授权的程度要有差异

不是所有的酒店都要给予一线员工 2000 美元的授权。授权的范围、内容和程度要视酒店的档次、员工和客人的素质而有所不同。通常而言,越高档的酒店,所接待的客人素质越高,客人支付的费用越高,要求也越高,因此,对员工的授权要大一些;低档的酒店,授权则要小一些,否则一些员工素质较低,会滥用职权,导致出现"把糖交给蚂蚁去管"的现象和结果。

思考题

1.你是如何理解"客人总是对的"这句话的?

2.客人就是"上帝"吗?

【案例分析】

客人要求开除帮她找到戒指的服务员!

2018年一个冬日的山西某酒店,有位客人在换房过程中声称丢失了3枚戒指。客人打电话到前台,客房回复没有找到,但到第二天清点布草时,先找到了一枚还给了客人。但客人坚称总共丢了3枚。后来,客房部发动全体员工努力寻找,又找到丢失的2枚。

当客人拿回这3枚戒指后,完全不像普通的客人一样,向酒店表示感谢,而是拿出手机拍照、录影,开始要求酒店给予她赔偿。因为她怀疑酒店的服务员偷了她的戒指。她开始不依不饶地要求酒店给予她此次几天的住房全免及赔偿寻找戒指的误工费用1000元。

为此,该酒店立刻启动投诉处理机制。

首先开始了全面了解:

(1)整个入住清洁过程。客人是男是女?什么时间发现戒指丢失的?客人最后一次印象中放置戒指位置在哪里?客人的反应?客人最终的诉求?

(2)房务部服务员的人品及一贯表现。都有哪些人知道客人有贵重物品?哪些人进过房?查看监控、查验做房和查房记录。

(3)询问相关人员,询问时要对被问者观察入微。

酒店通过一系列的调查,基本可以得出以下结论:客人的戒指确实是3枚,第一枚戒指也确实是在布草堆里找到的,但另两枚戒指的寻获也是服务员声称在布草堆里找到的,却没有其他服务员旁证。

客人不依不饶地要求酒店开除那个最后找到两枚戒指的那天做房的服务员。

酒店经理亲自与客人交涉,明确告知客人:因为你自己并未遵守酒店关于贵重物品寄存在前台贵重物品保险柜的规定,且目前你并没有任何财物损失!但对于此事耽搁了你的时间,酒店表示歉意,所以赠送免费早餐,下次入住8折特惠,本次房费按8折计价,以示歉意。假如你还不满意,那只好报警解决!

当该位经理告知这个处理决定后,这位客人根本无法沟通,嚷着要报警处理。酒店经理继续跟她讲,如果报警,希望她预先告知家人,估计时间会比较长,程序较复杂。

客人听到酒店经理这样讲以后,起初还态度蛮横,后来就开始软化了,最后按照酒店经理给出的方案接受了酒店的处理,酒店经理最后还特别代表酒店送了一份当地的土特产。

问题:客人永远是对的吗?请对此案例进行评价。

【补充与提高】

万豪国际集团的经营哲学

"如果我们照顾好我们的员工,他们将照顾好我们的客人,我们的客人将再次回来。"

以人为本是万豪国际集团5个核心价值观之一。万豪国际集团坚信,首先有员工满意,才会有客人满意。

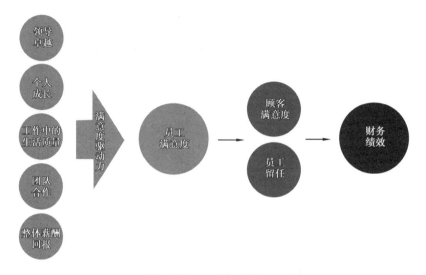

万豪集团的员工满意度管理理念

第十四章
酒店客户的数字化管理

现代技术发展日新月异,在这样的环境和背景下,酒店客户管理的理念、方法已经发生了哪些变化,或者将会发生哪些值得我们研究和关注的变化?

【本章学习目标】

· 了解酒店 CRM 系统与 SRM 系统的基本概念。

· 了解客户大数据。

· 了解客户数据挖掘技术。

· 了解基于云技术的客户关系管理。

关键词:数字化;客户关系管理;社会关系管理;大数据;数据挖掘;云技术

Key Words:Digitalization;CRM;SRM;Big Data;Data Mining;Cloud Technology

第一节 CRM 系统

一、CRM 系统

随着酒店市场环境的日益成熟,竞争日趋激烈,客户资源日显重要。现代酒店管理的重心随之从传统的产品、服务等内部管理转向全面的客户关系管理,CRM 系统因而成为酒店的核心管理系统之一。酒店的应用需求和信息技术的发展是推动 CRM 系统发展的重要因素。CRM 软件系统以最新的信息技术为手段,运用先进的管理思想,通过业务流程与组织变革,使酒店最终实现以客户为中心的管理模式。

(一)CRM 系统的定义

CRM(Customer Relationship Management,客户关系管理)系统以对客户数据的管理为核心。客户数据库是酒店重要的数据中心,尤其在现今竞争如此激烈及同质化产品居多的情况下,记录酒店在市场营销与销售过程中和客户发生的各种交互行为,以及各类有关活动的状态,提供各类数据模型,为后期的分析和决策提供支持。通俗地说,CRM 系统就是利用软件、硬件和网络技术,为酒店建立一个客户信息收集、管理、分析、利用的信息系统。

(二)CRM 系统的特点

现代酒店的 CRM 是一种以客户为中心的业务模式,由多种技术手段支持,通过以客户为中心达到增强酒店竞争力的目的。所以,CRM 不仅是一种经营理念,也是一种商业模式,更是一种管理技术。其本质是以客户关系为导向的一套计算机化的网络软件系统,其目的是有效收集、汇总、分析和共享各种客户数据,积累客户知识,有效地支持客户关系策略。主流的 CRM 系统具有以下特点:

1.综合性

完整意义上的 CRM 系统不仅使酒店拥有灵活有效的客户交流平台,而且使酒店具备综合处理客户业务的基本功能,从而实现基于互联网的电子商务应用的新型客户管理模式。它能综合酒店客户服务、销售和营销行为优化的自动化要求,在统一的数据库支持下开展有效的客户交流管理,使交易流程成为综合性的业务操作方式。

2.集成性

在电子商务背景下,CRM 系统具有与其他企业级企业资源计划(Enterprise Resource Planning,ERP)、供应链管理(Supply Chain Management,SCM)应用系统的集成能力。对于酒店而言,只有实现了前、后端应用系统的完全整合,才能真正实现客户价值的创造。ERP 的实施给酒店带来内部资源的优化配置,SCM 则从根本上改革酒店的管理方式和业务流程,确保酒店各部门系统的任务都能动态协调和无缝链接。而 CRM 系统中的销售自动化系统能够及时向 ERP 系统传送产品数量和交货日期等信息,营销自动化和在线销售组件,可使 ERP 订单与配置功能发挥最大的作用。可以说,CRM 系统促进了酒店资源规划、供应链管理、集成制造和财务等系统实现最终的集成。

3.高技术性

CRM 系统涉及各种信息技术,如数据仓库、网络、语音、多媒体等多种先进技术,同时,为了实现与客户的全方位交流,还要求呼叫中心、销售平台、远端销售、移动设备及基于因特网的电子商务站点的有机结合,这些不同技术和不同规格的功能模块和方案要被结合成为一个统一的 CRM 环境,就要依托各种先进技术。

(三)酒店运用 CRM 系统的意义

酒店使用 CRM 系统,能优化工作流程,提高营业额,在同质化的市场中提高竞争力,获得更高的利润回报。CRM 系统具体包括以下几点:

1.帮助酒店充分了解和认识客户

帮助记录、管理所有酒店和客户互动过程中的记录,并且能够通过分析,辨别哪些客户是具有潜力发展的,以及这些客户都有哪些特点、哪些发展趋势。这对充分理解客户很有帮助。

2.实现自动化管理,动态地跟踪客户需求

实现自动化管理,动态地跟踪客户需求、客户状态变化到客户订单,能够随时记录各种客户意见。

3.提高对客反应速度和应变能力,提高服务质量及客户满意度

CRM 对客户的快速响应体现在"一对一(端到端)"销售和服务的及时性上。简单地说,一定要让客户在产生购买欲望或者服务请求最迫切的第一时间,能够迅速找到一名最合适的员工来准确处理业务。知识再丰富的员工也存在知识盲区或经验不足的问题,能否让知识和经验并未达到完美状态的员工也可以高效、准确地对客户提供报价、解决方案等反馈,其意义就显得十分突出。CRM 为酒店员工提供了多种方法来解决这个问题,从而也提高了服务质量和客户满意度。

4.大幅度提高工作效率

可以通过某些自动的电子渠道(如短信、电子邮件、网站等)承担某些"机械化"的任务。例如,当你要向某一客源类型针对酒店度假型产品进行促销时,你可能无法向众多客户一一说明,或者拜访他们,你可能希望有很多下属,按客户进行分工,按照你期望的方式、期望的时机,采用统一的说法来向客户进行说明或者拜访客户。这个时候,CRM 系统可以协助你将这些说法、方式、时机等用电子方式表达出来,并且帮助你将相关资料分配给下属,让他们按照要求执行,并通过 IT 系统自行将结果反馈给你。

5.整合资源,优化工作流程

CRM 系统承载着酒店、员工与客户等各种资源。CRM 一方面可对资源作分门别类的存放,也可对资源进行调配和重组。例如,酒店可利用 CRM 系统针对组织客户资源的负责人名录进行分行业自动整理,在酒店举行庆典时,指派不同的员工负责邀请其参加,从而使员

工的工作得到合适的分配,加强酒店负责人与员工、酒店间的互动。

6.提高决策的科学性

成熟的 CRM 系统不仅能够完全实现商业流程的自动化,而且还能为管理者的决策提供强大的支持。因为 CRM 获得了大量的、及时的、准确的客户信息,通过成功的数据仓库建设和数据挖掘,对市场和客户需求展开了智能分析,为管理者的决策活动提供参考信息,从而提高管理者经营决策的有效性。

7.提高酒店营业收入

最后,也是最重要的,CRM 系统可以大幅度提高酒店的收益。区别于其他侧重节流、以产品为中心的酒店后端管理理念和软件(例如 ERP、人事管理、财务管理),CRM 应用于酒店前端组织(例如前台、销售、餐饮)——主要用于开源。销售管理是 CRM 的核心业务组成部分。CRM 的本质是客户价值差别化管理,以及应对方法差别化管理。CRM 帮助识别客户价值的差别化和需求差别化,便于酒店明确目标,采用最合适的方法对最具价值的客户和最具成长性的客户不断创收,开发一般客户和潜在客户,对低于边际成本的客户找到原因和问题所在。

(四)CRM 软件系统的一般模型

CRM 软件系统的一般模型(图 14.1)阐明了目标客户、主要过程以及功能之间的相互关系。CRM 的主要过程由市场、销售和服务构成。在市场营销过程中,通过对客户和市场的细分,确定目标客户群,制订营销战略和营销计划。而销售的任务是执行营销计划,包括发现潜在客户、信息沟通、推销产品和服务、收集信息等,目标是创建销售订单,实现销售额。在客户购买了酒店提供的产品和服务后,还需对客户提供进一步的服务与支持,这主要是客户服务部门的工作。产品开发和质量管理过程分别处于 CRM 过程的两端,由 CRM 提供必要的支持。

在 CRM 软件系统中,各种渠道的集成是非常重要的。CRM 的管理思想要求酒店真正以客户为导向,满足客户多样化和个性化的需求。而要充分了解客户不断变化的需求,必然要求酒店与客户之间要有双向的沟通,因此,拥有丰富多样的营销渠道是实现良好沟通的必要条件。

CRM 软件系统改变了酒店前台业务运作方式,各部门间信息共享,密切合作。位于模型中央的共享数据库作为所有 CRM 过程的转换接口,可以全方位地提供客户和市场信息。过去,前台、餐饮、销售各部门从自身角度去掌握酒店的客户数据,业务割裂。而对于 CRM 模型来说,建立一个相互之间联系紧密的数据库是最基本的条件。这个共享的数据库也被称为所有重要信息的"闭环"。由于 CRM 系统不仅要使相关流程实现优化和自动化,而且必须在各流程中建立统一的规则,以保证所有活动在完全相同的理解下进行。这一全方位的视角和"闭环"形成了一个关于客户以及酒店组织本身的一体化蓝图,其透明性更有利于与客户之间的有效沟通。这一模型直接指出了面向客户的目标,可作为构建 CRM 系统核心功能的指导。

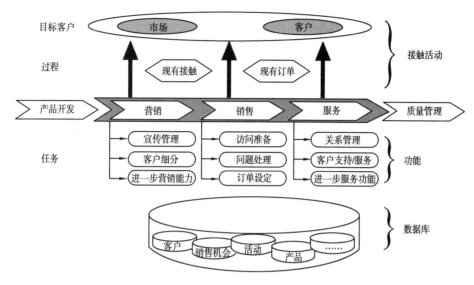

图 14.1　CRM 软件系统的一般模型

(五)酒店 CRM 软件系统的组成

根据 CRM 系统的一般模型,可以将 CRM 软件系统划分为接触活动、业务功能及数据库 3 个组成部分。

1.接触活动

酒店 CRM 软件应当能使客户以各种方式与酒店接触,典型的方式有面谈、电话、传真、移动销售、电子邮件、互联网以及其他营销渠道。酒店必须协调这些沟通渠道,保证客户能够采取其方便或偏好的形式随时与酒店互动交流,并且保证来自不同渠道的信息完整、准确和一致。今天,互联网已经成为酒店与外界沟通的重要工具,特别是电子商务的迅速发展,促使 CRM 软件与互联网进一步紧密结合,发展成基于互联网的应用模式。

2.业务功能

酒店中每个部门必须能够通过上述接触方式与客户进行沟通,而市场营销、销售和服务部门与客户的互动最为频繁,因此 CRM 软件主要应对这些部门给予支持。表 14.1 针对市场、销售及服务功能子系统进行对应描述。

表 14.1　CRM 软件系统的业务功能

市场	销售	服务
宣传管理,直接营销 ·筛选标准的确立 ·定义接触的渠道 ·设计、计划及开展宣传活动 ·反馈处理 ·生成进度计划	拜访准备 ·获得客户信息,需求分析 ·制作演示和样本 ·客户接触计划(根据进度计划) ·提取客户信息	关系管理 ·附加服务的识别和了解 ·识别和了解进一步的潜在客户需求 ·指导客户考虑新的产品或服务

续表

市场	销售	服务
客户评价 ·客户潜力分析 ·客户评价 ·客户分级分析 ·措施计划 进一步的市场营销功能 ·市场研究结果、市场分析、竞争者及外部数据来源分析 ·市场及客源细分 ·市场机会的早期识别	问题处理及方案提供 ·客户数据控制 ·咨询系统 ·针对特定客户提供产品方案 ·进度计划的理解与形成 订单设定 ·订单的识别掌握 ·客户联系方式 ·客户反应 ·形成报告	客户支持与服务 ·客户状态跟踪 ·问题处理 & 投诉管理 ·掌握客户需求 ·整体费用结算 进一步的服务功能 ·外部行动 ·宣传册、广告的订购方式 ·产品和销售培训 ·问题和解决方案的数据库
客户数据库系统		
·客户历史 ·潜在的客户管理 ·客户评价	·客户的关系范围 ·个人情况 ·客户数据理解	·产品使用 ·报告管理 ·客户合同关系
进程转换管理		
产品管理 ·产品设计 ·产品组成管理	进度与日程管理 ·进度管理 ·人员与项目转换日程安排 ·销售计划管理	销售支持 ·销售指导(目标、渠道、产品、过程) ·销售预测、计划及分析 ·客户预测

CRM 软件系统的业务功能通常包括市场管理、销售管理、客户服务和支持 3 个组成部分。市场管理的主要任务是:通过对市场和客户信息的统计和分析,发现市场机会,确定目标客户群和营销组合,科学地制订出市场和产品策略;为市场人员提供制订预算、计划、执行和控制的工具,不断完善市场计划;同时,还可管理各类市场活动(如广告、会议、展览、促销等),对市场活动进行跟踪、分析和总结,以便改进工作。

销售管理部分则使销售人员通过各种销售工具,如电话销售、移动销售、远程销售、电子商务等,方便及时地获得有关产品库存、价格和订单处理的信息。所有与销售有关的信息都存储在共享数据库中,销售人员可随时补充或及时获取,酒店也不会由于某位销售人员的离去而使销售活动受阻。另外,借助信息技术,销售部门还能自动跟踪多个复杂的销售线路,提高工作效率。

客户服务和支持部分具有两大功能,即服务和支持。一方面,通过酒店的前台和总机,为客户提供每周 7×24 小时不间断服务,并将客户的各种信息存入共享的数据库以及时满足客户需求;另一方面,技术人员对客户的使用情况进行跟踪,为客户提供个性化服务,并对服务合同进行管理。

3.数据库

一个富有逻辑的客户信息数据库管理系统是 CRM 系统的重要组成部分,是酒店前台、销售、餐饮及各部门进行各种业务活动的基础。从某种角度来说,它甚至比各种业务功能更为重要。其重要作用体现在以下几点:

(1)帮助酒店根据客户生命周期价值来区分各类现有客户;

(2)帮助酒店准确地找到目标客户群;

(3)帮助酒店在最合适的时机以最合适的产品满足客户需求,降低成本,提高效率;

(4)帮助酒店结合最新信息和结果制订出新策略,塑造客户忠诚;

(5)运用数据库这一强大的工具,可以与客户进行高效的、可衡量的、双向的沟通,真正体现了以客户为导向的管理思想;

(6)可以与客户维持长久的,甚至是终身的关系来保持和提升酒店短期和长期的利润。

可以这样说,数据库是 CRM 管理思想和信息技术的有机结合。

一个高质量的数据库包含的数据应当能全面、准确、详尽和及时地反映客户、市场及销售信息。数据可以按照市场、销售和服务部门的不同用途分成 3 类:客户数据、销售数据、服务数据。

客户数据包括客户的基本信息、联系人信息、相关业务信息、客户分类信息等,它不但包括现有客户信息,还包括潜在客户、合作伙伴、中介渠道的信息等。

销售数据主要包括销售过程中相关业务的跟踪情况,如与客户的所有联系活动、客户询价和相应报价、每笔业务的竞争对手以及销售订单的有关信息等。服务数据则包括客户投诉信息、服务合同信息、售后服务情况以及解决方案的知识库等。这些数据可放在同一个数据库中,实现信息共享,以提高酒店各业务部门的运作效率和工作质量。目前,飞速发展的数据仓库技术(如 OLAP、数据挖掘等)能按照酒店管理的需要对数据源进行再加工,为酒店提供了强大的分析数据的工具和手段。

(六)酒店 CRM 系统的基本功能及业务特征

酒店 CRM 系统能全面实现对客户销售、市场、服务和支持的管理,同时能实现对客户数据的记录、跟踪,客户市场的划分和趋势的分析,并能在一定程度上实现业务流程的自动化。

1.酒店 CRM 系统的基本功能

酒店 CRM 系统通常具备以下 5 种基本功能:完整的信息管理、全方位的沟通手段、可量化的销售管理、准确的市场分析、其他辅助功能子系统。

2.酒店 CRM 系统的业务特征

(1)提供全视角的客户信息。大量的客户信息可能来源于庞大的客户群,也可能来源于客户复杂的购买行为。酒店每天都要面对大量的要处理的信息,酒店 CRM 系统就是一个最好的应用。客户经理、营业员可以从客户门户界面内快速调出全面集中的客户信息,如用户产品、订单、历史消费情况(特别是消费偏好)和担保、历史投诉、障碍等信息,能够在短时间内全面、快速认识、分析客户,使客户经理、营业员更好地了解客户、关心客户、掌控客户,为

客户提供"快速、精确、方便、全面"的服务,真正体现以客户为中心的营销理念。(图 14.2)

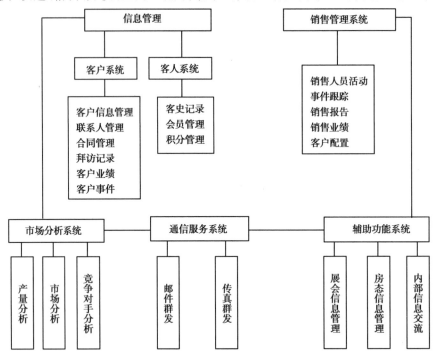

图 14.2　酒店 CRM 系统

(2)实现了客户生命周期管理。使酒店企业从长远的眼光进行决策,有效协助战略规划。客户的生命周期指明客户从开始进入 CRM 系统到变为非客户期间的各种状态,在系统中共有潜在、正式、流失(失效)3 种状态。CRM 系统体现了客户生命周期的管理,使酒店管理人员更好地把握客户流失趋势,有针对性地进行营销。

(3)全新的联系人管理。增强了与客户的沟通,提供了有效的营销对象,维持更好的客户关系。酒店联系人是营销、销售和客户接触的对象。在以往的系统中,联系人信息比较简单,不同的业务,有不同的联系人,加大了营销人员的工作难度。在 CRM 系统中,重点引入了联系人概念。联系人是营销、销售和客户接触的对象,系统中记录了全面的联系人信息,如学历、职位、个人爱好、交互历史等,有利于维护客户关系;客户经理和营业员可针对不同的产品联系不同联系人,尤其是酒店行业不同的消费者具有不同的个性偏好,在营销工作中实行各个突破,能提高酒店经理和营业员营销有效性和成功率。

(4)全业务受理,大大提高受理效率。在目前的 PMS 系统中,订单的种类繁多,酒店服务人员往往要分别办理不同业务才能实现客户的一个需求。而在 CRM 系统中,实现了统一的业务受理入口,在一张订单中,可以同时受理一个客户多种不同的个性需求;也可以批量受理,如同时预订不同的房间,选择不同的商务会谈环境,客户消费信息批量复制,提高了受理效率。

二、CRM 与 ERP、SCM 的系统整合

企业资源规划(ERP)、客户关系管理(CRM)、供应链管理(SCM)是借助先进的信息技术来实现某种特定的管理理念的三大电子商务解决方案。其中,ERP 是利用 IT 技术实现对企业资源的优化配置,使物流、信息流、资金流在企业内部畅通,从而提高企业的竞争力;CRM 则主要关注企业外部利益相关者之客户,通过先进的 IT 技术收集客户的信息并分析和挖掘客户潜在的需求,为企业留住客户并在日益激烈的竞争中赢得主动权;SCM 则关注企业外部另一个利益相关者——供应商,借助先进的信息技术实现与供应商的协同工作,从而有效地降低企业库存量和产品、服务的成本。

(一)CRM 与 ERP、SCM 整合的必要性

随着信息技术的发展,CRM、ERP 和 SCM 这三大解决方案在企业的信息化建设过程中发挥着举足轻重的作用,对于提高企业的管理绩效功不可没。这三大解决方案各有侧重。ERP 强调企业内部资源的优化,它是以企业内部供应链管理为核心的。CRM 的价值在于突出了客户服务与支持、营销管理等方面的重要性,从改善客户关系的角度来提高电子商务环境下的企业竞争力和利润。SCM 对供应链上的所有环节进行有效的管理,使供应链部门与企业形成以产品或服务为核心的业务流程,它是从整个社会角度考虑供应链管理的。

虽然这三大解决方案各有侧重,但所要解决的具体问题却是相互关联的一个统一体。如果 CRM、ERP 和 SCM 这三大系统始终处于各自为政的状态,就会在很大程度上造成信息资源的浪费和工作的重复。所以,有必要对这三大系统进行整合,使之能够协同工作,形成一个有机的整体,从而发挥更大的作用。

(二)整合的目标要求

系统整合的目的是通过酒店信息系统的整合来实现酒店运营信息流通的顺畅,提高酒店运营效率,降低运营成本。为了达到这样的效果,必须达到以下的目标要求:

1.工作界面的统一

各个系统有着各自的工作界面,这使酒店用户在使用的时候增加了不少麻烦,因此,在系统整合时必须实现工作界面的整合,酒店的内部员工、用户和合作伙伴等都能在一个统一的界面上得到需要的信息和服务,并且利用这个界面实现信息的录入和通信工作;同时,这个统一的界面还应该具有弹性,使用户能够个性化地定制自己的工作界面,增加使用的便利性。

2.数据信息的集成

酒店的后台数据库要实现整合,并保证信息流通的顺畅,从而减少信息冗余,消除"信息孤岛"。一方面,酒店的数据应该实现"一次录入,全局可用",减少员工录入工作,提高工作效率,节省存储空间,同时保证数据的一致性;另一方面,通过建立酒店的数据仓库,对酒店的各项运营数据进行全面的、有效的支持,帮助提高酒店的运营水平。

3.业务流程的整合

系统整合以后,应该实现酒店整体运营流程的整合,提高业务流程效率,快速响应客户需求。业务流程的整合应该包括任务的自动分配、消息发送以及记录创建活动,从而实现业务流程的自动化,使业务流程的运行环环相扣,减少无用的往复环节,提高酒店的运营效率。同时,由于酒店的运营环境变化无常,酒店的流程管理也应该具有相当的弹性,使酒店流程顺应市场的需要。

4.系统安全性

系统安全性包括最终用户身份认证、节点连接的安全认证、应用程序的安全认证、管理界面的访问权限控制、数据加密/解密功能、安全事件报警等。

第二节 客户大数据在酒店管理中的应用

随着大数据时代的来临,通过什么渠道(in which channel)、对谁(to whom)、取得了什么效果(with what effect)这三点在传统营销时代无法解决的问题,似乎可以迎刃而解了。因为大数据营销的本质是影响目标消费者购物前的心理路径。它主要应用在三个方面:①大数据渠道优化;②精准营销信息推送;③线上与线下营销的链接。大数据信息技术的运用使线上营销和线下实现成为可能。

关于大数据营销,有一则故事是这样说的:2012年初,一个男人气冲冲地跑进位于明尼阿波利斯郊外的一家Target小超市,责问超市经理为什么不停地向他还在高中念书的女儿邮寄婴儿尿布样品和配方奶粉的折扣券。"难道你们是在鼓励她怀孕吗?"愤怒的父亲质问超市经理。几天之后,超市经理打电话向这位父亲道歉,这位父亲的语气变得温和起来。他反过来道歉说他的女儿确实怀孕了,预产期在8月份。这个故事在《纽约时报》报道后,大数据的威力轰动全美。为什么Target超市能够作出这么神奇的预测呢? 这是因为Target建立了一套非常规范的大数据管理系统。它拥有一支专业的数据分析团队,在查看了准妈妈们的消费记录之后,找出了20多种关联物,通过这些关联物对客户进行"怀孕趋势"预测,并寄送相应的优惠券,为客户的下一步消费起到了推波助澜的作用。

大数据来源于信息技术和互联网的发展,并以爆炸式的扩散方式迅速改变着我们的工作和生活,越来越多的领域开始关注大数据,并把大数据的运用作为促进行业转型和发展的重要契机、工具和途径。

互联网的发明与应用意味着新信息时代的来临,同时也标志着大数据时代的来临,大数据时代与智能化生产和无线网络革命被称为引领未来繁荣的三大技术变革。从数据中总结出事物的规律,应用到酒店商业领域则可以了解酒店与消费者的动向,从而获得商业价值。未来酒店业的客户管理,必须运用大数据理论和方法。

当我们还没有搞清互联网时代究竟是什么的时候,移动互联网时代就来了。当我们的学者还在为移动互联网的利弊争论不休的时候,大数据浪潮已经夹带着云计算和互联网奔涌而来。

一、酒店业客户大数据使用现状

长期以来,很多数据存在于酒店基础设施中却得不到很好的分享对比、可视化分析,即如上文所说,大部分酒店的 CRM 未与酒店的 ERP、SCM 系统整合,就等于存在酒店内部的"小数据"未得到充分的收集及处理。当"大数据"来临时,大部分存在于酒店外部的,诸如城市旅游数据、网站分析、社交媒体、网络点评、用户分享的音视频等信息数据,也很少有酒店通过系统的方法进行梳理、深化以及与消费者进行有效关联。

二、客户大数据的分析及应用

随着大数据时代的到来,对于酒店来说,拥有更多、更大量的数据是好事,但关键还是如何利用好数字信息流,更好地发现、追踪、维持忠诚客源,提高酒店的收益。

(一)利用大数据扩大客户数据收集的范围

大数据时代来临之前,酒店多是采用 CRM 系统中的客户信息、市场促销、广告宣传、展览等结构化数据,但这些信息只能达到酒店正常营销管理需求的 10%,就好比冰山的一角,并不能帮助酒店洞察市场全图,而其他 85% 的数据存在于城市旅游分析、市场趋势分析、竞争者分析、社交媒体、网络点评等渠道中,酒店需将这部分的大数据以系统的方式挖掘出来,如从数据公司(如 STR GLOBAL)购买同行数据,又如投资在线舆评管理工具(如慧评网)进行对网络点评的收集及管理等。这些方式均可收集消费者的住前、住中、住后的数据,抽象提炼出用户的基础属性、社会属性、行为习惯、兴趣偏好等信息,再高度精炼为不同的消费者标签。

(二)运用大数据对客户的消费行为进行分析,可为酒店找到有价值的新兴细分市场

酒店市场的细分是收益管理工作的基石,可以说没有市场细分,既无法对不同的目标市场制定差异化营销策略,也无法分析和了解不同客源群体的消费行为和价值取向,从而使客房差别定价、价格优化和存量分配方面的工作无法顺利开展,这是因为每一项工作都是基于不同的目标市场来进行的,而目标市场的确立,恰恰来自不同的细分市场。

不断寻求有价值的新兴细分市场,把酒店有限的客房资源以更高的价格出售给这一市场,是酒店提高客房收入的有效手段之一。过去,多数酒店的细分市场都是按传统的方法来细分的,固定不变的客源群体结构很难使饭店的客房收入得到提升。随着时代的进步和消费者观念的转变,消费者的需求、行为和趋向已开始裂变,呈现出个性化和多样化。在现有细分市场的基础上,善于去发现和挖掘新兴的更具价值潜力的细分子市场,是酒店提高客房收入的有效途径。例如,某酒店有着传统的来自 OTA 的商旅散客、公司会议和旅行团等细分市场,由于客源结构长期不变,每一个细分市场又需要分得一杯羹,提高价格也得不到这些客户的认同,而酒店的客房资源又是有限的,如何提高客房收入成为困扰酒店管理者的一

大难题。

然而,这家酒店管理者并没有意识到,在这个城市的外来商旅人群中,有不少的"新派一族",这是一群年龄在 30 岁至 35 岁,与互联网共同成长起来的一代人,有着互联网思维和依赖移动互联网消费的习惯。对新生事物充满激情和活力,追求时尚和创新,喜欢交友、互动和尝试新事物,更主要的是他们对价格不敏感,只要酒店产品能满足他们的需求,他们愿意以更高的价格来购买酒店的客房产品。对于传统的酒店来讲,这是一个新兴的细分市场。如果这家酒店管理者能先竞争对手一步发现并抓住这个市场,通过优化酒店服务和产品来满足他们的需求,那么这一新兴细分市场将会给酒店带来更高的收益。一些对酒店贡献率低的细分市场也将被这一新兴市场所替代。

由此看出,挖掘和发现潜在的新兴细分市场,对酒店在现有客房资源的情况下提高收益十分重要,而大数据的思维模式和方法正可以帮助酒店管理者来获得这些信息。因为,在互联网迅速发展的今天,搜索引擎、购物网站、社交媒体以及为酒店提供服务的 PMS 供应商和电子分销渠道中都蕴含了大量客户消费行为模式的数据,只要把这些数据的能量充分释放出来,应用大数据的思维方式来为酒店提供预测服务,通过大数据对客户的消费行为进行分析,为酒店找到有价值的新兴细分市场将会变得更加便利。

(三)使用大数据,助力酒店市场营销工作的开展

酒店运用大数据最直接的目的是实现对外的精确定制营销,对内快速反馈改进。当下,对酒店行业而言,客户体验的是酒店的产品与服务,体验的感受一方面会存留在客户的记忆中,一方面会以点评的方式抒发并分享。点评网站、社交网站和自媒体平台是展示体验感受的重要媒介。酒店可以通过成功的社交网络大数据解析,进行精准营销。

在传统的市场竞争模式中,由于酒店获取数据资源的途径有限,只能够依靠有限的调查数据对个体竞争者进行比较分析,无法全面掌握市场动态和供需情况,特别是竞争态势,更难以确定酒店在竞争市场中所处的地位,给酒店制订正确的竞争策略带来困难。随着酒店营销管理理念的不断更新,原有传统营销模式已面临着严峻的挑战,对管理者准确掌握市场信息,精确了解竞争对手动态,制订合适的价格提出了更高的要求。市场竞争的分析也由原来简单的客房出租率、平均房价、RevPAR 分析转化为对竞争群的数据分析,如市场渗透指数(MPI)、平均房价指数(ARI)、收入指数(RGI)等,从维度上讲还有时间维度、市场份额及同比变化率等。通过这些市场标杆数据的分析,可以使酒店管理者充分掌握市场供求关系变化的信息,了解酒店潜在的市场需求,准确获得竞争者的商情,最终确定酒店在竞争市场中的地位,从而对酒店制订准确的营销策略,打造差异化产品,制订合适的价格起到关键的作用。而大数据的应用概念正是需要酒店获取这些市场数据,并通过统计与分析技术来为酒店提供帮助。在对客户的消费行为和趣向分析方面,酒店平时要善于积累、收集和整理客户在酒店消费行为方面的信息数据,如客户在酒店的花费、选择的订房渠道、偏好的房间类型、停留的平均天数、来酒店属地的目的、喜欢的背景音乐和菜肴等。如果酒店积累并掌握了这些数据,便可通过统计和分析来掌握客户消费行为和兴趣偏好。当客户再次到来时发现酒店已经为他准备好了他喜欢入住的房间,播放着他爱听的音乐,为他推荐喜欢吃的菜肴,那

么他已经是酒店的忠诚客户了。因此,可以说数据中蕴含着出奇制胜的力量,如果酒店管理者善于对市场营销加以运用,将成为酒店在市场竞争中立于不败之地的利器。

(四)数据连接的价值和潜力

当酒店品牌数据能对接另外数据时,转换的可能性会进一步扩大。例如,一个酒店品牌如果能够与航班分享数据,通过品牌间互动,可以了解用户在飞机上和酒店里的行为表现和花费情况。

如互联网营销公司 Cendyn/One 与 Andara 酒店和度假村联手进行了基于数据的营销活动,在人口统计学、行为数据、地点、基于意愿的信息基础上,针对 30 岁以上年收入 20 万美元以上的家庭进行精准营销,收效明显。其提高消费者通过预订引擎的比例达 275%,营业收入提升 121%,在广告花费上提升 31%,转换率提高 34%。

第三节　客户数据挖掘技术在 CRM 中的应用

一、数据挖掘

数据挖掘是从大量的、不完全的、有噪声的、模糊的、随机的实际应用数据中提取人们感兴趣的知识。这些知识是隐含的、事先未知的、潜在有用的信息。它是通过分析数据,发现数据内部的信息和知识的过程。随着数据库的广泛应用,数据挖掘的应用领域也越来越广泛。

从商业角度来讲,数据挖掘可以描述为:按酒店既定业务目标,对大量的酒店数据进行探索和分析,揭示隐藏的、未知的或验证已知的规律性,并进一步将其模型化的先进的有效的方法,以帮助酒店的决策者调整市场策略、减少风险,作出正确的决策。

数据挖掘是一个交叉学科,涉及多个学科的思想和方法,如数据库系统、数理学、人工智能、可视化和信息学科等。

二、CRM 系统中数据挖掘的应用

(一)数据挖掘在客户分类中的应用

客户分类是指将所有的客户分成不同的类的过程。对客户进行分类,有利于针对不同类型的客户进行客户分析,分别制定客户服务策略。

客户分类可以采用分类的方法,也可以采用聚类的方法。分类的方法是预先给定类别,比如将客户分为高价值客户和低价值客户,或者分为长期固定客户和短期偶然客户等。然后,确定对分类有影响的因素,将拥有相关属性的客户数据提取出来,选择合适的算法(如决策树、神经网络等)对数据进行处理,得到分类规则。经过评估和验证,就可将规则应用在未分类客户上,对客户进行分类。聚类的方法则是一种自然聚集的方式,在数据挖掘之前并不知道客户可以分为哪几类,只是根据要求确定分成几类(有些算法需要人为确定输出簇的数目)。将数据聚类以后,再对每个簇中的数据进行分析,归纳出相同簇中客户的相似性或共性。

比如,酒店在长期的产品服务提供中,积累了大量的数据信息,包括消费者市场的地理变量、人口统计学资料、心理变量、消费行为变量等。酒店将众多的信息资源综合起来,以便在数据库里建立起一个完整的客户背景。在客户背景信息中,大批客户可能在规模、所需服务、消费的增长率上具有相似性,因而,形成了具有共性的客户群体。经过聚类分析,可以发现他们的共性,掌握他们的消费理念,为他们提供有针对性的服务,进而引导他们的消费行为,提高酒店的综合服务水平,并可以降低服务成本,取得更高的收益。通过客户细分,酒店可以准确地把握现有客户的状况,采取不同的服务、推销和价格策略来稳定有价值的客户,转化低价值的客户,消除没有价值的客户。

客户分类可以对客户的消费行为进行分析,也可以对客户的消费心理进行分析。酒店可以对不同行为模式的客户提供不同的产品内容,对不同消费心理的客户使用不同的促销手段等。客户分类也是其他客户分析的基础,在分类后的数据中挖掘更有针对性,可以得到更有意义的结果。

(二)数据挖掘在客户识别和客户保持中的应用

1.数据挖掘在客户识别中的应用

识别客户是酒店发现潜在客户、获取新客户的过程。新客户包括以前没听过或没使用过酒店产品的人、以前不需要酒店产品的人甚至是竞争对手的客户。由于酒店掌握的新客户的信息并不多,所以酒店应采取一些必要的手段(如在广告宣传的同时,进行问卷调查或网上调查等)来获取潜在客户的信息,这些信息应该包括地址、年龄、收入范围、职业、受教育程度和消费习惯等。

在得到这些相关信息后,酒店应该通过一些小规模的实验观察潜在客户对酒店产品的不同反应。根据反馈结果建立数据挖掘预测模型,找到对产品最感兴趣的客户群。挖掘结果会显示潜在客户的名单,同时可根据潜在客户的信息分析出哪种类型的人最可能是潜在客户。得到了这样的分析结果后,在寻找潜在客户时就有了指导方向。比如,分析结果表明大多数酒店潜在客户是年龄25~35岁来度假的情侣,那么在下一步宣传和获取客户阶段就可以有针对性地设计广告和确定宣传地点。同时,还可以根据潜在客户的特点分析酒店产品的优势。

2.数据挖掘在客户保持中的应用

客户识别是获取新客户的过程,而客户保持则是留住老客户、防止客户流失的过程。由于酒店对老客户的信息掌握得比较详细,而对潜在客户的信息掌握得很少,所以对于酒店来说,获取一个新客户的成本远比保留一个老客户的成本高得多。在目前开放的商业环境下,酒店间的竞争越来越激烈,客户保持也就成为酒店面临的一个重要的难题。

在客户保持过程中,首先要对已经流失的客户数据进行分析,找到流失客户的行为模型,同时分析客户流失的原因。比如,一家酒店的大量流失客户都是周边的商务客源,可能是由于当地新开的一家同星级酒店攫取了这部分市场份额,那么酒店就应因此调整市场策略——推出新的商务套餐或调整价格以达到保留客源的目的。

根据已经流失的客户的特点,还可以预测现有客户中有流失倾向的客户。对于这些客户,酒店应该及时调整服务策略,针对用户分类后得到的用户特点采取相应的措施挽留客户。挽留一个老客户,竞争对手就减少了一个新客户;而流失一个老客户,就为竞争对手带去了一个新客户。因此,客户保持是客户关系管理中极为重要的一个部分。

(三)数据挖掘在客户忠诚度分析中的应用

客户忠诚度是提高酒店客户关系管理的一个重要目标。忠诚度高的客户会不断地购买酒店产品和服务,不论产品和服务的质量是不是最好、价格是否有折扣。酒店获得一个忠诚客户无疑会大大降低成本(广告成本、折扣成本等),同时会提高酒店的竞争力(因为忠诚客户只购买你的产品而排斥你的竞争对手的产品)。

数据挖掘在客户忠诚度分析中主要是对客户持久性、牢固性和稳定性进行分析。比如,酒店经常通过办理会员卡、建立客户会员制度的方式来跟踪客户的消费行为。通过对客户会员卡信息进行数据挖掘,可以记录客户的购买序列,将同一客户在不同时期和不同营销活动中购买的商品分组为序列,对序列模式进行数据挖掘可用于分析客户的购买趋势,从而对客户的忠诚度进行区分,同时可以预测出客户忠诚度的变化,据此对价格、商品的种类以及销售策略加以调整和更新,以便留住老客户,吸引新客户。

对客户持久性、牢固性和稳定性的分析主要是运用时间序列模型中的趋势分析方法。趋势分析包含趋势走向、周期走向与变化、季节性走向与变化、不规则的随机走向几个方面的分析。通过趋势分析可以了解客户在过去一段时间内的消费趋势。结合数据的分析结果和预测结果就可以判断一个客户的持久性、牢固性和稳定性,继而确定客户的忠诚度。

(四)数据挖掘在客户盈利率分析中的应用

客户盈利率是一个定量评价客户价值的指标。它是根据规定的评价尺度,通过对客户数据计算得到一个确定结果的过程,因此,客户盈利率的计算并不需要数据挖掘。数据挖掘技术在客户盈利率分析中的应用主要体现在"分析"。酒店可以运用数据挖掘技术预测在不同的市场竞争环境和市场活动环境下客户盈利率的变化,目的是找到最合适的市场环境,使酒店的客户盈利达到最优。

客户盈利率的概念否定了"给酒店带来的总收入越高的客户价值越大"的观点。高价值客户是那些酒店投入较少成本就可以获得高收益的客户。这个概念同时反映了提高客户忠诚度的重要意义。研究表明,一个酒店80%的利润是由只占其客户总数20%的客户创造的,这部分客户就是有价值的优质客户。为了弄清谁才是有价值的客户,就需要按照客户的创利能力来划分客户,进而改进客户关系管理。应用数据挖掘技术来解决这个客户分类问题是相当有用的。

就酒店来说,客户数量并不是越多越好,并不是所有的客户都是有价值的,即不是所有的客户都会给酒店带来利润,有些客户只会增加酒店的成本,而不会给酒店带来利润。

为了识别出最有价值的客户,酒店可以选取客户为酒店带来的收入结合客户是否是新开拓客户作为变量,将酒店客户分成:①新开拓高消费类型客户:此类客户需要销售人员高度重视及不断地沟通,以发展及维护客户关系;②长期稳定高消费类型客户:此类客户与酒店有长期的合作关系,可以说是酒店的忠诚客户,销售人员需重视客户的每一次消费,保证酒店的服务质量,并重视客户的反馈意见且需及时解决客户所提出的问题;③新开拓中型消费类型客户:此类客户需要销售人员不断地沟通从而挖掘其消费潜力并稳定其消费频率及消费水平;④曾消费类型客户:此类客户没有持续性的消费,销售人员需要分析其原因,是客户流失,还是客户的消费具有时间性,再针对原因进行营销;⑤一般消费类型客户,这类客户对酒店的产出贡献较少,可投入较少的酒店资源进行维护。

对于忠诚度高的客户,酒店不必花费额外的成本吸引客户,而他们给酒店带来的效益是很高的(因为他们不会只选择促销产品,或在产品打折时消费)。客户忠诚度越高,酒店的客户盈利率也越高。所以,数据挖掘在分析客户忠诚度的过程中也对客户盈利率的提高有一定的影响。

(五)数据挖掘在个性化营销中的应用

个性化营销是在客户分类的基础上进行的。针对不同类型的客户,酒店可以采用不同的政策和销售方式。交叉销售也是个性化营销的一种形式。交叉销售和购物篮分析不同,购物篮分析是对客户已经购买的产品进行分析,找到产品之间的联系,而交叉销售是根据客户已经购买的产品预测他将要或可能要购买的新产品。数据挖掘技术的应用目标是建立预测模型,找到适合交叉销售的商品。

通过对 CRM 中数据挖掘的应用介绍可以看出,在 CRM 的各个方面几乎都要用到数据挖掘技术。CRM 要求对大量的客户数据进行分析和管理,而数据挖掘技术刚好提供了这样一个分析工具。因此,数据挖掘技术的正确应用对 CRM 系统功能的全面实现具有重要的意义。

第四节　移动互联网时代酒店客户管理新方法

一、移动互联网正改变着酒店传统客户关系管理模式

随着 5G 时代的到来,移动互联网已经彻底从神坛走向生活,并逐渐渗透到人们工作、生活的各个领域,短信、图铃下载、移动音乐、手机游戏、视频应用、手机支付、位置服务等丰富多彩的移动互联网应用正在迅猛发展,也深刻地改变着这个信息时代。移动互联网作为兼有移动性和互联网双动力的新事物,它的内涵早已超越了"移动的互联网"这个范畴,更是物

联网、泛在网络和泛在智慧的集合体。它不是简单地随时随地上网,它是网络、终端和应用的统一融合体。移动互联网,也正在以其自有的方式改变着酒店传统客户关系管理模式。酒店需要快速跟上移动互联网潮流,得到社交经济快速扩散的好处。

二、移动互联网时代的酒店营销策略

(一)从 CRM 到 SRM

客户关系管理一直以来是酒店经营非常重要的指标。它记录宾客身份数据与消费记录,同时关注客户的喜好与需求,掌握客人喜好,无须提醒,以便于提供更好的服务体验。而在移动互联网需求加重的趋势下,酒店应思考如何利用工具或系统来提供品牌差异化服务,加大搜集宾客资料,掌握更多可以贴近宾客的机会,了解宾客从什么角度看待他们预订的酒店,塑造的酒店品牌精神是什么,以及如何在移动互联网中进行社交的推荐,从服务需求驱动消费的转换呈现。

社交关系管理(Social Relationship Management,SRM)将会是未来酒店在移动互联网上重要的指标。过去的客户关系管理,偏重于对客户接触流程(即销售漏斗)的管理。移动互联的 SRM 不仅有销售漏斗,更重要的是有交互性、社群功能。客户在 SRM 系统里不再单纯是一个购买者,而是一个真实的用户、真实的生活者。这时,SRM 能对客人喜好、消费行为的全程进行记录,提高客人黏着度与返回机制,帮助酒店建立内部移动化管理与扩展外部移动服务应用。通过大数据分析平台进行转换率优化迭代,找出最佳导购方式确认转换率,并且驱动消费金额提高,扩张市场占有率。

SRM 将会是移动互联网酒店需要建立的重要标准,如何让酒店 App 可以留存于宾客手机也更显重要。手机开门服务将会是关键,如洲际、希尔顿酒店集团都相继推出这个服务。酒店利用手机开门建立创新的开门体验服务,并给予宾客下载酒店 App 必要的动机,让酒店得以建立客户与酒店移动应用的良好体验,开启服务无所不在的入口。

(二)通过宾客参与,确定酒店营销策略

如何经营一家酒店? 酒店的客源群体是什么? 酒店的品牌价值是什么? 酒店该建成什么样的规模和档次? 能卖到什么样的价格? 未来酒店的市场定位都需要精准确定。

酒店经营者和数字营销应该切合移动互联网的最新发展,利用快速发展的粉丝经济与社交传播的扩散,借助云计算和数据挖掘技术挖掘数据中蕴藏的价值;通过建立营销数据模型与历史服务信息,对未来市场进行预测;邀请来自不同领域的宾客参与活动,提出建议;通过社交关系管理更新或内容战略转变,积累和挖掘客户档案数据,分析客户的消费行为和价值方向,更好地为客户服务和发展忠诚客户,形成酒店稳定的会员客户。

(三)开发优秀的酒店 App

酒店网站跟一般零售网站有着本质上的不同,提供独特的体验文案,内容服务营销和搜索引擎优化。创建好的转换模式,包含注册、登录、购买、订阅、分享等,一个热情而好客的酒

店 App 应该告知宾客更适合的旅行信息,将他们的酒店和目的地作为一个整体的价值主张。而一家酒店的 App 应该创建引人入胜的内容。除了提供入住酒店时宾客所需的信息,高质量的内容可以吸引更强大的用户参与度,较长的 App 使用时间,每次点击刺激更多的页面访问,提高用户的留存率,同时,提升用户推荐的力度。

互联网发展至今已经成为我们社会的基础设施,移动互联网将原本离线的空间变成了时刻在线的人间。从这个意义上来说,我们面对的已不再是一个割裂的互联网世界,而是一个任何时间、任何空间都可以移动、互联、连接、互动的世界。移动互联这种去中心化、去中介化、交互的特质,势必会为酒店开启客户关系管理的新篇章。

第五节　云计算技术与酒店客户管理

一、传统客户关系管理的弊端

传统的客户关系管理过程一般是以销售人员为入口,各个销售人员独立跟踪销售机会,客户信息保存在相对独立的计算机或者酒店内部网络中,而联系客户的方式一般是电话、电子邮件和传真;销售管理过程一般会很复杂,汇报形式多样,审批手续层层依赖。酒店虽然通过传统的客户关系管理系统可以把客户信息保存管理起来,实现了客户关系管理的基本职能,但是一直还面临很多问题:

(1)在各式各样的复杂销售过程中,销售人员很难快速准确地甄别、跟踪有效销售机会,往往找不到重点客户,不能从整体上把握客户需求。

(2)整个销售过程长,环节多,操作困难,重复性工作带来一些低级错误。

(3)信息传递慢,浪费了宝贵的时间,可能导致不能及时提交合同,甚至误失商机。

(4)客户关系管理系统在酒店办公环境以外很难访问,销售代表不能及时提交客户信息,这样系统中的客户信息会很零散,容易造成客户丢失或者重要的客户被低估。

(5)客户信息保存不集中,一旦单个销售人员离职,会失去重要客户的信息。

(6)销售信息闭塞,销售活动相对对立,在和市场、技术支持、客户服务等环节协调的时候容易出现问题遗失商机,影响客户的满意度。而云计算的发展提供了以上问题的解决之道。

二、基于云计算的客户关系管理

(一)云计算的概念

云计算,可以认为是一种大规模的分布式计算技术,由多个服务器组成庞大的服务集群,通过网络向用户提供应用服务,云计算集群可以在数秒之内,处理数以千万甚至亿计的信息。云计算采用的是多服务器的分布式结构,不但使服务器的计算能力可以灵活扩展,而且在数据备份和数据控制(比如版本控制、协同共享)等方面也有很大的优势。一些公共云计算服务可以达到上万台节点,甚至几十万台、上百万台服务器同时向用户提供服务。云计算最大的特点就是,所有的业务逻辑定义和信息数据都保存在云端,用户面对的就是最终实际使用的服务。云服务一般是由云服务提供商提供。

云计算是计算机领域的第三次大的技术变革。第一次变革是 20 世纪 80—90 年代个人计算机的普及,这次变革将计算机的应用从研究和专业领域带入到广大的酒店和个人应用领域,帮助酒店和个人大幅度提高了生产效率,出现了一批酒店管理软件。大部分的 ERP 系统软件都是这个时候出现的。第二次变革是进入 21 世纪,随着互联网的普及开始的。这次变革将数以亿万计的信息孤岛汇集成国际互联网,大幅度扩展了人类知识共享和交流沟通的渠道,客户关系管理系统就是这个时候开始被酒店使用的。云计算在前两次变革的基础上,更进一步解放社会生产力。通过大规模的集群服务,全世界的计算机用户将更好地共享计算机的计算资源、存储资源等,甚至改变信息化的运营模式并减少能源消耗。客户关系管理系统也随之进入了新的时代。

客户关系管理和云计算结合的主要模式是 SaaS(Software-as-a-Service,软件即服务)。SaaS 模式由云服务提供商提供通用的客户关系管理系统软件。该软件内置了客户关系管理的标准功能,酒店通过服务账户使用这些功能,然后进一步定制自己需要的功能。酒店购买的是服务,而不再是一套物理软件了。

(二)基于云计算的客户关系管理系统的特点

1.高可靠性和安全性

云计算的文件系统保障了客户信息可以长久保留下来;所有客户和销售数据都保存在云端,客户关系管理系统软件维护完整统一的信息,不会因为个人的离职而丢失客户信息。

2.高可扩展性

云计算的规模可以动态伸缩,客户关系管理系统可以自动无限伸缩。云计算保证了销售信息的完整,没有扩充障碍。云计算凭借其扩展性和信息传递性,可以把客户关系管理和市场、技术支持、客户服务等环节绑定在一起,便于在各个阶段间转化和调节。

3.按需服务

由于云计算的计算和服务能力是一个巨大的共享池,用户可以按照自己的需要选择不同的模块。

4.简化销售环节,让销售有的放矢

可定制自动化流程,简化销售环节,方便而且准确。而且,云计算本身提供的强大数据分析和报表能力,可以让销售有的放矢。

5.客户信息使用的便利性

云计算软件可以通过各种方式访问,无论是计算机还是手机、平板、电脑,都可以方便地连接到客户关系管理系统,真正实现了客户信息的随时随地访问。

6.商业信息丰富

所有商业信息集中存储,集合了客户信息、商机信息、订单信息和交流历史记录,即时生成的报表保证了客户信息的及时和有效。

7.部署周期短

部署周期短,系统可以迅速上线。

(三)酒店使用基于云计算的客户关系管理系统的好处

第一,使用云端服务可以大大节约酒店的成本。只需购买云计算服务商提供的服务,节省了酒店搭建硬件平台、设计系统功能、建立专门团队的费用,而且省去了系统运营维护的麻烦。

第二,云计算提供服务非常便利,可随时随地访问客户关系管理系统。使用云计算服务商提供的即时聊天、邮件关联、商业社交平台等新功能,让客户关系管理更加全面多样、便捷有效。

第三,管理系统定制的方便性。酒店在系统提供的标准功能基础上可以定制自己特有的功能模块,而且新模块可以和原有模块共享数据,保证整个系统的统一性。

第四,云计算提供强大的报表分析功能。无论是销售代表、销售经理还是运营总监,都可以随时访问客户关系管理系统,获得自己关心的报表。

第五,为酒店实施国际化经营提供了便利。因为云计算是通过互联网提供服务,这样的客户关系管理系统往往都支持国际化,解决了多国客户管理交流的障碍,从而为酒店实施国际化经营提供了便利。

总之,基于云计算的客户关系管理系统把酒店从计算机技术困境中解脱出来,专注于客户关系管理的实质任务,有效地提高了客户基础价值,帮助酒店有效地追踪销售线索,降低客户的流失率,延长客户关系的寿命。提供了客户转化为合作伙伴的管理流程,深度挖掘客户的潜力,进行交叉销售和向上销售,增加每个客户的增长潜力,最大限度地服务高质量的客户,打通供应链下游的销售、市场、技术支持等环节,助力酒店运营,实现酒店利益的最大化。

(四)云计算给酒店带来的风险

云计算在为酒店带来好处的同时,也会给酒店带来风险。云计算作为新的技术,颠覆了原来酒店数据存储和管理模式,把一切都抛向了云上。酒店必须在享受先进技术给酒店带来的收益的时候,正确认识并谨慎回避云计算负面因素带来的风险。

云计算可能给酒店带来哪些风险?数据安全和个人隐私。不同国家在保护个人隐私方面的法律法规不尽相同。当前,用户数据的保护对于云计算服务商是一个比较大的挑战,酒店在选择云计算服务提供商的时候,要选择那些国际知名的可信赖的公司,了解其客户的数量和规模。然后根据酒店的投资量和要求选择适合自己的服务。所以说,酒店要衡量使用云端的客户关系管理系统的收益和风险,选择适合自身发展的方式。

思考题

1.移动互联网时代,酒店营销策略应该有哪些变化?

2.酒店应该实施基于云技术的客户关系管理吗? 为什么?

【案例分析】

高端奢华品牌酒店四季酒店集团利用社交网络大数据"玩"精准营销

在微分享时代,高端奢华品牌酒店四季酒店集团就进行了成功的社交网络大数据解析,在品牌化建立上进行大胆尝试,"玩"精准营销。

"玩"社交网络绝不是简单地创建 Twitter 账号或者 Facebook 页面的问题,这里面蕴含着大数据的无限潜力:社交媒体渠道所采集的数据具有即时性、参与度和真实回应,进行分析比对后,帮助酒店有效地实施提高在线声誉和盈利能力的营销方案,这对豪华酒店尤为重要。所以,四季酒店集团在社交媒体平台大玩大数据的秘密在于,持续关注用户在社交平台上发出的信息,通过不同渠道收集客户反馈信息,并持续地与消费者对话沟通,发掘他们的需求,精确捕捉行业趋势和消费行为趋势,优化在线声誉和点评。

而且四季酒店集团利用其专业化的运作部门通过倾听消费者心声,将其反馈信息进行分析后,付诸行动,为消费者提供更好的体验。四季酒店集团社交平台的内容策略分为两个部分,一是用户生成内容,二是在线上和线下渠道提供引人入胜的体验,双管齐下,消费者会在不同的活动当中与品牌进行互动。比如四季酒店集团进行的婚礼筹划专题策划,为此开设专门的 Twitter 和 Pinterest 账号向消费者提供来自酒店员工的专业建议和在四季酒店集团举行婚礼的新娘所分享的故事,以互动的方式来吸引消费者,采集大量用户信息,同时对不同兴趣程度的用户进行划分,对他们做不同程度的引导。

【补充与提高】

CRM 系统中的商业智能技术

一、商业智能的定义

商业智能是从大量的数据和信息中挖掘有用的知识,并用于决策以增加商业利润,是一个从数据到信息再到知识的处理过程。商业智能用来辅助商业活动作出快速反应,加快知识的获取速度,减少酒店不确定性因素的影响,因此,能很好地满足管理层和决策层对信息知识的时间性和准确性的要求。

商业智能系统可以说是一个智能决策支持系统,它不是一种产品和服务。从某种意义上讲,商业智能是一种概念和商业理念,它是在企业数据仓库的基础上,利用数据挖掘及其工具获取商业信息,以辅助和支持商业决策的全过程。通过商业智能技术,用户可以更充分地了解企业的产品、服务、客户以及销售趋势。目前在国外,商业智能软件与办公软件、浏览器一样已经成为企业必不可少的桌面办公软件之一。商业智能是提高企业运营性能而采用的一系列概念、方法、过程和软件的集合,是一个先进技术的综合体,可以帮助企业提高决策能力和运营能力。

二、商业智能的功能模块

在酒店 CRM 系统中,商业智能主要是指客户智能。利用客户智能,可以收集和分析市场、销售、服务和整个酒店的各类信息,对客户进行全方位的了解,从而将酒店资源与客户需求之间进行有效匹配,提高客户的满意度和忠诚度,实现获取新客户,支持交叉销售(餐饮客源与住房客源的交互销售)、熟客的有效管理、发现重点客户及销售机会、支持面向特定客户的个性化服务等目标,提高盈利能力。商业智能包括以下功能模块:

1. 个性化客户服务

个性化客户服务指通过不断调整及完善客户档案的内容,达到基于客户的喜好和消费行为来确定客户需求的目的,并可以此组合产品,制订价格以一种整合的、相互联系的形式通过电子邮件等渠道推送给客户。

2. 客户获得和客户动态分析

主要功能包括新客户数量统计、选择酒店产品和服务的原因分析、客户来源分析、客户多参数、多角度查询,可通过实践、客户类别、交易量、地理位置等参数对客户进行统计分析。

3. 客户流失分析

主要功能包括流失客户数量、比例统计、多维度的分析,如根据不同时间段进行统计,也可根据客户类型进行统计分析,从而寻找流失客户历史消费记录的基本特征,追踪流失客户的业务流向,分析客户流失的原因及对酒店营业收入的影响,建立客户流失模型。

4. 客户产出贡献度分析

通过此功能可对酒店客户进行分级——主要客户、潜力客户、一般客户等,从而将酒店的有限资源进行合理分配,减少成本。

5. 客户满意度和忠诚度分析

通过消费数量、合同数量、支付方式、支付及时率、消费频率、客户反馈等参数来计算客户的满意度和忠诚度指数,帮助酒店分辨出哪些是酒店的忠实客户,哪些暂时还不是酒店的忠实客户,分别对其采取不同的营销和销售策略。

第十五章
国际酒店集团的客户管理体系

　　本章主要介绍"洲际""希尔顿""喜来登""丽思·卡尔顿"以及"七天"等国内外酒店集团的客户管理体系。

【本章学习目标】

- 了解知名国际酒店集团的客户管理体系。
- 了解知名国际酒店集团的客户管理策略。

关键词：国际酒店集团；客户管理体系
Key Words：International Hotel Groups；Customer Management System

第一节　希尔顿酒店集团的客户管理体系

康拉德·希尔顿(Conrad Hilton)1919 年买下仅有 50 间客房的莫布雷(Mobley)酒店,之后他在酒店业奋斗了整整 60 个春秋。1946 年,他创立了希尔顿酒店集团(Hilton Hotel Corporation)。1949 年,为了便于到世界其他国家去经营管理酒店,希尔顿又创立了作为希尔顿酒店公司子公司的希尔顿国际酒店公司(Hilton International),总部设在纽约市的第三大街。在这 100 多年的时间里,希尔顿酒店集团为商务和休闲客人提供了最优质的产品、服务和价值。希尔顿酒店集团是国际公认服务一流的公司,其开发、拥有、管理及特许加盟的酒店、度假村等超过 3400 个,横跨全球 80 个国家和地区,2010 年后希尔顿酒店集团在中国不断扩张,到 2016 年,已在中国 49 个地区开了 79 家酒店。

希尔顿经营酒店的座右铭是"你今天对客人微笑了吗?"多年来,希尔顿酒店集团商业版图不断扩张,成功的秘诀是什么呢? 通过研究发现,其成功的秘诀就在于牢牢确立自己的酒店理念,并把这个理念上升为品牌文化,贯彻到每一个员工的思想和行为之中。酒店创造了"宾至如归"的文化氛围,注重酒店员工礼仪的培养,并通过服务人员的"微笑服务"体现出来。希尔顿认为:旅馆是一个服务和款待的行业,为了满足客户的要求,希尔顿酒店集团除了到处都充满了微笑外,在组织结构上,尽力创造一个尽可能完整的系统,成为一个综合性的服务机构。

希尔顿酒店集团的个性化服务,幕后的核心是 System 21 酒店管理系统。让它们成为客户的个人助理,给客户提供个性化服务,从而让客户对酒店服务满意的同时,提高客户的忠诚度。而且帮助管理层通过数据分析,来改善经营过程中的不足,提高了希尔顿酒店集团的市场竞争力。

希尔顿酒店集团的成功离不开客户关系的有效实施。

一、希尔顿酒店集团的 CRM 策略

提到希尔顿酒店集团的 CRM 系统,就不得不提到它的 System 21 酒店管理系统。在 Windows 平台下开发和使用的 System 21 酒店管理系统,有别于其他厂商的产品,它从一开始就是针对连锁酒店数据共享的需求而设计的,是一个高度集成的系统,包括客房管理、预订、收益管理、客史和销售管理的数据,都集中到数据中心,可以进行统一的查询和统计分析处理。

System 21 超前的理念、先进的设计概念,注定了它在日后的 CRM 总体规划中占据重要地位。

希尔顿酒店集团的 CRM 发展策略是在 2002 年 5 月份提出来的,这是基于对品牌整合两年来的成效评估而作出的商业决定。希尔顿看到,随着旗下品牌的增多,需要有一个更科学的宾客价值评估机制,需要有更高效的迎送、服务补救和投诉跟踪流程,需要更充分地利

用收集到的信息获得客户忠诚度和利润的同步增长。

希尔顿认为客户关系管理就是创造价值,包括为客户创造价值,以及为业主、加盟者和管理者创造价值。CRM 在希尔顿的语汇中,代表"Customer Really Matters"(客人确实重要),它包括追求业务策略的清晰制订、聚焦最有价值的客户、追求短期成功、向客人提供实际利益、充分运用现有的科技和资源,以及在各个接触点建立共同的宾客视图。

二、希尔顿酒店集团 CRM 计划的四个阶段

(一)第一阶段

第一阶段从 2002 年 5 月开始,采取的措施包括:

(1)设立宾客档案经理的职位,负责对原来收集到的客户信息进行汇总,从而保障在每个品牌、每个宾客接触环节都可以识别某个客户及其个人偏好。

(2)改良抵店客人报表,反映客人的个人偏好、特殊要求以及在各个接触点的过往的服务失误及跟踪补救。

(3)重整 HHonor(希尔顿荣誉)体系和钻石服务承诺,确保任何时候在任何酒店,"最佳客人"都能获得最佳服务。

(4)建立"服务补救工具箱",保证补救的成效,消除客人因为服务失误造成的不快。

(5)增强了宾客档案的功能,包括加急预订以及对过去/将来预订的浏览。

(6)酒店级 CRM 入门培训。

第一阶段取得的成绩是被识别的至尊宾客人数增加了4%,每人的平均消费房晚增加了1.1 到 1.7 个,交叉销售的增长率为 21.3%,各个品牌的服务评分和客户满意度都有 2~5 个百分点的增幅。

(二)第二阶段

第二阶段从 2002 年 12 月份开始,包括:

(1)CRM 数据到 System 21 酒店管理系统的整合,让一线人员可以得到弹出账单消息等自动提示。

(2)客人自助式的在线客户档案更新系统。

(3)把客户投诉/服务失误整合到宾客档案管理系统中,从而让经营者可以界定存在流失风险的客人。

(4)把希尔顿全球预订和客户服务中心与宾客档案管理系统进行整合,使预订人员可以得到自动的系统提示。

(5)改善宾客隐私保护政策和程序。

(6)酒店进行强化培训等。

(三)第三阶段

第三阶段从 2003 年年中开始,包括:

（1）让客户档案在任何地方、任何渠道都可以访问和修改，完善在品牌和 HHonor 互联网站的宾客欢迎和识别，扩充及加强客人喜好和特殊需求的可选项抵店前 48 小时的确认和欢迎，包括天气信息、交通指引以及特殊服务等。

（2）在所有接触点提供个性化信息传递的能力。

（3）离店后电子信息和电子账单的传递，包括在线账单查询、感谢信、满意度调查、HHonors 积分公告、特殊的市场优惠等。

（4）酒店级科技的加强。

（5）报表的汇集。

（四）第四阶段

第四阶段从 2003 年底到 2004 年初开始，包括：

（1）有针对性的个性化行销-客户化的促销活动，按照客人旅程安排的特别服务项目。

（2）无线技术的深入使用。

（3）远程入住登记和无钥匙进入。

（4）个性化的客房内娱乐和服务项目。

（5）客户生命周期管理，从尝试、绑定、跨品牌体验，直到持续的关系巩固，乃至驱动其频繁使用。

（6）宾客级的收益管理，根据客人的终身价值和风险因子确定价格策略。

从整个计划当中，我们可以看到 IT 技术的研发和实施充当了一个相当重要的角色，希尔顿 IT 部门的几个主要目标包括：继续 System 21 系统的新版本研制以及在各个成员酒店中的升级和推广，所有酒店的管理系统更换为最新版本的 System 21，包括目前使用 HPMS2 的几十家最大型的希尔顿酒店；通过对第三方收益管理和 CRM 数据分析系统的整合，提供一个历史数据、竞争者分析和业务预测的工具平台；酒店无线局域网的应用研发和试验推广。从而为希尔顿酒店集团下属的所有酒店品牌提供一个全面的技术解决方案。

这个解决方案被称为 OnQ，其核心是 System 21 酒店管理系统，目前已经发展到 2.11 版本，将会被重新命名为 OnQ V2 系统。它作为一个统一的前端系统，除了完成日常的酒店业务外，还可以透明地访问到由其他后台系统提供的数据。这些系统包括 Focus 收益管理系统、Group 1 客户联络管理系统、E.piphany 客户关系数据分析系统等，同时具有与各种电话计费系统、程控交换机系统、语音信箱系统、高速互联网系统、迷你吧系统、门锁系统、POS 系统、收费电影系统、能源管理系统、客房内传真系统的接口。

三、希尔顿酒店集团客户关系管理系统的分析

（一）充分利用 IT 技术与 System 21 的有机结合

一方面，酒店将客户的个人信息资料，比如个人喜好、特殊要求、具体要求等进行登记、整理和具体分析。另一方面，增强酒店内的自助式服务和酒店网站的交互式服务。酒店对客户"无微不至"的关怀，增加了客户的满意度和归属感，从而促使客户向"多、久、远"发展。

(二)希尔顿酒店集团十分注重员工的礼仪,增加对员工的礼仪培训

希尔顿酒店集团的各级人员被上级问得最多的一句话就是"你今天对客户微笑了吗?"希望通过员工对客户的"微笑"服务和各种细节的关怀,传递出酒店所创造的"宾至如归"的氛围,增加酒店的品牌价值。

(三)客户资料的收集及分析

希尔顿酒店集团通过对客户资料的收集,对客户进行等级分类,加强对最有价值客户的关注和接触,增强专业化服务,从对客户的各个细节和特色偏好进行登记,从客户的预订、客户的消费,到客户的退房,都进行了客户服务跟踪并进行服务处理,从各个方面,通过为客户提供超值服务,让客户感受到"家"的温馨。最终,避免了在市场推广和市场策略上的盲目性,降低了服务成本,节约了酒店市场开发新客户的时间和成本,增加了酒店的利润。

(四)制订业务流程

希尔顿酒店集团通过制订清晰的业务流程,追求业务策略的有效实施,达到酒店的预期效果。

(五)会员积分计划

希尔顿酒店集团进行积分计划,在一定程度上,能防止老客户流失,吸引新客户,增强了酒店的市场竞争力。

(六)促销活动

希尔顿酒店集团进行一系列促销活动,并发挥自身的优势,提高酒店的入住率,增加对客户的第一手资料的获取,从而拓展了市场,增加了客户的数量,提高了市场占有率。

(七)"服务补救工具箱"

希尔顿酒店集团建立"服务补救工具箱",改进客户的不满之处,完善客户对酒店的投诉机制,从而留住老客户,提高了客户的生命周期,增加了客户的终身价值。在一定程度上,提高了酒店的市场竞争力。

(八)制订发展战略

希尔顿酒店集团制订了完善的 CRM 发展战略,发掘潜在客户,增强客户的满意度、归属感、忠诚度和美誉度。

第二节　万豪国际(酒店)集团的客户管理体系

万豪国际集团是世界上著名的酒店管理公司和入选财富全球 500 强名录的酒店;创建于 1927 年,总部位于美国华盛顿;拥有 21 个著名酒店品牌,在全球经营的酒店超过 4000 家,年营业额近 200 亿美元,多次被世界著名商界杂志和媒体评为酒店业内最杰出的公司。尤其是 2015 年 11 月,万豪国际集团和喜达屋酒店及度假村国际集团共同宣布,两家公司董事会一致批准了一项最终合并协议。合并后的万豪-喜达屋集团已超过希尔顿酒店集团成为全球的最大酒店集团,在全球 100 多个国家和地区运行和管理 5500 多家酒店,共 110 万个房间。

万豪国际集团的发展起源于 1927 年,威拉德·玛里奥特先生在美国华盛顿创办了公司初期的一个小规模的啤酒店,起名为"热卖店"。首家万豪酒店于 1957 年在美国华盛顿市开业。

万豪国际集团成功的关键是自公司成立之日起,就以员工和客户为酒店的经营之重。威拉德·玛里奥特先生创立的经营思想是:你如能使员工树立工作的自豪感,他们就会为客户提供出色的服务。

万豪国际集团在持续快速发展中,又于 1995 年收购了全球首屈一指的顶级豪华连锁酒店丽思·卡尔顿酒店。这一举措使万豪国际集团成为首家拥有各类不同档次优质品牌的酒店集团。1997 年,它相继完成了对万丽连锁酒店公司(Renaissance)及其下属的新世界连锁酒店(New World),以及华美达国际连锁酒店(Ramada International)的收购。此举使万豪国际集团在全球的酒店数量实现了大幅增长,特别是在亚太地区,一跃成为规模领先的酒店集团。

万豪国际集团于 1997 年进入中国酒店业市场,并于此后快速发展。万豪国际集团旗下的丽思·卡尔顿酒店、J.W.万豪酒店、万豪酒店、万丽酒店、万怡酒店、万豪行政公寓等共 6 个酒店品牌在中国经营的酒店近百家。

在万豪国际集团中,丽思·卡尔顿酒店这个品牌的客户关系管理一直为人津津乐道,其座右铭"我们以绅士和淑女的态度为绅士和淑女服务"让客人们具有尊贵感,其独一无二的服务理念让客人回味无穷。这么多年来,丽思·卡尔顿酒店凭借卓越的服务质量赢得多个奖项及业内外的一致好评。

一、以客户满意作为酒店最高使命

每个传奇都有精彩的开端,而丽思·卡尔顿的精彩开端,是其一直引以为傲的一套独特的领导理念——"黄金标准",该标准由丽思·卡尔顿的初期创始人设定,作为永恒的遗产流传给后人,成为丽思·卡尔顿不断发展的基础。

将这些标准精练易懂地传递员工的,竟然仅仅是一张小小的三折卡,被丽思人称为"信条卡"。在丽思·卡尔顿，无论是总经理、高管还是普通员工，每个人都会随身携带一张这样的信条卡，上面明确写有"黄金标准"的全部内容，包括信条、座右铭、优质服务三步骤、员工承诺以及十二条服务信念。

（一）金牌标准之信条

（1）丽思·卡尔顿以客户得到真诚关怀和舒适款待为最高使命。

（2）我们承诺为客户提供细致入微的个人服务和齐全完善的设施，营造温暖、舒适、优雅的环境。

（3）丽思·卡尔顿之行能使您愉悦身心、受益匪浅，我们甚至能心照不宣地满足客户内心的愿望和需求。

（二）金牌标准之座右铭

我们以绅士和淑女的态度为绅士和淑女服务。如果您用相应的态度对待我们，我们会非常感谢您，然而如果客户不能够调整自己的行为，我们酒店领导者就会请他去其他酒店住宿。实际上，我们甚至会为他或她保留预订的房间，如果他或她的态度好转的话，我们依然欢迎他们入住。

（三）金牌标准之优质服务三步骤

（1）热情真诚地问候客人，亲切地称呼客户的姓名。

（2）提前预判每位客户的需求并积极满足。

（3）亲切送别，亲切称呼客户姓名，热情地告别。

（四）金牌标准之二十条基本点

（1）信条是丽思·卡尔顿酒店的首要信仰，必须广为传诵，为丽思·卡尔顿酒店所有，所有员工都应该积极实践。

（2）丽思·卡尔顿酒店的座右铭是"我们以绅士和淑女的态度为绅士和淑女服务"。作为服务行业的专业团队，我们敬重每一位客户和员工的同时，维护自己的尊严。

（3）"优质服务三步骤"是丽思·卡尔顿酒店殷勤招待的基础，和客户的每一次沟通交流过程中都应当运用这些步骤，以确保客户满意，维护客户忠诚度。

（4）员工的承诺是丽思·卡尔顿酒店工作环境的基础，所有员工都应当得到满足，并心存感激。

（5）所有的员工都将成功而完整地获得岗位年度培训认证。

（6）公司的目标向所有的员工传达，每个人都应该以实现目标为己任。

（7）为了增加工作场合的自豪感和乐趣，所有员工都有权参与到将影响其工作的计划中。

（8）持续不断地识别酒店全范围内存在的缺点是每一位员工的责任。这些缺点可以称为"比佛先生"（MR BIV），即错误（Mistake）、重做（Rework）、故障（Breakdown）、无效率行为

（Inefficiencies）和偏差（Variation）。

（9）每一位员工都对创造团队合作的环境和提供"边缘服务"身负其责，以确保我们的客户和其他员工的需要得到满足。

（10）授权全体员工。例如，当客户提出某一种特殊需要时，作为员工，应当突破正常的职责范围和工作地点，去解决客户的问题。

（11）全体员工对酒店的清洁都负有不容推辞的责任。

（12）为了能给我们的客户提供贴心的个性化服务，识别和记录客户的个人偏好是每一个员工的责任。

（13）永不失去任何一位客户。瞬间平息客户的怒气是每一位员工的责任。任何人接到投诉后，都应该视为自己的责任，直到客户的问题得到圆满解决，并予以记录。

（14）"保持微笑——我们在舞台上。"始终保持积极的目光接触。对于客户和其他员工都应当使用得体的词汇。

（15）在你的工作场所内外，都应该自认是酒店的大使，保持交谈的积极性，就任何疑虑与恰当的人沟通。

（16）护送客户，不要仅仅为其指向目的地，要亲自陪同其到达目的地后，方可离开。

（17）使用丽思·卡尔顿酒店的电话礼仪。电话铃响三声以内接起电话，并使用可视"微笑"的口气应答。必要时称呼客户的姓名，需要时询问来电方："我为您接通好吗？"不要为来电方接通酒店的可视电话。尽可能地消除呼叫转移。遵守语音邮件的通话标准。

（18）注意您的个人仪表并努力做到引以为豪。遵守丽思·卡尔顿酒店的着装和修饰标准，传递专业形象是每一位员工的责任。

（19）考虑问题安全第一。每位员工都对来宾和其同事创造一个安全、可靠和无事故的环境负责。全体员工都要熟知所有消防和安全紧急应变程序，及时报告安全风险。

（20）保护丽思·卡尔顿酒店的资产是每一位员工的责任。节约能源，妥善维护酒店设施，确保环境安全无忧。

二、丽思·卡尔顿酒店的 CRM

（一）客户识别

丽思·卡尔顿酒店通过确定酒店定位、直线竞争对手分析、确定细分变量和分割市场、进一步对细分市场进行目标评估几个步骤，对现有客户进行搜索及甄选，最终确立目标客户群体。

1.确定酒店定位和直线竞争对手分析

丽思·卡尔顿是奢华服务的代名词，也是世界范围内最好住宿条件、餐饮条件和服务的象征，它把豪华酒店提升至奢华的境界。大部分的丽思·卡尔顿酒店均坐落在高端商业区，如北京丽思·卡尔顿酒店在北京国贸 CBD 外围的华贸中心；深圳星河丽思·卡尔顿酒店地处福田商业区，毗邻深圳国际会展中心；上海波特曼丽嘉酒店地处繁华的商业街；香港丽思·卡尔顿酒店坐落在香港商业及文化中心的新地标环球贸易广场；广州富力丽思·卡尔顿酒店位于珠江新城,与广交会新馆、广州塔隔江相望。它所坐落的位置就确定了它大部分客源均为商务客源。它的直线竞争对手就是与它只有一路之隔的四季酒店。

2.确定细分变量和分割市场

对于选择丽思·卡尔顿酒店来说,心理因素和地理因素影响较大。人们在选择酒店时,会考虑到自己的收入情况,也会考虑生活方式、地理位置是否便利等因素。如北京的丽思·卡尔顿酒店处于 CBD 地区和高消费地区,分割市场中的客户群体方面,因为酒店走的是高端服务路线,所以很多有高消费能力的人会在旅游度假时选择这个酒店,还有就是集团或者公司接待贵宾时会选择丽思·卡尔顿酒店。

3.评价和选择目标细分市场

丽思·卡尔顿选择的细分市场都是从建立至今一步步选择出来的,每一个细分市场都符合丽思·卡尔顿酒店自身的要求。它的目标也很明确,就是打造高服务质量的高端酒店。

4.搜寻潜在客户

丽思·卡尔顿酒店搜寻潜在客户的方法很多,最主要的几种是博览会等会议展览后的后续住店工作,与主持会议人员取得联系。还有就是网络搜索,建立自己的网络主页,在这个信息化时代更能体现出网络优势。丽思·卡尔顿酒店也经常举行公关活动,让公众更加清楚地记得丽思·卡尔顿酒店的名字。

5.客户价值识别

在"哈佛管理导师"系列课程中有一门课程叫作"以客户为中心",其核心思想是说并非所有的客户都是你的重要客人,只有那些忠诚客户才是你真正的财富,客户保持忠诚的时间越长,为公司带来的利润就越多,因为他们创造稳定的收入流,营销费用也会减少,而且随着客户对公司越来越熟悉,服务客户所需的费用也会下降。同时,忠诚的客户还会带来关联销售——他们会向亲朋好友积极推荐。这样一群人在丽思·卡尔顿酒店被称作"终身客户"。

根据丽思·卡尔顿的统计,有 22%的客人贡献了大约 78%的生意,而总营业收入中的60%是由 2%的客人贡献出来的。也就是说,每 50 位客人中,有一位比其他 49 位客人给酒店带来的总收入还多。丽思·卡尔顿酒店的人将其视为服务准则的第一条"建立良好的人际关系,长期为丽思·卡尔顿创造终身客户"的必然结果。当然没人知道谁是这 2%的客人,但所有的丽思员工都知道,只要做到"我能及时对客人表达的和未表达的愿望和需求作出反应","我得到了足够的授权为我们的客人提供独特难忘和个人化的体验这两条准则,来酒店的每一位客人都有可能成为'终身客户'"。

(二)采用先进的 IT 技术及时更新 CRM 系统

万豪国际集团先进的预订系统——MARSHA,是酒店业最具实力的预订网络和需求管理工具。该系统向丽思·卡尔顿酒店提供了一套名副其实的全球预订网络,借助全球电子系统,包括全球分销系统(GDS)、免费电话号码、传真以及互联网等,实现信息时时互通。

万豪国际集团独创的需求预测系统,使丽思·卡尔顿酒店对不断变化的市场作出及时反应,同时通过调整价格与出租率,实现利润的最大化。另外,共享信息系统,使丽思·卡尔顿酒店得以扩大其销售与营销范围,同时使丽思·卡尔顿酒店得以向每一位客户提供个性化的服务,而这正是丽思·卡尔顿品牌的一大特色。

(三)个性化服务策略

(1)在划分客户的类型中,丽思·卡尔顿酒店把精力集中于能带来更大总体收益的高消费客户群体身上,为这个团体提供个性化服务,根据消费群体需求的不同采用不同的销售模式。

(2)丽思·卡尔顿酒店将客户组合成了商务、家庭、个性体验几个大的客户类型,针对不同的需求,为他们量身打造了不同的体验之旅。采用个性化策略,针对不同客户的需要,提供了很多特殊的个性化服务。

(3)餐饮营销。通过 CRM 系统在客户的重要节日前,以各种方式关心、拜访客户。对于一些老客户,系统能自动分析出客户喜欢吃什么,提供给服务人员,再由酒店服务人员向客人推荐菜品。利用 CRM 系统搜索出喜欢本次美食节食物的客户,再发出邀请函、传真,这样成本低,又有针对性。

三、万豪国际集团的常客计划

(一)整合旗下万豪礼赏、丽思·卡尔顿礼赏及 SPG 俱乐部的会员计划和统一会员礼遇

万豪国际集团宣布于 2018 年 8 月起启动整合旗下万豪礼赏、丽思·卡尔顿礼赏及 SPG 俱乐部的会员计划和统一会员礼遇。

基于打通合并的新常客计划,会员从此可轻松预订万豪国际集团旗下所有参与常客计划的,分布在全球 127 个国家和地区,29 个品牌的 6500 家酒店,得以在更多类型、数量更庞大的酒店阵容中选择住宿,从而更容易累积积分:会员平均每消费 1 美元将比之前多赚取大约 20%或以上的积分。

(二)"万豪专属时刻"体验

为了满足会员在旅行中寻求难忘体验的需求,整合的会员计划也大大丰富了"万豪专属时刻"体验,于 1000 个目的地提供超过 11 万种旅行体验,宾客可以现金购买当地游览体验及门票。会员更可利用积分兑换"万豪礼赏专属时刻"及"SPG 专属时刻"的会员礼遇,包括新推出的"Moments Live 专属时刻现场"系列活动。

自 2018 年 8 月份起,会员可以将其万豪礼赏、丽思·卡尔顿礼赏及 SPG 俱乐部账户合并,享受整合的常客计划,会员礼遇覆盖所有参与的品牌阵容(图 15.1)。

万豪礼赏、丽思·卡尔顿礼赏和 SPG 俱乐部的名称会暂时保留,直至 2019 年新的常客计划名称公布。

同时自 2018 年 8 月份起,宾客可通过万豪国际官方网站、SPG 官方网站、万豪国际及 SPG 手机客户端,或致电客服中心,预订所有万豪国际旗下参与常客计划的酒店。

一个品牌阵营

- 贯穿29个品牌共6500家酒店将实现流畅无缝的预订、赚取及兑换积分体验。
- 我们的网站、手机移动端及客服中心可以满足您的需要。

一个统一的会员礼遇奖励计划

- 集合三大常客计划会员礼遇于一体。
- 会员可在新计划中更快晋升会籍级别。

一个积分单位

- 赚取统一的会员积分。
- SPG会员在8月开始会按照1∶3的标准将现有的积分转换成新积分。在酒店每1美元有效消费便可赚取10点积分，而在旅居酒店品牌，每1美元有效消费则可赚取5点积分。
- 入住期间，多种消费项目赚取积分（例如房费、水疗及餐饮消费）。

一个统一的住宿奖励兑换标准

- 以相应标准兑换类别1至类别7的酒店免费房晚。
- 2019年将加入类别8酒店积分兑换标准，以及非旺季及旺季积分兑换标准。
- 不设限住日期。

一个统一的会员账户

- 会员可在一个账户中查询该账户下积分、会籍状态及累积有效房晚等信息。
- 会员合并账户后可以获得新的会籍级别。

一起尊享更多

- 一起尊享更多合作伙伴计划，包括航空、租车等；一起享受全新打造的专属时刻带来的更多精彩和难忘体验。

图 15.1　万豪常客计划

(三)更快地升级,更容易获取积分

另外,所有的优越白金会员在住满 100 晚及消费 20000 美元之后,除了尽享所有该等级礼遇,还可获得专属大使服务。已晋升为终身会籍等级的会员,将一如既往获得认可。

会员在旅居酒店品牌 Residence Inn、Towne Place Suites 及源宿酒店每消费 1 美元可获得5 积分。除了住宿奖励外,会员在住宿中的其他消费也能累积积分。

(四)更便捷地兑换积分

此外,2019 年推出非旺季及旺季住宿兑换标准。

(五)更丰富的移动端体验

会员将有更好的数字及移动端体验。当会员直接通过 Marriott.com、SPG.com 或者任一万豪国际移动端订房时,均可选择万豪国际旗下 6500 家参与常客计划的酒店。

会员还将享有会员专属价格及客房内免费上网服务。另外,会员还能通过手机移动端完成办理入住和退房手续、房间备妥提示以及与酒店客服直接沟通等便捷服务。在特定的酒店,会员还能使用他们的智能手机来代替房卡。

(六)更多的机会尝试卓越不凡的体验

随着会员对当地旅游体验的注重程度越来越高,在"万豪礼赏专属时刻"及"SPG 专属时刻"的会员礼遇基础上,万豪国际集团打造了更具特色的旅行体验项目"万豪专属时刻"。

宾客无须入住,也可付费购买全球 1000 个目的地提供的 11 万个精彩旅行体验,并可以累积积分。除了这些新增的体验外,会员可继续使用积分兑换"万豪礼赏专属时刻"及"SPG 专属时刻"的 8000 多个体验。

在过去的 2017 年,"万豪礼赏专属时刻"和"SPG 专属时刻"与中国会员们一同见证了诸多难忘的精彩时刻:与主厨保罗·派雷特相约上海紫外线餐厅(Ultraviolet),私享美食之旅;NBA 中国赛期间,为球迷打造零距离观战助威的"篮球盛宴"与传奇球星见面会;而位于上海梅赛德斯-奔驰文化中心的"SPG 专属包厢",让会员们在相对独享的空间中观看各种精彩演出,留下弥足珍贵的独特回忆。

万豪国际集团同时还发布了"Moments Live 专属时刻现场"活动,这是一个由万豪国际集团与合作伙伴环球音乐集团(UMG)及 LITV 娱乐集团联合举办的音乐及美食主题活动。这些活动包含如下礼遇:

·凯斯·厄本(Keith Urban)涂鸦世界巡回演唱会 VIP 专属体验及专属表演。

·在别致优美的环境中,与超级明星大厨以及著名音乐家亲密互动。

·参加会员专属加州纳帕谷音乐及美食主题活动,比如"Live In Vineyard"和"Live In The Vineyard Goes Country"音乐主题派对等。

第三节　洲际酒店集团的客户管理体系

洲际酒店集团成立于 1946 年,前身是英国巴斯酒店集团,是目前全球排名第三及网络分布最广的专业酒店管理公司。其目标是打造客户喜爱的酒店,在全球 100 多个国家和地区有 4000 多家不同类型的酒店,超过 700000 套间客房。洲际酒店集团旗下的酒店品牌有洲际酒店(Inter Continental Hotels & Resorts)、假日酒店(Holiday Inn)、皇冠假日酒店(Crowne Plaza Hotels & Resorts)、假日快捷(Holiday Express)以及 Indigo 品牌酒店、Candlewood 品牌酒店、Staybridge 公寓式酒店等。

一、以客户为中心的营销策略

1.投资技术开发

建立新的数据库和实时数据库,让洲际酒店集团可以把来自酒店本身和第三方来源的数据与现有的客户信息进行匹配。扩大除电子邮件以外的其他对外营销活动。技术升级让内部营销活动流程变得自动化,并且让特许经营酒店可以根据当地情况和客户关系定制合适的项目,从而实现本地化营销。

对多渠道的协调性作进一步发展。把日渐增多的渠道进行整合,同时开始通过不同渠道来优化内容、产品和信息发布的时机,从而实现回报率和客户相关性的最大化。

洲际酒店集团十分注重开发以互联网为核心的高科技营销手段推广酒店品牌。先进的电脑预订系统与信息传输技术给酒店带来的回报体现在:高效、快捷的预订业务方便客户购买,赢得了全球范围内的忠诚客户群体;集团内部成员信息、资源共享,不仅降低了信息成本,而且扩大了集团整体客户网络,提高了整体赢利;集团因为拥有先进的电脑预订系统与庞大的客户关系网,能够在全球范围内吸引更多的酒店加入集团,集团进一步扩大其市场网络,增强了其财政实力用于科技改进,于是使集团走上了一条良性循环的"科技兴店"之路。

2.建立集中管理的客户关系组织架构

洲际酒店集团建立了集中管理的客户关系组织架构,把洲际酒店集团的产品、渠道和销售团队统一交给一位管理人员负责——客户执行副总裁(EVP of the customer),从而可以更容易地制订相互协调的目标。

酒店重新教育计划:帮助整个酒店集团改变每个客户触点需要产生的价值的期望值。让所有员工意识到,每次与客户的互动都是一次机会。这个机会可以让洲际酒店销售客房;销售其他有价值的东西;改变消费者对洲际的看法;或者积累经验。

3.拓展新的营销领域

(1)适时营销。通过对外发布信息(如电子邮件)来跟进有价值的客户行动。

(2)非会员营销。洲际酒店现在利用 cookie 数据和客人上网行为等新的数据环境,来寻找和划分有价值的非会员客户。

(3)全球本土化沟通。洲际酒店鼓励其特许经营酒店针对具体的酒店和客户资源情况,合理地利用其全球的酒店资源。

(4)对传统营销活动进行延伸。利用互动工具来发布即将进行的传统媒体营销活动信息,或者利用定向的互动工具来跟进营销活动,以提高参与客人的转化率。

(5)渠道的协同作用。利用自身渠道来对其他渠道进行推广。利用来自一个渠道的数据提高其他渠道的信息相关性。把与个人用户档案相关的动态产品信息添加进去。

4.提高客户细致体验

近年来,推出"迅速快捷服务""环球链接""24 小时不间断服务"和"让我们与众不同的细节"等新的服务措施,使下榻洲际酒店及度假村的客人感到更便捷。洲际集团还是第一个将移动互联技术应用至客房门锁的集团。

为适应中国市场支付宝越来越多地被用户使用这一趋势,2016年8月24日,在上海,全球领先的国际酒店集团之一的洲际酒店集团宣布正式与中国领先的第三方支付平台支付宝建立战略合作伙伴关系。通过和支付宝的全球战略合作,洲际酒店集团成为全球首个在其官方订房网、移动端订房应用程序和旗下覆盖全球的酒店内使用支付宝结算的国际酒店集团。

二、洲际"优悦会"会员计划

优悦会是一个全球性常客奖励计划(图15.2),目的是加强和维护客人对洲际酒店集团的忠诚度。同时优悦会也成为酒店业全球最大、目前拥有会员数量最多的客户奖励计划,从1983年创建至今一共拥有超过8000万会员。近几年里,洲际集团一直在不遗余力地完善"忠诚客户奖励计划-IHG®优悦会",不断通过这个计划与会员互动,让忠诚会员们在入住洲际酒店的同时,享受会员权益。积分可以兑换礼品、航空里程等。

2015年4月14日,洲际酒店集团宣布全面升级旗下屡获大奖的忠诚客户奖励计划-IHG®优悦会,专注于与全球8400万会员建立更加个性化的关系。

洲际酒店集团发布的行业趋势报告显示,消费者追求的已不仅是交易的便利性,他们还希望与酒店和品牌间建立以互信为基础,富于回报的关系,并且会积极回应那些长期的、致力于提升消费者忠诚度的优惠政策。

图15.2　洲际"优悦会"

根据一项针对会员消费者对酒店忠诚客户奖励计划预期的深入调查,IHG®优悦会决定推出一个全新的最高等级会员级别,以最具个性的奖励犒赏最忠诚的会员。该调查同时表明,对于那些希望获得"对自己的忠诚有所犒赏"的会员,品牌对他们的"认可"也非常重要。为此,洲际酒店集团将不断为 IHG ® 优悦会会员提供更为个性化的服务,无论是在入住前、入住期间或者是入住结束之后,都将通过对入住体验不断的个性化改善,让客人感到自己得到了重视和理解,最终实现品牌和会员之间信任的构建和增强。

洲际酒店集团的调研结果显示,无论是在入住前、入住期间还是退房之后,IHG ® 优悦会会员在选择酒店品牌的时候都越来越重视个性化的体验。为了感谢会员长期以来对 IHG ® 优悦会的支持和钟爱,洲际酒店集团正不断优化客人选择酒店的各个环节,为他们提供更个性化的入住体验。除此之外,为了犒赏最为忠诚的会员,他们还推出了全新的最高级别的会员奖励,而这仅仅是 IHG ® 优悦会全面升级的开端。

IHG ® 优悦会通过以下方式不断优化对会员的犒赏:

·IHG ® 优悦会推出全新的最高会员级别。每年消费累计 75000 积分或者在洲际酒店集团旗下的酒店住宿 75 晚即可成为该级别会员。

·IHG ® 优悦会是业内首个为其最高等级会员提供 100% 额外奖励积分的酒店忠诚客户奖励计划。不仅如此,新推出的最高会员等级还可独享"优选奖赏"(二选一):25000 额外奖励积分或是推荐一位家人或朋友成为白金卡会员。

·所有 IHG ® 优悦会会员级别的认证和升级条件均经过调整,会员享受犒赏更加容易。成为金卡会员只需累积 10000 积分或 10 晚符合标准的住宿。金卡会员升级为白金卡会员,每年只需累积 40000 积分或 40 晚符合标准的住宿。

·洲际酒店集团将着力提高自身能力,深入了解会员需求,通过新的客户关系管理(CRM)系统,充分挖掘这些信息的价值。借助该系统,酒店可以在宾客行程的每个阶段充分考虑宾客的个人偏好,提供符合宾客偏好的个性化服务和体验。从识别房间位置、枕头类型等入住偏好,定制预订选项,到入住之后的相关优惠活动,该系统将为酒店提供覆盖客人整个入住过程的信息,帮助酒店为客人提供更加个性化的服务。

·为了更好地回馈那些经常入住酒店的宾客,12 个月内积分无任何变动的账户,其所有积分将会过期失效。会员维持账户有效,只需每年赚取或兑换一次积分——入住洲际酒店集团旗下的酒店,使用或兑换合作伙伴产品及服务,或使用 IHG ® 优悦会积分兑换目录——皆可轻松实现。

·IHG ® 优悦会为会员提供了多种赚取或兑换积分的方法——赚取积分的方法有:在任意洲际酒店集团旗下酒店或度假村完成符合奖赏标准的住宿;用 IHG ® 中信联名信用卡进行消费;参与优惠活动,赚取奖励积分。通过 IHG ® 优悦会合作伙伴赚取积分兑换积分的方法有:用积分兑换奖励住宿;将积分捐献给慈善机构;通过 Flights Anywhere 或 Cars Anywhere 兑换积分;在 IHG ® 优悦会积分兑换目录中选购心仪产品。

与此同时,所有 IHG ® 优悦会会员均可继续享受行业领先的礼遇和优惠,这些优势都使得 IHG ® 优悦会成为世界上最受欢迎的酒店忠诚客户奖励计划。具体会员礼遇包括:免费网络,奖励住宿不设限制日期,免费取消酒店预订,以积分兑换最新会员兑换目录中的精彩好礼,手机 App 入住登记等创新数字技术。

第四节　"7天"连锁酒店集团的客户管理体系

本节以"7天"连锁酒店集团(7 Days Group Holdings Limited)为例,说明国内酒店集团的客户管理体系。

"7天"连锁酒店集团创立于2005年,2009年11月20日在美国纽约证券交易所上市。作为第一家登陆纽交所的中国酒店集团,"7天"连锁酒店秉承让客户"天天睡好觉"的愿景,致力为注重价值的商旅客人提供干净、环保、舒适、安全的住宿服务,满足客户核心的住宿需求。

"7天"连锁酒店集团拥有分店超过1000家,覆盖全国近30个省和直辖市共89个主要城市,已建成经济型连锁酒店全国网络体系,拥有会员超过1600万,是中国经济型酒店中规模最大的会员体系,是中国酒店业科技及创新模式的领航者,是"7×24小时"提供网上预订、电话预订、WAP(Wireless Application Protocol,无线应用协议)预订、短信预订、手机客户端5种便利预订方式的连锁酒店。"7天"连锁酒店集团倡导"快乐自主,我的生活"的品牌理念,除了提供环保、健康的硬件环境,在产品及服务流程的设计上不断整合创新,提供更具人性化、便捷的优质酒店及会员服务。

一、"7天"连锁酒店客户关系管理策略

(一)目标客户

"7天"连锁酒店为经济型酒店连锁集团,追求提供"更经济""更高品质"的住宿,主要目标客户为商务人士、自助游爱好者、年轻一族,充分地满足了其"便捷、经济"等的消费要求。

(二)服务理念

作为业内提供"更经济"及"更高品质"商旅住宿的标杆酒店,"7天"连锁酒店从关注客户的核心需求出发,在庞大的会员体系、领先的科技创新模式等强大优势下,通过快乐文化为客户传递快乐服务,以实现"客户受益最大"的目标,让客户真正感受到"天天睡好觉"的商旅快乐。

(三)营销方式

"7天"连锁酒店依赖在业内领先的科技地位,采取不断创新的电子商务和更为彻底的会员制直销模式。

1.电子商务平台

实现酒店门户网站和数据库实时对接,同时接受互联网络、呼叫中心、短信、手机WAP、

手机客户端 5 种便利预订方式。"7 天"会员能便捷地通过各种电子渠道实时订房、支付及参加互动,包括"7 天"网络论坛、在线社区、会员博客和线上游戏等。Alexa 网站发布的最新权威数据显示,"7 天"官网流量排名持续位列国内经济型酒店网站首位,客户忠诚度及品牌效应不断上升。

2.会员营销模式

"7 天"连锁酒店已建成经济型连锁酒店全国网络体系,并运用全新会员营销模式,打造超过 1600 万的会员忠诚体系,塑造品牌影响力;同时也潜心于会员直销,形成自成一派的商业运营典范;通过使用电子商务和会员制"IT 思维"的经营模式,成就业内当之无愧的科技领航者。

除此之外,它创办国内首家品牌经济型酒店联盟——星月联盟。星月联盟以"客户受益最大化"为宗旨,通过优选出具有一定品牌影响力的经济型连锁酒店品牌加入联盟,在联盟酒店原有的良好硬件设施、优质的服务、便利的交通基础上,利用网络平台的优势,降低联盟酒店的运营成本,把更多的利益返还给消费者。

(四)客户关系维持

在"7 天"连锁酒店的营业收入中,有 98% 来自会员,同时,有 81% 的份额是会员的重复消费贡献。"7 天"连锁酒店的会员关系维持主要体现在会员服务上。

1.网站建设

"7 天"连锁酒店网站设有互动论坛、互动社区,实行公开评论。客户可以在网上反映意见和想法,而不会被删帖。如果对某项服务有所不满,也可以在"7 天"论坛里投诉,很快就会有服务人员与你联系,可能比打投诉电话还快。

2.附加服务

在"7 天"连锁酒店的会员俱乐部"7 天会"的网站上,会员享受的不仅仅是会员价、积分和预订房间的一般化服务,还可以同时享有汽车租赁、预订机票等"一条龙"服务。

3.配套服务

"7 天"社区强调以"出行生活"为社交核心。除了为会员提供诸如酒店预订、租车、机票预订等一系列涉及具体出行的配套服务和天气预报、地图等出行工具之外,会员可以在社区各类群组中交流,例如某个城市中各种最佳出行路线、美食购物地图等生活信息。

4.会员互动

会员的积分系统按照会员积分多少将会员分为几个级别(银卡会员、金卡会员、白金卡会员),包括注册会员即可得到的"普通卡会员"和预订并入住一晚即可获得的"银卡会员"等。新会员注册后可以享受到仿佛入住教程一样的服务,随着教程的进展,会员体验到了预订、入住、结算等基础服务,并获得了 1.5 倍积分等奖励,若办理实卡还可以享受一次特惠房优惠,会员卡还可以作为门卡("7 天"连锁酒店为保证安全,在每晚 11 点左右会有门禁,会员可持会员卡刷卡进入而不必呼叫前台服务人员,与银行自动取款机小屋的门禁相似)及房卡使用。会员积分可以换取旅行用洗漱包、日用品、书刊、一定数量的入住时间,甚至可以使用积分参与抽奖活动。

5.在线客服

"7天"连锁酒店的官方网站提供了在线咨询服务,"7仔机器人"24小时为客户解答会员积分问题、酒店预订和网上租车、机票预订等,增强了网站与客户之间的消费互动。

"7天"连锁酒店的前CEO郑南雁说:"与那些专业的SNS网站不同,我们的网站没有盈利的压力。我们更倾向于把它看作一种增强会员黏性和发展新会员的客户关系管理工具。"正因为此,通过一系列的客户互动,"7天"连锁酒店很好地拉近了与客户的距离,增强了客户的黏性及忠诚度。

二、"7天"连锁酒店客户导向服务体系

客户导向是指依据客户采购或使用产品的过程来设计酒店相关的流程。由于酒店导向的活动流程设计仍然受限于酒店功能之部门分工,客户导向则能完全以客户为中心而调整酒店,更符合客户整个流程周期的需求。

(一)服务前

"7天"连锁酒店实行免费注册会员和住七晚送一晚等活动的策略增加房间入住率。除此之外,"7天"连锁酒店也用三个月内过夜入住(需通过官网本人预订本人入住),离店后即可获赠"异地免费房"1间1夜来吸引初次注册成为会员的消费者。

与受到商务活动因素影响而淡旺季明显的商务型酒店相比,经济型酒店通常没有太明显的淡旺季之分,其价格常年保持一致。郑南雁曾表示,"7天"连锁酒店能够让淡季不淡,秘诀在于一贯坚持的会员制、IT系统以及"滚雪球式"的扩张模式,由此节省了分销成本,同时拥有了忠诚的客户群体。

在经济型酒店业,通过携程、E龙等网站做推广是许多酒店习以为常的做法。传统的代理,一间客房一天要付给中介30~40元,一年按每个客人住6天计算,每个客人至少要付给中介180元。若可自行推行会员制,可以做到长效管理,而且非常方便。"7天"连锁酒店摆脱了对中介代理的依赖,自成立之日起,就一直坚持做会员制营销,并不依赖旅行社和酒店预订代理机构,大大节省了分销成本。"7天"连锁酒店重点推广的会员制,利用会员的反馈提高服务质量,减少了人力投入和管理成本,做到了成本最低。酒店对会员实行统一低价,其定价原则是倒推价格,即先拟订一个市场价格,然后倒推成本,通过技术手段降低成本,在确保利润的前提下,让利给客户;采用会员制营销,直接面向消费者,避开了代理商,也缩短了服务流程,让服务变得更加简单,也更加规范。通过实施会员忠诚度计划,"7天"连锁酒店搭建了行业内最为庞大的会员体系。

"7天"连锁酒店的创业者先做IT的系统,有了电子商务后完善传统商务,更多地推崇网络、电话或者短信、手机客户端预订房间,在部分城市,甚至在大厅内设有电脑,未预订的客户可随时通过电脑免费上网预订,很大程度地方便和优惠了客户。

（二）服务中

成为"7 天"连锁酒店的会员后入住，有延时退房的专享服务。

客房配备高品质卧具及纯棉床上用品、荞麦枕头、24 小时恒温冷热水按摩淋浴设备、独立空调、卫星电视、免费宽带上网等，满足客户的核心需求。酒店不提供免费早餐、洗衣服务，但是提供的七元早餐内容丰富，通常包含面食、蛋类、水果、牛奶等，而且酒店会为旅客推荐附近的洗衣店以满足旅客洗衣的需要，在每晚睡觉前还可领取睡前牛奶。

从这些方面我们可以看到，"7 天"连锁酒店是专心满足客户的核心住宿需求的。它的目标客户，包括商务人士、自助游爱好者、年轻一族，在非家庭所在地需要短期住宿时，考虑更多的是住宿的舒适性。这时，舒适的住宿环境可以有效地消除旅途疲劳，并为下一段旅程提供良好的支持。而商务人士或许需要用随身携带的笔记本电脑发个邮件与公司或客户联系，因此房间内的免费宽带互联网解决了这一问题。至于营养早餐和睡前牛奶，对于奔波忙碌于异地的人，更是一项可以带来感动的服务。因此，从这种角度来看，还是很好地满足了他们的需要。

"7 天"连锁酒店是与客户互动最强的一家经济型酒店。它的激励模式是告诉员工：你只要让客户开心，多沟通，他感受到快乐，他才会把快乐还给你，这是一种互相的推动。

"7 天"连锁酒店内配有一般的娱乐设施，如棋牌室、桌球室、乒乓球室、健身室、酒吧、桑拿浴室、按摩、足疗等，但这些设施每间酒店的情况有所不同。它还有一系列的附加服务提供：无线上网区域、免费停车场、票务服务、前台行李寄存、当地旅游服务、ATM 取款机。

"7 天"连锁酒店还自主开发了一套基于 IT 信息技术的电子商务平台，建立了国内首家集互联网络、呼叫中心、短信、手机 WAP 及店务管理为一体的系统，具有即时预订、确认及支付功能，使消费者无论何时何地都可以轻松、便捷地查询、预订房间。其在网络支付、网络营销等方面进行了一系列的合作创新实践。比如，与第三方在线支付平台财付通合作，让客户拥有安全而多样的网上银行支付渠道；与知名社区天涯、若邻网合作，提供电子商务入口，让客户体验酒店电子商务；与生活咨询搜索平台酷迅、口碑网、火车时刻查询网站、飞友网，以及信用卡和个人理财产品推广网站商诺公司合作，为客户带来更为便捷和人性化的服务。通过跨领域、大范围的合作，"7 天"连锁酒店为电子商务构建了一个全面而良性的生态圈：不仅给客户带来最佳的服务体验，同时培育客户养成电子商务消费习惯。更为关键的是，"7 天"连锁酒店在电子商务上的核心优势变得更加强大。统计数据表明，在"7 天"连锁酒店的总交易量中，有超过 50% 的预订是通过网络实现的。这一比例在所有经济型酒店中是最高的。现在，"7 天"连锁酒店又开通了手机短信预订、手机 WAP 网上预订，客户预订房间更加方便、快捷。

（三）服务后

"7 天"连锁酒店致力于提供"更经济、更高品质"的住宿服务，作为一个尽力控制成本的连锁酒店，像某些五星级酒店一样在会员生日时发送祝福甚至邮件贺卡、礼物，或者利用信息系统存储每位客户的详细信息甚至生活癖好并在下次接待时主动提供个性化服务等并不非常现实。所以"7天"连锁酒店的会员关系维持主要体现在会员服务上。在客户离宿后，仅通过网站对客户发布实时的优惠信息,同时通过入住积分计划等提供更多的优惠。

"7天"连锁酒店,为商务经济型的客户提供更为优惠、更为便捷的服务,凭借完善的电子商务平台,在客户入住前便提供一系列的预订及优惠服务;当客户入住时,其简单温馨的房间设计,为客户提供了便捷、简单、舒适的服务,同时提倡低碳环保等理念。它所提供的如早餐、洗衣、睡前的牛奶都很好地满足了异地旅行客户的需求。当客户离宿后,"7天"连锁酒店侧重成本的控制,把更多的优惠反馈给客户,这也符合其目标客户的需求。通过这一系列的服务,"7天"连锁酒店便捷周全的服务给客户留下了很好的印象,与客户建立起了长久的联系。

思考题

对比分析中外酒店的客户管理体系。

【案例分析】

如何评价"7天"连锁酒店集团的客户管理体系?

【补充与提高】

访问"刘伟酒店网"——院校服务——视频:赢家——广州酒店业的竞争态势,观看"7天"连锁酒店集团CEO郑南雁谈"7天"连锁酒店的竞争战略和客户服务战略。

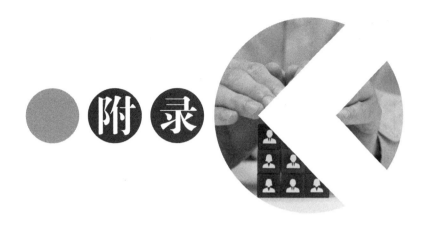

附录一
客户拜访记录表

编号：No

拜访客户名称：		
客户性质：		
已签约协议客户： 计划发展协议客户： 旅行社直接客户：		
客户资料：		
地址：		
电话：	传真：	邮箱：
客户编号：	地区：	行业：
联系人1：	职务：	电话：
联系人2：	职务：	电话：
联系人3：	职务：	电话：

基本信息

公司规模： 公司性质： 其他重要信息	
日期：	制表人：

附录二
每周销售访问汇总报告

访问形式	星期一	星期二	星期三	星期四	星期五	小计	备注
初次电话联络							
初次上门拜访							
上门销售访问							
电话销售联络							
参观酒店							
宴请							
合计							
本周客户主要意见要求							
合计							

附录三
客户经理工作标准程序

（一）新开拓客户标准程序

1.初次接触客户

为表示礼貌,应提前电话预约,电话接通后:

（1）先做自我介绍,说明自己所服务的酒店。

（2）陈述打电话的目的。

（3）引起潜在客户的兴趣。

（4）尽量争取安排一次会面。

注意:态度要热情诚恳,让对方能够感受到你的微笑。

2.登门拜访

（1）按约定时间提前5分钟抵达目的地,检查整理自己的仪容仪表。

（2）自我介绍,双手递上名片,并双手接过受访者递来的名片。

（3）了解客户基本情况,包括受访人姓名、职务以及受访单位的基本情况。

（4）介绍自己,并介绍酒店基本情况,邀请客户到酒店体验住宿和用餐。

（5）了解客户每年的接待量和消费能力,以及以往所使用过的酒店。

（6）根据客户的兴趣爱好和要求,尽可能多方面介绍自己酒店的优势。

（7）态度诚恳地询问客户的合作意愿。

（8）感谢客户的热情接待。

3.注意事项

（1）介绍用语:抱歉,打扰一下,我是……（同时递名片）,请问您是否对我们酒店有所了解? 我先做个简单介绍好吧?

（2）确认对方是不是决策人:"请问您是……主任吗?""有关接待方面的工作,是您在负责吗?"

（3）在对方还没有请坐之前,绝不可自己先坐下。入座时避免坐在对方的正前方,应坐在左侧或右斜方。

（4）看好交谈时间,第一次登门拜访不宜超过半个小时。

（5）第二次拜访时,先感谢第一次拜访时客户的热情接待,然后送上酒店的宣传资料及报价表。可以聊一些比较轻松的话题,了解一下客户单位的试用情况,以及客户体验后的感受。同时介绍自上次拜访后酒店的变化,最近推出的新活动,再次邀请客户到酒店体验。如果客户提出不满的意见,则需要详细了解发生了什么事情,记录客户投诉的细节。态度一定要真诚。

（6）第三次拜访时，应与客户建立起一种亲密的客情关系，谈话主题应更深一层。在与客户的长期接触中，应建立一种自然的合作关系，正如一首诗所描述的"好雨知时节"——要抓住推销机会；"当春乃发生"——在感情热乎的时候才有生意；"随风潜入夜"——顺水推舟，随着感情导入销售；"润物细无声"——不知不觉中把销售完成的境界。

(二)会议活动洽谈标准程序

1.会议洽谈

接到预订电话或上门预订时，首先感谢客人来电或来访。简明扼要地向客人了解以下内容：

（1）预订人姓名或公司名称、电话联系号码。

（2）会议的起始时间和结束时间、会议的人数、会议室布置要求。

（3）邀请客人参观酒店的会议场地，向客人演示会议设施设备。

（4）了解会议的整体消费水平后再给客人报价。

（5）如果会议活动吃住、开会全安排在店内，价位可考虑适当放宽，如果只是用餐或用会议室，可在原价位上做小额的浮动。

（6）房价确定以后，询问房间的长途电话是否开通，酒水、画册等有偿物品是否撤留，房间是否加水果等。如果要求，再作有关介绍。

（7）会议报到形式，是否设报到台，还是在会务组报到，报到时是否需要酒店派人协助收取押金或会务费。

（8）除酒店提供制作的宣传条幅、指示牌外，还需制作增加哪些宣传标语。

（9）确定就餐形式：围桌还是自助餐或宴会等。并提出合理建议，确定用餐标准、就餐人数、就餐地点（在确定人数的情况下应由酒店负责安排就餐地点，避免由客人选择）、用餐时间、用餐券还是统一签单。

（10）确认酒水、烟、茶的种类，尽量避免客人自带酒水现象，应说明酒店给予一定的会议优惠价，如客人坚持自带酒水，讲明理由后收取15%的酒水服务费。

（11）确认会议室的使用时间、人数、摆台形式和其他物品使用的要求。

（12）确认会议期间是否需要安排其他娱乐活动。

（13）确认会议负责人及签单人，确认付款方式，问清哪些费用由客人自理，哪些费用由大会统一支付，并确定最后结账方式。

（14）把会议有关事项书写明确，请对方签字确认。由营销总监和主管副总签字后下发到相关部门作准备。

（15）再次对客户表示感谢，并预祝合作愉快。

2.洽谈会议过程中注意事项

（1）洽谈会议接待过程中，如客人单独询问房价或餐饮标准时，应先避免直接回答。首先要把会议的整体情况了解后再报价，要让客人按有利于酒店的思路走。

（2）报价要结合酒店的服务优势及项目内容，让客人感觉所报价位既合理又实惠，但价格双方都能接受。

（3）客人对报价不能接受要压价，但超出销售人员的权限时，应先稳住客户，及时汇报给部门主管，调整相应对策。

（4）洽谈过程中，对客户提出的问题，酒店能合理提供的事项要表示肯定，多用"好的""是""请放心"之类的词语。客人所提要求，酒店方面因场所限制或其他因素不能做到时，一定向客户解释清楚，请求谅解，并提出自己的合理建议。

（三）网络预订接待程序

（1）接收网络公司预订，根据预订查询总台空房情况，及时予以确认。

（2）根据预订单填写备忘录至前台、收银，由两部门负责人签收背书。

（3）每日与总台核对当日订房及前日预订入住情况。

（4）在客人抵店前提前查房，根据查房情况，对于卫生不合格的房间通知客房服务员重新打扫，对一些暂时无法解决的问题房通知总台换房。

（5）在客人预抵前两个小时与客人取得联系，确认到达时间。

（6）根据天气情况在客人抵店前一个小时打开空调。

（7）客人抵达酒店，客服人员尽量在大堂迎接，协助客人办理入住登记，与行李员一起送客人到房间。

（8）客人入住半小时内，打电话向客人询问客人客房设施情况，必要时赠送果盘。

（9）出现大型接待店内无空房时应提前书面通知网络公司，取得谅解。

（10）预订客人到达酒店时无房安排，及时与客人交涉，了解客人在当地的行程，可以先安排出去办事，免费为客人寄存行李。也可以安排客人到相同等级或高一等级的酒店先住一个晚上，第二天再接回酒店入住。

（11）对于酒店搞活动房价下调时，网络订房售价应相应调整并提前通知。

（12）每月初由网络公司财务部整理住房明细，酒店财务根据实际核实后，交由总经理签字批准，将返佣金在月中（协议回款期内）汇出。

（四）团队预订接待程序

（1）接到团队预订传真后，立即根据预订要求查询酒店空房情况，然后在对方发来的传真上签字确认，再发回预订单位。

（2）填写团队接待通知单，将需注意事项在备注中详细注明。

（3）送发团队接待通知单至总台、财务、客房或餐饮三个部门，由部门负责人在第四联存根上签收。

（4）每日早上，销售员与总台及餐厅核对当日的团队接待计划。

（5）定期与旅行社核对近期团队安排。

（6）在团队抵店后，总台接待与导游确定各项时间（早餐、正餐、叫醒、下行李等），且以通知单的形式通知到相关部门，由总台接待将信息反馈表交给导游。导游会根据客人意见填写此表,在客人离店时交由总台转客户服务部。

(7)在团队接待过程中,销售员或客服经理要跟踪接待,及时协调出现的问题。

(8)在接待过程中,如出现投诉,应尽力去协调解决,且第二日将此情况及解决过程及时电话告知旅行社。

(五)会议、宴会检查标准程序

在进行宴会/会议接待时,为了保证高质量完成任务,客服人员应不断进行以下内容的检查,以确保会议、宴会顺利进行。

(1)时间:是否与预订时间相符?

(2)地点:是否与预订地点相符?

(3)人数:是否与预订人数相符?

(4)摆台:是否与预订摆放方式相符?

□剧院式

□教室式

□回形式

□U 形台

□讲台

□舞台

□座次签

□记录本/铅笔

□座次图

□横幅

(5)发言要求

□立式讲台

□坐式讲台

□麦克风、音响

(6)茶水服务

□茶杯

□矿泉水

(六)电话预订标准程序

电话铃响三声之内必须接听电话,根据电话内容逐条记录:

(1)您好! ×××酒店客户服务部,感谢您来电话!

(2)请问怎么称呼您?

(3)可以告诉我贵公司的名称吗?

(4)请问住店客人的姓名? 人数?

(5)请问入住日期和时间?

(6)请问需要安排接机吗?

(7)请问您需要什么类型的客房? 我们酒店目前有……

(8)我们还有更好的房间,需要给您的贵宾提升一下客房的档次吗?

(9)好的好的! 您确定需要……房间,对吗?

(10)×先生(小姐),这种客房的价格是……并赠送自助早餐,您看行吗?

(11)请问您和酒店签过订房协议吗?

(12)请问是公司付账,还是客人自付呢?

(13)如果没有别的要求的话,我给您复述一遍您的预订好吗?

(14)请留下您的联系方式,我们随时保持联系好吗?

(15)谢谢您的预订! 欢迎您光临×××酒店,再见!

(16)在听到客人放下电话之后才挂电话。

(七)客户上门接待标准程序

(1)接到客户上门拜访的消息,立即到达预订地点恭候。

(2)安排门童做好开车门和协助停车的准备。

(3)客户到达时迎上前去握手,微笑着表示欢迎。

(4)引领客户到大堂吧或事先准备好的休息厅。

(5)招呼服务生给客人上茶或咖啡。

(6)与客人寒暄问候。

(7)了解客人的需求。

(8)详细记录客户的需求,并一一确认。

(9)邀请客户参观酒店新开的服务设施。

(10)邀请客户在酒店用餐,如果客人婉言谢绝,则送客户到大堂外。

(11)待客户上车离去时,向客户挥手致意,直到客户看不到酒店为止。

(八)寻找商务客源的途径

实际上,酒店周围的公司往往就是一个巨大的商务客源市场。我们努力的方向应该从以下方面着手:

(1)当地报纸、杂志、公共资料。

(2)当地电话通信簿。

(3)地区企业协会、商会。

(4)全国企业录、合资/独资企业录。

(5)公司旅游部门、旅行社。

(6)秘书俱乐部。

(7)政府机构办公室。

(8)商业展览会。

(9)商贸洽谈会。

（10）写字楼公司指示牌。

（11）连锁酒店销售部。

（12）民间组织等。

（九）客服人员每日自我检查

客服人员每天在下班之前，应问自己的几件事情：

（1）今天拜访了哪几家客户？

（2）我有没有签署新公司合同？

（3）我是否预约了客户到酒店参观？

（4）今天有我的客户入住吗？问候过他们吗？

（5）今天有我的客户来用餐吗？打过招呼吗？

（6）我是否接待了 VIP 客户？结果如何？

（7）我接听了几个重要电话，是否有详细记录？

（8）我是否收集了客户反馈信息？

（9）我是否跟进了今日的留言？

（10）我是否清楚自己客户的挂账总额？

（11）我是否获得竞争酒店信息？

（12）我有没有需要别人帮助完成的工作？

（13）下班前我检查过以上项目吗？

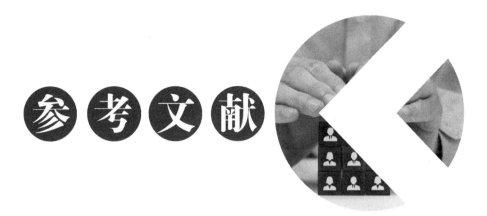

参考文献

［1］刘伟.酒店运营管理［M］.广州:广东旅游出版社,2023.

［2］刘伟.前厅与客房管理［M］.5 版.北京:高等教育出版社,2018.

［3］刘伟.酒店管理［M］.3 版.北京:中国人民大学出版社,2022.

［4］刘伟.酒店管理概论［M］.北京:高等教育出版社,2021.

［5］刘伟.旅游学概论［M］.广州:广东旅游出版社,2021.

［6］刘伟,杨结.客房数字化运营与管理［M］.武汉:华中科技大学出版社,2023.

［7］刘伟.酒店前厅管理［M］.重庆:重庆大学出版社,2018.

［8］刘伟.酒店客房管理［M］.重庆:重庆大学出版社,2018.

［9］刘伟.酒店客户管理［M］.重庆:重庆大学出版社,2020.

［10］刘伟.酒店管理案例分析［M］.重庆:重庆大学出版社,2020.

［11］田玉堂,刘伟.21 世纪瑞海姆国际旅游度假村经营模式［M］.北京:中国旅游出版社,2000.

［12］田玉堂.HCM 国际酒店管理模式［M］.北京:改革出版社,1997.

［13］侯兴起,秦娜.酒店如何进行在线声誉管理［N］.中国旅游报,2018-01-18.

［14］Hayes D K, Ninemeier J D. Hotel Operations Management［M］. Upper Saddle River: Prentice Hall,2006.

［15］刘伟酒店网(www.liuweihotel.com).